두타초

이 책은 2017 · 2018년도 정부(교육부)의 재원으로 한국고전번역원의 지원을 받아
수행된 '권역별거점연구소협동번역사업'의 결과물임.

This work was supported by Institute for the Translation of Korean Classics - Grant funded by the Korean Government.

한국고전번역원 한국문집번역총서 / 충남대학교 한자문화연구소

두타초 5

頭陀草

이하곤 李夏坤 지음

정만호 이재숙 오승준 옮김

일러두기

1. 이 책의 번역 대본은 한국고전번역원에서 간행한 한국문집총간 191집 소재《두타초(頭陀草)》로 하였다. 번역 대본의 원문 텍스트와 원문 이미지는 한국고전종합DB(http://db.itkc.or.kr)에서 확인할 수 있다.
2. 내용이 간단한 역주는 간주(間註)로, 긴 역주는 각주(脚註)로 처리하였다.
3. 한자는 필요한 경우 이해를 돕기 위하여 넣었으며, 운문(韻文)은 원문을 병기하였다.
4. 맞춤법과 띄어쓰기는 한글 맞춤법과 표준어 규정을 따랐다.
5. 이 책에서 사용한 부호는 다음과 같다.

( ) : 번역문과 음이 같은 한자를 묶는다.
〔 〕: 번역문과 뜻은 같으나 음이 다른 한자를 묶는다.
" " : 대화 등의 인용문을 묶는다.
' ' : " " 안의 재인용 또는 강조 문구를 묶는다.
「 」: ' ' 안의 재인용을 묶는다.
『 』: 「 」 안의 재인용을 묶는다.
《 》: 책명 및 각주의 전거(典據)를 묶는다.
〈 〉: 책의 편명 및 운문·산문의 제목을 묶는다.

차례

두타초 제11책

시詩

금강록 錦江錄

두타초 제12책

잡저雜著

두타초 제13책

잡저雜著

두타초 제14책

잡저雜著

두타초

제11책

詩시

또 추 자로 거듭 짓다

又疊秋字

황량한 누대에서 저녁 경치 바라보니	縱目荒臺夕
창연히 먼 풍경 눈에 들어오네	蒼然遠色收
어여쁜 밝은 달 남았으니	獨憐明月在
일찍이 옛사람 노닐던 곳 비췄겠지	曾照昔人遊
비바람 언제 갤까	風雨何當霽
강산에 이미 가을 오려 하네	江山已欲秋
평소 오호의 흥취 있었으니	平生五湖興
이제 작은 배 사리라[1]	從此買扁舟

1 오호(五湖)의……사리라 : 범려(范蠡)처럼 속세를 떠나 은거하고 싶다는 말이다. 범려가 월왕(越王) 구천(句踐)을 도와 회계(會稽)의 치욕을 씻은 뒤 "계연의 계책이 일곱 가지인데 월나라가 그 가운데 다섯 가지를 써서 뜻을 이루었다. 이미 나라에 시행해 보았으니 내가 집에 써보리라.〔計然之策七, 越用其五而得意, 旣已施於國, 吾欲用之家.〕"라고 말하고는 편주(扁舟)를 타고 오호로 떠났다고 한다.《史記 卷129 貨殖列傳》

도장[2]이 곤륜[3]을 추모하며 지은 시 한 편을 부쳐왔기에 화운하여 답하다

道長追悼昆侖作一詩寄示 和韻答之

매미 울음도 오동나무 그림자도 쓸쓸하기만 한데	蟬聲梧影共蕭蕭
최자의 동산에 예전에 초대받아 갔었지[4]	崔子園中昔赴招
당시의 풍류 한바탕 꿈이 되었는데	事去風流還一夢
시 읽노라니 오늘 아침 또 슬퍼지네	悲來詩句又今朝
품었던 뜻은 봄풀 따라 부질없이 묻혔지만	志隨春草空埋沒
남긴 글은 가을 하늘과 함께 청명하네	文與秋天共泬寥
세상 피한 노부를 괴이하다 말라	莫怪老夫甘遯世
한 손으로 푸른 하늘을 어찌 지탱할 수 있었으랴	何能隻手拄青霄

2 도장(道長) : 홍세태(洪世泰, 1653~1725)로, 본관은 남양(南陽), 자는 도장, 호는 창랑(滄浪)·유하(柳下)이다. 《浣巖集 卷4 滄浪洪公墓誌銘》

3 곤륜(昆侖) : 최창대(崔昌大, 1669~1720)로, 본관은 전주(全州), 자는 효백(孝伯), 호는 곤륜이다. 《西堂私載 卷10 弘文館副提學崔公墓誌銘 幷序》

4 최자(崔子)의……갔었지 : 홍세태와 이하곤이 함께 최창대의 집에 모였던 사실은 《두타초(頭陀草)》 책1의 〈가을밤에 최효백 창대 형의 집에 모여 홍도장 세태와 함께 산 자로 지어서 북막으로 부임하는 효백을 전송하다〔秋夜會崔兄孝伯昌大宅 同洪道長世泰 賦山字 送孝伯赴北幕〕〉와 책6의 〈도장·익지와 함께 곤륜의 집에 모여 두보의 고열시를 차운하다〔同道長益之 會昆侖宅 次杜詩苦熱韻〕〉 등의 작품을 통해 확인된다.

붙임 홍세태의 시[5]

서쪽 숲에 비바람 일어 밤 쓸쓸한데	西林風雨夜蕭蕭
옛날 곤륜에게 초대되었던 일 떠오르네	忽憶昆侖昔見招
의기는 연조의 선비와 같았고[6]	意氣許同燕趙士
문장은 한당의 시대에 이르렀지[7]	文章說到漢唐朝
이별하고 옥수가 먼저 꺾였으니[8]	別來玉樹先摧折
늙어가며 술자리 마침내 적막하네[9]	老去黃爐遂寂寥

5 홍세태의 시 : 《유하집(柳下集)》 권8에 〈밤에 병석에서 잠을 이루지 못하다가 문득 곤륜 영공과 함께 노닐던 즐거움이 떠올랐지만 지금은 할 수가 없다. 또 그 뛰어난 재주와 학식을 세상에 펼치지 못하였으니 더욱 애통하고 애석한 일이다. 입으로 율시 한 편을 불러 짓고 아침에 일어나 담옹 족하에게 적어 보내서 화답을 구하다〔夜來病枕無眠 忽憶昆侖令公從遊之樂 今不可得矣 且其奇才學識 未及展用於世 尤可痛惜 口占一律 朝起錄呈澹翁足下 幸和之〕〉라는 제목으로 수록되어 있다.

6 의기(意氣)는 ……같았고 : 최창대가 강개(慷慨)한 의기의 소유자였다는 말이다. 연(燕)나라와 조(趙)나라 지역에는 기개(氣槪)가 꺾이지 않고 강개하며 격앙(激昂)하는 인물들이 많이 배출되었으므로 연조풍(燕趙風)이라고 하였다. 그중에서도 특히 형가(荊軻)가 연나라의 개백정이나 축(筑)을 연주하는 고점리(高漸離)와 술집에서 어울려 비분강개한 노래를 부르며 노닐다가 진 시황(秦始皇)을 암살하기 위해 자객(刺客)으로 떠난 고사가 있다. 《史記 卷86 刺客列傳》

7 문장(文章)은……이르렀지 : 최창대의 문장이 뛰어났다는 말이다. 한당(漢唐)은 한나라의 문장과 당나라 시〔漢文唐詩〕라고 일컬어질 만큼 문학이 융성했던 시대이다.

8 이별하고……꺾였으니 : 최창대가 죽었다는 말이다. 옥수(玉樹)는 재주 있는 사람을 뜻하는데, 진(晉)나라 유량(庾亮)이 땅에 묻힐 즈음에 하충(何充)이 "옥수를 땅속에 묻으니 사람의 슬픈 정을 어찌 억제할 수 있으리오.〔埋玉樹箸土中, 使人情何能已已.〕"라고 한 고사에서 유래하여 뛰어난 사람의 죽음을 옥수가 꺾인다거나 옥수를 묻는다는 말로 표현한다. 《世說新語 傷逝》 참고로 홍세태의 문집에 "내가 영남에 있을 때 곤륜이 운명하였다.〔余在嶺南時, 昆侖歿.〕"라는 소주(小註)가 있다.

와황의 하늘 깁던 솜씨 쓰지 못했는데 未試媧皇補天手
제공들은 지금 저마다 높은 지위에 올랐네[10] 諸公今日各雲霄

9 늙어가며……적막하네 : 최창대가 고인이 되었으므로 함께 어울릴 수 없다는 말이다. 황로(黃壚)는 황공주로(黃公酒壚)와 같은 말이다. 진(晉)나라 혜강(嵇康)과 완적(阮籍), 왕융(王戎) 등이 황공주로에서 술을 마시며 청담(淸淡)을 나누었는데, 왕융이 일찍이 황공주로를 지나다가 말하기를 "내가 옛날에 혜강, 완적과 함께 이곳에서 술을 마시곤 했었는데, 혜강과 완적이 죽은 지금은 황공주로가 비록 가까이 있으나 산하(山河)처럼 멀게 여겨진다."라고 했다는 고사가 전한다. 《世說新語 傷逝》

10 와황(媧皇)의……올랐네 : 최창대는 뛰어난 재주를 다 펼치지 못하고 운명하였는데, 조정의 신하들은 높은 지위에 올랐다는 말이다. 와황은 상고(上古) 시대 여제(女帝)인 여와씨(女媧氏)를 가리킨다. 공공씨(共工氏)가 축융(祝融)과 싸워 이기지 못하자, 노하여 머리로 부주산(不周山)을 들이받아 하늘을 받치는 기둥이 부러지고 땅을 묶어둔 밧줄이 이지러졌다. 이때 여와씨가 오색의 돌을 갈아 하늘을 깁고 자라의 발을 잘라 사극(四極)을 세우자 땅이 평정되고 하늘이 완전하게 되었다고 한다. 《淮南子 覽冥訓》 운소(雲霄)는 높은 하늘을 뜻하는 말로 조정의 높은 지위를 가리킨다.

송성빈[11]이 서랑에게 부친 시를 차운하다

次宋聖賓寄瑞娘韻

꿈속에서 아리따운 여인 만났다가　　夢裏相逢花月姿
채색 구름 날아가 문득 이별했다지　　彩雲飛去忽分離
풍류 넘치는 학사의 시 읊을 만하니　　風流學士詩堪誦
남쪽 사람들에게 기이한 이야기로 전해지리　　傳與南人話作奇

붙임 송인명의 시

아리따운 구름 아가씨 모습 생생하니　　尙記雲娘綽約姿
꿈에서 만났다가 꿈에서 헤어졌지　　夢中相見夢中離
여보게들 함부로 우스운 일이라 하지 말게　　諸君莫漫成佳謔
멋들어진 화산의 악부로 더해지리[12]　　添作花山樂府奇

11 송성빈(宋聖賓) : 송인명(宋寅明, 1689~1746)으로, 본관은 여산(礪山), 자는 성빈, 호는 장밀헌(藏密軒), 시호는 충헌(忠憲)이다.

12 멋들어진……더해지리 : 꿈에서 아름다운 여인을 만난 일이 악부(樂府)로 전해질 만하다는 말이다. 화산(花山)의 악부는 악부 가곡 가운데 하나인 〈화산기(華山畿)〉를 가리킨다. 송 소제(宋少帝) 때에 어떤 선비가 화산기로부터 운양(雲陽)으로 가다가 여관에서 아름다운 여인을 보고 좋아하였으나 어찌할 수가 없어 마침내 심질(心疾)을 얻어 죽게 되었다. 죽으면서 어머니에게 "나를 장사 지낼 적에 화산을 경유해 주십시오."라고 유언하여 그 유언대로 관(棺)을 싣고 화산에 들렀다. 행렬이 그 여인의 문 앞에 이르렀을 때 말이 앞으로 가지 않고 버티었다. 여인이 목욕 단장하고 나와 노래하기를 "화산기여, 그대가 이미 나 때문에 죽었으니 홀로 살아서 누구를 위해 이 몸 바치랴. 예뻐할 때처럼 좋아한다면 나를 위해 관을 열어 주오.〔華山畿, 君旣爲儂死, 獨活爲誰施, 歡若見憐時, 棺木爲儂開.〕"라고 하니 관이 과연 열렸다. 그 여인이 관 속으로 들어

서랑(瑞娘)은 일명(一名) 오색운(五色雲)이다.

가서 함께 죽으므로 마침내 그 선비와 합장하여 이를 신녀총(神女冢)이라 부르게 되었다고 한다.《樂府詩集 卷46 華山畿》

박경로[13] 사수 를 전별하는 자리에서 사용한 임 자 운을 뒤늦게 차운하다

追次朴景魯 師洙 餞席林字韻

조령은 하늘에 닿고 궂은비 내리는데	鳥嶺連天積雨陰
중년의 이 이별 더욱 마음 아프네	中年此別更傷心
공명은 비록 큰 고을 맡을 만하지만	功名縱得專雄府
문학으로는 금림에 있는 것이 마땅하지[14]	詞學元宜置禁林
태백의 봉우리들 모두 홀을 맞이해 솟고	太白峰皆迎笏出
부탄의 물[15] 술동이 마주해 깊으리라	釜灘水自對樽深
초가을 달 비추는 영호루[16]에	映湖樓上新秋月
밤마다 올라 현가 연주하겠지[17]	知爾絃歌夜夜臨

13 박경로(朴景魯) : 박사수(朴師洙, 1686~1739)로, 본관은 반남(潘南), 자는 경로, 호는 내헌(耐軒)·내재(耐齋)이다. 1723년(경종3)에 안동 부사(安東府使)가 되었다.《保晩齋集 卷15 吏曹判書朴公諡狀》

14 공명(功名)은……마땅하지 : 박사수가 안동 부사로 적임자이지만 뛰어난 문장력을 지녔으므로 금림(禁林)에 더 어울린다는 말이다. 금림은 금원(禁苑)의 숲이라는 뜻으로 한림원(翰林院)의 별칭으로 쓰이는데, 상림(上林)이라고도 하며 조선 시대의 홍문관과 예문관에 해당한다.

15 부탄(釜灘)의 물 : 안동(安東)의 동쪽을 흐르는 와부탄(瓦釜灘)을 말한다.

16 영호루(映湖樓) : 경상북도 안동시 정하동에 있는 누대이다.

17 현가(絃歌) 연주하겠지 : 박사수가 안동에 부임하여 예악(禮樂)으로 고을을 다스리고 교화시킬 것이라는 말이다. 현가는 거문고를 연주하며 노래하는 것이다. 공자(孔子)의 제자 자유(子遊)가 무성(武城)의 지방관으로 있으면서 현가로 백성을 교화한 고사가 전한다.《論語 陽貨》

문을 닫고서

閉門

등나무 베개와 소나무 상에서 낮잠 깨어　藤枕松床罷午眠
문 닫고 단정히 앉으니 참선하는 것 같네　閉門端坐似參禪
석양이 문득 청산의 비를 깨뜨리고　夕陽忽破靑山雨
서늘한 기운이 푸른 숲 매미 소리에서 일어나네　涼意微生碧樹蟬
맑은 세상 걱정하는 마음은 남았지만　尙餘一念憂淸世
다시는 웅심 없으니 늘그막이 애처롭네　無復雄心惜暮年
평생의 지기는 오직 죽장뿐인데　知己平生唯竹杖
언제나 묘향산과 인연 맺으러 갈까　何時去了妙香緣

내년에 서쪽으로 유람을 가려고 했기 때문에 마지막 구에서 언급하였다.

비가 내리는 가운데 한가로이 지내며

雨中閒居

높은 구름에서 가랑비 내려 문득 서늘하니	高雲微雨忽生涼
머리 풀고 책 읽기도 좋구나	散髮觀書也不妨
산색은 가을 들어 새로 야위려 하고	山色入秋新欲瘦
매미 소리는 저물녘에 더욱 크구나	蟬聲迫暮更能長
이미 계륵 던져버려 매인 것 없는데	已拋鷄肋還無累
어찌 순채국 때문에 고향 그리워하랴[18]	豈爲蓴羹便憶鄉
고향 동산에 좋은 일 많을 줄을 차츰 느끼니	漸覺故園多好事
문 앞 열 이랑 논에 벼꽃 향기롭네	門前十頃稻花香

18 이미……그리워하랴 : 후한(後漢) 오군(吳郡) 사람 장한(張翰)이 일찍이 낙양(洛陽)에 들어가 동조연(東曹掾)으로 있다가 어느 날 가을바람이 불어오자 자기 고향인 강동(江東) 오중(吳中)의 순채국〔蓴羹〕과 농어회〔鱸鱠〕를 생각하면서 "인생은 자기 뜻에 맞게 사는 게 귀중한데, 어찌 수천 리 타관에서 벼슬하며 명예와 벼슬을 구할 것이 있겠는가?"라고 하고는 벼슬을 버리고 고향으로 돌아갔다는 고사가 전한다. 《晉書 卷92 文苑列傳 張翰》 현재 이하곤 자신은 계륵(鷄肋)과도 같은 벼슬이 없기 때문에 이렇게 읊은 것이다.

옥오[19] 선생을 애도하다 4수

悼玉吾先生 四首

춘옹의 문하에 나아간 선비이며[20]	春翁及門士
월로의 가업 계승한 아들이네[21]	月老肯堂兒
빙옥처럼 본래 티 없고	氷玉元無累
봉황처럼 절로 위의 있었네	鸞鳳自有儀
잠심하여 육경을 연구하고	潛心窮六籍
여사로 새로운 시 지었지	餘事出新詩
만 리의 구름 길 드넓게 펼쳐졌으니	萬里雲程闊
붕새 날아가는 기이한 꿈 맞았네[22]	鵬搏叶夢奇

19 옥오(玉吾) : 송상기(宋相琦, 1657~1723)로, 본관은 은진(恩津), 자는 옥여(玉汝), 호는 옥오재(玉吾齋)이다. 이하곤은 송상기의 맏사위이다. 《陶谷集 卷9 吏曹判書玉吾齋宋公神道碑銘》

20 춘옹(春翁)의……선비이며 : 송상기가 동춘당(同春堂) 송준길(宋浚吉)의 제자라는 말이다.

21 월로(月老)의……아들이네 : 송상기가 아버지인 제월당(霽月堂) 송규렴(宋奎濂)의 가업을 계승했다는 말이다. 긍당(肯堂)은 긍구긍당(肯構肯堂)의 준말로 《서경》 〈대고(大誥)〉에 "만일 아버지가 집을 지으려고 이미 법을 이루었거늘 그 자식이 기꺼이 당의 터도 만들려고 하지 않는데 하물며 기꺼이 집을 지으랴.〔若考作室, 旣底法, 厥子乃弗肯堂, 矧肯構.〕"라고 한 데에서 유래하여 자손이 선대의 유업을 잘 계승하는 것을 의미한다.

22 만 리의……맞았네 : 송상기가 이조 판서(吏曹判書) 등의 높은 관직에 올랐기에 한 말이다. 운정(雲程)은 구름처럼 아득하게 펼쳐진 앞길이라는 뜻으로 벼슬길이 훤하게 열려 있는 것을 말한다. 한편 《장자(莊子)》 〈소요유(逍遙遊)〉에 "붕새가 남쪽 바다로

2

문곡과 매우 닮았고[23] 酷似元文谷
백연[24]이 다시 마음 알아주었지 知心復百淵
십 년 동안 태학사 지내고[25] 十年太學士
아홉 번 이조를 맡으셨네[26] 九拜判東銓
복사꽃 자두꽃이 높은 문에 우거지고[27] 桃李高門蔭

옮겨갈 때에는 물결을 치는 것이 삼천 리요, 회오리바람을 타고 구만 리를 올라가 여섯 달을 날아가서야 쉰다.〔鵬之徙於南冥也, 水擊三千里, 搏扶搖而上者九萬里, 去以六月息者也.〕"라고 하였다.

23 문곡(文谷)과 매우 닮았고 : 문곡은 김수항(金壽恒, 1629~1689)으로, 본관은 안동(安東), 자는 구지(久之), 호는 문곡이다. 송상기의 어머니는 김광찬(金光燦)의 딸로 김수항과 남매(男妹) 사이이다. 따라서 여기서는 송상기의 모습이 외삼촌인 김수항과 닮았다고 말한 것으로 보인다.

24 백연(百淵) : 김창흡(金昌翕, 1653~1722)으로, 본관은 안동, 자는 자익(子益), 호는 삼연(三淵)·백연이다.

25 십 년……지내고 : 태학사는 홍문관 대제학의 별칭이다. 이 구는 송상기가 오랫동안 대제학을 맡았음을 말한 것이다. 이의현(李宜顯)의 글에 "문형은 교체되었다가 곧바로 임명된 경우가 두 번이고 교체되면 제학에 임명되었으니 십수 년 동안 사원에서 떠나지 않았다.〔文衡纔褫旋授者再, 褫則授提學, 十數年不離詞垣.〕"라고 하였다. 《玉吾齋集 卷18 神道碑銘 幷序》 한편 송상기 스스로는 "신이 대제학의 자리에 적합하지 않으면서도 외람되게 임명된 기간을 모두 따져보면 지금까지 15년입니다.〔臣於文任, 承乏濫叨, 通計首尾, 今至十五年.〕"라고 하였다. 《玉吾齋集 卷11 辭大提學書》

26 아홉……맡으셨네 : 동전(東銓)은 문관의 인사 행정을 담당하는 이조(吏曹)를 말한다. 이의현의 글에 "이조 판서에 임명되었다. 공은 여러 사람들의 비난으로 어려움을 겪었으므로 세 번 사양하여 교체되었다. 그 뒤로 모두 아홉 번에 걸쳐 이조 판서가 되었다.〔拜吏曹判書, 公困於群咻, 三辭而褫. 自後凡九入銓.〕"라고 하였다. 《玉吾齋集 卷18 神道碑銘 幷序》

27 복사꽃……우거지고 : 송상기가 오랫동안 대제학을 맡아 많은 인재를 선발하였기

경륜의 큰 솜씨 발휘하셨지 經綸大手宣
그럼에도 쓸쓸한 선비의 모습으로 蕭然寒士態
끝내 가문의 전통 실추시키지 않으셨네 終不墜家傳

3

선비다운 풍도 참으로 사표가 될 만했고 儒雅眞師表
문장에도 뛰어난 재주 지니셨지 文章更逸才
당시 사람들이 모두 죽이려고 하였는데 時人皆欲殺
산 귀신은 또 어찌 그리 시기했나 山鬼又何猜
너른 강가에 단풍 숲 어두운데 江闊楓林暗
흐린 날에 복조가 슬피 울었네[28] 天陰鵩鳥哀
궁궐에 호랑이 표범 으르렁거리니 九門猛虎豹
혼백이 돌아오기나 하려는가 魂魄倘歸來

4

높은 덕은 원회와도 같으신데 仰德同元晦

에 한 말이다. 당(唐)나라 적인걸(狄仁傑)의 문생 출신인 요원숭(姚元崇) 등 수십 명이 모두 명사(名士)가 되었으므로 "천하의 복사꽃과 오얏꽃이 모두 공의 문에서 나왔다.〔天下桃李, 悉在公門矣.〕"라고 했다는 고사가 전한다. 《資治通鑑 卷207 唐紀23 則天順聖皇后下》

28 복조(鵩鳥)가 슬피 울었네 : 송상기의 죽음을 비유한 말이다. 한 문제(漢文帝) 때 가의(賈誼)가 장사왕 태부(長沙王太傅)로 좌천되었는데, 그의 관사(官舍)에 복조가 날아들었다. 가의가 이를 몹시 불길하게 생각하여 점을 쳐본 결과 "들새가 방에 들어가면 주인이 곧 떠나게 된다.〔野鳥入室, 主人將去.〕"라는 점사(占辭)가 나오므로 죽음을 예견하고 〈복조부(鵩鳥賦)〉를 지었다고 한다. 《史記 卷84 賈生列傳》

못난 재주 직경에게 부끄럽네[29] 菲才愧直卿
조용하게 함장을 뵙고 從容拜函丈
평생 강마하고 토론하였네[30] 講討極平生
성품과 천명을 마음에 자세히 연구하고 性命研心細
시와 사부에도 눈이 밝아졌네 風騷着眼明
영원히 질정할 곳 없는 이 슬픔[31] 千秋亡質慟
오늘 더욱 마음에 걸리네 今日更關情

29 높은……부끄럽네 : 장인인 송상기는 높은 덕(德)을 지닌 인물이지만 사위인 이하곤 자신은 재주가 부족한 사람이라는 말이다. 원회(元晦)는 주희(朱熹)로, 자는 원회, 호는 회암(晦菴)·회옹(晦翁)이다. 직경(直卿)은 주희의 고제(高弟)이며 셋째 사위인 황간(黃榦)으로, 자는 직경, 호는 면재(勉齋)이다.

30 조용하게……토론하였네 : 이하곤이 장인인 송상기를 스승처럼 대하며 학문을 익혔다는 말이다.

31 질정(質正)할……슬픔 : 송상기를 스승처럼 모시며 배웠지만 이제 그가 고인(故人)이 되어 질정할 곳이 없다는 말이다. 《장자(莊子)》〈서무귀(徐無鬼)〉에 장자가 혜자(惠子)의 무덤을 지나면서 영(郢) 땅의 장석(匠石)이 도끼를 휘둘러 상대방의 코끝에 붙은 흙만을 떼어내는 기술을 지녔었는데, 그 사람〔質〕이 죽은 뒤에는 그런 기술을 발휘하지 못했다는 비유를 들어 혜자가 죽었으므로 더불어 이야기할 사람이 없다고 말한 내용이 보인다.

창옹[32]이 시 한 수를 부쳐 왔기에 화답하다

滄翁寄一詩和之

벌레소리가 이른 가을에 나고	蟲語生秋早
날이 개어 밤공기 차갑구나	新晴夜氣凄
홀로 외로운 촛불 바라보며 앉아	獨看孤燭坐
아득히 고향 산에서 살던 때 떠올리네	遙憶故山栖
초승달이 사람 엿보려 찾아들고	纖月窺人過
성긴 별빛이 방안 깊숙이 들어오지	疏星入戶低
그대가 다정히 함께한다면	君能同惠好
내가 맑은 시내를 나누어 주리라[33]	吾欲割淸溪

붙임 홍세태의 시[34]

홀로 누워 가을 생각 일어나는데	獨臥生秋思
외로운 등불 아래 처량한 빗소리 들리네	孤燈聽雨凄
풀벌레들 어둠 속에서 울어대고	草蟲多暗語

32 창옹(滄翁) : 홍세태(洪世泰, 1653~1725)로, 본관은 남양(南陽), 자는 도장(道長), 호는 창랑(滄浪)・유하(柳下)이다. 《浣巖集 卷4 滄浪洪公墓誌銘》

33 그대가……주리라 : 홍세태와 함께 은거하고 싶은 마음을 읊은 것이다. 혜호(惠好)는 《시경》〈북풍(北風)〉에 "사랑하여 나를 좋아하는 이와 손잡고 함께 돌아가리라.〔惠而好我, 携手同歸.〕"라고 한 데서 유래한 말이다.

34 홍세태의 시 : 《유하집(柳下集)》 권14에 〈비가 내리는 밤에 병석에서 입으로 불러 담옹에게 부치다〔雨夜病枕 口占寄澹翁〕〉라는 제목으로 수록되어 있다.

숲 속 새는 저마다 깊이 깃들었네	林鳥各深栖
병들어 몸은 온통 지쳤지만	抱疾身全倦
시 읊조리는 소리 낮아지지 않네	哦詩氣不低
이때의 그대 마음 아노니	知君此時意
반쯤은 금계[35]에 있겠지	一半在金溪

35 금계(金溪) : 《두타초(頭陀草)》 책1에 〈침우담은 진천현 남쪽 10여 리 쯤에 있다.……금계와 석탄의 물이 대 아래에 합쳐져서 큰 못을 이루는데……〔沈牛潭在鎭川縣南十餘里……金溪石灘之水 合流滙于臺下 成巨潭……〕〉라고 하였으므로 이하곤의 고향에 있는 물 이름임을 알 수 있다.

임 충간[36] 현 의 시호를 맞이하는 시첩 가운데에 있는 시를 차운하다

次任忠簡 鉉 延諡詩帖中韻

외로운 충절 영원히 상촌의 말로 기록되었는데[37]	孤忠久記象村言
성대한 일을 이제 이 시첩에서 보는구나[38]	盛事今看此帖存
비록 효손의 노력이 있었지만	縱有孝孫能竭力
성주께서 추은한 것임을 알아야지[39]	須知聖主本推恩
풍모와 명성 영원토록 시문에 남았고	風聲永世留篇翰

36 임 충간(任忠簡) : 임현(任鉉, 1549~1597)으로, 본관은 풍천(豐川), 자는 사중(士重), 호는 애탄(愛灘)이다. 이이(李珥)와 성혼(成渾)의 문인이며 시호는 충간이다. 《陶谷集 卷9 贈左贊成忠簡任公神道碑銘 幷序》

37 외로운……기록되었는데 : 임현의 죽음에 대해 상촌(象村) 신흠(申欽, 1566~1628)이 기록했다는 말이다. 임현은 1597년 정유재란이 일어나 적병이 호남에 침입하자 남원 부사(南原府使)가 되어 내려갔다. 이때 명나라 장수 양원(楊元)과 함께 성을 수비하였는데 양원은 도중에 도망하고 홀로 계속 분전하다가 전사하였다. 이러한 사실이 《상촌집(象村集)》 권38 〈천조선후출병래원지(天朝先後出兵來援志)〉에 기록되어 있다.

38 성대한……보는구나 : 임현이 시호(諡號)를 받던 날의 모습이 연시첩(延諡帖)의 여러 작품에 생생하게 묘사되어 있다는 말이다.

39 비록……알아야지 : 임현에게 시호가 내려진 것은 그 후손의 노력에 기인한 것이지만 결국 임금이 그의 공로를 인정한 결과라는 말이다. 임현은 의정부 좌찬성에 추증되고 원종공신(原從功臣) 1등에 책훈되었는데, 1702년(숙종28)에 현손인 통덕랑 임액(任詻)이 증시(贈諡)를 요청하여 1706년에 시호를 받았다. 《肅宗實錄 28年 2月 3日, 32年 2月 5日》

빛나는 은총 당시 술잔에 넘쳐났네　　光寵當時溢斝樽
알겠다 포숭에 한 점의 유감도 없으니　　可識褒崇無一憾
저승에서도 응당 영명한 넋 감읍하리　　九原應亦泣英魂

14일 밤에 달빛이 매우 아름다웠다. 한밤이 되도록 잠들지 못하고 마당을 배회하는데 찌르륵 찌르륵 벌레가 울어 더욱 가을 생각을 견디지 못하게 하였다

十四夜 月色甚佳 至數鼓不寐 徘徊庭中 蟲聲喞喞 尤令人不勝秋思也

달빛이 맑고 어여쁜데	月色初晴好
벌레 소리가 밤마다 서글퍼라	蟲聲每夜悲
서풍이 흰 머리에 불어오고	西風生白髮
가을 생각이 새 시에 들어오네	秋意入新詩
세상 구제하려는 마음 아직도 간절하지만	濟世心猶切
전원으로 돌아가려는 꿈 더디지 않네	歸田夢不遲
훨훨 날아 숲으로 자러 가는 새도	翩翩宿林鳥
스스로 깊은 가지 고르는구나	亦自擇深枝

가을에 도장[40]에게 들렀다가 돌아와서 시 한 편을 지었기에 부쳐 주다

秋日過道長 歸得一詩寄之

머리 벗겨지고 흰 눈썹 드리웠는데　顚毛禿盡雪眉垂
나를 만나 호방한 담소는 아직 쇠하지 않았네　見我豪談尙不衰
의기는 유협전에 격앙되고[41]　意氣激昂游俠傳
문장은 옹진[42]의 시에 쓸쓸하였지　文章蕭瑟瓮津詩
누가 낮은 벼슬의 감목관 가엾게 여기랴[43]　誰憐薄宦監田牧
다만 높은 이름이 오랑캐 감동시켰네[44]　但有高名動虜夷
가을 회포 이야기하며 함께 누웠더니　說與秋懷聊對臥
말소리에 어우러지는 벌레소리 풀밭에서 슬펐지　和人蟲語草間悲

마지막 구는 "풀숲 사이에 벌레 울음소리도 슬프네.〔草間亦有百蟲悲〕"로도 쓴다.

40 도장(道長) : 홍세태(洪世泰, 1653~1725)로, 본관은 남양(南陽), 자는 도장, 호는 창랑(滄浪)·유하(柳下)이다. 《浣巖集 卷4 滄浪洪公墓誌銘》

41 의기(意氣)는 유협전(遊俠傳)에 격앙되고 : 홍세태가 지은 전(傳)을 평가한 것으로 보인다. 홍세태의 〈유술부전(庾述夫傳)〉·〈김장군전(金將軍傳)〉·〈김영철전(金英哲傳)〉 중에서 〈김장군전〉과 〈김영철전〉을 가리키는 것으로 보인다.

42 옹진(瓮津) : 황해도 서남단에 위치한 고을 이름이다.

43 누가……여기랴 : 홍세태가 1719년(숙종45)에 울산 감목관(蔚山監牧官)으로 부임한 일이 있기에 한 말이다. 《浣巖集 卷4 滄浪洪公墓誌銘》

44 다만……감동시켰네 : 《승정원일기》 경종 3년 7월 8일 기사에 청(淸)나라 사신이 우리나라 사람의 시를 요구하여 홍세태에게 짓도록 하였다는 기록이 있다.

달밤의 감회 2수
月夜感懷 二首

빈 뜰에 나무 그림자 드리우고	空庭生木影
달 나오니 밤 이미 깊은데	月出夜已深
머리 풀고 높은 마루에 앉았노라니	散髮坐高軒
서늘한 바람이 북쪽 숲에서 부는구나	涼風動北林
흐르는 세월 머물 수 없으니	流年逝莫留
그윽이 살아가는 이 마음 서글프네	感此幽居心
쓸쓸히 잠들지 못하는데	悄然遂不寐
사방 벽에서 벌레들만 울어대네	四壁但蟲音

2

밝은 달은 멋진 손님 같아	明月如佳客
볼 때마다 반갑구나	相見每欣然
맑은 빛이 나의 창에 들어오니	淸光入我牖
사랑스러워 잠들지 못하노라	愛此未能眠
상쾌한 오늘 밤의 마음	泠然今夜意
아득한 생각이 임천에 있네	遐想在林泉
사람들은 이런 정취 알지 못하고	世人不識趣
온갖 걱정에 부질없이 애태우네	百慮空相煎

가을에 북영을 들르다

秋日過北營

이곳은 훈련도감(訓鍊都監)의 새로운 군영(軍營)이다. 대보단(大報壇)[45]은 북영의 북쪽으로 수백 보 거리에 있다.

금호문 서쪽의 훈련도감 군영	金虎門西訓鍊營
항상 굳센 군사 주둔하여 왕성 지키네	常屯熊虎護王城
높은 소나무에 절로 깃발 비추고	高松自映旌旗色
거센 폭포 소리가 문득 고각 소리 되는구나	怒瀑翻爲鼓角聲
누대는 연꽃 감상하기 좋으니 경치 빼어나고	樓好觀荷仍地勝
많은 나그네 말 멈추니 가을의 청량한 때라네	客多駐馬更秋淸
황단이 지척에 있어 구름 바라보노니	皇壇咫尺瞻雲氣
한 조각 궁원만 대명의 세계로구나[46]	一片宮園獨大明

45 대보단(大報壇) : 임진왜란 때 지원군을 파견해 주었던 명나라 신종(神宗)의 은혜를 추모하기 위해 쌓은 제단이다. 1704년(숙종30) 예조 판서 민진후(閔鎭厚, 1659~1720)의 발의에 따라 창덕궁(昌德宮) 금원(禁苑) 옆에 설치하고 명나라 태조(太祖)와 신종과 의종(毅宗)을 제사하였다. 그 명칭에 관해서는 송상기(宋相琦)의 《옥오재집(玉吾齋集)》 권7 〈예조 참판과 대제학을 사직하면서 고향으로 돌아가 아버지를 보살필 수 있게 해 달라고 요청하고 대보단의 명칭을 정해 올리는 소장〔辭禮曹參判及大提學仍乞歸省定入大報壇名疏〕〉에 자세히 보인다.

46 황단(皇壇)이……세계로구나 : 명나라는 망했지만 대보단에서 명나라 황제들을 제사하고 있기 때문에 이렇게 읊은 것이다.

홍도진[47] 중주 이 시 한 수를 주기에 차운하여 답하다

洪道陳 重疇 贈一詩 次韻答之

풀숲의 벌레소리 차마 듣지 못하겠으니　草間蟲語不堪聞
비 내린 뒤에 가을 분위기 완연하네　雨後秋容已十分
쇠퇴한 세상에서 좋은 벗 얻기 어려워　衰俗元難得良友
평소에 오직 그대에게 마음 열었네　素心唯獨向吾君
감히 숨은 선비를 따라 세상 경시하랴　敢追逸士能輕世
산신령이 글 새기는 것은 면하게 되었네[48]　可免山靈或勒文
손잡고 함께하자던 약속 조만간 이루어질까　早晚倘成携手約
이 늙은이가 시냇가 구름 나누어 주리　老夫聊欲割溪雲

붙임 홍중주의 시

높은 숲에 가을 되어 저녁 매미 소리 들리는데　高林秋候暮蟬聞
앓고 나니 친구들 각자 흩어졌네　病起親朋各散分
오늘 과거 포기한 나를 어찌 부러워하랴　今日斷科何羨我

47 홍도진(洪道陳) : 홍중주(洪重疇, 1672~?)로, 본관은 풍산(豐山), 자는 도진이다.

48 감히……되었네 : 세상을 경시하여 고향으로 돌아가 은거하려는 것이 아니라는 겸양(謙讓)의 표현이다. 남제(南齊) 때 주옹(周顒)이 공치규(孔稚圭)와 함께 남경(南京)의 북산(北山)에 은거하였는데, 조정의 부름을 받고 변절하여 해염 현령(海鹽縣令)으로 부임하였다. 그 후 임기를 마치고 조정으로 돌아가는 길에 다시 북산에 들르려고 하자 북산에 은거하던 공치규가 주옹의 변절을 비루하다고 여겨 북산 신령(神靈)의 이름을 가탁하고 관청의 이문(移文)을 본떠 〈북산이문(北山移文)〉을 지어 주옹이 다시는 북산에 들어오지 못하게 하였던 고사가 전한다. 《古文眞寶 後集 卷2》

지난날 벼슬살이한 일 그대에게 부끄럽네	向來從宦實慚君
백 길의 무지개와 노을이 머리에 서려 있어	腦蟠百丈虹霞氣
천 마디 아름다운 글 붓으로 토해내네[49]	筆吐千言錦繡文
세상 티끌에 쉬 물들까 두려워	却恐世塵容易染
나귀 타고 돌아가 사담[50]의 구름 속에 눕는구나	一驢歸去臥潭雲

49 백 길의……토해내네 : 이하곤의 뛰어난 문장력을 칭찬한 말이다. 참고로 이백(李白)의 종제(從弟)가 "형은 심간과 오장이 온통 금수로 되어 있습니까. 그렇지 않다면 어찌 입을 열 때마다 글을 이루고 붓을 휘두를 때마다 안개처럼 흩어진단 말입니까.〔兄心肝五臟皆錦繡耶. 不然何開口成文, 揮翰霧散.〕"라고 말한 고사가 있다.《李太白文集 卷26 冬日於龍門送從弟京兆參軍令問之淮南覲省序》

50 사담(沙潭) : 현재의 충청북도 괴산군 청천면 사담리 일대를 가리키는 것으로 보인다. 이하곤의《두타초(頭陀草)》책1〈홍군여관……(洪君汝寬……)〉에 "사담의 눈 속 봉우리 떠오른다〔遙憶沙潭雪裏峯〕"라는 구가 있는데, 그 아래에 "사담은 소금산 아래에 있다. 이곳에 우리의 별업이 있다.〔沙潭在小金山下, 是吾家別業.〕"라는 소주(小注)가 있다.

김사수[51] 시민 가 또 군 자를 차운하여 보내왔기에 이 시를 써서 답하다

金士修 時敏 又次君字寄示 書此答之

아름다운 시구 근래 듣지 못했던 것이니	佳句近聞所不聞
전형이 대부분 소릉에게서 나뉘었네[52]	典刑多自少陵分
재주 논함에 어찌 먼 옛날에서 구하랴	論才何必遠求古
얼굴 마주하고 그대 놓칠까 한탄하네	當面翻嘆幾失君
하늘이 어찌 곤궁한 관상을 주었으랴	天意豈偏賦窮相
속인들이 높은 문장을 알아보지 못할 뿐이지	俗兒無復識高文
서풍이 문득 불어 가을 강 차가운데	西風忽起秋江冷
연못에 누운 교룡처럼 깊은 곳에 살아가네	深處蛟龍臥澤雲

처(處) 자는 마땅히 자처(自處)하다의 처 자와 같이 읽어야 한다.

51 김사수(金士修) : 김시민(金時敏, 1681~1747)으로, 본관은 안동(安東), 자는 사수, 호는 동포(東圃)·초창(焦窓)이다. 농암(農巖) 김창협(金昌協)의 문인이다. 《南塘集 卷34 東圃金公行狀》

52 아름다운……나뉘었네 : 김시민이 보내온 시의 수준이 매우 높다고 칭찬한 것이다. 소릉(少陵)은 당(唐)나라 시인 두보(杜甫)의 호이다. 한원진(韓元震)의 글에 "고시의 여러 형식에도 매우 많은 노력을 기울였다. 그러므로 깊은 조예와 독특한 아름다움이 있어서 왕왕 그 시어가 사람들을 놀라게 하였다. 농암과 삼연 두 선생께서 장려하고 인정하면서 당송의 여러 문인들에게 견주었지만 공은 일찍이 이것을 자랑스럽게 여기지 않았다.〔至於古詩各體, 用功頗專, 故有深造獨得之妙, 往往有出語驚人者. 農巖三淵二老亟加獎許, 擬之唐宋諸家, 而公未嘗以此自多也.〕"라고 하였다. 《南塘集 卷34 東圃金公行狀》

붙임 김시민의 시

지척에서 어울리며 이로운 논의 들었는데	咫尺過從益論聞
슬프다 내일이면 멀리 헤어지네	明朝怊悵遠相分
이 세상에 풍류 아는 기이한 선비 누구인가	風流此世誰奇士
우리들 가운데 인생살이 그대 같은 이 드무네	生活吾儕少似君
천 년의 그림 모아 옛 것을 대단히 좋아하고	畫蓄千年偏好古
만 권의 책 소장하여 문장에도 뛰어나네	書藏萬卷自能文
사담[53] 골짜기에 새 집 짓고	沙潭洞裏新成屋
돌아가 맑은 가을에 흰 구름 속에 눕겠지	歸去淸秋臥白雲

53 사담(沙潭) : 현재의 충청북도 괴산군 청천면 사담리 일대를 가리키는 것으로 보인다.

도진[54]이 또 군 자를 거듭 사용해 지어서 보내왔기에 입으로 불러 화운하다

道陳又疊君字寄示 口占和之

홀로 등불 앞에 앉았노라니 멀리서 북소리 들리고	獨坐燈前遠鼓聞
가을 회포에 다시 이별의 슬픔 안타깝네	秋懷況復惜離分
이제 푸른 산으로 가서 노년 마치리니	青山此去堪終老
훗날 밝은 달 보면 그대 떠오르리	明月他時如見君
만나는 사람 탐탁잖으면 어떠리	未害逢人多白眼
문 닫고 현문이나 초하려네[55]	只須閉閣草玄文
우리 집은 본래 대단히 가난하여	吾家本自淸貧甚
오직 사담[56]의 만 골짝 구름이 있을 뿐이라오	唯有沙潭萬壑雲

붙임 홍중주의 시

쓸쓸한 가을비 소리가 잎새 위에서 들릴 제	秋雨寒聲葉上聞

54 도진(道陳) : 홍중주(洪重疇, 1672~?)로, 본관은 풍산(豐山), 자는 도진이다.

55 만나는……초하려네 : 다정했던 홍중주와 헤어지는 아쉬운 마음을 읊은 것이다. 백안(白眼)은 청안(靑眼)과 상대되는 말로, 진(晉)나라 죽림칠현(竹林七賢)의 한 사람인 완적(阮籍)이 예교에 얽매인 속된 선비가 찾아오면 백안으로 대하고 고결한 선비가 찾아오면 청안으로 대했다는 고사에서 유래하였다. 《晉書 卷49 阮籍列傳》 현문(玄文)은 《태현경(太玄經)》을 가리킨다. 한(漢)나라 양웅(揚雄)이 사천성(四川省) 성도(成都)에서 곤궁하게 살며 《태현경》을 썼다고 한다. 《漢書 卷87下 揚雄傳》

56 사담(沙潭) : 현재의 충청북도 괴산군 청천면 사담리 일대를 가리키는 것으로 보인다.

한밤까지 온갖 걱정에 잠들지 못하네 百憂無寐到宵分
티끌 가운데 백발이 된 나를 누가 가엾게 여길까 塵中白髮誰憐我
충청도의 푸른 산으로 또 그대를 보내네 湖左青山又送君
녹문으로 가족 데리고 가는 계획 대단히 부러우니 深羨鹿門携室計
소를 타고 관문 나갈 때의 글 보겠지[57] 定看牛背出關文
이제부터 세상일 끊어버리고 從玆謝絶人間事
마음대로 두타산[58]에서 흰 구름 희롱하시길 隨意頭陀弄白雲

57 녹문(鹿門)으로……보겠지 : 이하곤이 진천으로 돌아가《도덕경(道德經)》을 읽을 것이라는 말이다. 후한(後漢)의 방덕공(龐德公)이 본래 남군(南郡)의 양양(襄陽)에 살았는데, 형주 자사(荊州刺史) 유표(劉表)가 초빙하자 가솔과 함께 녹문산(鹿門山)에 들어가 약초를 캐면서 다시는 세상에 나오지 않았다는 고사가 전한다.《後漢書 卷83 逸民列傳 龐公》 출관문(出關文)은《도덕경(道德經)》을 가리킨다. 함곡관 영(函谷關令) 윤희(尹喜)가 함곡관 위에 자줏빛 서기가 서려 있는 것을 관측했는데, 이윽고 노자(老子)가 푸른 소를 타고 그곳을 지나가므로 그에게 부탁하여《도덕경》오천언(五千言)을 받았다고 한다.《列仙傳》

58 두타산(頭陀山) : 충청북도 진천군 초평면과 괴산군 도안면·증평읍의 경계에 있는 산이다.

또 군 자를 거듭 사용해 지어서 도진[59]에게 부치다
又疊君字寄道陳

맑은 시와 다정한 편지를 날마다 보내 주었으니	淸詩赤牘日相聞
한 골목에서 세 들어 살기 때문이었지	爲是僑居一巷分
푸른 산으로 가려니 자주 꿈에 들어오고	欲去靑山頻入夢
흰머리 서로 바라보니 다시 그대 가엾구나	相看白髮更憐君
붉은 줄로 물 연주한들 누가 그 곡조 알까[60]	朱絃奏水誰知曲
옛 검이 별을 쏘아 절로 문채 있구나[61]	古劍衝星自有文
바람 부는 창에서 베개 베고 누우리니	且向風牕欹枕臥
어지러운 세상사는 본래 구름 같다네[62]	紛紛世事本如雲

59 도진(道陳) : 홍중주(洪重疇, 1672～?)로, 본관은 풍산(豐山), 자는 도진이다.

60 붉은……알까 : 이하곤이 홍중주와 헤어져 진천으로 돌아가면 지기(知己)가 없을 것이라는 말이다. 춘추 시대 백아(伯牙)가 거문고를 타고 그의 벗 종자기(鍾子期)가 그것을 잘 알아들었는데, 높은 산을 마음에 두고 거문고를 타면 "훌륭하다. 험준하기가 태산과 같다.〔善哉. 峨峨兮若泰山.〕" 하였고 마음속에 흐르는 물을 두고 거문고를 타면 "훌륭하다. 광대히 흐름이 강하와 같다.〔善哉. 洋洋兮若江河.〕" 하였다. 《列子 湯問》

61 옛……있구나 : 홍중주의 뛰어난 재주를 비유하였다. 진(晉)나라 장화(張華)가 천문을 보니 풍성(豐城) 지방에서 붉은 기운이 두성(斗星)과 우성(牛星) 사이를 쏘고 있었다. 이에 뇌환(雷煥)을 불러 물었더니 "그것은 땅속에 보검(寶劍)이 묻혀 있어 그 기운이 쏘는 것입니다." 하였다. 뇌환을 풍성 영(豐城令)으로 보냈더니 과연 땅을 파서 용천(龍泉)과 태아(太阿)라는 보검을 찾아냈다고 한다. 《晉書 卷36 張華列傳》

62 어지러운……같다네 : 인정과 세태의 무상함을 비유한 것이다. 두보(杜甫)의 시에 "손 젖히면 구름 일고 손 엎으면 비가 내리니, 경박한 세상인심 어찌 따지랴.〔翻手作雲覆手雨, 紛紛輕薄何須數.〕"라는 표현이 보인다. 《杜少陵集 卷2 貧交行》

홍도진[63] 중주 이 시 한 수를 주었으므로 차운하여 답하다

洪道陳 重疇 贈一詩 次韻答之

담 너머에서 날마다 글 읽는 소리 들리고　隔垣日日讀聲聞
동산 나무 서로 얽혀 기가 나누어지지 않았지　園木相摎氣不分
비록 좋은 이웃들과 살았지만 모두가 셋집　縱接芳隣俱是寓
홀로 광태를 가엾게 여긴 것은 그대가 아닐까　獨憐狂態豈非君
천기 따라 귀뚜라미들 울어대고　天機蛬蛩皆能語
밤에 별들도 스스로 반짝이네　夜色星辰亦自文
이러한 때에 외로이 누워 그리움 더욱 간절하니　孤臥此時懷更切
등불 앞에 일어나 정운을 노래하네[64]　燈前欲起賦停雲

2

시끄러운 거마 소리 전혀 들리지 않고　車馬喧喧了不聞
그윽한 집에 꽃과 약초만 마당에 가득하네　幽居花藥一庭分
바위는 꼿꼿한 모습 많아 도리어 나와 같고　石多傲態還同我
대나무는 높은 뜻 있어 다시 그대와 같네　竹有高情更似君
고아한 취미로 맑은 날에 그림 감상하고　雅趣新晴聊閱畫

63 홍도진(洪道陳) : 홍중주(洪重疇, 1672~?)로, 본관은 풍산(豐山), 자는 도진이다.

64 정운(停雲)을 노래하네 : 홍중주를 떠올리며 시를 쓴다는 말이다. 정운은 멈춘 구름이라는 뜻으로 벗을 그리워하는 마음을 나타낸다. 《도연명집(陶淵明集)》 권1에 〈정운〉이라는 작품이 있는데, 도잠(陶潛)의 자서(自序)에 "정운은 친한 벗을 그리는 것이다.〔停雲, 思親友也.〕"라고 하였다.

맑은 담론은 온종일 문장 논했네　　清談竟日只論文
영명과 부귀는 무슨 물건인가　　榮名富貴元何物
남산에 일었다 사라지는 구름 보노라　　看取南山起滅雲

3

신기한 세상일 듣고 싶지 않으니　　世事新奇不欲聞
시비를 뒷사람들의 판단에 맡기노라　　是非留與後人分
한 손으로 집을 지탱할 수 없음 이미 알지만　　已知隻手難支廈
외로운 충정 지금도 임금을 그리워하네　　只有孤忠尙戀君
은둔한 방공[65]은 본래 스스로 편안했고　　避地龐公元自逸
가을 슬퍼한 송옥도 글을 지었지[66]　　悲秋宋玉亦須文
하늘 멀리 날아가는 기러기를 보시게　　試看天外冥鴻擧
주살이 어찌 높은 구름까지 미치겠는가[67]　　矰繳何曾及遠雲

65 방공(龐公) : 가족을 데리고 녹문산(鹿門山)에 은거했던 후한(後漢)의 방덕공(龐德公)을 가리킨다. 49쪽 각주57 참조.

66 가을……지었지 : 송옥(宋玉)은 전국 시대 초(楚)나라 문인으로 굴원(屈原)의 제자이다. 그의 〈구변(九辯)〉에 "슬프다, 가을의 기후여. 쓸쓸하여라, 초목은 낙엽이 져서 쇠하였도다.〔悲哉秋之爲氣也. 蕭瑟兮草木搖落而變衰.〕"라고 하였는데, 이를 〈비추부(悲秋賦)〉라고도 한다.

67 하늘……미치겠는가 : 비방이 분분한 도성을 떠나 진천으로 돌아가는 자신의 처지를 높이 날아서 주살의 위험을 피하는 기러기에 비유하여 읊은 것이다. 증격(矰繳)은 오늬에 줄을 매어서 쏘는 화살인데, 흔히 남을 해치는 수단을 뜻한다. 상산사호(商山四皓)가 태자의 자리를 안정시키고 떠나가자, 고조가 척부인(戚夫人)에게 춤을 추게 하고 "큰기러기 높이 날아 한 번에 천리를 나네. 날개가 이미 이뤄져서 사해를 가로지르네. 사해를 가로지르니 어찌할 수 있으리오. 비록 증격이 있다 한들 무슨 소용이리.〔鴻鵠高

4

멍하니 안석에 기대어 온갖 소리 듣나니 隱几嗒然衆籟聞
한 이치에 근원하여 저마다 다르구나[68] 原乎一理各殊分
본래 소리도 냄새도 없으니 어찌 알겠는가[69] 本無聲臭何能眹
기함이 있는 듯한데 누가 주인인가[70] 似有機緘孰是君
사계절 옮겨가도 신은 힘들이지 않고 四序轉輪神不力
삼광[71]을 얽어서 천제가 무늬 만들었네 三光錯綜帝爲文
도도히 흘러가는 고금의 일 滔滔往古來今事
사라지면 허공이고 일어나면 구름이네 消卽虛空起卽雲

불(不)은 용(用)으로도 쓰고, 위(爲)는 성(成)으로도 쓴다.

飛, 一擧千里. 羽翮已就, 橫絶四海. 橫絶四海, 當可奈何. 雖有矰繳, 尙安所施.〕"라고 노래한 고사가 전한다.《史記 卷55 留侯世家》

68 한……다르구나 : 우주의 근원은 하나의 이치인데, 그것이 천만 가지 현상으로 분리되어 저마다 다른 만물의 형태로 나타나는 이일분수(理一分殊)의 원리를 읊은 것이다.

69 본래……알겠는가 : 자연의 도(道)는 알기 어렵다는 말이다.《시경》〈문왕(文王)〉에 "하늘의 일은 소리도 없고 냄새도 없다.〔上天之載, 無聲無臭.〕"라고 하였다. 정이(程頤)의 글에 "지극히 고요하여 조짐이 없을 적에 만상의 이치가 이미 빼곡히 갖추어져 있다.〔冲漠無眹, 萬象森然已具.〕"라고 하였다.《近思錄 卷1 太極》

70 기함(機緘)이……주인인가 : 사물을 주관하여 움직이는 힘이 있는 것 같지만 무엇이 주장하는지는 알 수 없다는 말이다. 기함은 기관(機關)에 묶여 있는 것으로 사물을 움직여 발생하게 하고 변화하게 하는 힘을 말한다.《莊子 天運》

71 삼광(三光) : 해와 달과 별을 말한다.

비바람이 쓸쓸하여 매우 가을 정취가 있었다. 또 앞의 운자를 사용하여 짓다

風雨悽然 甚有秋意 又用前韻

쓸쓸한 비바람 소리 베개에 누워 들으니	風雨凄凄伏枕聞
이미 가을이 반이나 지난 줄을 아노라	已知秋氣欲平分
남쪽 밭의 곡식을 해치지나 않을까	能無南畝痒嘉穀
깊은 밤 성군의 심사 괴롭게 할까 두렵구나	或恐深宵惱聖君
풍흉은 지금 국운에 관계되니	豐歉卽今關國運
정형은 예부터 천문에 응했지	政刑從古應乾文
저녁이 되면서 서풍이 싸늘해지니	西風向晚生涼意
앞 봉우리의 가득한 구름을 쓸어내려는가	可掃前峰漠漠雲

또 앞의 운자를 거듭 사용하여 도진[72]에게 보여 주다

又疊前韻 示道陳

부귀한 가문에서 화려한 명성 드날리고	綺紈叢裏擅華聞
고전만 쌓인 가운데 전념하여 익혔네	墳籍堆中志不分
홍지를 이미 흙처럼 보았는데	紅紙已曾看作土
오사가 어찌 그대를 더럽힐까[73]	烏紗亦豈汚諸君
맑은 아침 씻긴 대나무 보며 새 시 짓고	清朝洗竹題新句
매일 향불 태우며 고문을 읽네	每日焚香讀古文
늙어서 가림에 숨을 만하다고 말하지 마라	莫向嘉林稱晩隱
삼청동에도 연기와 구름 많다네	三淸仙洞足煙雲

위는 도진(道陳)에 대해 말한 것이다.

2

성인을 바라는 공부 일찍이 들었는데	希聖工夫早已聞
조충이 습관 되어 힘을 많이 빼앗겼네[74]	雕蟲結習力多分

72 도진(道陳) : 홍중주(洪重疇, 1672~?)로, 본관은 풍산(豐山), 자는 도진이다.

73 홍지(紅紙)를……더럽힐까 : 홍중주가 청렴한 관리로 일할 것이라는 말이다. 홍지는 대과(大科) 급제자에게 주는 홍패(紅牌)를 가리킨다. 홍중주는 1699년(숙종25) 진사시에 합격하였을 뿐 대과에 급제한 기록이 없다. 아마도 그가 대과에 응시하지 않았기 때문에 흙처럼 보았다고 읊은 듯하다. 오사(烏紗)는 벼슬아치들이 쓰던 검은 깁으로 만든 오사모(烏紗帽)를 말한다.

74 성인(聖人)을……빼앗겼네 : 성인을 본받으려는 공부에 전념하지 못하고 문장 공

젊어서 건방지게 세상 경영할 수 있다고 했고 少年妄意能經世
대의는 오직 임금을 뒤로하지 않음만을 알았네 大義唯知不後君
길이 과연 궁하였지만 어찌 곡을 하랴 道果窮歟寧用哭
장차 은거하리니 또 어찌 글을 하랴[75] 身將隱矣又何文
선인의 낡은 집 지금도 남아 있으니 先人弊廬今猶在
죽을 때까지 열운정[76]에 눕는 것이 마땅하네 只合終身臥悅雲

위는 스스로에 대해 읊은 것이다.

3

본 것이 오히려 들은 것과 부합하니 所見猶能副所聞
연옹의 풍격을 어느 정도 얻었네[77] 淵翁風格得三分
말 밖에 마음을 써야 바야흐로 깨달았다 하나니 用心言外方稱悟

부에 많은 노력을 기울였다는 말이다. 조충(雕蟲)은 조충전각(雕蟲篆刻)의 준말로, 벌레 모양이나 전서(篆書)를 새기듯이 미사여구(美辭麗句)로 글을 꾸미는 작은 기예(技藝)를 말하는데 여기서는 문장을 뜻한다.

75 장차……하랴 : 서울을 떠나 진천으로 가려는 마음을 읊은 것이다. 진(晉)나라 개지추(介之推)가 은거하려 할 때에 그 어머니가 말하기를 "임금에게 알게 하는 것이 어떻겠는가.〔亦使知之若何〕"라고 하였다. 그러자 개지추가 "말은 몸을 꾸미는 것입니다. 장차 몸을 숨기려 하는데 어찌 꾸미겠습니까. 꾸민다면 이는 드러나기를 추구하는 것입니다.〔言, 身之文也. 身將隱焉, 焉用文之. 是求顯也.〕"라고 한 고사가 전하므로 인용한 것이다. 《春秋左氏傳 僖公24年》

76 열운정(悅雲亭) : 이하곤이 거주한 충청북도 진천군의 금계(金溪) 가에 자리한 정자이다. 《頭陀草 冊14 悅雲亭記》

77 본……얻었네 : 홍중주를 만나보니 듣던 대로 문장이 뛰어나다는 말로 보인다. 연옹(淵翁)은 삼연(三淵) 김창흡(金昌翕)을 가리키는 것으로 보이는데, 홍중주가 김창흡의 문인인지는 자세하지 않다.

백척간두에서 진일보하라고 그대를 권면하네[78] 進步竿頭更勉君
사람들 말하길 좋은 때는 절묘한 말 나오지 않고 人道好時非妙語
선비가 궁할 때 참된 문장 있다 하네[79] 士從窮處有眞文
예부터 작자가 무수히 많았지만 古來作者元無數
모두가 눈에 스쳐가는 높은 하늘의 구름 같았지 一似長空過眼雲

4

새 글을 한 편도 들려주지 않으니 不遣新詞一首聞
북과 깃발[80]을 함께하기 부끄러워서인가 鼓麾無乃恥同分
졸렬한 시는 엮어서 시집이 되어 가는데 拙詩漸欲編成集
훌륭한 구는 그대에게서 나올 줄을 아노라 佳句終知出自君
다만 가슴속에 만 권의 책을 간직해야 但得胸中藏萬卷
바야흐로 붓 아래 좋은 글 나온다네 方能筆下騁奇文

78 백척간두(百尺竿頭)에서……권면하네 : 홍중주에게 더욱 노력하라고 권한다는 말이다. 《전등록(傳燈錄)》에 "백척간두에서 한 걸음을 더 내디뎌야 시방세계의 이치가 이 몸에 온전해질 수 있네.〔百尺竿頭進步, 十方世界是全身.〕"라고 하였는데, 이는 일정한 경지에 올랐더라도 보다 더 높은 경지를 향해 부단히 노력해야 함을 의미한다.

79 사람들……하네 : 곤경과 시름 속에서 훌륭한 문장이 나온다는 말이다. 사마천(司馬遷)은 "우경이 만약 고통과 시름의 나날을 보내지 않았더라면 글을 지어 스스로 후세에 드러내지 못했을 것이다.〔虞卿非窮愁, 亦不能著書以自見於後世.〕"라고 하였다. 《史記 卷76 平原君虞卿列傳 虞卿 論》 구양수(歐陽脩)는 "시가 사람을 궁하게 하는 것이 아니라 자못 궁한 다음에야 시에 능해지는 것이다.〔非詩之能窮人, 殆窮者而後工也.〕"라고 하였다. 《文忠集 卷42 梅聖兪詩集序》

80 북과 깃발 : 고휘(鼓麾)는 북과 깃발로 본래는 전장(戰場)에서 군사를 지휘하는 것인데, 여기서는 문예(文藝)를 다투는 것을 비유하는 말로 사용되었다.

수창함을 번거롭다며 꺼려 마라　　莫嫌酬唱還多事
훗날 서글피 바라볼 것은 저녁 구름뿐이라네[81]　　悵望他時只暮雲

위는 사수(士修)[82]에 관한 것이다.

81 수창(酬唱)함을……구름뿐이라네 : 헤어지고 나면 서로를 기억할 것은 주고받은 시문(詩文) 뿐인데, 만일 수창하지 않는다면 훗날 그리운 마음을 달랠 길이 없을 것이라는 말이다. 모운(暮雲)은 저녁 구름이다. 두보(杜甫)의 시에 "위수 북쪽엔 봄 하늘에 우뚝 선 나무이고, 강 동쪽엔 저문 날 구름이네.〔渭北春天樹, 江東日暮雲.〕"라고 한 데서 유래하여 벗을 그리워하는 마음을 상징한다.《杜少陵集 卷1 春日憶李白》

82 사수(士修) : 김시민(金時敏, 1681~1747)으로, 본관은 안동(安東), 자는 사수, 호는 동포(東圃)·초창(焦窓)이다. 농암(農巖) 김창협(金昌協)의 문인이다.《南塘集 卷34 東圃金公行狀》

또 앞의 운자를 사용해 지어서 산으로 들어가는 김신로 상리를 전송하다

又用前韻 送金莘老 相履 入峽

이별의 마음 서글픈데 이른 기러기 소리 들리고	離懷悽惻早鴻聞
산골로 돌아가는 배 새벽에 출발하네	上峽歸舟曉色分
석실사[83] 앞쪽의 산이 길손 전송하고	石室祠前山送客
청심루[84] 너머의 달이 그대 따르겠지	淸心樓外月隨君
선물로 준 새 그림에는 좋은 작품 많은데	贈行新畫多奇品
빌려간 외로운 거문고에는 끊어진 글이 있네[85]	借去孤琴有斷文
나도 내일 아침이면 고향으로 가리니	我亦明朝故山路
두 곳에서 그리워하며 가을 구름에 막히겠네	相思兩地隔秋雲

83 석실사(石室祠) : 경기도 남양주시 지금동(芝錦洞)에 있는 석실서원(石室書院)을 가리킨다. 1656년(효종7) 지방 유림의 공의(公議)로 병자호란 때 순절(殉節)한 김상용(金尙容)과 김상헌(金尙憲) 형제의 충절과 학덕을 추모하기 위해 건립되었고, 1663년(현종4) 석실사라는 편액을 하사받아 사액서원으로 승격되었다.

84 청심루(淸心樓) : 경기도 여주(驪州) 객관의 북쪽에 있는 누정(樓亭)이다.

85 빌려간……있네 : 이하곤이 김상리(金相履)와 헤어지게 되었으므로 백아절현(伯牙絶絃)의 고사를 인용하여 아쉬운 마음을 읊은 것이다.

객지에서 밤에 소회를 쓰다

客夜書懷

흰머리 짧아지는 것이야 어찌 꺼리랴만 白髮何嫌短
흐르는 세월 너무도 놀랍구나 流年已可驚
하늘에 온통 달빛 환하고 一天渾月色
긴 밤 내내 벌레 소리만 울리네 永夜只蟲聲
이불 얇아 서리 내리지 않아도 싸늘하고 衾薄先霜冷
창 비어 새벽이 되기 전에도 환하네 窓虛未曉明
고향 산이 백 리나 되지만 故山元百里
돌아가는 길 눈에 가로 걸렸네 歸路眼中橫

감회가 있어서 동파의 운[86]을 사용해 짓다

有感 用東坡韻

강담에서 야윈 모습 한하지 않고	不向江潭恨枯槁
어촌에서 한껏 취해 쓰러졌네[87]	但從蜑戶相醉倒
부귀와 영화는 일장춘몽일 뿐	富貴榮華一春夢
이제 번뇌 벗어나니 도리어 기쁘다 하셨지	却喜今來脫煩惱
맑은 미호강[88]이 초가집 비추는데	渼湖江淸照茅屋
당시에 일찍 돌아가지 못한 것이 한스럽네	恨不當時歸去早
눈 속에 꼭두각시들 날마다 어지러이 날뛰니	眼中傀儡日紛紜
세상만사 베개에 기대는 것이 최상책이지	萬事無如欹枕好
풍류는 문득 흐르는 물 따라가 사라졌고	風流忽逐逝水空
지난 자취도 도리어 뜬 구름과 함께 없어졌네	往跡還與浮雲掃
누가 알았으랴 변방의 죽지 않은 사람	孰云嶺海不死人
귀신도 시기하고 하늘도 늙었을 줄을[89]	鬼神多猜天亦老

86 동파(東坡)의 운(韻) : 동파는 소식(蘇軾, 1037~1101)으로, 자는 자첨(子瞻), 호는 동파이다. 이하곤이 차운한 작품은 《동파전집(東坡全集)》 권13의 〈화진태허매화(和秦太虛梅花)〉이다.

87 강담(江潭)에서……쓰러졌네 : 이 시의 전체적인 내용과 다음의 시를 고려할 때 이 구는 강진(康津)에 유배되었던 이하곤의 장인 송상기(宋相琦)의 유배생활 모습을 읊은 것으로 보인다.

88 미호강(渼湖江) : 현재의 대전시 대덕구 미호동 부근의 물 이름이다. 송상기와 그의 부친인 송규렴(宋奎濂)이 학문을 연마하고 거주하였던 곳이다. 이곳에는 미호서원(美湖書院)이 남아 있다.

가련하다 뱃속에 좋은 문장 가득한데　可憐滿腹好文章
황토로 변해 가을 풀에 묻혔구나　化作黃土埋秋草
실을 뽑아내듯 만감이 창자에 얽혀　萬感縈腸如抽絲
홀로 소리 삼키며 푸른 하늘 바라보네　獨自呑聲向蒼昊

89 누가……줄을 : 송상기가 유배에서 풀려날 줄 알았는데, 귀신이 시기하고 하늘이 돌봐주지 않아 적소(謫所)에서 운명하게 될 줄을 짐작도 하지 못했다는 말이다.

옥오[90] 선생을 곡하다

哭玉吾先生

쓸쓸히 우마차 다니는 길로	艸艸牛車路
외로운 넋이 홀로 고향으로 돌아오셨네	孤魂獨返鄉
궤연에 가을 햇살 차가운데	几筵秋日冷
통곡 소리 저녁 구름과 함께 길구나	痛哭暮雲長
죽음이 이미 사로와 같으니[91]	死已同沙老
돌아가 응당 숙종대왕을 모시리	歸應侍肅王
남은 인생 아무 생각 없으니	餘生無意緖
세상사 다만 창망할 뿐이네	世事只蒼茫

90 옥오(玉吾) : 송상기(宋相琦, 1657~1723)로, 본관은 은진(恩津), 자는 옥여(玉汝), 호는 옥오재(玉吾齋), 시호는 문정(文貞)이다. 이하곤은 송상기의 만사위이다. 《陶谷集 卷9 吏曹判書玉吾齋宋公神道碑銘》

91 죽음이……같으니 : 사로(沙老)는 호(號)에 沙 자가 들어있는 인물을 가리키는 것으로 보이는데 자세하지 않다. 다만 이이첨(李爾瞻)을 비롯한 강경 대북파(大北派)의 폐모론(廢母論)에 반대하다가 삭탈관직되고 북청(北靑)으로 유배 가서 운명한 백사(白沙) 이항복(李恒福)의 자취가 송상기와 유사하므로 여기서는 이항복을 가리키는 것으로 보인다.

죽산[92]으로 가는 길에

竹山途中

구월 거센 바람에 낙엽 소리 구슬프고	九月風高落木哀
쓸쓸한 기러기 또 남쪽으로 돌아오네	蕭蕭鴻雁又南廻
집 떠난 뒤로 국화 피는 것 싫었고	離家已厭黃花發
나그네 되어 늘어나는 백발 슬펐네	爲客空悲白髮催
먼 언덕에 석양 지는데도 지친 말 타고 가는데	遠岸夕陽還倦馬
가을 물든 옛 성에 황량한 누대 있구나	古城秋色有荒臺
올해는 더욱 분주했으니	今年更覺栖遑甚
명절[93]에 탁주 마시지 못할까 걱정이네	恐負佳辰濁酒杯

92 죽산(竹山) : 경기도 안성(安城) 지역의 옛 지명이다.

93 명절(名節) : 이 시를 9월에 지었으므로 중양절(重陽節)을 가리킨다.

어장으로 가는 길에

漁庄途中

쓸쓸한 깊은 산 길 蕭蕭深峽路
말 앞쪽에서 나무꾼 노랫소리 일어나네 馬首起樵歌
들판의 벼는 서리 내리기 전에 익었고 野稻霜前熟
산의 꽃은 가을 들어 많이 피었구나 山花秋後多
이내 삶은 전원에서 마치리니 吾生終畎畝
세상에서 얼마나 풍파 겪었던가 世道幾風波
문득 남쪽으로 날아가는 기러기 만나니 忽値南飛雁
사냥꾼의 그물이 너를 어찌하겠느냐[94] 虞羅奈汝何

94 문득……어찌하겠느냐 : 높이 날아가는 기러기를 그물로 잡을 수 없듯이 도성을 떠나 진천으로 돌아가는 이하곤 자신도 법망(法網)에 걸리거나 사람들의 비방을 듣지 않아도 된다는 비유적 표현이다.

서흥 현감으로 가는 오자장[95] 수원 을 전송하다

送吳子長 遂元 監瑞興

만난 지 이제 며칠인가	相逢今幾日
이번 이별로 또 산하에 막히겠네	此別又關河
길은 월대[96]를 향해 가고	路向月臺去
산은 총수[97]부터 많다네	山從蔥秀多
가시나무 한탄할 필요 없나니	莫須嘆枳棘
일찍이 풍파에 괴로웠네[98]	曾亦困風波
청렴결백한 가풍 집안에 전해지니	淸白傳家在
가서 오고의 노래 들으리[99]	行聽五袴歌

95 오자장(吳子長) : 오수원(吳遂元)으로, 인적사항은 자세하지 않다. 1723년(경종 3)에 서흥 현감(瑞興縣監)이 되었다. 《承政院日記 景宗 3年 8月 10日》

96 월대(月臺) : 오수원이 임지(任地)인 서흥으로 가는 길에 있는 누대를 가리키는데 어디인지는 정확하지 않다. 다만 서흥은 현재의 황해북도 서흥군에 속하고 이곳으로 가려면 개성을 지나야 하므로 개성의 만월대(萬月臺)를 가리키는 것으로 보인다.

97 총수(蔥秀) : 황해도 평산(平山)에서 북쪽으로 30리 지점에 있는 산이다. 예전에 서북쪽으로 가기 위해서는 이곳을 지나야 했고 서흥현도 그 북쪽에 위치해 있다.

98 가시나무……괴로웠네 : 서울에서 멀리 떨어진 작은 고을의 지방관으로 가지만 서울에서 세파(世波)에 시달리는 것보다는 나을 것이라는 말이다. 지극(枳棘)은 가시나무이다. 후한(後漢) 때 고성 영(考城令) 왕환(王渙)이 정장(亭長) 구람(仇覽)을 평가하여 "가시나무는 난봉이 깃들 곳이 아니니, 백리 고을이 어찌 대현이 있을 곳이리오.〔枳棘非鸞鳳所棲, 百里豈大賢之路.〕"라고 한 고사가 전한다. 《後漢書 卷106 仇覽列傳》 여기서는 오수원이 작은 고을의 현감으로 부임하는 것을 비유하는 말로 사용되었다.

99 가서……들으리 : 오수원이 서흥 현감으로 부임하여 선정(善政)을 베풀고 백성들로부터 기림을 받을 것이라는 말이다. 오고(五袴)는 다섯 벌의 바지라는 의미로 지방관의 선정을 상징하는 말로 사용된다. 동한(東漢)의 염범(廉范)이 촉군 태수(蜀郡太守)로 부임하여 금화(禁火)와 야간 통행금지 등 옛 법규를 개혁하여 주민 편의 위주의 정사를 펼치자, 백성들이 "우리 염숙도여, 왜 이리 늦게 오셨는가. 불을 금하지 않으시어 백성이 편케 되었나니, 평생 속옷도 없다가 지금은 바지가 다섯 벌이라네.〔廉叔度, 來何暮, 不禁火, 民安作, 平生無襦, 今五袴.〕"라는 노래를 지어 불렀다고 한다.《後漢書 卷31 廉范列傳》

윤백수[100] 유 의 시를 차운하여 나계로 돌아가는 중화[101]를 전송하다

次尹伯修 游 韻 送仲和歸蘿溪

우리들의 방황하는 마음　吾輩栖栖意
각각 충청과 경기 사이로 가네　各之湖甸間
양지[102] 가는 길에 저녁 구름 끼고　暮雲陽智路
박연산에 가을 나무 물들겠지　秋木朴淵山
오늘 밤 이별하면　此夜一爲別
언제나 다시 돌아올까　何時能復還
이제는 알겠네 높은 베개 너머에서　從知高枕外
누가 그대의 한가함 빼앗았는지를　誰得奪君閒

2

동쪽 이웃으로 걸어가　步屧東隣去
노목 사이에 외로운 등불 밝히고　孤燈老木間
마주 바라보니 모두 백발인데　相看俱白髮
내일 제각각 청산으로 떠나네　明日各青山

100 윤백수(尹伯修) : 윤유(尹游, 1674~1737)로, 본관은 해평(海平), 자는 백수, 호는 만하(晩霞)이다.

101 중화(仲和) : 윤순(尹淳, 1680~1741)으로, 본관은 해평, 자는 중화, 호는 백하(白下)·학음(鶴陰)·나계(蘿溪)이다. 윤유의 아우이다.《白下集 附錄 行狀》

102 양지(陽智) : 현재의 경기도 용인시 처인구 양지면 일대이다.

깊은 연못에 용은 장차 숨으려 하고	深澤龍將蟄
높은 바람 타고 기러기 돌아오려 하네	高風雁欲還
나계에 초가집 있으니	蘿溪有茅屋
긴긴 한가로움 싫지 않겠지	應不厭長閒

손자를 애도하다

悼孫兒

너의 삶 어찌 이리 초라하단 말이냐	爾生何艸艸
고작 삼십 일 살았구나	三旬僅爲人
비록 포대기 안에 있었지만	雖在襁抱中
눈썹과 눈에 정채 넘쳤으니	眉眼溢精神
뛰어난 인물 될 줄 알아	決知是英物
손 안의 보배처럼 여겼는데	視若掌中珍
하루아침에 앗아가니	一朝奪之去
귀신은 어찌 이리도 어질지 못한가	鬼神何不仁
성산 등성이에 풀 시들고	艸衰城山原
양화나루에 바람 거센데	風急楊花津
이러한 때에 너를 떠나보내	此時送汝去
황량한 산 물가에 버리는구나	委擲荒山濱
네 아비와 어미	汝父及汝母
가을 하늘 향해 울부짖고	叫號向秋旻
늙은 나도 잠들지 못한 채	老夫亦無寐
슬픈 마음이 바퀴 돌 듯 이어지네	悲腸如轉輪
한 기운이 잠깐 흩어지고 모이니	一氣倏散聚
장수와 요절을 조화에 맡길 뿐[103]	彭殤任大勻

103 한 기운이……뿐 : 사람의 생사(生死), 그리고 장수와 요절은 자연의 조화에 달

아 끝내 어찌하랴	嗚呼竟奈何
소리 삼키며 다시 말하지 않노라	呑聲勿復陳

려 있을 뿐이라는 말이다. 팽상(彭殤)은 800살을 살았다는 팽조(彭祖)와 성년이 되기 전에 일찍 죽은 아이라는 뜻의 상자(殤子)를 말하는데, 이는 장수와 요절을 상징하는 말로 자주 사용된다. 《장자(莊子)》 〈제물론(齊物論)〉에 "상자보다 오래 산 사람이 없고 팽조보다 일찍 죽은 사람이 없다.〔莫壽於殤子, 而彭祖爲夭.〕"라고 하였다. 대균(大勻)은 대균(大鈞)과 같은 말로 대자연의 조화를 의미한다.

밤에 윤사정 형 의 집에 모여 기녀들의 재예를 구경하고 중화[104]에게 이별의 선물로 주다

夜集尹士淨 瀅 宅觀伎 贈別仲和

촛불 밝힌 화려한 자리에 미인들 둘러앉았고　銀燭華筵匝翠蛾

술잔에 달빛 비춰 물결 일렁이려 하네　金尊月照欲生波

내일 아침 남과 북으로 헤어지리니　明朝一別成南北

수빈의 몇 곡조 노래에 눈물 흘리네　淚落賓娥數曲歌

가기(歌伎)의 이름이 수빈(壽賓)인데, 우리들이 내일 아침 이별하기 때문에 이별의 노래를 불렀다.

104 중화(仲和) : 윤순(尹淳, 1680~1741)으로, 본관은 해평(海平), 자는 중화, 호는 백하(白下)·학음(鶴陰)이다.《白下集 附錄 行狀》

12일 밤에 달빛이 대단히 아름다웠다. 평보[105] 형제, 윤수보[106] 용, 조천경 명재, 조이보[107] 명교, 이군경[108] 일제, 종제인 재휴, 홍수이[109] 중일, 남자정 격 이 모두 와서 모였으니 내가 내일 출발하여 남쪽으로 돌아가기 때문이었다. 시 한 수를 남겨 이별하다

十二夜月色佳甚 平甫兄弟 尹受甫 容 曺天卿 命宰 曺彜甫 命敎 李君敬 日躋 從弟載休 洪弟壽爾 重一 南子正 格 俱來會 蓋余明發將欲南歸故也 爲留一詩以別

쓸쓸히 등불 밝히고 문 닫은 채	蕭蕭燈影掩牕扉
술동이 앞에서 눈물 흘리지 않노라	不向尊前涕屢揮
흰머리로 또 오늘 이별하니	白首又成今日別
푸른 산으로 벗들과 함께 돌아가기 어렵네	靑山難共故人歸
밤 깊어 경고가 다급히 울리고	夜深更鼓應須急
가을 다해 기러기도 이미 드무네	秋盡征鴻已欲稀
헤어지며 서글픈 마음 묻지 말라	莫問臨分惆悵意
국화 마주하면 또한 아른아른 떠오르리	菊花相對亦依依

105 평보(平甫) : 서명균(徐命均, 1680~1745)으로, 본관은 달성(達城), 자는 평보, 호는 소고(嘯皐)·보졸재(保拙齋), 시호는 문익(文翼)이다.

106 윤수보(尹受甫) : 윤용(尹容, 1684~1764)으로, 본관은 파평(坡平), 자는 수보이다.

107 조이보(曺彜甫) : 조명교(曺命敎, 1687~1753)로, 본관은 창녕(昌寧), 자는 이보, 호는 담운(澹雲)이다. 《李參奉集 卷3 吏曺參判曹公墓表》

108 이군경(李君敬) : 이일제(李日躋, 1683~1757)로, 본관은 전주(全州), 자는 군경, 호는 화강(華岡)이다.

109 홍수이(洪壽爾) : 홍중일(洪重一, 1700~?)로, 본관은 풍산(豐山), 자는 수이이다.

판교점에서 임소인 함양으로 가는 조신여[110] 준명 를 전송하다

板橋店 送趙愼汝 駿命 之任咸陽

조촐하게 등불 앞에 모여 대화하고	艸艸燈前話
서글프게 취하여 읊조리네	悽悽醉後吟
갈림길에서 만났으니	相逢岐路際
이별의 마음 견딜 수 있으랴	可耐別離心
계림에 누런 잎 떨어진 지 오래되었고	黃葉鷄林古
푸른 지리산 깊기도 하겠지[111]	靑山智異深
훈지를 응당 불 것이니	塤篪應有唱
북쪽으로 소식 보냄 아끼지 마시길[112]	莫惜北來音

110 조신여(趙愼汝) : 조준명(趙駿命, 1677~1732)으로, 본관은 풍양(豐壤), 자는 신여이다. 1723년(경종3)에 함양 군수(咸陽郡守)가 되었다. 《歸鹿集 卷14 淸州府君墓碣銘》

111 계림(鷄林)에……하겠지 : 조준명의 임지인 함양이 옛 신라의 영토이고 그곳에 지리산이 있기 때문에 이렇게 읊은 것이다. 황엽계림(黃葉鷄林)은 고운(孤雲) 최치원(崔致遠)이 고려 태조 왕건(王建)에게 "계림에는 누런 잎이 지고 곡령에는 소나무가 푸르다.〔鷄林黃葉, 鵠嶺靑松.〕"라는 글을 보낸 일이 있기에 사용한 것으로 보인다. 《三國史記 卷46 崔致遠列傳》

112 훈지(塤篪)를……마시길 : 임지에 가서 형제가 수창한 작품을 자신에게 보내달라는 의미이다. 훈지는 《시경》 〈하인사(何人斯)〉에 "백씨가 질나발을 불거든 중씨는 젓대를 분다.〔伯氏吹塤, 仲氏吹篪.〕"라고 한 데서 유래하여 형제간의 우애를 의미한다. 여기서는 조준명과 조귀명(趙龜命)이 수창(酬唱)한다는 의미로 풀이하였다.

신여(愼汝)의 아우 귀명(龜命)[113] 석여(錫汝)는 문장으로 명성이 있었는데, 그의 형을 따라 남쪽으로 유람을 가므로 마지막 구에서 언급하였다.

113 조귀명(趙龜命) : 1693~1737. 본관은 풍양(豐壤), 자는 석여(錫汝)・보여(寶汝), 호는 동계(東溪)이다.《歸鹿集 卷19 東溪小傳》

윤현도 상희 가 앞의 시를 차운하여 보여 주므로 말 위에서 입으로 불러 답하다

尹玄度 尙喜 次示前韻 馬上口占答之

당시 윤상희는 새로 진사시에 합격하여 충주(忠州)에 영분(榮墳)[114]하러 가는 길이었는데 판교점(板橋店)에서 만나 이틀 동안 동행하였다.

만나서 먼 길 함께 가며	邂逅同長道
잇따라 다시 짧게 읊조리네	聯翩更短吟
진사시에 합격하여 명성 드날린 사람	聲名新進士
진실하고 소박한 고인의 마음 지녔구나	眞朴古人心
세상 멀리함은 나의 일 아니지만	遐蹈非吾事
사귀는 정은 그대에게 깊네	交情向汝深
붉은 줄 끊어지지 않았는데	朱絃元不斷
지음을 얻기 어렵구나[115]	難得是知音

114 영분(榮墳) : 과거에 급제하거나 처음 벼슬한 사람이 조상의 산소에 가서 고하는 것을 말한다.

115 붉은……어렵구나 : 진정으로 마음을 알아주는 벗을 얻기 어렵다는 말이다. 주현(朱絃)은 거문고 줄을 의미한다. 춘추 시대에 백아(伯牙)가 거문고를 타면 그의 벗 종자기(鍾子期)가 거문고 소리를 듣고 백아의 마음을 잘 알았다고 한다. 《列子 湯問》

대교로 가는 길에

大橋途中

가을 들어 얼마나 길을 갔던가	秋後幾征役
한겨울에도 쉬지 못하네	仲冬猶未休
야윈 나귀 타고 강산 떠돌며	江山瘦騾子
해진 갖옷으로 눈보라 견디네	風雪弊貂裘
해 짧아 먼 길 시름겹고	急景愁長道
노년에 피곤한 유람 싫구나	衰年厭倦遊
고향의 초가집 운치 넘치고	故山茅屋趣
소나무와 대나무도 맑고 그윽하지	松竹更淸幽

공주에 도착하다

到公州

이날은 주인 형의 생일[116]이었다. 사위 김광연(金廣淵)[117]이 새로 진사(進士)에 뽑혀 마침 집에 왔다.

형제가 이 밤에 함께 모여	弟兄同此夕
다시 고당에서 노래하고 춤추네	歌舞復高堂
은촉은 달빛을 속일 만하고	銀燭能欺月
금술잔 기울이니 서리 두렵지 않네	金杯不畏霜
마당에 재인은 인형놀이 한창이고	庭才紛傀儡
문에는 봉상이 있구나[118]	門設有蓬桑
예전부터 알았네 즐거워하는 곳에	久識歡娛地
누가 밤이 길다 싫어할까	誰嫌夜漏長

116 생일 : 설호(設弧)는 남자의 생일을 의미한다. 《예기》 〈내칙(內則)〉에 "자식이 출생하거든 남자이면 문의 좌측에 활을 설치하고 여자이면 문의 우측에 수건을 설치한다.〔子生, 男子設弧於門左, 女子設帨於門右.〕"라고 하였다.

117 김광연(金廣淵) : 1697~? 본관은 언양(彦陽), 자는 대중(大仲)이다. 1723년(경종3) 진사시에 합격하였다.

118 문에는 봉상(蓬桑)이 있구나 : 봉상은 뽕나무로 만든 활과 쑥대로 만든 화살을 의미한다. 고대에 사내아이가 태어나면 뽕나무 활에 쑥대 화살을 메워서 천지 사방에 쏨으로써 장차 천하에 원대한 일을 할 것을 기대하였다. 《禮記 內則》

현재에서 감회를 쓰다

縣齋書懷

고향에서 고작 열흘 지내고	故園纔十日
지친 말로 다시 남쪽 가네	倦馬又南征
종형이 맡은 경치 좋은 고을[119]	形勝從兄郡
훌륭한 막내아우[120]와 함께 왔네	提携季弟榮
옛 백제 땅에 푸른 산 남았고	青山百濟國
쌍수성[121]에 고목 우거졌네	古木雙樹城
올라보니 흥취 절로 일어	自有登臨興
멀리 온 나그네의 마음 잊노라	能忘遠客情

119 종형(從兄)이……고을 : 이하곤이 공주(公州)에서 이 시를 썼으므로 여기서 종형은 이형곤(李衡坤)을 가리키는 것으로 보인다. 그는 1723년에 공산 현감(公山縣監)으로 임명되었다.《承政院日記 景宗 3年 6月 1日》이형곤은 이하곤의 백부(伯父) 이인소(李寅熽)의 둘째 아들로 자는 재방(載方), 호는 위헌(韋軒)이다.

120 막내아우 : 계제(季弟)는 이하곤의 막내아우 이명곤(李明坤)을 가리킨다.

121 쌍수성(雙樹城) : 현재의 충청남도 공주시 산성동에 있는 공산성(公山城)을 가리킨다. 백제 시대에 축성되어 웅진성으로 불리다가 고려 시대 이후 공산성으로 불리게 되었다. 1624년 인조(仁祖)가 이괄(李适)의 난을 피해 있으면서 공산성 안 두 그루의 나무 밑에서 머물렀기 때문에 쌍수라고 이름하였다.《萬機要覽 軍政編4 忠淸道》

비가 그친 뒤에 누각에서 바라보다

雨後閣望

산성에 비 개자 山城新雨霽

누각에 저녁 구름 차갑구나 樓閣暮雲寒

곰나루 드넓게 펼쳐져 땅이 탁 트였고 地坼熊津闊

계룡산 서려 있어 하늘도 낮구나 天低鷄嶽盤

요새의 역할은 지난 시절의 일일 뿐 關防異時事

멋진 경관을 후대 사람이 보노라 形勝後人看

쌍수정이 지금도 남아 있으니 雙樹亭猶在

일찍이 임금께서 머무셨다지[122] 曾聞駐八鑾

122 쌍수정(雙樹亭)이……머무셨다지 : 쌍수정은 충청남도 공주시 산성동 공산성(公山城) 안에 있는 정자이다. 1624년(인조2) 이괄(李适)의 난 때 인조(仁祖)가 난을 피하여 공산성 쌍수정에 머물다가 난이 평정되었다는 소식을 듣게 되었다. 《樂全堂集 卷7 雙樹亭記》

쌍수정[123]에서

雙樹亭

갑자년에 난리 심하여　亂離甲子甚
인조께서 이 정자에 오르셨지[124]　仁祖此登亭
군왕께서 뛰어난 무용 지니셨고　神武君王有
장수들이 공훈을 새겼네　功勳將帥銘
오색구름 여전히 머물고[125]　五雲猶自駐
두 그루 나무[126] 오래도록 푸르네　雙樹只長青
고금의 일 생각하며 마음은 끝이 없는데　今古情無極
강물은 잠시도 멈추지 않는구나　江流不少停

123 쌍수정(雙樹亭) : 충청남도 공주시 산성동 공산성(公山城) 안에 있는 정자이다.

124 갑자년(甲子年)에……오르셨지 : 1624년(인조2) 이괄(李适)의 난 때 인조(仁祖)가 공주로 피난한 사실을 말한다.

125 오색구름 여전히 머물고 : 쌍수정에 인조가 머물렀던 기운이 남아 있다는 말이다. 오운(五雲)은 다섯 가지 빛깔을 내는 상서로운 구름으로 흔히 임금이 있는 곳을 가리키는 말로 쓰인다.

126 두 그루 나무 : 인조가 공산성 안에 있는 두 그루 나무 밑에서 머물렀던 일이 있기에 한 말이다.

작년 11월 내가 남강에 있을 때 눈이 내리는 가운데 이순좌 영공과 함께 수인사를 유람하였다.[127] 금년 11월에 또 이 영공과 함께 공북루[128]에 올랐는데 작년과 마찬가지로 눈보라가 쳤다. 이는 진실로 기이한 일이고 멋진 만남이니 시로 기록하지 않을 수 없다. 이에 작년에 사용했던 운자[129]로 이 시를 지어 영공에게 부쳐주었다. "남아의 만남과 헤어짐 본래 정해지지 않았으니 슬픈 노래로 이별의 자리 시름겹게 하지 말라."는 작년에 지었던 시에 있는 말이다. 그러므로 결구에서 언급하였다

前年至月 余在南康 雪中同李令公舜佐遊修因寺 今年至月 又與李令登拱北樓 風雪極似前年 此誠奇事奇會也 不可無詩以識 玆用前韻作此 寄示令公 男兒聚散元無定 莫遣哀歌懰別筵 卽前詩語 故結句及之

작년에 함께 수인사 갔었는데　　修寺同遊已隔年

다시 공북루 앞에서 만났네　　相逢忽復北樓前

127 작년……유람하였다 : 이하곤은 1722년(경종2) 겨울에 전남 강진에 유배된 장인 송상기(宋相琦)를 만나고 돌아왔다. 11월 25일에 우후(虞候) 이순좌(李舜佐)가 강진에 머물고 있던 이하곤을 찾아와 함께 수인사(修因寺)를 유람하였다.《頭陀草 冊18 南遊錄》 이순좌(1684~?)의 본관은 전주(全州), 자는 우경(虞卿)이다. 1721년 전라도 병마우후에 임명되었다.《承政院日記 景宗 1年 閏6月 16日》 수인사는 전남 강진군 병영면 지로리에 있는 절이다.

128 공북루(拱北樓) : 충남 공주시 산성동 공산성에 있는 누각이다.《宋子大全 卷140 公州拱北樓重修記》

129 작년에 사용했던 운자 :《두타초》 책10에 수록된 〈이우후해등수인사색시파근서차증지(李虞候偕登脩因寺索詩頗勤書此贈之)〉의 운자와 이 시의 운자가 동일하다.

여기서 멋진 만남 가질 줄을 어찌 기약했으랴	豈期此地成奇會
새 시로 옛 시를 이으려네	欲把新詩續舊篇
눈 그친 뒤에 함께 강가 누각에 오르니	雪後共臨湖上閣
풍광이 바다 남쪽의 하늘과 다름없구나	風光一似海南天
만남과 헤어짐 원래 이런 줄 알았기에	久知聚散元如許
당시 송별연을 슬퍼하지 않았다네	不懰當時送別筵

밤에 금강에 배를 띄우고 연성휘[130]의 시를 차운하다
夜泛錦江 次延聖輝韻

공산 현감[131]도 높은 관직이니	公山太守亦尊官
만 겹 계룡산을 관리하네	管領鷄龍萬疊巒
성의 기세 하늘에 닿아 산은 다 희고[132]	城勢到天山盡粉
누대 풍광 달빛에 일렁여 강물 붉구나	樓光蕩月水流丹
술 마시며 이 밤 실컷 즐기리니	杯樽且盡今宵樂
바람과 이슬이 오경에 차가운들 어떠리	風露何曾五夜寒
해월의 맑은 노래와 당돌의 춤을	海月淸歌唐突舞
등불 앞에서 마음껏 감상하노라	燈前盡意一相看

해월(海月)과 당돌(唐突)은 모두 기녀(妓女) 이름이다.

130 연성휘(延聖輝) : 연세화(延世華, 1656~?)로, 본관은 곡산(谷山), 자는 성휘이다.

131 공산 현감(公山縣監) : 이하곤의 종형(從兄) 이형곤(李衡坤)이 당시 공산 현감이었다.

132 성(城)의……희고 : 산 위에 있는 성벽에 석회를 발라 하얗게 보이는 모습을 읊은 것이다.

또 율시 한 수를 짓다
又賦一律

공북루[133] 앞의 강물 어여쁜데　拱北樓前江可憐
몇 곡조 생황노래가 배에서 울려 퍼지네　笙歌數部在樓船
고을의 여러 사람들 모두 높은 흥취 있어　邑中諸客皆高興
술 취한 우리들 영락없이 신선 같네　醉後吾儕似列仙
뒤쪽의 붉은 난간 절벽 위에 있는데　背指朱欄元絶壁
밝은 달 불러오니 멋진 자리 되었네　招來明月卽華筵
이 즐거움 평생에 가장 멋진 줄 아노니　極知此樂平生最
청광한 늙은이 반백년 살았다오　老子淸狂五十年

133 공북루(拱北樓) : 충남 공주시 산성동 공산성에 있는 누각이다. 《宋子大全 卷140 公州拱北樓重修記》

앞의 운자를 거듭 써서 짓다

疊前韻

애절하고 호탕한 음악소리 참으로 사랑스럽고　哀絲豪竹絶堪憐
맑은 강 올라갈 제 달빛도 배에 가득하네　泝上清湖月滿船
미피의 밤 뱃놀이 부럽지 않으니[134]　不羡渼陂成夜泛
적벽에서 나는 신선과 노는 것 같구나[135]　還疑赤壁挾飛仙
붉은 홍시가 놋그릇에 담겼고　晶熒霜柿堆金楪
팔딱거리는 물고기가 화려한 자리에 올라왔네　撥剌江鱗入綺筵
주민들에게 말하노니 꼭 기억해 두시오　說與居人須記取
오늘의 풍류 훗날 자랑할 만하리　風流亦足詑它年

134 미피(渼陂)의……않으니 : 이하곤 자신의 뱃놀이가 미피에서 즐기던 두보(杜甫)의 뱃놀이에 못지않다는 말이다. 미피는 섬서성(陝西省)에 있는 물 이름인데, 두보가 일찍이 잠삼(岑參)의 초청을 받아 미피에서 노닐면서 장편시(長篇詩) 〈미피행(渼陂行)〉을 지었다. 《杜少陵集 卷3》

135 적벽(赤壁)에서……같구나 : 자신의 뱃놀이를 소식(蘇軾)의 적벽 유람에 견줄 만하다고 읊은 것이다. 소식의 글에 "나는 신선을 끼고 한가로이 놀며 밝은 달을 안고 길이 마치려 한다.〔挾飛仙以遨遊, 抱明月而長終.〕"라는 내용이 나온다. 《古文眞寶 後集 前赤壁賦》

또 장 자를 얻었다

又得長字

산성에 달 나오고 밤 깊어 가는데	山城月出夜蒼蒼
강물 가로지르는 멋진 배에서 음악소리 울리네	畫舫橫流鼓吹長
등불 밝힌 누대 높아 강에 그림자 어른거리고	燈燭樓高江動影
자리에 기생들 많아 물에서 향기 나는구나	綺羅座密水生香
하늘 밖으로 퍼지는 맑은 노랫소리 사랑스럽고	遙憐空外淸歌度
술동이 앞에서 한껏 취해 춤추니 우습구나	自笑樽前醉舞狂
이런 즐거움 평생에 몇 번이나 있을까	此樂人間能有幾
우리의 센 귀밑털 볼지어다	須看吾輩鬢如霜

금강행

錦江行

우리 형이 수령되어 공주에 오시니[136] 吾兄作宰來公州

훌륭한 치적 공수와 황패 못지않네[137] 美績不減龔黃儔

문서더미 싹 치우니 집무실[138] 한가로워 掃盡簿牒鈴閣閑

밤에 금강에 채색한 배 띄웠네 夜向錦江泛彩舟

이름난 기생들 열 줄로 말 타고 나오니 名妓十隊騎馬出

붉은 단장과 멋진 복장이 맑은 강에 비치네 紅粧袨服照淸流

천 섬의 맛난 술을 뒤쪽 선창에 싣고 千斛美酒載後艙

여러 악기를 뱃머리에 두었네 數部鼓吹置船頭

풍류 빼어난 윤 중군 風流出人尹中軍

호기 제일인 이 우후[139] 豪氣無敵李虞侯

136 우리……오시니 : 당시 이하곤의 종형(從兄) 이형곤(李衡坤)이 공산 현감(公山縣監)으로 있었다.

137 훌륭한……못지않네 : 이형곤이 고을을 잘 다스리고 있다는 말이다. 공황(龔黃)은 공수(龔遂)와 황패(黃霸)의 병칭으로 모두 한(漢)나라 선제(宣帝)때의 유능한 지방관이다. 공수는 발해 태수(渤海太守)로 부임하여 백성들이 허리에 차고 있는 칼을 팔아 밭가는 소를 사서 열심히 경작하게 함으로써 풍요로운 고장으로 만들었다.《漢書 卷89 龔遂傳》황패는 영천 태수(潁川太守)로 있으면서 백성을 아끼고 부하들을 잘 단속하였다.《漢書 卷89 黃霸傳》

138 집무실 : 영각(鈴閣)은 지방관이나 번진(藩鎭)의 장수가 집무하는 곳이다. 본래 도독(都督)의 관사(官舍) 대문에 방울을 걸어두어 불의의 사태에 대비했기 때문에 붙여진 이름이다.

여대[140]도 한양에서 왔으니 汝大亦自漢都至
여러 사람 불러 맑은 유람 나섰네 招邀諸客作淸遊
공북루[141] 앞에서 배 출발하여 拱北樓前初擊汰
영은사[142] 아래까지 물 흐름에 맡겨두네 靈隱寺下任去留
산 위에 달 떠올라 강물 비추고 山頭月出照江水
만 리 높은 하늘에 뜬구름 없구나 長空萬里浮雲收
피리 불고 북 치니 강물이 솟구치려 하고 吹笛伐鼓江欲沸
맑은 노래와 멋진 춤을 밤에 쉬지 않네 淸歌妙舞夜不休
물 밑 고기들도 놀라 부르짖고 水底魚龍亦驚呼
하늘에 가득한 별빛도 그윽하네 滿空星河色正幽
큰 그물 강에 던지니 고기들 다급히 달아나는데 大網截江萬魚急
붉은 잉어는 스스로 등불 앞으로 다가오네 赤鯉自向燈前投
요리사에게 맡겨 회치게 하니 分付饔人斫雪鱠
연이어 주방에서 맛난 음식 내 오네 絡繹中廚薦珍羞
흥겹게 일어나 성휘[143]와 춤추고 狂態起與聖輝舞

139 이 우후(李虞候) : 아래의 원주(原註)에 보이는 이순좌(李舜佐, 1684~?)로, 본관은 전주(全州), 자는 우경(虞卿)이다. 1721년 전라도 병마우후에 임명되었다.《承政院日記 景宗 1年 閏6月 16日》 1723년에 공산 영장(公山營將)이 되었으므로 이하곤이 이 시를 지을 때는 영장이었다.《承政院日記 景宗 3年 8月 10日》

140 여대(汝大) : 최석태(崔錫泰, 1675~1747)로, 본관은 전주, 자는 여대이다. 《素谷遺稿 卷7 參奉崔公墓碣銘》

141 공북루(拱北樓) : 충남 공주시 산성동 공산성에 있는 누각이다.《宋子大全 卷140 公州拱北樓重修記》

142 영은사(靈隱寺) : 공주시 산성동 공산성 안에 있는 사찰이다.

143 성휘(聖輝) : 연세화(延世華, 1656~?)로, 본관은 곡산(谷山), 자는 성휘이다.

두보의 시로 월희[144]의 노래에 화답하네	杜詩却和月姬謳
성휘의 호탕한 흥취 늙어서도 줄지 않아	聖輝豪興老不低
때때로 멋진 시 지으니 조유[145] 못지않네	時出佳句逼曹劉
우리는 속인들의 행태 보이지 않나니	吾輩不作俗子態
인간세상의 자잘한 걱정은 싹 털어버렸네	掃除人間齷齪愁
예부터 소선의 멋진 유람 말하는데[146]	自古奇遊說蘇仙
모르겠다 이 유람과 비교해 어떠한가	未知與此何如不
부귀와 영화는 무슨 물건인가	富貴榮華亦何物
세상만사 자유만한 것이 없다네	萬事莫如得自由
밤 깊어 가랑비 내리니 한층 멋진데	夜深微雨更一奇
삭풍이 선실에 휘휘 불어오네	北風蓬屋鳴颼颼
배 돌려 다시 절 누각 앞에 정박하고	回纜更泊寺樓前
깊은 술잔과 크게 저민 고기 서로 권하네	深杯大胾相勸酬
깊은 즐거움에 센 귀밑머리 모두 잊고	樂深渾忘雙鬢白
흥에 겨워 긴긴 밤 다하는 줄도 모르네	興極不覺長夜遒

144 월희(月姬) : 《두타초(頭陀草)》 책11 〈야범금강차연성휘운(夜泛錦江次延聖輝韻)〉에 등장하는 해월(海月)이라는 기녀를 가리키는 것으로 보인다.

145 조유(曹劉) : 후한 시대 뛰어난 시인인 조식(曹植)과 유정(劉楨)을 합칭한 말이다. 건안(建安) 연간에 시로는 삼조(三曹)와 건안칠자(建安七子)가 명성이 높았는데, 그중에서도 조식과 유정이 가장 뛰어났으므로 이 둘을 합칭하여 조유라 하였다.

146 예부터……말하는데 : 소선(蘇仙)은 송(宋)나라 소식(蘇軾)을 가리킨다. 소식이 1082년 7월과 10월 두 차례에 걸쳐 적벽(赤壁) 아래 강에서 여러 사람들과 함께 배를 타고 풍류를 즐긴 다음 〈적벽부(赤壁賦)〉 두 편을 지었는데, 그 뒤로 많은 사람의 입에 회자되었다.

취하여 말 타고 노래하며 돌아오는데	醉後上馬蹋歌歸
성 위에 해 나오고 까마귀 울어대네	城頭日出鴉啾啾

영장(營將) 이순좌(李舜佐)가 일찍이 전라 우후(全羅虞侯)를 지냈으므로 이 우후(李虞侯)라고 부른 것은 옛 직책을 따른 것이다.

웅진 회고[147]

熊津懷古

웅진은 신라(新羅)가 백제(百濟)를 정벌할 때 당(唐)나라 장수 유인궤(劉仁軌)[148]와 유인원(劉仁願)[149]이 군대를 주둔시켰던 곳이다.

해 저문 곰나루	日落熊津渡
추운 날에 옛일 조문하네	天寒弔古心
싸우던 곳 어디인가	戰伐元何地
흥망 거듭하며 지금에 이르렀네	興亡遂至今
강산에는 옛 자취 남았고	江山餘往蹟
사당은 우거진 숲에 있네	祠宇一叢林
아마도 누선장군[150]의	尙想樓船將
깃발이 바다를 가득 메웠겠지	旌旗蔽海陰

147 웅진회고(熊津懷古) : 저본(底本)에는 이 시의 아래에 다시 동일한 제목이 있는데, 본 번역서에서는 이 제목의 아래에 두 수를 함께 배열하였다.

148 유인궤(劉仁軌) : 603~686. 당(唐)나라 사람으로 자는 정칙(正則)이다. 661년 백제의 반란을 평정하고 대방주 자사(帶方州刺史)가 되었으며 백제부흥운동을 진압하였다. 《舊唐書 卷84 劉仁軌列傳》

149 유인원(劉仁願) : 당나라 사람으로 660년에 소정방(蘇定方)과 더불어 백제를 공격하여 멸망시킨 뒤 백제 유민들의 부흥운동도 평정하였다.

150 누선장군(樓船將軍) : 중국 고대 군직(軍職)의 하나이다. 여기서는 원주(原註)에 있는 유인궤와 유인원을 가리키는 것으로 보인다.

2

곰나루 북쪽의 황량한 누대　熊津之北有荒臺
한겨울 추운 날에 바람도 해도 애달프다　仲冬天寒風日哀
산 험하고 성 높아 요충지 웅장하고　山險城峻關防壯
강 평평하고 들 넓어 기상 열렸네　川平野長氣象開
강물은 신라와 백제가 싸웠던 곳으로 통하고　江通羅濟分爭處
땅은 수와 당의 침략을 겪었네　地閱隋唐戰伐來
말을 던져 용 낚은 일 참으로 기이하니　投馬餌龍眞異事
지금도 조룡대에 바람과 우레 일려는가[151]　至今釣石或風雷

151 말을……일려는가 : 충청남도 부여군 쌍북리 백마강 가운데에 있는 조룡대(釣龍臺)에 얽힌 전설을 인용한 것이다. 《신증동국여지승람(新增東國輿地勝覽)》 권18 〈충청도 부여현〉에 "호암(虎巖)으로부터 물을 따라 남쪽으로 내려가다 부소산(扶蘇山) 아래에 이르러 한 괴석(怪石)이 강가에 걸터앉은 듯이 있는데 돌 위에는 용(龍)이 발톱으로 할퀸 자국이 있다. 전하는 말에 의하면 '소정방(蘇定方)이 백제를 공격할 때 강에 임하여 물을 건너려고 하는데 홀연 비바람이 크게 일어나므로 흰 말로 미끼를 만들어 용 한 마리를 낚으니, 잠깐 사이에 날이 개어 드디어 군사가 강을 건너 공격하였다. 때문에 강을 백마강이라 이르고 바위는 조룡대라고 일렀다.' 한다."라고 하였다.

마곡사[152]에서 성휘[153]의 시를 차운하다

麻谷寺 次聖輝韻

관아에서 열흘이나 문 닫고 지냈으니　官齋十日閉門居
눈 내린 뒤라고 산행을 어찌 늦추랴　雪後山行豈可徐
시와 술을 평생 오직 그대와 함께했는데　詩酒平生惟共汝
대지팡이는 늙어서도 나를 속이지 않네　笻枝老去不欺余
절 누대에 달 나오고 시냇물은 깨끗하며　寺樓月出溪流淨
불탑에 구름 차갑고 나무 그림자 성기네　佛塔雲寒木影疎
고승이 동쪽 절[154]에 있다 하니　聞說高僧東院在
종지가 여여[155]한지 물어보려네　欲將宗旨問如如

152 마곡사(麻谷寺) : 충청남도 공주시 사곡면 운암리의 태화산(泰華山)에 위치한 사찰이다.

153 성휘(聖輝) : 연세화(延世華, 1656~?)로, 본관은 곡산(谷山), 자는 성휘이다.

154 동쪽 절 : 동원(東院)은 당나라 때의 고승 종심 선사(從諗禪師)가 일찍이 조주(趙州)의 관음원(觀音院)에 거주하여 이곳을 일명 동원이라고도 칭한 데서 유래하여 고승의 처소를 가리킨다.

155 여여(如如) : 불교 용어로 정지(正智)에 계합하는 이체(理體), 즉 진여(眞如)를 말한다. 만유제법(萬有諸法)의 이체는 동일평등(同一平等)하므로 여(如)라 하고 여가 하나만이 아니므로 여여라 한다. 혜능 선사(慧能禪師)의 《단경(壇經)》에 “만경이 스스로 여여하나니 여여의 마음이 바로 이 진실이다.〔萬境自如如, 如如之心, 卽是眞實.〕”라고 하였다. 여기서는 변함없이 존재한다는 의미로 사용되었다.

재청[156]에게 두보의 율시[157]에서 운자를 뽑게 하여 입으로 읊어 성휘[158]에게 보여 주다

使載青拈杜律韻 口占示聖輝

오래된 절은 맑은 시내 북쪽에 있고	古寺清溪北
높은 누대가 고목 동쪽에 있는데	危樓老木東
장군은 그윽한 흥취 많아서	將軍幽興甚
우리와 함께 멋진 유람을 나섰네	吾輩勝遊同
외로운 탑에 초승달 떠오르고	孤塔生微月
쓸쓸한 종소리가 긴 바람에 들려오네	寒鍾落遠風
내가 꽃이 진 뒤에 찾아와	吾行後花事
백일홍 떨기 보지 못했구나	空負紫薇叢

불당 앞에 백일홍이 있는데, 봄마다 꽃이 흐드러지게 피어 볼만하다.

156 재청(載青) : 이하곤의 종형제(從兄弟)로 보이는데 누구의 자(字)인지 자세하지 않다.

157 두보(杜甫)의 율시 : 이하곤이 사용한 운자는 《두시상주(杜詩詳註)》 권20 〈자양서형비차이거동둔모옥사수(自瀼西荊扉且移居東屯茅屋四首)〉의 첫째 수의 운자와 동일하다.

158 성휘(聖輝) : 연세화(延世華, 1656~?)로, 본관은 곡산(谷山), 자는 성휘이다.

또 두보의 율시[159]에서 운자를 뽑아 입으로 읊다

又拈杜律韻口占

늙은이는 가마 타고	老子籃輿去
가인들은 조랑말 타고	佳人細馬騎
달 밝을 때 오래된 절에 오니	月明來古寺
시냇물이 맑은 연못에서 흘러가네	溪水自淸池
저녁 경쇠 울리자 숲의 승려들 입정하고	夕磬林僧定
쓸쓸한 등불이 드리운 벽화 비추네	寒燈壁畫垂
깊은 인연 산수에 있으니	深緣山水在
이것 말고 다시 무엇을 하겠는가	此外復何爲

159 두보(杜甫)의 율시 : 이하곤이 이 시에서 사용한 운자는《두시상주(杜詩詳註)》 권20〈종역차초당부지동둔모옥이수(從驛次草堂復至東屯茅屋二首)〉의 첫째 수 운자와 동일하다.

마곡사[160]에서

麻谷寺

천 년 고찰 마곡사 麻谷千年寺
고승 보제가 창건했다 하네[161] 高僧普濟爲
시냇물 소리가 누대에 들리고 溪聲一樓得
바위 빛깔이 여러 봉우리에 아름답네 石色數峯奇
복 받은 땅이라 재앙 이르지 않았으니 福地災難到
신인의 말 거짓이 아니었네[162] 神人語不欺
절에 옛 자취 전해지니 禪門傳古跡
금탑은 고려 때 만들었다지 金塔自高麗

《도선비기(道詵秘記)》[163]에서 마곡사는 세 번째로 복을 받은 땅이니 삼재(三災)[164]가 이르지 않는 곳이라고 하였다.

160 마곡사(麻谷寺) : 충청남도 공주시 사곡면 운암리의 태화산(泰華山)에 위치한 사찰이다.

161 천 년……하네 : 마곡사는 640년 당나라에서 귀국한 자장(慈藏)이 창건하였다고 한다. 보제(普濟)는 미상이다.

162 복……아니었네 : 통일신라 말기에 풍수지리설의 대가인 도선(道詵, 827~898)의 예언대로 마곡사가 전란의 재해를 입지 않았다는 말이다.

163 도선비기(道詵秘記) : 도선이 지었다는 도참서(圖讖書)로 고려와 조선 시대까지 정치·사회에 많은 영향을 끼쳤다.

164 삼재(三災) : 세 가지 재난이라는 말로 기근, 질병, 전란을 소삼재(小三災)라 하고 수재(水災), 화재(火災), 풍재(風災)를 대삼재(大三災)라 한다. 여기서는 대삼재를 의미한다.

상원[165]을 찾아가서

訪上院

밥 먹고 나니 숲에서 저녁 종소리 들리고	飯畢林鍾晩
천천히 걷노라니 물레방아 소리 길게 울리네	徐行水碓長
그윽한 샘물은 차고도 맑으며	幽泉寒更淥
기이한 바위는 얼었어도 푸르네	怪石凍猶蒼
암자가 큰 나무 사이에 있는데	佛宇還高木
가마 타고 석양에 찾아왔네	藍輿自夕陽
부들자리에서 잠시 쉬노라니	蒲團聊一憩
문득 지난날 분주했음을 알겠네	便覺向來忙

165 상원(上院) : 충남 공주시 사곡면 운암리에 있는 마곡사에 딸린 상원암(上院菴)이라는 암자이다.

상원암에서

上院菴

상원암은 어디에 있는가	上院菴何在
맑은 시냇물 가의 길 따라 찾아가네	淸溪一路尋
흰 구름이 소나무 위로 피어나고	白雲松上出
누런 잎은 눈 속에 수북이 쌓였네	黃葉雪中深
홀로 가면서도 높은 흥취 일어	獨往猶高興
숲 속에서 시 한 수 읊조리네	中林只一吟
가사 입은 승려의 모습 고풍스러운데	袈裟僧貌古
마주하니 둘 다 무심의 경지로다	相對兩無心

성휘[166]의 시를 차운하다

次聖輝韻

추운 산에 달이 처음 떠오르고	山寒月初出
나그네 마음 밤에 쓸쓸하구나	客意夜寥寥
풍경소리 그치고 멀리서 샘물소리 들리는데	磬歇泉聲遠
빈 누각 앞에 눈빛이 아득히 펼쳐졌네	樓虛雪色遙
숲에서 지내니 세상의 망녕됨 보이고	林棲觀世妄
구름 속에 누우니 내가 높이 있는 줄 알겠네	雲臥覺身高
불문에 의탁하고 싶지만	欲托空門去
성긴 귀밑머리 안타깝구나	徒憐鬢髮蕭

166 성휘(聖輝) : 연세화(延世華, 1656~?)로, 본관은 곡산(谷山), 자는 성휘이다.

또 성휘[167]의 시 자 운에 맞춰 짓다

又次聖輝時字韻

추운 산에 달 뜰 때 나그네 도착하니	客到寒山月上時
절간 누대에 깃든 할미새 사람 보고 날아가네	寺樓棲鴒見人飛
빈 뜰의 윤탑은 원래 금빛이고	空庭輪塔元金色
옛 벽의 관음은 흰 옷 걸쳤네	古壁觀音自白衣
병들었지만 어찌 명승지 유람 꺼리랴	病骨何曾妨勝踐
맑은 노래로 새 시에 수창할 수도 있네	淸歌亦足當新詩
보제[168]는 기이한 행적 많다고 예전에 들었기에	舊聞普濟多奇蹟
일어나 등불 앞에서 눈썹 흰 승려에게 묻노라	自起燈前問皓眉

167 성휘(聖輝) : 연세화(延世華, 1656~?)로, 본관은 곡산(谷山), 자는 성휘이다.

168 보제(普濟) : 이하곤이 마곡사를 창건했다고 말한 승려인데 인적사항은 자세하지 않다.

상원암[169]에서

上院菴

기이한 바위 아니면 맑은 못 만나며	不逢怪石卽淸潭
깊은 솔숲 지나 푸른 이내 속으로 들어가네	徐度深松入翠嵐
속세의 연기는 금강 북쪽에 드리웠는데	下界人煙還錦北
높은 창으로 보이는 산 빛은 호남까지 뻗었네	高牕山色盡湖南
대통으로 흐르는 물을 승려가 길어 마시고	通來筧水供僧汲
높은 벼랑 깎아 부처 모신 방 만들었네	鑿破崖雲置佛龕
요즈음 육근[170]에 고뇌 많으니	近覺六根多熱惱
솔바람과 회나무에 걸린 달과 어울리려네	松風檜月欲相參

169 상원암(上院菴) : 충남 공주시 사곡면 운암리에 있는 마곡사에 딸린 암자이다.

170 육근(六根) : 불교 용어로 6식(識)을 낳는 여섯 개의 뿌리, 즉 안(眼)·이(耳)·비(鼻)·설(舌)·신(身)·의(意)를 말한다.

대상원

臺上院

사찰에 빼어난 경관 없으니 野寺乏殊觀
도착하여 먼 길 온 걸 후회하는데 及來悔遠踐
금탑은 그럭저럭 마음에 드니 金塔稍可意
탑 위에 달 새로 떠올랐네 塔尖新月見
우뚝 사람처럼 솟아 亭亭立若人
마치 보제[171]의 얼굴을 보는 듯하네 如見普濟面
밤 깊어지자 처마 끝의 풍경 울리고 夜深簷鐸鳴
쓸쓸한 등불이 오래된 불전에서 빛나네 寒燈耿古殿
누가 알았으랴 하룻밤 묵는 사이에 誰知一宿間
모든 허망한 것들 떨쳐낼 줄을 已令諸妄遣
해 나오자 그윽한 곳 찾아가는데 日出事幽討
몸이 힘든 줄도 모르겠네 不知腰脚倦
푸른 산은 흐릿하게 모습 드러내고 青山淡生姿
솔숲 위로 내리는 싸락눈 보이네 松上見微霰
가마 타고 깊은 구름 속으로 들어가니 藍輿入深雲
오솔길이 맑은 시냇물 따라 굽이졌네 路與清溪轉
괴석들 마치 성문 같고 怪石類闉闍

171 보제(普濟) : 이하곤이 마곡사를 창건했다고 말한 승려인데 인적사항은 자세하지 않다.

차가운 시냇물은 화살처럼 빠르네	寒流激竹箭
아득한 둥구나무 끝에	遙遙喬木杪
높은 상원암 보이네	危菴得上院
누런 낙엽이 쌓아놓은 것처럼 수북하고	黃葉深如積
구불구불 오솔길은 가는 실처럼 얽혔네	回逕縈細線
높은 암자를 허공에 세워서	層構架虛無
매달린 경쇠 조각처럼 아슬아슬하네	裊若懸磬片
올라가 보니 영락없이 허공에 선 것 같아	登臨若躡空
돌아보니 어질어질 현기증 나는구나	反顧却生眩
방장실은 텅 비어 다른 물건 하나 없고	丈室空無物
쓸쓸히 불경만 있구나	蕭然但經卷
승려의 모습 조용하니	居僧貌宇靜
이미 심행이 착한 줄을 알겠네	已覺心行善
창문 열자 뭇 산들 보이고	開牕群山出
신라와 백제의 자취를 한 눈에 볼 수 있네	羅濟了一眄
하늘 끝에 희미하게 흰 기운 아른거리니	天際氣微素
곰나루가 한 필 비단처럼 가로놓였구나	熊津橫匹練
시원스레 회포를 열고	逈然懷抱開
그윽한 근심도 덜 만하네	亦足暢幽悁
탁 트인 곳과 그윽한 곳 각각 적당하니	曠奧各有適
사람의 마음도 지경 따라 변하네	人情逐境變
이곳에 이름난 암자 많지만	此中多名菴
두루 찾아갈 겨를 없네	足跡未暇遍
돌아가려고 다시 지팡이 짚으니	欲歸更拄策

다만 뽕나무 아래의 미련만 남네[172] 徒結桑下戀

172 뽕나무……남네 : 계속 머물고 싶은 미련이 남는다는 말이다. 《후한서(後漢書)》 권30 〈양해열전(襄楷列傳)〉에 "승려는 뽕나무 아래에서 사흘 밤을 묵지 않는다. 오래 머물며 은애가 생기게 하지 않으려는 것이니, 정진이 지극한 것이다.〔浮屠不三宿桑下, 不欲久生恩愛, 精之至也.〕"라는 말이 나오므로 인용한 것이다.

경축하고 기뻐하는 자리[173]에서 조계량[174] 최수 의 시를 차운하다

慶喜席 次趙季良 最壽 韻

높은 누각에 음악소리 밤에 울리고	高樓絲管夜轟然
술 마신 뒤 풍류 즐기는 좌객들 훌륭하네	酒後風流座客賢
멋진 일 원래 문희연[175] 때문이지만	勝事元因聞喜席
기쁜 마음은 어버이의 수연 겸해서라네	歡心兼爲壽親筵
노랫소리가 지나가는 구름도 멎게 하고[176]	歌聲能使行雲遏
기녀의 모습은 흰 달처럼 어여쁘구나	妓態還同素月姸
문득 유년의 동군 모임[177] 떠오르니	忽憶酉年東郡會
술동이 앞에서 감회 새롭네	樽前更覺感懷偏

173 경축하고 기뻐하는 자리 : 과거에 급제하고 부모의 수연(壽筵)을 맞이한 사람이 있었던 것으로 보이는데 대상자를 알 수 없으므로 자구(字句)대로만 풀이하였다.

174 조계량(趙季良) : 조최수(趙最壽, 1670~1739)로, 본관은 풍양(豐壤), 자는 계량이다.

175 문희연(聞喜宴) : 과거 급제를 축하하는 잔치이다. 당나라 때 과거에 급제한 사람들이 합격자 발표 뒤에 곡강정(曲江亭)에 모여 잔치를 벌였다. 이를 곡강회(曲江會) 혹은 곡강연(曲江宴)이라고 하였는데, 송나라 사람들은 이를 문희연이라고 불렀다.

176 노랫소리가……하고 : 멋진 노래가 울려 퍼지는 것을 형용한 말이다. 《열자(列子)》 〈탕문(湯問)〉에 진청(秦靑)이라는 사람이 장단에 맞춰 슬피 노래하자 "소리가 숲과 나무를 흔들고 울림은 지나가던 구름도 멎게 하였다.〔聲振林木, 響遏行雲.〕"라는 내용이 보인다.

177 유년(酉年)의 동군(東郡) 모임 : 이하곤이 예전에 가졌던 모임을 추억한 것인데, 어느 해에 어디에서 누구와의 모임이었는지 확인할 수 없다.

밤에 술을 마시며 계량[178]의 시를 차운하다

夜飮次季良韻

추운 날 술 마시는데 달이 술잔 비추니	留飮寒天月照杯
어찌 취하지 않고 그대를 돌려보내랴	何曾不醉放君廻
시 짓는 재주 부족해도 시단에 설 만하고[179]	詩才縱劣猶當壘
주량 넉넉하니 어찌 앞자리 양보하랴	酒戶差寬豈讓魁
만남과 헤어짐은 원래 운수에 달렸고	聚散元知關數也
막히든 통하든 어찌 마음 흔들리랴	窮通何足動心哉
만난 자리에서 속세의 일 말하지 말고	相逢莫道塵中事
술동이 앞에서 기분 좋게 회포 펼쳐보세	且向樽前好抱開

178 계량(季良) : 조최수(趙最壽, 1670~1739)로, 본관은 풍양(豐壤), 자는 계량이다.

179 시……만하고 : 시 짓는 재주가 뛰어난 것은 아니지만 남들과 겨룰 정도의 실력은 된다는 말이다. 누(壘)는 보루인데 문예(文藝)를 겨루는 마당을 싸움터의 보루에 비유하여 시단(詩壇)을 시루(詩壘)라고 한다.

공산성[180]에서

公山城

금강의 물줄기 백 길이나 맑게 흐르는데	錦江之水百丈淸
그 위로 우뚝하게 성가퀴 가로 놓였네	上有崢嶸粉堞橫
숲의 빛깔은 멀리까지 백제의 분야인데	樹色遙分百濟國
산의 모습은 석두성[181]과 닮았구나	山形宛似石頭城
예전에 남쪽으로 온 수레 머물렀는데[182]	往時曾駐南巡駕
훗날에도 어찌 북에서 건너는 군사 근심하랴	異日何憂北渡兵
삼남 지키는 천혜의 요충지이니	要扼三南最天險
금성탕지가 영원히 도성 보호하리	金湯萬世拱神京

180 공산성(公山城) : 현재의 충청남도 공주시 산성동에 있는 산성이다.

181 석두성(石頭城) : 중국 강소성(江蘇省) 남경시(南京市) 청량산(淸涼山)에 있는 산성(山城)이다. 본래는 초(楚)나라의 금릉성(金陵城)이었는데, 오(吳)나라 손권(孫權)이 증축한 다음 이름을 고쳐 석두성이라고 하였다.

182 예전에……머물렀는데 : 인조(仁祖)가 이괄(李适)의 난에 공산성으로 피난한 일이 있었다.

16일 밤 달빛이 매우 아름다웠으므로 주인 이 영장[183] 형 및 윤중군과 함께 다시 금강에 배를 띄웠다. 표제 덕산 현감 조백수[184] 명진 가 마침 와서 모임에 참여하였다. 연성휘[185]·사제 재창[186]·석면[187]·재청도 모두 함께 갔다. 배 안에서 성휘의 시를 차운하다

十六夜 月色佳甚 同主人兄李營將尹中軍 重泛錦湖 表弟德山守趙伯修明震 適至 亦與會 延聖輝舍弟載昌錫勉載靑俱從 舟中次聖輝韻

달빛 아래 배 떠가니 물새들 시끄럽게 우는데	月下船移水鳥喧
아득히 펼쳐진 빈 강에 안개 흔적만 남았네	空江漠漠只煙痕
어룡의 기운 찬 물결 자리에 들어오고	魚龍氣冷水侵座
별빛 아른대며 술잔에 비치네	星漢光搖倒入樽
세속 밖의 맑은 유람 참으로 즐거우니	世外淸遊眞可樂

183 이 영장(李營將) : 이순좌(李舜佐, 1684~?)로, 본관은 전주(全州), 자는 우경(虞卿)이다. 《승정원일기》 경종 3년 8월 10일 기사에 이순좌를 공산 영장(公山營將)에 임명한 기록이 보인다.

184 조백수(趙伯修) : 조명진(趙明震, 1682~?)으로, 본관은 임천(林川), 자는 백수이다. 이하곤의 외숙 조정서(趙正緖, 1664~1714)의 아들이다. 《승정원일기》 경종 3년 9월 13일 기사에 덕산 현감(德山縣監) 조명진이 하직(下直)했다는 기록이 보인다.

185 연성휘(延聖輝) : 연세화(延世華, 1656~?)로, 본관은 곡산(谷山), 자는 성휘이다.

186 재창(載昌) : 이하곤의 막내아우 이명곤(李明坤)의 자이다.

187 석면(錫勉) : 이하곤의 백부(伯父) 이인소(李寅熽)의 둘째아들인 이형곤(李衡坤)의 아들이다. 《西堂私載 卷9 權淑人墓誌銘》

귀밑머리 하얗게 센 건 말할 필요 없지 鬢邊華髮不須論
풍류가 다시 아선[188]의 놀이로 향하니 風流更向峨仙戲
취하여 하는 내[189] 말을 저버리지 말게나 莫負軒翁醉後言

당돌(唐突)의 다른 이름이 아선(峨仙)이다.

188 아선(峨仙) : 아래의 원주(原註)에 보이는 당돌(唐突)의 다른 이름인데, 《두타초(頭陀草)》 책11 〈야범금강차연성휘운(夜泛錦江次延聖輝韻)〉의 원주에 "해월과 당돌은 모두 기녀 이름이다.〔海月唐突皆妓名〕"라고 하였다.

189 내 : 이하곤의 호가 담헌(澹軒)이므로 헌옹(軒翁)은 이하곤 자신을 가리킨다.

호수에 배를 띄우고 10수

泛湖 十首

밝은 달이 어여삐 나오고	明月生仍好
맑은 강이 밤에도 춥지 않네	淸江夜不寒
우연히 높은 흥취 따라 갔다가	偶因高興去
다시 아름다운 배 띄우고 감상하네	重泛彩舟看
객지에서 멋진 유람 벌였으니	異地奇遊辦
훗날에 이런 모임 다시 갖기 어려우리	他年此會難
고운 노래와 거문고 소리를	嬌歌與緪瑟
떠나보내며 명탄으로 내려가네	相送下鳴灘

2

맑은 강물 잔잔해 흔들리지 않더니	澄江平不動
달 나오자 비로소 잔물결 이는구나	月出始微波
절벽은 천 길이나 우뚝한데	壁有千尋逈
구름은 한 점도 없구나	雲無一點多
물고기도 술에 취하는 듯	魚龍醺綠醑
갈매기는 맑은 노래에 날아가네	鷗鷺起淸歌
이것으로도 풍류 충분하니	自是風流甚
어찌 비단옷 입은 기녀들 사이에서 취하랴	何曾醉綺羅

3

굽은 언덕이 푸른 절벽 이루는데 曲岸還蒼壁
높은 누대가 다시 성가퀴 위로 솟았네 危樓更女墻
배에 오르니 노래하는 기녀들 빼곡하고 入舟歌妓密
노 저어가니 밤 등불 밝혔구나 移棹夕燈張
솟은 바위 사이로 여울 소리 웅장하고 石出灘聲壯
차가운 백사장에 달빛 길게 비추네 沙寒月色長
서리 날려도 두렵지 않으니 霜飛曾不畏
너무 청광한 건 아닐지 無乃太清狂

4

비단 닻줄을 비로소 물가에 의지했는데 錦纜初依渚
맑은 노래가 문득 배에서 일어나네 清歌忽起舟
강은 비어 만 리까지 뻗었고 江空元萬里
달은 높아 가을 같구나 月逈似三秋
등불 밝힌 높은 누대 보이는데 燈燭高樓見
안개 끼고 서리 내려 먼 언덕 사라지네 煙霜遠岸收
주민들 나를 이상하게 여기리니 居人應怪我
동짓달에 뱃놀이 하는구나 子月作船遊

5

막막하니 마침내 어디로 갈까 漠漠終何去
아스라이 다만 절로 돌아왔네 蒼蒼只自還
곰나루는 안개에 가렸고 熊津隔煙外

계룡산은 구름 사이에 있구나	鷄嶽指雲間
지는 달을 뒤쫓아 가고	走月行相逐
유성을 앉아서 잡을 수 있을 듯	飛星坐可攀
밤 깊어지자 취흥이 지극하여	夜深醉興劇
읊조리는 소리 강산에 진동하네	吟嘯動江山

6

바람 불고 달도 떠서 맑은 밤	風月元淸夜
강산에 이 누대도 있구나	江山有此樓
여러 사람들 함께 나와	諸君同一出
높은 흥취로 조각배에 올랐네	高興在扁舟
머리 세고도 광태 여전하여	皓首猶狂態
타향에서 멋진 유람 즐기네	他鄉亦勝遊
물안개 이는 강물 만 리까지 드넓어	煙濤萬里闊
나는 이미 흘러가는 물에 맡겼네	吾已任行流

7

밤 깊어 물가에 서리 내리는데	夜深霜落渚
술기운 올라 봄처럼 따뜻하네	酒氣煖如春
아득한 언덕에 온통 연기 빛이고	岸遠空煙色
높은 하늘에 둥근 달 떴네	天高自月輪
강산은 우리들 기다렸나니	江山須我輩
우주에 한가한 사람 몇이나 될까	宇宙幾閒人
흥취 다하면 나도 돌아가리니	興盡吾當去

이웃 종소리 새벽 알리지 말라　隣鍾莫報晨

8

수레 탄 형님 나오고[190]　皁蓋吾兄出
동장 찬 아우 어지네[191]　銅章表弟賢
이런 만남 예상하지 못했으니　相逢曾不意
이 모임 어찌 인연 없으랴　玆會豈無緣
가곡 연주하니 부채질한 듯 강물 일렁이고　度曲江搖扇
술잔 나누노라니 달빛이 자리를 비추네　行杯月墮筵
인생살이 늘 이와 같다면　人生長有此
그 누가 신선을 부러워하랴　誰更羨神仙

9

안개 걷히자 서리 내린 언덕 멀리 보이고　煙收霜岸永
밝은 달이 날아온 듯 나타나네　明月似飛來
어찌 알았으랴 맑은 강 굽이에서　豈意淸江曲
거듭 막걸리 잔 잡을 줄을　重持濁酒杯
산수 즐기는 기운 남았지만　未除湖海氣

190 수레……나오고 : 조개(皁蓋)는 흑색의 수레 덮개라는 뜻으로 지방 장관을 가리킨다. 당시 이하곤의 종형(從兄) 이형곤(李衡坤)이 공산 현감(公山縣監)이었으므로 모임에 참석했던 것으로 보인다.

191 동장(銅章)……어지네 : 동장은 지방 수령이 차는 관인(官印)으로 동부(銅符)라고도 한다. 당시 이하곤의 외종제(外從弟) 조명진(趙明震, 1682~?)이 덕산 현감(德山縣監)으로 있었다. 109쪽 각주184 참조.

끝내 기남의 재목에 부끄럽네[192] 終愧杞楠材
다만 바람 타고 가서 直欲乘風去
작은 배를 조대에서 내리고 싶네[193] 扁舟下釣臺

10

요리하는 불빛이 옆의 배에서 밝게 빛나니 爨火明隣舫
임시 주방을 우영에서 제공했네 行廚自右營
눈발 날리듯 비단잉어 회 깨끗하고 雪飛金鯉膾
실처럼 가는 푸른 쑥으로 국 끓였네 絲弱綠蒿羹
풍미가 참으로 이와 같으니 風味眞如此
뱃속도 놀라겠네 腸神卽可驚
타향에서 한 끼 신세지니 他鄉德一飯
정성껏 대접하는 깊은 마음에 부끄럽네 款曲媿深情

이곳에서는 영장(營將)을 일컬어 우영(右營)이라고 하였다. 이 날 우영에서 쑥국과 밥을 마련하였다. 큰 잉어를 그물로 잡아 삶고 회를 뜬 것이 푸짐하였다.

192 산수(山水)……부끄럽네 : 산수자연을 즐기기는 하지만 자신의 재주가 부족한 것이 부끄럽다는 겸사이다. 기남(杞楠)은 구기나무와 녹나무로 훌륭한 재목을 뜻한다. 여기서는 앞의 시에서 언급한 종형 이형곤과 외종제 조명진을 가리키는 말로 사용된 듯하다. 참고로 두보(杜甫)의 시에 “대궐을 그리워하며 마음 태우는데, 재목을 논하자면 구기나무와 녹나무에 부끄럽네.〔戀闕勞肝肺, 論材媿杞柟.〕”라고 하였다. 《杜詩詳註 卷22 樓上》

193 다만……싶네 : 엄광(嚴光)처럼 은거하고 싶다는 말이다. 엄광은 후한(後漢) 광무제(光武帝)의 소싯적 학우로 높은 벼슬을 주려는 광무제의 호의를 거절하고 부춘산(富春山)에 들어가 숨어 살며 동강(桐江)에서 낚시로 소일했는데, 그곳에 낚시하던 조대(釣臺)가 남아 있다고 한다. 《後漢書 卷83 嚴光列傳》

금성 노래 10수

錦城歌 十首

이곳에는 아미산(峨嵋山)과 금수(錦水)가 있어서 촉(蜀) 땅과 유사하다.[194] 그러므로 금성(錦城)이라고 부른다.

공주와 서촉은 매우 비슷하여	公州西蜀宛相似
아름다운 강산이 천하에 으뜸이네	形勝江山天下奇
이미 책상 마주한 듯한 아미산 보았는데	已看峨嵋如對案
다시 금강이 탕지 되었구나	還將錦水作湯池

2

산은 공 자 같고 성은 월 자 같은데	山如公字城如月
성 아래 긴 강물이 만 리나 흘러가네	城下長江萬里流
맑은 밤 공북루[195]에 올라 바라보면	淸夜試登拱北望
그 풍광이 산화루[196] 못지않지	風光不減散花樓

194 이곳에는……유사하다 : 촉(蜀) 지방에 아미산(峨眉山)과 금강(錦江)이 있듯이 공주에도 아미산과 금강이 있다는 말인데, 공주의 아미산은 어디인지 자세하지 않다.

195 공북루(拱北樓) : 충남 공주시 산성동 공산성에 있는 누각이다. 《宋子大全 卷140 公州拱北樓重修記》

196 산화루(散花樓) : 서촉(西蜀)에 있는 누대 이름이다. 왕기(王琦)가 이백(李白)의 〈등금성산화루(登錦城散花樓)〉의 아래에 설명하기를 "산화루는 마하지 가에 있는데 촉왕 수가 세웠다.〔散花樓在摩訶池上, 蜀王秀所建.〕"라고 하였다. 《李太白集注 卷21》

3

인조께서 남쪽으로 오신 갑자년에 仁祖南巡甲子年
산 위의 두 그루 나무 큰 은혜 받았지[197] 山頭雙樹荷恩徧
주민들이 병법 논하던 곳을 가리키는데 居人指點論兵處
커다란 비석[198]만 우뚝 섰구나 只有豐碑立屹然

4

황량한 숲에 오래된 사당 있는 이곳 곰나루인데 荒林古廟是熊津
끊임없는 전투 속에 몇 년이나 지났나 戰伐悠悠閱幾春
김유신의 빼어난 용맹만 알려졌지만 英勇只知一庾信
업적으로는 두 유인을 말하네 事功猶說兩劉仁

당(唐)나라 장수 유인원(劉仁願)[199]이 처음에 소정방(蘇定方)과 함께 백제(百濟)를 평정했다. 유인궤(劉仁軌)[200]가 뒤에 웅진 도독(熊津都督)이 되

197 인조(仁祖)께서……받았지 : 1624년(인조2)에 이괄(李适)의 난이 발생하자 인조가 공산성으로 피난한 일이 있다. 당시 인조가 성안의 두 그루 나무 아래 머물러 있었기 때문에 공산성(公山城)을 쌍수산성(雙樹山城)이라고 부르기도 하고 쌍수정(雙樹亭)도 남아 있다.

198 커다란 비석 : 쌍수정 자리에 세워져 있는 쌍수정사적비(雙樹亭史蹟碑)를 가리키는 것으로 보인다. 이 비는 1708년(숙종34)에 세워졌으며 인조가 이괄의 난을 피해 공산성에 머물렀던 일이 기록되어 있다. 비문은 신흠(申欽)이 지었고 글씨는 남구만(南九萬)이 썼다.

199 유인원(劉仁願) : 당(唐)나라 사람으로 자는 사원(士元)이다. 660년에 소정방(蘇定方)과 함께 백제를 공격하여 멸망시킨 뒤 백제 유민들의 부흥운동도 평정하였다.

200 유인궤(劉仁軌) : 603~686. 당나라 사람으로 자는 정칙(正則)이다. 661년 백제의 반란을 평정하고 대방주 자사(帶方州刺史)가 되었으며 백제부흥운동을 진압하였다. 《舊唐書 卷84 劉仁軌列傳》

어 기근을 진휼하고 황무지를 개간하여 크게 공덕(功德)이 있었다.

5

아미산 아래 순영을 여니 峨嵋山下巡營開
삼남의 관곡 이 한 굽이에 있네[201] 綰轂三南此一隈
쉰넷의 고을을 다 관할하니 五十四州皆管領
풍속 살피고 교화 베풀기 가장 어렵네 觀風宣化最難哉

6

비녀 꽂고 띠 매고 비단 적삼에 높이 쪽진 머리 鈿帶羅衫大髻峨
기녀의 단장 과연 어떠한가 妓生粧束果如何
허리 간들거리며 아선[202]은 춤을 추고 腰支裊娜峨仙舞
맑은 소리와 원만한 곡조로 해월[203]이 노래하네 音調淸圓海月歌

201 삼남(三南)의……있네 : 공산성이 삼남을 방어하는 중요한 군사적 요충지라는 말이다. 관곡(綰轂)은 본래 교통의 요충지로서 사방의 물산이 집중한다는 의미를 지니고 있다. 《사기(史記)》 권129 〈화식열전(貨殖列傳)〉에 "사방이 산으로 막혔어도 천리를 잔도로 연결하여 관중과 통하지 않음이 없었으나, 오직 포사 지역에 병목처럼 모여들어 많은 물자를 가지고 부족한 물자와 교환하였다.〔四塞, 棧道千里, 無所不通, 唯褒斜綰轂其口, 以所多易所鮮.〕"라고 하였다.

202 아선(峨仙) : 당돌(唐突)이라는 기녀의 다른 이름이다. 110쪽 각주188 참조.

203 해월(海月) : 《두타초(頭陀草)》 책11 〈야범금강차연성휘운(夜泛錦江次延聖輝韻)〉의 원주(原註)에 "해월과 당돌은 모두 기녀 이름이다.〔海月唐突皆妓名〕"라고 하였다.

7

현감의 심부름하는 사람 셋뿐인데　縣監守廳只三人
모두가 열다섯의 꽃다운 청춘이네　一樣芳年十五春
재월의 백치미 더욱 쓰러질 정도이니　載月癡憨尤絶倒
수줍은 척 하며 은연중에 앙탈 부리네　羞人却向暗中嗔

8

연월은 올해 겨우 열일곱 살　煙月今年纔十七
가녀린 두 손 백옥 같아 사랑스럽네　纖纖雙手可憐白
요즈음 현감의 총애를 많이 받아　邇來偏得縣監寵
밤마다 동헌에서 허리 안고 잔다네　每夜東軒抱腰宿

9

푸른 강물 서쪽의 사송정[204]　四松亭在綠江西
서리 맞아 붉은 감나무 만 그루 아득하네　霜柿酣紅萬樹迷
만약 늙은 내가 와서 집을 짓는다면　若使老夫來卜築
이름을 완화계[205]라 고쳐도 좋으리　不妨改號浣花溪

10

한 달 동안 공주에서 즐거운 일 많아　一月熊州樂事偏

204 사송정(四松亭) : 충청남도 공주시 월송동에 있는 정자이다.

205 완화계(浣花溪) : 중국 사천성(四川省) 성도시(成都市) 서쪽에 흐르는 금강(錦江)의 지류로 두보(杜甫)가 만년에 완화초당(浣花草堂)을 짓고 살았던 곳이다.

새 시를 오십 편이나 지었네　　賦得新詩五十篇
방옹이 검남이라 했던 예를 따라[206]　　須倣放翁劍南例
책머리에 금강편이라 쓰노라　　却題卷面錦江編

206 방옹(放翁)이……따라 : 방옹은 송(宋)나라 시인 육유(陸游, 1125~1209)로 자는 무관(務觀)이다. 육유가 일찍이 기주 통판(夔州通判)에 제수되어 촉중(蜀中)에 있으면서 그곳의 풍토(風土)를 매우 좋아하여 평생 지은 시를 《검남시고(劍南詩藁)》라고 명명하였다.

공주를 출발하다

發公州

동쪽 성을 저녁에 나서니 금강이 비껴 흐르고	東城晩出錦江斜
강가 푸른 산에 저녁노을 물드네	江上靑山生夕霞
안개 속 외로운 배에는 나그네 몇 명 탔고	煙際孤舟幾行客
눈 내린 성긴 나무 사이로 드문드문 민가 있구나	雪邊疏木數人家
이어지는 멋진 유람에 머리 센 줄도 잊었는데	勝遊滾滾忘頭白
아득히 먼 길 가며 흐르는 세월 느끼네	征路悠悠感歲華
고향으로 돌아갈 날 떠올려보니	遙想故園歸去日
남쪽 가지에는 이미 국화꽃 피었겠지	南枝應已發寒花

한덕필 군의 집에 들르다

過韓君 德弼 幽居

효가리(孝家里)에 있다.

집에서 글 읽는 소리 나오는	讀書聲出屋
눈 속에 한 초가집	雪裏一茆茨
대로는 시끄럽기만 한데	孔道從他閙
그윽한 집에서는 알지 못하네	幽居自不知
석양이 멀리 나무에 걸렸고	夕陽遙在樹
들 물은 가늘게 연못으로 통하네	野水細通池
돌아가는 말 서둘러 떠나며	歸馬悤悤去
사립문에서 다시 만날 날 묻네	柴門問後期

밤에 갑사[207]에 도착하다

夜至甲寺

오래된 사찰이 산 높은 곳에 있어	古寺山高處
종소리가 아득히 어둠 속에서 흘러나오네	鍾聲出杳冥
얼어붙은 냇물 위로 외로운 다리 놓였고	凍泉一孤彴
늙은 나무 위로 두세 개의 별 반짝이네	老木兩三星
숲에 쌓인 눈이 멀리서 비추고	林雪遙相照
넌출 바람이 가만히 지나가네	蘿風暗自經
피리와 북 소리 요란하게 내지 마라	莫將笳鼓鬧
솔바람 소리도 들을 만하구나	松籟亦堪聽

207 갑사(甲寺) : 충청남도 공주시 계룡면(鷄龍面) 중장리에 있는 사찰이다.

갑사에서

甲寺

계룡산에 있는 절들 모두 오래되었는데	鷄龍諸刹古
갑사의 이름 오래 전부터 알았지	甲寺久知名
나무는 서리 내린 뒤의 빛깔 빼어나고	木秀霜餘色
종은 속세 밖의 맑은 소리 내는구나	鍾淸世外聲
동표에는 세월이 깊었고	銅標深歲月
석불은 마치 중생을 보살피는 듯하네	石佛儼生成
십 년 동안 꿈꾸다가	十年徒夢想
오늘에야 왔구나	今日始經行

갑사(甲寺)에는 구리 기둥이 있었다. 그 높이가 수십 척(尺)이나 되고 크기도 몇 아름이나 되었으며 대단히 오래된 물건이었다. 천불전(千佛殿)에는 천 개의 석불(石佛)을 봉안하고 있었다.

신원사[208]에서

新院寺

절의 앞에도 뒤에도 온통 감나무	寺前寺後盡柿林
그늘 짙어 여름 산 시원하겠네	濃陰應使夏山陰
나그네는 눈 밟고 왔어도 그윽한 흥취 넘치고	客來踏雪猶幽興
승려는 구름 속에 자니 절로 도심 생기네	僧坐眠雲自道心
누대 높아 연기 끼고 서리 내린 저녁 들판 보이고	樓逈煙霜收夕野
암자 높아 종과 풍경 소리 찬 봉우리에 숨네	菴高鍾磬隱寒岑
모르겠다 상원암은 어느 봉우리에 있는가	不知上院何峰在
일찍이 벼랑의 단풍을 한 번 읊조렸었지	曾爲厓楓去一吟

208 신원사(新院寺) : 충청남도 공주시 계룡면 양화리에 있는 사찰이다.

진잠[209]으로 가는 길에 동지가 되었기에 자미의 "해마다 동지에 나그네 신세 되어"[210]라는 내용으로 기구를 삼아 율시 한 수를 이어 완성하다

鎭岺途中逢冬至 用子美年年至日長爲客爲起 足成一律

해마다 동지에 나그네 신세 되어	年年至日長爲客
작년에는 천관산[211] 올해는 진잠에 있구나	去歲天冠今鎭岺
저녁 비 맞으며 힘겹게 길 가는데	道路艱辛衝暮雨
한겨울의 산천은 쓸쓸하기만 하네	山川蕭索逼窮陰
홍진 세상과 멀어져 돌아갈 꿈 없고	紅塵世遠無歸夢
백발로 구슬피 노래해도 장한 마음 있다네	白首歌悲有壯心
한 달간 금성[212]에서 실컷 즐겼으니	一月錦城窮樂事
고향 동산에 어찌 문을 깊이 닫을까	故園何用閉門深

209 진잠(鎭岺) : 현재의 대전광역시 유성구 원내동 일대이다.

210 해마다……되어 : 두보(杜甫)의 〈동지(冬至)〉라는 작품의 첫 번째 구이다.《杜詩詳註 卷21》

211 천관산(天冠山) : 전라남도 장흥군(長興郡)에 있다. 장흥부 남쪽 40리에 위치하며 천풍산(天風山), 지제산(支提山)이라고도 한다.《頭陀草 冊17 南遊錄》 이하곤은 1722년(경종2) 겨울에 강진 적소(謫所)로 장인 송상기(宋相琦)를 찾아갔는데, 당시 호남의 여러 곳을 두루 유람하였다.

212 금성(錦城) : 현재의 충청남도 공주시를 가리킨다.

구봉산[213]을 지나며 감회가 있어서
過九峰山 有感

구봉산이 말 머리에 환하게 보이니	九峰山色馬頭明
올해도 먼 길 가는 줄을 알겠네	忽覺今年又遠行
여기서 남해까지 간들	從此便窮南海路
어떻게 다시 선생을 뵐까[214]	何由更得拜先生

213 구봉산(九峰山) : 대전광역시 서구 관저동에 있는 산이다.

214 여기서……뵐까 : 장인 송상기(宋相琦)가 이미 고인(故人)이 되었으므로 강진(康津)까지 가도 뵐 수 없다는 말이다.

공동의 시[215]를 차운하여 입으로 불러 정윤경[216]에게 주다[217]
次空同韻 口占贈鄭潤卿

타향에서 만나니 버들가지에 봄 돌아왔고	異鄕相見柳條春
땅 아래 양이 생겨 문득 이미 새롭네[218]	地底生陽忽已新
티끌 속에서 세상사 꺼림을 오래 전부터 알았는데	久識塵中嫌俗事
세상 밖에서 한가로운 사람 되었구나	還從世外作閑人
흥취 일어도 백설을 누가 창화할까[219]	興來白雪誰能和
늙어가며 푸른 산만 친해지네	老去靑山只自親

215 공동(空同)의 시 : 공동은 명(明)나라 이몽양(李夢陽)의 호이다. 이하곤이 차운한 작품은 이몽양의 《공동집(空同集)》 권29에 수록된 〈춘청억호상(春晴憶湖上)〉이다.

216 정윤경(鄭潤卿) : 정내교(鄭來僑, 1681~1757)로, 본관은 하동(河東), 자는 윤경, 호는 완암(浣巖)이다. 《本菴集 卷8 浣巖鄭翁墓誌銘 幷序》

217 공동의……주다 : 저본(底本)에는 이 작품의 아래에 동일한 제목의 시가 또 등장하는데, 이 번역서에서는 이 제목의 아래에 두 수가 연달아 오도록 배열하였다.

218 땅……새롭네 : 동짓달이 되었다는 말이다. 10월은 순음(純陰)인 곤괘(坤卦 ䷁)에 해당하는데, 11월이 되면 비로소 양이 하나 생겨서 복괘(復卦 ䷗)의 상이 되기 때문에 이렇게 읊은 것이다.

219 흥취……창화(唱和)할까 : 정내교의 훌륭한 시에 수창(酬唱)할 만한 사람이 없을 것이라는 말이다. 백설(白雪)은 〈백설곡(白雪曲)〉을 가리키는데, 〈양춘곡(陽春曲)〉과 함께 초(楚)나라의 2대 명곡으로 일컬어졌다. 춘추 시대 초나라에서 어떤 나그네가 〈하리(下里)〉와 〈파인(巴人)〉의 노래를 부르니 수천 명이 따라 불렀고 〈양아(陽阿)〉와 〈해로(薤露)〉의 노래를 부르니 몇 백 명이 따라 불렀는데, 〈양춘〉과 〈백설〉의 노래를 부르니 몇 십 명밖에는 따라 부르지 못했다는 고사가 전한다. 《文選 卷45 對楚王問》

부귀와 영화는 모두 몸 밖의 물건일 뿐	富貴榮華俱外物
남아는 본래 몸을 편안히 할 곳 있다네	男兒本自有安身

2

그대 보니 이미 청춘 아니고	看君已是非青春
어느덧 백발인 내 모습 부끄럽네	愧我居然白髮新
하늘 높이 솟고 대지 흔드는 일 이루지 못했으니	未辦軒天掀地業
꿈꾸듯 죽고 술 취해 사는 사람[220] 될까 두렵네	恐爲夢死醉生人
구름 낀 산은 저버리지 않으니 끝내 숨어야 하고	雲山不負終須隱
물고기와 새는 시기심 없으니 친할 만하네	魚鳥無猜更可親
여기서 금계[221]까지는 백 리 길	此去金溪元百里
절름발이 나귀 타고 오가는 한가한 두 사람이네	蹇驢來往兩閒身

220 꿈꾸듯……사람 : 몽사취생(夢死醉生)은 취생몽사(醉生夢死)와 같은 말로 죽는 날까지 술이나 마시면서 의미 없이 일생을 보내는 것을 의미한다.

221 금계(金溪) : 이하곤이 거주했던 충청북도 진천에 있는 물 이름이다.

윤경의 시[222]를 차운하여 이별의 선물로 주다

次潤卿贈別

푸르고 푸른 계족산[223] 풍경　　蒼蒼鷄足色
언제나 문 앞에 펼쳐져 있네　　朝暮來在門
마주하면 절로 즐거우니　　相對自怡悅
그대는 이미 말 잊었으리　　君應已忘言

2

금계의 물을 나누어　　欲分金溪水
그대와 사립문 마주하고　　餘君對衡門
늘그막을 함께 하고 싶은 마음이니　　暮歲相將意
본래 많은 말 필요 없네　　元不在多言

3

세모에 눈보라 거센데　　歲暮風雪急
서글픈 노래 부르며 도성문 나왔지　　悲歌出國門
이 마음 아는 이 없으니　　此意無人識
그대 아니면 누구와 말할까　　非君誰與言

222 윤경(潤卿)의 시 : 이하곤이 차운한 작품은 《완암집(浣巖集)》 권1의 〈담헌 이하곤 공이 장차 금계로 돌아가려고 하므로 이 시를 지어 이별하다〔澹軒李公夏坤將歸金溪賦此以別〕〉이다.

223 계족산(鷄足山) : 대전광역시 대덕구 장동에 있는 산이다.

헤어지며 그래도 남은 뜻이 있어서 이 시를 지어 윤경[224]에게 주다

臨別尙有餘意 賦此贈潤卿

예전에 서울 있을 때	往在漢師日
회천[225]에서 만나자던 약속 있었지	懷川有此期
서로 만나니 백발 가여운데	相逢憐白髮
한 번 웃으며 새 시 짓노라	一笑出新詩
등불 밝히고 깊은 밤까지 대화 나누고	燈燭深更話
바람과 서리를 늘그막에 슬퍼하네	風霜暮歲悲
금계에서 뒤에 만나기로 약속하니	金溪留後約
살구꽃 필 때를 저버리지 마시게	莫負杏花枝

224 윤경(潤卿) : 정내교(鄭來僑, 1681~1757)로, 본관은 하동(河東), 자는 윤경, 호는 완암(浣巖)이다. 《本菴集 卷8 浣巖鄭翁墓誌銘 幷序》

225 회천(懷川) : 현재의 대전광역시 대덕구 회덕동을 가리킨다.

청주로 가는 길에 감회가 있어서

清州途中 有感

동짓달의 날씨 참으로 추운데	仲冬之月日正寒
작년에도 올해도 길을 가는구나	去年今年征道間
하늘 열리고 골짝 갈라진 형강[226]의 물이고	天開峽坼荊江水
구름 희고 나무 푸른 낭비[227]의 산이네	雲白木蒼娘臂山
세상만사 괴로운 나그네 유람 이미 겪었으니	萬事已經客遊苦
백년 인생 집에서 한가롭게 지냄을 사랑하네	百年自愛家居閒
시서 즐기며 눈 쌓인 집에 베개 높이고 누워	詩書雪屋唯高枕
솔과 대로 얽은 사립문에서 왕래 끊으리	松竹柴門斷往還

226 형강(荊江) : 금강(錦江)을 가리키는데, 특히 예전 문의현(文義縣) 일대의 금강을 형강이라고 하였다.

227 낭비(娘臂) : 《신증동국여지승람(新增東國輿地勝覽)》 권15 〈충청도(忠淸道) 청주목(淸州牧)〉 건치연혁 기사를 보면 청주를 낭비성(娘臂城)이라고도 하였다.

내가 일찍이 임자순[228]의 "열다섯 월계녀"[229]라는 절구를 사랑하였으니 어의가 매우 뛰어나다. 다만 너무 상쾌하기만 하고 유원한 운치가 부족한 것을 한스럽게 여겼다. 그 시의 뜻을 이어서 이 시를 지으니 보는 사람들이 어떻게 여길지 모르겠다

余嘗愛林子順十五越溪女一絶 語意超絶 但恨其太爽朗 乏幽遠之致 試演其意作此 未知見者以爲何如也

아름다운 여인 수줍은 나머지	美人含嬌羞
이별의 눈물조차 흘리지 않더니	不肯垂別淚
돌아와 서쪽 행랑채 달 보고서	歸拜西廂月
속마음을 하소연하네	却訴心內事

228 임자순(林子順) : 임제(林悌, 1549~1587)로, 본관은 나주(羅州), 자는 자순, 호는 백호(白湖)이다. 《記言 卷45 林正郎墓碣文》

229 열다섯 월계녀 : 임제의 《임백호집(林白湖集)》 권1에 수록된 〈무어별(無語別)〉의 첫 번째 구이다.

곤륜[230]의 묘소에 들러 감회가 있어서

過昆侖墓 有感

해 저무는 차가운 산길	落日寒山路
외로운 무덤에서 하염없이 눈물 흘리네	孤墳淚不乾
뼈는 진토가 되었을 테고	骨應塵土化
기는 두우 사이에 걸렸겠지[231]	氣或斗牛干
경술은 여러 공들에게 중시되었고	經術諸公重
문장은 후세가 우러러보네	文章後世看
백 개의 몸으로도 끝내 대신할 수 없으니	百身終莫贖
어떻게 이 어려움 극복할까[232]	何以濟屯艱

230 곤륜(昆侖) : 최창대(崔昌大, 1669~1720)로, 본관은 전주(全州), 자는 효백(孝伯), 호는 곤륜이다. 최석정(崔錫鼎)의 아들이며 이하곤의 고종사촌이다.《西堂私載 卷10 弘文館副提學崔公墓誌銘 幷序》

231 기(氣)는……걸렸겠지 :《장자(莊子)》〈대종사(大宗師)〉에 "부열이 도를 얻어……동유성과 기미성을 걸터타고 뭇별과 나란히 있다.〔傅說得之……乘東維騎箕尾, 而比於列星.〕"라고 하였는데, 여기에서 유래하여 사람이 죽으면 하늘의 별이 된다고 믿었다.

232 백 개의……극복할까 : 자신이 대신 죽어서라도 경술(經術)과 문장(文章)이 모두 뛰어난 최창대를 살려 어려운 시대 상황을 해결하고 싶지만 그렇게 할 수 없다는 말이다. 백신(百身)은《시경》〈황조(黃鳥)〉의 "저 푸른 하늘이여, 우리 훌륭한 사람을 죽이도다. 만약 바꿀 수 있다면 사람마다 그 몸을 백 번이라도 바치리라.〔彼蒼者天, 殲我良人. 如可贖兮, 人百其身.〕"라고 한 데서 유래하였다.

세모에

歲暮

세모에 슬피 노래하는 대머리 늙은이 歲暮悲歌禿髮翁
늙어서도 마음만은 호방하네 情懷老去尙豪雄
눈 쌓인 천 봉우리에 홀로 누워 將身獨臥千峯雪
기운 토해내 백 길의 무지개를 이루네[233] 吐氣能成百丈虹
밤 달 보며 금강 북쪽에서 노 저었고 夜月鳴榔錦水北
추운 날 곰나루 동쪽에서 사냥 구경했지 寒天觀獵熊津東
지금은 또 매화와 짝하여 如今又與梅花伴
맑은 유람 돌아보니 꿈속 같구나 回首淸遊似夢中

233 기운……이루네 : 시를 지으며 지낸다는 말이다.

김양기는 용천 사람이다. 선천의 적소로 여순[234]을 따라갔다가 여순이 남쪽으로 옮겨 갈 때 그도 따라서 남쪽으로 갔다. 또 그를 따라 진천에 왔다. 배우기를 좋아하여 부지런히 독서하니 그의 뜻이 기특하다. 또 시 짓는 법을 배우는데 제법 볼만하였다. 그가 나를 대단히 존모하여 시 한 수를 보여 주었는데 그 뜻이 대단히 정성스러웠다. 그의 시를 차운하여 답하다

金生良器 龍川人也 從汝順於宣川謫中 及汝順南遷 生亦從而南 又從至鎭川 好學勤讀 其意可嘉 又學作詩頗可觀 生慕余甚 示以一詩 意頗勤摯 次其韻以答之

그대가 북쪽으로 와서 배우니[235] 과연 어떠한가 子來北學果何如

이미 산서의 기습 사라졌네[236] 已見山西習氣除

객지 밥에 생선 반찬 없어 아침에 나물 먹고[237] 旅食無魚朝啖薺

234 여순(汝順) : 이하곤의 재종제(再從弟) 이원곤(李元坤, 1680~?)으로, 본관은 경주(慶州), 자는 여순이다. 1712년(숙종38) 정시(庭試)와 관련한 일로 1717년 1월에 선천으로 유배 갔다가 9월에 전라도 영암으로 이배되었다.《承政院日記 肅宗 43年 1月 25日, 9月 24日》

235 북쪽으로 와서 배우니 :《맹자》〈등문공 상(滕文公上)〉의 "진량은 초나라 태생이니 주공과 중니의 도를 좋아하여 북쪽으로 중국에 와서 공부하였다.〔陳良 楚產也. 悅周公仲尼之道, 北學於中國.〕"라는 말을 활용한 것이다.

236 이미……사라졌네 : 김양기의 태도와 마음가짐에 변화가 있다는 말이다. 산서(山西)는 효산(崤山)과 화산(華山)의 서쪽을 의미한다.《한서(漢書)》 권69〈조충국전찬(趙充國傳贊)〉에 "진한 시대로부터 이후로 산동에서는 재상이 나고 산서에서는 장수가 나왔다.〔秦漢以來, 山東出相, 山西出將.〕"라고 하였다.

차가운 방에서 눈빛에 비춰 밤에 책을 읽네[238]	寒牕映雪夜觀書
효성령[239] 높아 돌아갈 길 걱정스럽고	曉星嶺峻愁歸道
압록강 길게 흐르는 옛 집 꿈꾸네	鴨綠江長夢舊居
다른 날 금의환향함을 볼 것이니	佇看他時衣錦去
마경의 문채가 마을에 준동하리[240]	馬卿文彩動門閭

237 객지(客地)……먹고 : 김양기가 굶주림을 견디며 부지런히 공부한다는 말이다. 제(薺)는 사삼(沙蔘)과 비슷한 다년초(多年草)인데, 《송사(宋史)》 권434 〈채원정열전(蔡元定列傳)〉에 "서산 꼭대기에 올라가 배고픔을 참고 제를 캐어 먹으며 글을 읽었다.〔登西山絶頂, 忍饑啖薺讀書.〕"라고 하였다.

238 차가운……읽네 : 김양기가 겨울철 추운 방에서 독서에 열중하는 모습을 진(晉)나라 손강(孫康)의 손강영설(孫康映雪)의 고사를 들어 읊은 것이다. 《初學記 卷2 引宋齊語》

239 효성령(曉星嶺) : 평안도 가산읍(嘉山邑)의 진산(鎭山)이다. 《薊山紀程 卷1》

240 마경(馬卿)의……준동하리 : 김양기가 뛰어난 문장가가 되어 그의 고향에서 기림을 받을 것이라는 말이다. 마경은 사마상여(司馬相如)를 가리킨다.

서지숙[241] 명연 이 시 한 수를 부쳐왔기에 차운하여 답하다
徐止叔 命淵 寄一詩 次韻答之

시와 술로 세상 피할 만하니	詩酒堪逃世
산림에서 삶 마치려네	山林欲畢生
하늘이 장차 영걸을 힘들게 하니	天將困英傑
내가 이미 어려움과 형통함을 운수에 맡겼노라	吾已任屯亨
오이 가꿀 땅 없지 않지만	不乏鉏瓜地
끝내 약초를 캐러 가리[242]	終爲採藥行
눈앞에 강물 있는데	眼前江漢在
언제나 풍랑이 잔잔해질까	風浪幾時平

2

매번 그대를 데리고 가서	每欲携君去
임천에서 한 해를 함께하려 했는데	林泉共判年
덧없는 인생살이 일이 많아	浮生自多故

241 서지숙(徐止叔) : 서명연(徐命淵, 1673~1735)으로, 본관은 대구(大丘), 자는 지숙이다. 《西堂私載 卷10 忠清道觀察使徐公墓誌銘》

242 오이……가리 : 은자(隱者)의 모습으로 살아가겠다는 말이다. 서과(鉏瓜)는 오이를 가꾼다는 말이다. 광릉(廣陵) 사람 소평(召平)이 진(秦)나라의 동릉후(東陵侯)였는데, 진나라가 망하자 장안성 청문(青門) 밖에 오이를 심고 그것을 팔아 생계를 꾸렸던 고사가 전한다. 《史記 卷53 蕭相國世家》 채약(採藥)은 약초를 캔다는 말이다. 후한(後漢)의 방덕공(龐德公)이 처자를 거느리고 녹문산(鹿門山)에 들어가 약을 캐면서 다시는 세상에 나오지 않고 살았던 고사가 전한다. 《後漢書 卷83 逸民列傳 龐公》

이별의 회포만 날마다 서글프네	離抱日悽然
세상사는 슬픈 노래 속에 잊고	世事悲歌裏
친한 벗들은 눈물 맺힌 눈가에 떠오르네	親朋淚眼邊
시름겨워 자주 북쪽 바라보지만	愁來頻北望
눈 덮인 나무만 찬 하늘에 아득하오	雪樹杳寒天

서재에서 감회를 쓰다

齋居書懷

홀로 사립문 안에 누우니 버들 빛 새롭고	獨臥柴門柳色新
천지 바라보니 봄이 오려 하네	起看天地欲生春
눈 수북이 쌓여 오는 손님 끊길까 걱정인데	正愁深雪斷來客
문득 매화 보니 마치 벗 같구나	忽見梅花如故人
백발은 본래 세상에 대한 울분 때문	白髮元來緣憤世
청산이야말로 몸 감추기에 제격이네	青山是處合藏身
시서에 맛 있으니 늙음 잊을 수 있어	詩書有味堪忘老
긴 밤 외로운 등불을 절로 가까이 하노라	夜永孤燈只自親

방옹의 시[243]를 차운하여 중화[244]에게 부치다
次放翁韻 寄仲和

나계거사는 요즘 어찌 지내는가　　蘿溪居士近何如
늙기 전에 한가롭게 살려고 〈수초부〉 지었네[245]　　未老求閒賦遂初
지난번 만났을 때 모두 백발이었는데　　向日逢迎俱白髮
고향으로 돌아와 초가집에 누웠네　　故山歸臥一茅廬
깊은 밤 눈보라 속에 외로운 꿈 돌아오는데　　夜深風雪回孤夢
세모의 산하에는 편지마저 끊겼네　　歲暮關河斷尺書
다만 경서 연구로 사업을 대신할 뿐　　只把窮經當事業
우리 둘 어리석다는 남들의 조소 개의치 않네　　不妨人笑兩迂疏

243 방옹(放翁)의 시 : 방옹은 송(宋)나라 시인 육유(陸游, 1125～1209)로 자는 무관(務觀)이다. 이하곤이 차운한 작품은《검남시고(劍南詩稾)》 권26에 수록된 〈기우문성주(寄宇文成州)〉이다.

244 중화(仲和) : 윤순(尹淳, 1680～1741)으로, 본관은 해평(海平), 자는 중화, 호는 백하(白下)·학음(鶴陰)·나계(蘿溪)이다.《白下集 附錄 行狀》

245 늙기……지었네 : 윤순이 초야로 돌아갔다는 말이다. 수초(遂初)는 진(晉)나라 손작(孫綽, 314～371)이 고양(高陽), 허순(許詢) 등과 함께 고상한 뜻을 품고 회계산(會稽山)에 은거하여 10여 년간을 산수를 유람하면서 〈수초부(遂初賦)〉를 지은 데서 유래하였다. 벼슬을 사직하고 은거하여 그 초심을 이루어 즐겁다는 의미이다.《世說新語 言語》

정윤경이 또 앞의 시를 차운하여[246] 보내왔으므로 입으로 불러 답하다

鄭潤卿又次前韻寄示 口占答之

사립문 안에 편안히 누웠더니 봄 오려 하고	柴門高臥欲生春
매화와 버들 바라보니 기색이 새롭다	梅柳行看氣色新
바람과 달이 속물 아닌 줄 아노니	風月元知非俗物
시내와 산은 끝내 한가한 사람의 차지라네	溪山終是屬閒人
평생 천 종의 녹이 귀한 줄을 몰랐고	平生未識千鍾貴
늙어가며 오직 육경을 가까이 하노라	垂老唯將六籍親
물마시고 글 쓰는 일 즐거우니	飮水著書差可樂
이제부터 나 자신을 저버리지 않으려네	從今吾不負吾身

246 정윤경(鄭潤卿)이……차운하여 : 정윤경은 정내교(鄭來僑, 1681～1757)로, 본관은 하동(河東), 자는 윤경, 호는 완암(浣巖)이다.《本菴集 卷8 浣巖鄭翁墓誌銘 幷序》 앞의 시는《두타초(頭陀草)》책11의 〈공동의 시를 차운하여 입으로 불러 정윤경에게 주다〔次空同韻 口占贈鄭潤卿〕〉인데, 정내교의 문집에는 이 시의 운자와 동일한 운자로 지은 작품이 수록되어 있지 않다.

또 기 자에 맞춰 짓다[247]

又次期字

어찌 친한 벗이 없으랴만	豈無親友在
오직 그대만 세모를 기약하네	唯汝歲寒期
등불 앞에서 나눈 대화 아직도 떠오르는데	尙憶燈前話
이별 뒤에 자주 시를 쓰네	頻題別後詩
용과 뱀은 깊이 스스로 숨고	龍蛇深自蟄
기러기 울음소리 저물녘에 도리어 슬프구나	鴻鵠暮還悲
앉아서 매화 바라보니	坐看梅花意
봄바람이 벌써 가지 흔드네	春風已動枝

2

지금 멋진 만남 이루었으니	卽此成奇會
어찌 다시 만날 날을 물을까	何須問後期
두 눈 병든 것을 가여워하며	聊憐雙眼病
몇 년 동안 지은 시를 각자 꺼내네	各出數年詩
부질없는 삶 덧없이 늙었고	艸艸浮生老
아득히 세상일 슬퍼하네	茫茫世事悲

247 또……짓다 : 《두타초(頭陀草)》 책11에 〈헤어지면서 그래도 남은 뜻이 있어서 이 시를 지어 윤경에게 주다〔臨別尙有餘意 賦此贈潤卿〕〉라는 작품의 운자가 이 시의 운자와 같다. 이 시도 정내교(鄭來僑)와 관계가 있기 때문에 같은 운자로 지은 것이다.

깊은 밤까지 만류하니 挽留每深夜
지는 달이 남쪽 가지에 걸렸네 落月在南枝

위의 시는 회천(懷川)[248]에 있을 때의 뜻을 추억하여 기술한 것이다.

3

덧없는 인생사 아득하기만 하니 莽莽浮生事
산림으로 돌아오리라 본래 기약했지 山林本自期
세상 담당하겠다는 뜻 꺾고 摧頹當世志
쓸쓸히 늦가을의 시 읊노라 蕭瑟暮秋詩
백발이 매화처럼 하얘 부끄럽고 霜鬢羞梅映
상가를 술기운 빌려 슬피 노래하네 商歌借酒悲
평생 오악의 유람 바랐으니 平生五嶽願
끝내 지팡이를 저버리지 않으리[249] 終不負筇枝

248 회천(懷川) : 현재의 대전광역시 대덕구 회덕동을 가리킨다.

249 평생……않으리 : 명산(名山)을 찾아다니며 여생을 마치겠다는 말이다. 후한(後漢)의 은사(隱士) 상장(向長)은 《노자(老子)》와 《주역》에 모두 정통했는데, 젊어서부터 벼슬하지 않고 은거하면서 일찍이 말하기를 "아들과 딸의 혼사를 마치고 나면 집안일은 끊어버리고 다시 상관하지 않겠다.〔男女嫁娶旣畢, 敕斷家事勿相關.〕"라고 하였다. 광무제(光武帝) 연간에 아들과 딸의 혼사를 다 마치고 나서는 정말로 친구들과 함께 오악(五嶽) 등의 명산을 두루 유람하고 끝내 신선이 되러 갔다는 고사가 전한다.《後漢書 卷83 逸民列傳 向長》

표아[250]의 시를 차운하다

次杓兒韻

오늘 밤 두타산[251]의 달	今夜頭陀月
밝은 빛이 나를 위해 새롭구나	淸輝爲我新
누군들 이 광경을 보지 않을까만	孰非同此景
한가한 사람 드물까 걱정이네	只恐少閑人
대나무 빛깔은 늙음도 잊게 하고	竹色堪忘老
매화는 가난을 비웃지 않는구나	梅花不笑貧
만년의 사귐 두 아이[252] 남았으니	晩交餘二子
세모에 가까이 하노라	歲暮得相親

250 표아(杓兒) : 이하곤의 아들 이석표(李錫杓, 1704~?)로, 본관은 경주(慶州), 자는 운원(運元), 호는 남록(南麓)이다.

251 두타산(頭陀山) : 충청북도 진천군 초평면과 괴산군 도안면·증평읍의 경계에 있는 산이다.

252 두 아이 : 이하곤에게는 이석표와 출계(出系)한 아들 이석심(李錫心)이 있었다.

또 표아[253]의 시를 차운하다

又次杓兒韻

숲 위로 달 올라 희미하게 그림자 생기고	林月微生影
멀리서 여울 소리 나는구나	砅灘遠有聲
매화는 세속의 자태 없고	梅花無俗態
등불은 사람 향해 밝네	燈火向人明
탁주에 시름 다 사라지고	濁酒消愁盡
새로운 시에 뜻이 맑구나	新詩用意清
밤 깊도록 묵묵히 앉아 있나니	夜深猶默坐
이때의 마음을 그 누가 알까	誰識此時情

253 표아(杓兒) : 이하곤의 아들 이석표(李錫杓, 1704~?)로, 본관은 경주(慶州), 자는 운원(運元), 호는 남록(南麓)이다.

즉흥적으로 감회를 쓰다
即事書懷

늙은이의 유별난 성격 한가한 생활 좋아해	老夫僻性愛閑居
사립문에 수북한 눈을 치우지도 않네	深雪柴門不掃除
소장한 그림을 때때로 손님과 감상하고	藏畫有時同客賞
읊조린 시를 매일 아이에게 쓰게 하네	哦詩每日遣兒書
시골로 돌아오니 일신의 도모 못난 줄 깨닫고	歸農自覺謀身拙
녹봉 사양하니 세상과 멀어진 줄 알겠네	辭祿方知與世疏
곤한 잠에서 깨어 한 번 웃노니	倦睡起來成一笑
흰 구름이 멋대로 뭉쳤다 흩어졌다 하는구나	白雲隨意卷還舒

밤중에 바람소리가 매우 요란하였다. 홀로 앉아 감회를 쓰다

夜中風聲甚壯 獨坐書懷

세밑의 외진 마을에서 온갖 생각 이어져	歲暮窮村百感長
차가운 집 평상에 홀로 누워 있네	寒齋獨臥一平床
냇물 위 구름과 달은 서로 가렸다 나왔다 하고	溪雲與月相呑吐
산의 나무는 바람 따라 요란하네	山木因風自激昂
고요함 속에서도 당세의 일을 걱정하고	靜裏尙憂當世事
병들어서는 젊어서의 광기를 자못 뉘우치네	病中頗悔少年狂
씩씩한 마음은 늙은 얼굴 따라 변하지 않아	雄心不逐衰容變
꿈속에 준마[254] 타고 사방을 내달리네	夢騁驊騮踏四方

정리(靜裏)는 신퇴(身退)로도 쓰고 병중(病中)은 병래(病來)로도 쓴다.

254 준마(駿馬) : 화류(驊騮)는 주 목왕(周穆王)이 타고 서왕모(西王母)를 만나러 갔다는 팔준마(八駿馬)의 하나이다.

10월 12일 밤에 서평보[255] 명균 와 여러 사람이 나를 전별하려고 재창[256]의 집에 모였다가 마침내 걸어서 남문루에 올랐다. 밤은 고요하여 인적도 없고 달빛이 대낮처럼 밝으며 누대와 안개 낀 숲이 들쭉날쭉 아득하게 펼쳐지니 또 하나의 아름다운 광경이었다. 좌중에서 "산에 올라 강물 굽어보며 돌아가려는 이를 전송하네."[257]라는 말을 외우는 사람이 있었다. 내 마음이 문득 흔들려 나도 모르게 서글퍼지니 시 한 수로 기록하려고 했으나 그러지 못했다. 홀로 빈 집에 누웠는데 한 해가 저물어가고 바람소리가 밤새도록 요란하여 잠들지 못한 채 예전의 유람을 회상해 보니 꿈처럼 아득하였다. 애오라지 칠언 율시를 지어 내 감회를 기록한다

十月十二夜 徐平甫 命均 諸人 爲別余來會載昌宅 遂步登南門樓 夜靜無人 月色如晝 樓臺煙樹 參差微茫 又一奇也 座中有誦登山臨水送將歸之語 余意忽動 不覺悵惘 欲以一詩記之不果 獨臥空齋 歲色將暮 風聲終夜颼颼 令人不寐 回念舊遊 茫如夢事 聊賦長律 以識余感

숭례문은 운계 가에 있는데 崇禮門臨雲溪邊

255 서평보(徐平甫) : 서명균(徐命均, 1680~1745)으로, 본관은 달성(達城), 자는 평보, 호는 소고(嘯皐)・재간(在澗), 시호는 문익(文翼)이다.

256 재창(載昌) : 이명곤(李明坤, 1685~?)으로, 본관은 경주(慶州), 자는 재창이다. 이하곤의 막내아우이다.

257 산에……전송하네 : 전국 시대 초(楚)나라 송옥(宋玉)의 《초사(楚辭)》 〈구변(九辯)〉에 보이는 내용이다.

난간 기대니 아득하여 날아가는 신선 같네	憑闌縹緲若飛仙
바람이 다듬이질 재촉할 제 집집마다 달빛 비치고	風催砧杵千家月
하늘이 누대 감쌌는데 온 숲에 안개 이는구나	天抱樓臺萬樹煙
새벽에 높은 곳에 오르니 절로 호기로운데	五夜登高自豪氣
작별 아쉬워하는 제군들 모두가 노년일세	諸君惜別各衰年
돌아와 눈 내리는 차가운 창가에 홀로 누워	歸來獨臥寒牕雪
맑은 유람 회상해 보니 마음 먹먹하네	回首淸遊意惘然

아침에 석전[258]의 그림을 보다가 두루마리에 있는 막운경[259] 정한 의 시를 차운하다[260]

朝來閱石田畫 次卷中莫雲卿 廷韓 韻

구름 낀 깊은 숲에 내 자취 감추니 雲林深處閟吾蹤
집 아래로는 냇물 흐르고 위로는 봉우리 솟았네 屋下流泉屋上峰
온종일 사립문에 찾아오는 이 없어 終日柴門無客到
옷 풀어헤치고 편안히 누워 솔바람 소리 듣노라 解衣高臥聽風松

2

오중 처사의 자취를 오래도록 흠모했으니 久慕吳中處士蹤
평생 막리봉에서 편안히 누워 지냈지[261] 一生高臥莫釐峰

258 석전(石田) : 명나라 중기의 서화가 심주(沈周, 1427~1509)로, 자는 계남(啓南), 호는 석전·백석옹(白石翁)이다. 당인(唐寅)·문징명(文徵明)·구영(仇英)과 함께 오문사대가(吳門四大家)로 불린다. 그의 풍류는 당세 제일로 꼽혔는데, 수차례에 걸쳐 벼슬을 권유받았으나 효성이 지극하여 늙은 모친을 떠날 수 없다는 이유로 끝까지 벼슬길에 나가지 않았다. 《明史 卷298 隱逸列傳 沈周》

259 막운경(莫雲卿) : 명나라 말기의 서화가 막시룡(莫是龍, 1539~1589)으로, 자는 운경·정한(廷韓), 호는 후붕(後朋)·추수(秋水)이다. 정시(庭試)에서 1등을 차지할 정도로 수재였으나 벼슬을 사양하고 일생을 평민으로 지냈다.

260 아침에……차운하다 : 저본(底本)에는 이 시의 아래에 동일한 제목이 다시 등장하는데, 이 번역서에서는 이 제목의 아래에 두 수의 시가 배열되도록 수정하였다.

261 오중(吳中)……지냈지 : 이하곤이 벼슬을 사양하고 일생을 평민으로 지낸 심주와 막시룡을 오랫동안 존모했다는 말이다. 심주와 막시룡이 모두 강소성(江蘇省) 출신이므로 오중이라고 한 것이다. 막리봉(莫釐峰)은 강소성 오현(吳縣) 서부에 있는 산으

오늘 아침에 맑고 참된 정취를 자세히 알았으니　今朝細識淸眞趣
만 그루 솔숲에 숨겨진 띳집을 스스로 그렸구나　自畫茅齋隱萬松

로 수(隋)나라 때의 장군 막리(莫釐)가 군대를 주둔시켰던 데서 유래하였다.

표아[262]가 재중을 애도한 시를 차운하다
次杓兒悼載中韻

산 사람의 슬픔 어찌 다하랴	後死悲何極
이승에서 볼 수 없게 되었네	此生難得看
무덤에서도 넋은 어둡지 않겠지만	泉臺魂不瞑
눈보라에 뼈가 시리겠지	風雪骨應寒
상자에 담긴 글을 이제 누가 읽을까	篋艸今誰讀
글 비춰 읽던 반딧불도 다 말라죽었네	書螢已盡乾
스무날 동안 앓아누워	二旬淹伏枕
상주[263]를 위로할 힘도 없네	無力慰欒欒

262 표아(杓兒) : 이석표(李錫杓, 1704~?)로, 본관은 경주(慶州), 자는 운원(運元), 호는 남록(南麓)이다. 이하곤의 아들이다.

263 상주(喪主) : 난란(欒欒)은 상주의 수척한 모습을 형용한 말이다. 《시경》 〈소관(素冠)〉에 "행여 흰 관을 쓴 상주의 수척함을 볼 수 있을까.〔庶見素冠兮, 棘人欒欒兮.〕"라고 하였다.

감회를 적다

志感

기린각에 수척한 모습 그리려던 꿈 깨졌으니[264]	夢斷麒麟畫瘦形
죽을 때까지 단정히 운정[265]에 누워야지	終身端可臥雲亭
당론은 고칠 수 없는 병처럼 고질화되었는데	黨論痼似難醫疾
어진 선비는 떨어지려는 별보다도 드물구나	賢士稀於欲落星
세상 피하니 하얗게 센 귀밑털 싫지 않고	避世不嫌雙鬢白
맹세컨대 푸른 한 봉우리만을 좋아하리	托盟唯喜一峰青
초나라가 쇠퇴한 이유 알겠으니	終知楚國沈冥理
홀로 깨었던 영균을 비웃었겠지[266]	應笑靈均只獨醒

264 기린각(麒麟閣)에……깨졌으니 : 세상에 나아가 경륜(經綸)을 펼치고 공훈을 세우려던 포부가 좌절되었다는 말이다. 기린(麒麟)은 한 선제(漢宣帝)가 일찍이 곽광(霍光), 장안세(張安世), 소무(蘇武) 등 공신(功臣) 11인의 초상을 그려서 걸게 했던 기린각을 의미한다.《漢書 卷54 李廣蘇建傳》

265 운정(雲亭) :《두타초(頭陀草)》 책4 〈초평이십오영(草坪二十五詠)〉에 열운정(悅雲亭)이 있는 것으로 보아 이하곤의 고향에 있던 정자를 가리키는 것으로 보인다.

266 초(楚)나라가……비웃었겠지 : 충신(忠臣)의 충간(忠諫)을 듣지 않아 쇠망의 길을 걸었던 초나라의 사례를 들어 당시 조선의 상황을 비유한 것이다. 영균(靈均)은 전국 시대 초나라 대부 굴원(屈原)의 자이다. 그의 〈어부사(漁父辭)〉에 "온 세상이 다 흐리거늘 나 홀로 맑고 모든 사람이 다 취했거늘 나 홀로 깨었는지라, 이 때문에 쫓겨나게 되었다.〔舉世皆濁我獨淸, 衆人皆醉我獨醒, 是以見放.〕"라는 말이 나온다.

암아[267]의 시를 차운하여 심자고 태 를 전송하다
次巖兒韻 送沈生子固 [illegible]

물에 뜬 부평초 같은 신세라고 한탄하지 마라	莫嘆身似水中萍
어딘들 우리가 머물지 못하랴	何處人生不可停
이미 천지가 여관과 같은 줄 믿나니	已信乾坤同逆旅
모름지기 속세를 역말로 보아야지	須將塵世視郵亭
전원으로 돌아오니 온통 하얘진 머리 우스운데	歸田自笑頭渾白
책 펼치니 즐거운 눈빛 좋구나	開卷聊憐眼共青
내가 좋아하는 솔바람 소리를 그대도 좋아하는데	我愛松聲君亦愛
훗날 눈 내린 밤에 누구와 함께 들을까	他時雪夜與誰聽

267 암아(巖兒) : 이하곤의 조카 이석암(李錫巖)이다.

또 암아[268]의 시를 차운하다

又次巖兒韻

백발에 병든 내 신세 가련한데	白髮憐吾病
뛰어난 재주 지니고도 곤궁한 네 운수 한탄스럽다	高才歎爾窮
온 산에 눈 내리는 때 찾아와	能來萬山雪
한 창에서 등불 함께하네	燈火一窓同
이치를 말하며 복희의 역을 탐구하고	說理探羲易
시를 논하며 국풍까지 소급하네	論詩溯國風
훗날 완위각[269]에서	他時宛委閣
다시 많은 책들 아껴 읽자꾸나	應復戀書叢

완위각(宛委閣)은 우리 집의 책을 간직한 곳이다.

268 암아(巖兒) : 이하곤의 조카 이석암(李錫巖)이다.

269 완위각(宛委閣) : 충청북도 진천군 초평면 용정리 양촌마을에 있었던 이하곤의 서재로 조선 후기 4대 장서각 중 하나이다. 만권루(萬卷樓)로도 불렸다.

또 오언 율시를 지어 자고[270]에게 주다

又賦五律 贈子固

연산으로 가는 그대 보내니	送汝連山去
다시 올 날을 어찌 기약하랴	重來豈有期
내일 아침 헤어지기에	明朝欲分手
외로운 촛불 앞에서 각각 시를 짓네	孤燭各題詩
나귀 허약한데 차가운 눈마저 세차게 내리고	驢孱寒雪急
옷은 해졌는데 삭풍마저 모질게 불어오네	衣破北風悲
적막한 현정에서	寂莫玄亭裏
누가 다시 어려운 글자 물을까[271]	何人更問奇

270 자고(子固) : 심태(沈垰)의 자인데 인적사항은 자세하지 않다.

271 적막한……물을까 : 심태가 떠난 뒤에 자신에게 배우러 올 사람이 없을 것이라는 말이다. 한나라의 문장가인 양웅(揚雄)이 고문(古文)과 기자(奇字) 등을 많이 알았으므로 유흠(劉歆)의 아들 유분(劉棻) 등이 그에게 가서 글자를 물어 배웠다고 한다. 현정(玄亭)은 초현정(草玄亭)의 준말로 양웅이 칩거하며 《태현경(太玄經)》을 저술한 곳이다. 《漢書 卷87 揚雄傳》

또 암아[272]의 시를 차운하다

又次巖兒韻

너는 떠돌며 매이지 않는 사람인 줄 알기에	知汝栖栖不羈者
묻노니 언제 다시 오려는가	問汝何時能復來
떠나는 말에 부는 삭풍 두려워 말거라	莫畏北風吹去馬
밝은 달이 이별의 술잔 비춰 좋구나	却怜明月照離杯
눈 세차게 내려 기러기 돌아가지 않지만	鴻雁不歸雪初急
매화 피려 하니 봄이 어느덧 돌아왔네	梅花欲動春已廻
내년에 사담[273]으로 나를 찾아오너라	明歲沙潭須訪我
산수 논하며 멋진 회포 펼쳐 보자꾸나	談山談水好懷開

272 암아(巖兒) : 이하곤의 조카 이석암(李錫巖)이다.

273 사담(沙潭) : 현재의 충청북도 괴산군 청천면 사담리 일대로, 이하곤 집안의 별업(別業)이 있던 곳이다.

아이들이 영수암[274]을 유람하는 시를 차운하다

次兒輩遊靈水菴韻

가랑비 내리는 냇가에 지팡이 짚고 나가니 拄杖溪雨細
차가운 산에 저녁 그늘 생기네 山寒生夕陰
문득 맑은 풍경소리 들려와 忽聞淸磬發
깊은 구름 속으로 들어온 줄을 알겠네 自覺入雲深
골짜기의 눈은 따뜻한 햇살에도 남았고 澗雪暄猶在
봉우리의 안개는 어두워도 사라지지 않네 峰煙暝不沈
승려가 아마도 나를 꾸짖으리니 居僧應誚我
단풍 물든 때에 놀러가지 못했네 遊未及楓林

2

영수암으로 가는 너희들 전송하는데 送汝靈菴去
비 내려 소나무 빛깔 짙어지네 雨來松色陰
시냇물 따라 가다가 모두들 지칠 테니 溪行諸子倦
몇몇 승려들 구름 깊은 곳에 누웠으리 雲臥幾僧深
옛 절에 단풍나무 삼나무 오래되었고 寺古楓杉老
차가운 산에 종과 풍경소리 잠기리 山寒鍾磬沈

274 영수암(靈水菴) : 이하곤의 《두타초(頭陀草)》 책4 〈초평이십오영(草坪二十五詠)〉에 등장하는 것으로 보아 현재의 충청북도 진천군 초평면 용정리에 있었던 암자로 추정된다.

맑은 유람은 아이들에게 맡기고	淸游付兒輩
홀로 앉아 동쪽 숲을 떠올리네	獨坐憶東林

또 한 자 운에 맞춰 짓다

又次寒字韻

산속 비는 부슬부슬 내리고 시내에 바람 세찬데	山雨颯颯溪風急
사람 다니는 시냇가 길에 눈마저 녹지 않았네	澗道人行雪未殘
다만 오늘 밤 달빛 좋을 것 같아	只擬今宵得月好
오래된 절에 함께 와서 그대들과 보려 했지	同來古寺與君看
하늘이 비록 우리를 희롱하려 해도	皇天縱向吾儕戲
다른 곳에서 이런 모임 갖기 어려운 줄 아노라	異地元知此會難
나물밥과 콩국을 배불리 먹고	蔬飯豆羹供一飽
승려의 방에서 편안히 자겠지	且從僧榻着眠安

또 아쉽게 이별하는 마음을 거듭 서술하다

又疊述惜別之意

필마로 가는 길에 삭풍 불어 날씨 추운데	匹馬北風天正寒
외진 산에 한 해가 또 다하려 하네	窮山歲色又將殘
한 달 동안 집 떠난 한을 품었지만	三旬縱抱離家恨
만 권의 책을 읽을 수 있었네	萬卷還能着眼看
홍패에 글자 쓰기는 쉽지만[275]	題字紅牌終覺易
청사에 이름 남기기는 어렵다네	留名青簡本來難
문장과 공훈이 남아의 일이니	文章勳業男兒事
배부름과 편안함을 바라지 말아야지	只在無求飽與安

275 홍패(紅牌)에……쉽지만 : 과거에 급제하기는 쉽다는 말이다. 홍패는 문과(文科) 시험에 급제한 사람에게 내주는 증서로 붉은 바탕의 종이에 합격자의 성적과 성명을 적었다. 소과(小科)에 급제한 생원이나 진사에게는 흰 종이를 사용하였다.

또 암아[276]의 시를 차운하다

又次巖兒韻

한 방에 등불 밝히고 깊은 밤까지 앉아서	一牕燈火坐深更
충청도 푸른 산으로 돌아갈 길을 헤아려 보네	湖右靑山算去程
가난한 살림이라 초라한 접대 부끄러운데	愧我家貧供具薄
젊은 나이에 맑은 시상 지닌 그대 사랑스럽네	愛君年少詩思淸
눈 쌓인 길로 멀리 남강까지 가려니 걱정스러운데	行愁積雪南江遠
일어나 바라보니 찬 하늘에 북두성이 밝구나	起看寒天北斗明
헤어진 뒤에 계룡산에서 달을 보리니	別後鷄龍應見月
새 시에 이별한 마음 담아 보내다오	爲題新句寄離情

276 암아(巖兒) : 이하곤의 조카 이석암(李錫巖)이다.

절구 다섯 수를 지어 자고[277]를 전송하다

賦五絶句 送子固

계룡산의 빼어난 경치 연산에 가득한데 鷄龍秀色滿連山
필마 타고 그대가 이제 그곳으로 가는구나 匹馬君今向此間
오송암자 멋지다 하니 聞說五松菴子好
푸른 벼랑을 눈 속에 올라가겠지 蒼厓須去雪中攀

2

헤어지면 맑은 달빛 보며 그리워할 터 別後相思月色清
새 시를 요사이 몇 편 지었네 新詩近日幾篇成
내일 아침 회덕으로 가리니 明朝應向懷川路
현와의 정윤경[278]을 방문하기 위해서라네 爲問玄窩鄭潤卿

3

상처[279]한 지 어느덧 사 년 叩罷莊盆已四年
그대의 홀아비 생활 볼 때마다 안쓰럽기 그지없네 見君鰥處輒君怜
서촌에 봄을 그리는 여인이 있다던데 西村聞有懷春女

277 자고(子固) : 심태(沈垗)의 자인데 인적사항은 자세하지 않다.

278 정윤경(鄭潤卿) : 정내교(鄭來僑, 1681~1757)로, 본관은 하동(河東), 자는 윤경, 호는 완암(浣巖)・현와(玄窩)이다. 《本菴集 卷8 浣巖鄭翁墓誌銘幷序》

279 상처(喪妻) : 장자(莊子)가 아내의 상(喪)을 당하여 두 다리를 뻗고 앉아 동이를 두드리며 노래를 불렀다는데서 유래하여 장분(莊盆)은 아내의 죽음을 의미한다.

언제쯤 사슴 싸들고 다시 인연 맺을 텐가[280] 包鹿何時更結緣

4

완위각[281]의 일만 권 책을 宛委閣中萬卷書
그대가 삼여[282]에 읽고 읊었지 君來諷誦足三餘
늙은 나도 책을 즐기는 버릇 있으니 老夫亦有耽書癖
전생에 두 마리 좀벌레였음을 알겠네 知是前身兩蠹魚

5

젊은이들 중에 유독 그대를 아끼니 年少叢中獨愛君
사람 만날 때마다 고상한 글을 외워대네 逢人每輒誦高文
훗날 함께 은거하고픈 마음 들거든 他時有意來同隱
두타산에서 구름을 반으로 가르세나[283] 欲向頭陀割半雲

280 봄을……텐가 : 언제쯤 재취(再娶)할 것이냐는 말이다. 《시경》 〈야유사균(野有死麕)〉에 "들에 죽은 노루가 있거늘 흰 띠풀로 싸도다. 아가씨가 봄을 그리워하거늘 길사가 유인하도다.〔野有死麕, 白茅包之. 有女懷春, 吉士誘之.〕"라는 내용을 원용하여 읊은 것이다.

281 완위각(宛委閣) : 충청북도 진천군 초평면 용정리 양촌마을에 있었던 이하곤의 서재로 조선 후기 4대 장서각 중 하나이다. 만권루(萬卷樓)로도 불렸다.

282 삼여(三餘) : 독서하기에 좋은 세 가지 여가(餘暇)를 의미한다. "겨울은 해의 나머지이고 밤은 낮의 나머지이고 음우는 때의 나머지이다.〔冬者歲之餘, 夜者日之餘, 陰雨者時之餘.〕"라고 하였다. 《古今事文類聚 別集 卷4 儒學部 讀書》

283 훗날……가르세나 : 은거할 마음이 있으면 자신과 함께 두타산에서 지내자는 말이다. 두타산은 충청북도 진천군 초평면과 괴산군 도안면과 증평읍의 경계에 있는 산으로 이하곤이 은거했던 곳이다.

또 암아[284]의 시를 차운하다

又次巖兒韻

북두성 아득하고 은하수 밝은데	北斗迢迢河漢明
쓸쓸한 등불 마주하고 앉아 이별의 정 말하네	寒燈對坐說離情
묻노니 이제 가면 언제 돌아오려는가	問君此去何時返
바람 부는 소나무에 기대 냇물소리 듣자꾸나	更倚風松聽澗聲

284 암아(巖兒) : 이하곤의 조카인 이석암(李錫巖)이다.

근래 손님이 없어서 종일 문을 닫고 한가로이 지냈다
近頗無客 終日閉戶閑居

돌아와 초가에 누우니	歸來聊得臥茆廬
거친 밥과 나물국 먹어도 마음은 편하네	糲飯蔬羹意有餘
한가롭게 지내며 사직 걱정함 괴이한데	自怪居閑憂社稷
늙어서도 시서 외기를 잊지 않노라	不忘垂老諷詩書
객기가 일을 가장 방해하는 줄 점차 알겠고	漸知客氣最妨事
뜬 명성 쓸 데 없음 이미 깨달았네	已悟浮名安用渠
외진 산에 찾아오는 이 없을 뿐이지	只是窮山無客到
늙은 내가 사람들 멀리하려 함이 아니라네	老夫非欲與人疏

손님이 없어서

無客

집에 찾아오는 이 없어 갈수록 쓸쓸한데	無客柴門轉寂寥
창가에 한가로이 앉아 하루하루 보내노라	一窓閑坐送昏朝
늙으니 책의 맛이 오래 가는 줄을 알겠고	老來書味方知永
봄 다가오니 새소리 점차 곱네	春近禽聲漸覺嬌
버들에 연노랑 빛 돋고 안개 옅게 끼었으며	柳着輕黃煙更淡
산에 푸른빛 더해지고 눈은 녹는구나	山增遙碧雪還消
하늘이 금계[285]를 주어 늘그막 보내게 하니	天與金溪供晚暮
여생을 고기 잡고 나무하며 보내리라	餘生今已寄漁樵

285 금계(金溪) : 이하곤이 거주했던 충청북도 진천에 있는 물 이름이다.

암아[286]가 자고[287]를 그리워한 시를 차운하다

次巖兒懷子固韻

그대 떠난 뒤로 내 집이 갈수록 쓸쓸하니 君去吾齋轉覺寥
책만 붙들고 아침마다 앉아 읽노라 獨持書卷坐朝朝
이별의 근심에 취하니 마치 술에 취한 듯하고 離愁欲醉如中酒
돌아가려는 마음 돌리기 어려우니 썰물 같아라 歸意難回若退潮
문의[288]의 강이 찬 숲을 나누며 희게 흘러가고 文義江分寒樹白
유성[289]의 들판이 저녁 하늘에 아득히 들어오네 儒城野入暮天遙
이제 등불 아래에서 다시 시 논할 수 없는데 談詩燈下今何得
솔바람만은 어젯밤과 다름없구나 唯有松風似昨宵

286 암아(巖兒) : 이하곤의 조카인 이석암(李錫巖)이다.

287 자고(子固) : 심태(沈垙)의 자인데 인적사항은 자세하지 않다.

288 문의(文義) : 현재의 충청북도 청주시 상당구 문의면을 말한다.

289 유성(儒城) : 현재의 대전광역시 유성구 일대를 말한다.

내가 여대를 공산성에서 달밤에 만나 금강에 배를 띄워 풍류가 산하를 밝게 비췄으니 또한 객지에서의 멋진 일이었다.[290] 지금까지 잊을 수가 없는데 여대가 지금 문득 내 집에 들르니 그 뜻이 정성스럽다. 예전에 유람한 일을 서술하여 이 시를 지어 주노니 애오라지 이별한 뒤의 면목을 삼게 할 뿐이다

余與汝大邂逅於公山月夜 泛舟錦湖 風流照映湖山 亦客中勝事也 至今不能忘 汝大今忽見過柴門 其意鄭重 追述舊游 作此以贈之 聊作別後面目爾

공산성에 만났던 사람 다시 만나니	重見公山面
문득 금강 유람 떠오르네	翻懷錦水游
객지에서 도리어 질탕했고	客中還跌宕
술 마신 뒤에 풍류 다하였지	酒後極風流
취해 춤을 추니 등불이 물에 흔들리고	醉舞燈搖水
맑게 노래할 제 달빛이 배에 가득했지	清歌月滿舟
이제는 한바탕 꿈만 같을 뿐	今來如一夢
내일이면 다시 이별의 시름 일겠구나	明日更離愁

290 내가……일이었다 : 여대(汝大)는 최석태(崔錫泰, 1675~1747)로, 본관은 전주(全州), 자는 여대이다.《素谷遺稿 卷7 參奉崔公墓碣銘》 공산성(公山城)은 현재의 충청남도 공주시 산성동에 있다. 이하곤은 1723년(경종3)에 공주에 들렀는데, 최석태와 함께한 일은《두타초(頭陀草)》 책11 〈금강행(錦江行)〉에 보인다.

밤에 앉아 회포를 쓰다

夜坐書懷

늘그막에 점차 마음 안정시키는 법 알게 되니	暮年漸悟安心法
지금 세상 본래 마음에 드는 이 없구나	今世元無可意人
경륜 말하려니 아직도 기개 남았는데	語及經綸餘氣概
늙고 병들어 시의 절반은 신음하는 소리라네	詩因老病半吟呻
바람이 기러기 떼 몰아가서 하늘은 드넓고	風驅雁陣天方闊
봄에 매화 피어나 달빛 더욱 새롭구나	春動梅花月更新
후회스럽다 지난날 무슨 일로	端悔向來緣底事
육 년이나 정신없이 서울에서 분주했던가	六年擾擾走京塵

예전의 남해 유람을 추억하며 장률을 읊어 나의 감회를 기록하다

憶南海舊游 吟成長律 以志余感

필마로 일찍이 남해 다녀왔으니	匹馬曾窮南海還
멋진 유람으로 늙은이 얼굴에 웃음 돌았지	壯遊亦足破衰顔
이미 삼한 땅 두루 돌아다녔으니	已能遍踏三韓地
백 년 사이 헛된 인생 아니어라	不負虛生百歲間
한밤중 만덕사[291]에서 조수 소리 듣고	半夜潮聲萬德寺
하늘 가운데에 눈 쌓인 한라산 보았네	中天雪色漢拏山
지금도 호탕한 기운 드높게 남아	至今豪氣峥嶸在
꿈속에서 지제산[292]을 자주 오르네	夢裏支提亦屢攀

천관산(天冠山)을 지제산(支提山)이라고도 한다.

291 만덕사(萬德寺) : 전라남도 강진군 도암면(道巖面) 만덕리(萬德里) 만덕산(萬德山)에 있는 절로 백련사(白蓮寺)라고도 한다. 《두타초(頭陀草)》 책10에 〈만덕사월야(萬德寺月夜)〉라는 작품이 수록되어 있다.

292 지제산(支提山) : 전라남도 장흥군(長興郡)에 있다. 장흥부 남쪽 40리에 위치하며 천관산(天冠山), 천풍산(天風山)이라고도 한다. 《頭陀草 册17 南遊錄》

중관[293]의 시를 차운하다

次仲寬韻

속세에서 허둥댄 지 십 년	栖栖塵世將十載
변변찮은 인생살이 한 가지도 뛰어남 없네	碌碌平生無一奇
머리 벗겨져도 도 배우기를 잊지 않았고	髮禿未嘗忘學道
치아 빠졌지만 새 시 짓기를 어찌 그치랴	齒疏何可廢新詩
안개와 구름 바람과 달이 참으로 좋은 물건이니	煙雲風月眞長物
종정도 산림도 제각각 한 때라네[294]	鍾鼎山林各一時
너희들이 고요한 짝이 되어준 덕분에	賴有諸君爲靜伴
여기저기를 함께 어울려 다니노라	南阡北陌共追隨

신(新)은 아마도 음(吟)으로 써야 할 듯하다.

293 중관(仲寬) : 이석의(李錫禕)로, 본관은 경주(慶州), 자는 중관이다. 이하곤의 칠촌 조카이다.

294 종정(鍾鼎)도……때라네 : 높은 벼슬에 올라 공훈(功勳)을 세우는 것과 산림에서 편안히 한평생을 지내는 것도 저마다의 삶이라는 말이다. 종정은 종과 솥으로 국가에 큰 공을 이루면 그 이름을 종정에 새겨 후세에 전하였다.

암아[295]의 시를 차운하다

次巖兒韻

외물일 뿐인 천 종의 귀한 벼슬 이미 경시하는데	已輕身外千鍾貴
아름다운 이름을 백 대의 뒤까지 남기겠는가	可使名留百世芬
천하의 일은 말하고 싶지 않고	不欲妄談天下事
성인의 글이나 읽고 또 읽어야지	只須多讀聖人文
그윽한 창에 매화 그림자 초승달에 비꼈고	幽窓梅影橫纖月
추운 절의 종소리가 먼 구름 속에서 나네	寒寺鍾聲落遠雲
집 가난해 좋은 물건 없다고 말하지 말라	莫道家貧無物在
책상머리에 여전히 옛 삼분[296] 있노라	案頭猶有古三墳

295 암아(巖兒) : 이하곤의 조카인 이석암(李錫巖)이다.

296 삼분(三墳) : 삼분오전(三墳五典)으로 삼황오제(三皇五帝) 시대의 글을 말한다. 여기서는 성인의 경서를 의미하는 말로 사용되었다.

6년이라는 긴 세월 동안 서울에 머물다가 올가을에야 비로소 온 가족과 함께 남쪽으로 돌아왔다. 나는 다시 공주와 회덕 사이를 바삐 다니다가 근래에 조금 한가하게 지내는 즐거움이 있게 되었다. 시 한 수를 지어 그 기쁨을 기록하다

六載久滯漢師 今秋始盡室南歸 余則又奔走於公山懷川之間 近日稍有居閑之樂 作一詩以志其喜

후회스럽다 육 년만에야 산으로 돌아오다니	自悔還山六載遲
이제야 비로소 마음에 흡족하네	今來始得愜心期
책 쌓아둔 옛 누각에 번갈아 승려 초대하고	書堆古閣招僧秩
이웃에 맡겼던 매화를 종에게 옮기라 하였네	梅寄隣家遣僕移
아침에 붓 잡고 성교서[297]를 임서하고	試筆朝臨聖敎序
밤에는 주묵 갈아 방옹[298]의 시를 살펴보네	研朱夜課放翁詩
항아리에 곡식 있고 상자에 솜 있어	盎儲餘粟箱儲絮
산에 사는 아내 눈썹 찌푸리지 않으니 좋구나	差喜山妻免皺眉

내가 서울에 갈 때 집에 있던 매화를 석우(錫祜)[299]의 집에 맡겼다. 최근에 《방옹집(放翁集)》을 읽었다.

297 성교서(聖敎序) : 당 태종이 서역(西域)에 가는 현장 법사(玄奘法師)에게 경석(經釋)을 구해 중국에 반포하라는 내용의 어제(御製) 서문이다. 이것을 홍복사(弘福寺)에 머물던 승려 회인(懷仁)에게 왕희지(王羲之)의 글씨를 집자(集字)하여 석각(石刻)하게 하였다. 〈집왕성교서(集王聖敎序)〉라고 부르기도 한다.

298 방옹(放翁) : 송(宋)나라 육유(陸游)로, 자는 무관(務觀), 호는 방옹이다.

299 이석우(李錫祜) : 이하곤의 칠촌 조카이다.

중관[300]의 시를 차운하다

次仲寬韻

외진 곳에 그윽이 사니 속세의 시끄러움 없고	幽居地僻絶塵喧
온종일 흰 구름만 문에 있구나	終日白雲來在門
괴롭게 시 읊조리며 항상 문 닫아두고	詩輒苦吟常閉戶
독서도 귀찮아하며 동산 돌보지 않네	書雖懶讀不窺園
바람 불어와 솔에서 시원한 소리 나고	松聲淅瀝風生勢
눈이 남아 산 여기저기 희끗희끗하네	山色糢糊雪有痕
달빛 받으며 절룩거리는 나귀 타고 가서	欲跨蹇驢乘月去
매화 소식을 동쪽 마을에 묻고 싶네	梅花消息問東村

300 중관(仲寬) : 이석의(李錫禕)로, 본관은 경주(慶州), 자는 중관이다. 이하곤의 칠촌 조카이다.

서재에서 지내며

齋居

동쪽 창가에 말없이 앉아 햇볕 쬐나니	默坐東窓愛日光
서재가 영락없이 선방 같구나	齋居終亦類禪房
눈 어두워 얇은 유리안경 끼고	眼昏鏡夾琉璃薄
무릎 시려 침상에 긴 털 이불 폈네	膝冷床敷毾㲪長
울퉁불퉁한 오목[301]에 붓 꽂고	烏木離奇供揷筆
튼튼한 용 향로는 향 사르기에 적합하네	螭鑪奰屭合焚香
마음 끌리는 일 하나도 없지만	了無一事關吾念
독서만은 잊지 않노라	唯有觀書獨不忘

서재에 오목(烏木)으로 된 필통이 있는데 매우 기괴하고 오래된 동향로(銅香爐)는 용의 형상을 띠고 있으니 모두 당(唐)나라 물건이다.

301 오목(烏木) : 속이 빈 흑단(黑檀)으로 순흑색 또는 담흑색이며 재질이 단단하여 젓가락이나 문갑(文匣) 등의 재료로 사용한다.

윤경이 또 앞의 운으로 거듭 지어 열 수의 시를 부쳐왔기에 서둘러 지어 답하다[302]

潤卿又疊前韻寄十首 走草答之

사립문에 눈 남았어도 어느덧 봄 돌아와	柴門殘雪已生春
이별의 한이 버들 빛 따라 새롭구나	離恨還隨柳色新
천하의 선비 아니라서 내 자신이 부끄럽지만	愧我本非天下士
마음에 둔 사람 그대 말고 또 누구겠는가	除君誰是意中人
안개와 노을로도 차와 밥을 채울 수 있으니	煙霞只可充茶飯
매화와 학을 어찌 가족으로 여기지 못하랴	梅鶴何妨作眷親
물마시고 팔 베고 누워도 즐거우니[303]	飮水曲肱元可樂

302 윤경(潤卿)이……답하다 : 윤경은 정내교(鄭來僑, 1681~1757)로, 본관은 하동(河東), 자는 윤경, 호는 완암(浣巖)·현와(玄窩)이다.《本菴集 卷8 浣巖鄭翁墓誌銘幷序》 정내교가 10수의 시를 보내왔으므로 이하곤이 화운(和韻)한 시도 10수였을 것인데, 여기에는 5수의 작품뿐이다. 여기서 이하곤이 사용한 운자는《두타초(頭陀草)》 책11의 〈공동의 시를 차운하여 입으로 불러 정윤경에게 주다〔次空同韻 口占贈鄭潤卿〕〉와 〈정윤경이 또 앞의 시를 차운하여 보내왔으므로 입으로 불러 답하다〔鄭潤卿又次前韻寄示 口占答之〕〉의 운자와 동일하다. 그런데 이 시의 다음에 등장하는 〈우첩오율(又疊五律)〉의 운자는 다시 〈헤어지면서 그래도 남은 뜻이 있어서 이 시를 지어 윤경에게 주다〔臨別尙有餘意 賦此贈潤卿〕〉의 운자와 동일하다. 이러한 점을 감안할 때 정내교가 칠언율시로 5수, 그리고 오언율시로 5수를 보내왔던 것으로 추정된다. 본 번역서에서는 저본을 따라 이 시와 다음 시를 별도의 제목으로 구분하였으나 정황상 모두 정내교의 시를 화운한 작품으로 보인다.

303 물마시고……즐거우니 : 가난한 생활 속에서도 도를 즐기는 삶을 말한다.《논어》〈술이(述而)〉에 "거친 밥을 먹고 물을 마시며 팔을 굽혀 베더라도 즐거움이 또한 이

장차 지극한 덕으로 내 몸을 윤택하게 하리라[304]　須將至德潤吾身

2

고향으로 돌아와 또 봄을 맞이하니　故山歸臥又逢春
자연에서 늙어가며 흥취 더욱 새롭네　老去林泉興更新
흰 새는 나를 알아주는 벗이 될 만하고　白鳥堪爲知己友
푸른 산은 마치 속세 벗어난 사람 같네　靑山終似出塵人
그리워하다가 문득 매화 핀 것을 보고　相思忽見梅花發
오랜 이별에 오직 달빛만 가까이하네　久別唯將月色親
보내 준 맑은 시가 나를 일으키니　寄與淸詩能起我
그대는 세상 밖의 한가한 사람이네　君今世外一閑身

3

앉아서 생동하는 만물의 봄기운 바라보니　坐看氤氳萬物春
하늘의 조화가 잠깐 사이에 새롭구나　上天功化轉頭新
매화는 산 북쪽에서 눈속에도 피었고　梅花崦北還凌雪
버들은 시내 남쪽에서 사람 마음 설레게 하네　柳色溪南已攪人
명아주 지팡이 짚고 와서 그윽한 냇물 소리 듣고　藜杖來時幽澗聽
사립문에서 흰 구름과 친하게 지내노라　柴門聊與白雲親

가운데 있으니, 의롭지 못하고서 부하고 또 귀함은 내게 뜬구름과 같다.〔飯疏食飮水, 曲肱而枕之, 樂亦在其中矣, 不義而富且貴, 於我如浮雲.〕"라고 하였다.

304 장차……하리라 : 덕성(德性)을 기르며 안분(安分)하는 삶을 살겠다는 말이다. 증자(曾子)가 "부는 집을 윤택하게 하고 덕은 몸을 윤택하게 한다.〔富潤屋, 德潤身.〕"라고 하였다.《大學章句 傳6章》

속세에 발들이기 어려운 줄 아노니 卽知塵世難投足
고기 잡고 나무하며 살아가려네 欲向漁樵更托身

4
온화한 봄기운 몸에 충만하니 盎然充體太和春
성덕을 기르는 공부 날마다 새롭게 하는 데 있지 盛德工夫在日新
지기는 어리석은 사람됨을 부끄러워했고 志氣羞爲癡獃漢
격앙하여 일찍이 성현을 존모했지 激昂曾慕聖賢人
한 경서를 자식들에게 전하고 싶을 뿐 一經但欲傳諸子
어버이 봉양보다 더 큰 즐거움 없다네 至樂無如養厥親
몸소 경작하며 굶주림 심하다 말하지 말게 莫說躬耕飢更甚
이 도가 몸을 위태롭게 하지 않을 줄을 안다네 吾知此道不危身

5
초가에 외로이 누워 봄 돌아온 줄 몰랐는데 茆齋孤臥不知春
봄빛이 매화꽃에 먼저 찾아와 새롭구나 春色先從梅蘂新
밝은 달이 어찌 꼿꼿한 사람을 싫어하랴 明月何曾憎敖骨
흰 구름도 고상한 사람을 좋아하지 白雲終亦愛高人
같은 때에 푸른 산에 은거하였으니 同時已向青山隱
훗날 백발로 친하게 지낼 것을 기약하네 異日唯期皓首親
날 추워지면 큰 연못에 용이 숨나니 大澤天寒龍正蟄
그 은미한 뜻은 몸을 보존하려는 것이지 元來微意在存身

또 오언 율시를 거듭 짓다[305]

又疊五律

편지 받으니 얼굴 마주한 듯 來書當面目
종이 가득 마음 속 기약 말하였네 滿紙道心期
병든 나를 가엾게 여겨 약 싸 보내고 藥裹憐吾病
천기에서 나온 그대의 시 사랑스럽네 天機愛汝詩
끝내 황곡처럼 날 것이니 終爲黃鵠飛
어찌 계절 벌레처럼 슬픈 소리 내랴 豈作候蟲悲
매화꽃 보내고 싶으니 欲寄梅花去
깊은 마음 한 가지에 있노라[306] 深情在一枝

2

문장은 본래 작은 재주에 불과하지만 文章元小技
힘써서 옛사람에 이르기를 기약해야지 馳騖古人期
십 년의 노력도 헛되이 기울이면 虛用十年力

305 또……짓다 : 여기의 5수도 정내교가 보내온 시에 화운(和韻)한 것으로 추정된다. 178쪽 각주302 참조.

306 매화꽃……있노라 : 정내교에게 봄소식을 전하고 싶다는 말이다. 남북조(南北朝) 시대 송(宋)나라의 육개(陸凱)와 범엽(范曄)이 서로 친하게 지냈는데, 육개가 강남(江南)에서 매화 한 가지를 장안(長安)에 있는 범엽에게 부쳐 보내면서 "매화 꺾다가 역사를 만났기에 농두에 사는 사람에게 보내노라. 강남에 특별한 물건 없어 애오라지 한 가지의 봄을 보내네.〔折梅逢驛使, 寄與隴頭人, 江南無所有, 聊寄一枝春.〕"라고 하였다.《全芳備祖集 前集 卷1 花部 梅花》

오언시조차 잘 짓기 어렵다네	難工五字詩
차근차근 《시경》의 돈후함 엿보고	漸窺周雅厚
끝내 초나라 《이소경》의 슬픔 알아야지	終覺楚騷悲
콩과 조야말로 참된 맛이 있고	菽粟自眞味
산호는 그저 보배로운 가지일 뿐이라네[307]	珊瑚空寶枝

3

해 바뀔 날 얼마 남지 않았으니	歲改無餘日
어느덧 봄 돌아올 때 되었네	春還已有期
매화가 앓아누운 이와 함께하고	梅花同臥病
버들 빛깔을 시로 짓노라	柳色入題詩
저물녘 절에서 외로운 종소리 울리고	寺晩孤鍾落
추운 산에서 절구질 소리 구슬프네	山寒一杵悲
그리워하는 마음 어디에서 간절한가	相思何處切
그윽한 달이 솔가지에 걸렸을 때라네	幽月在松枝

4

눈 내리는 밤의 흥취는 함께하지 못했지만	縱孤雪夜興
살구꽃 필 때의 약속은 저버리지 마시게	莫負杏花期
병든 눈으로 《주역》 탐독하고	病眼將探易
한가한 마음으로 시 짓기 그만두지 않네	閑情不廢詩

307 콩과……뿐이라네 : 화려한 수사에 치우친 문장보다는 일상의 평범하지만 절실한 내용을 담은 글이 더 좋다는 말이다.

세상사 진정시키지 못했으니 難平今世事
저마다 늘그막의 슬픔 간직했네 各抱暮年悲
생각난다 서대의 나그네 緬憶西臺客
소리 높여 노래하자 대나무 쪼개졌지[308] 高歌碎竹枝

5

빈궁과 영달을 오래 전에 제쳐두었으니 久置窮通事
높은 벼슬에 오를 생각 본래 없었네 本無軒冕期
도를 배우는 데 방해되어 漸知妨學道
시 읊는 일도 그만두려 했지 深欲廢吟詩
방덕공[309]은 오로지 세상을 피했고 龐德唯須逸
당구[310]는 부질없이 슬퍼만 했지 唐衢謾自悲
서방에 미인 있는데 西方美人在

308 서대(西臺)의……쪼개졌지 : 혼란한 세상을 바로잡는 데 기여하지 못한 회한(悔恨)을 송(宋)나라 사고(謝翺)의 고사를 인용하여 읊은 것이다. 사고는 척당불기(倜儻不羈)한 성품에 대절(大節)을 지닌 인물이다. 원나라가 침입해 왔을 때 문천상(文天祥)이 군사를 일으키자 향병(鄕兵) 100여 명을 거느리고 합류하였다. 문천상이 죽었다는 소식을 듣고 서대에 올라 신주를 마련하고 잔을 올려 호곡(號哭)하면서 죽여의(竹如意)로써 돌을 때리며 초혼(招魂)의 노래를 부르자 대나무와 돌이 모두 부서졌다. 이에 〈서대통곡기(西臺慟哭記)〉를 지었다고 한다. 《宋元學案 56》

309 방덕공(龐德公) : 가족을 모두 데리고 녹문산(鹿門山)에 은거했던 후한(後漢)의 은사이다. 49쪽 각주57 참조.

310 당구(唐衢) : 당(唐)나라 시인으로 여러 차례 진사시에 응시하였으나 급제하지 못하였다. 그가 지은 작품에는 서글픈 감회가 많이 나타나고 다른 사람의 시문(詩文)에서 비탄(悲嘆)의 내용을 보면 반드시 통곡하였다고 한다. 《天中記 卷23 哭》

어떻게 옥가지 부칠까[311] 何以寄瓊枝

311 서방(西方)에……부칠까 : 정내교에게 좋은 화답시를 지어 보내기 어렵다는 겸사이다. 《시경》 〈간혜(簡兮)〉에 "누구를 그리워하는가. 서방의 미인이로다.〔云誰之思, 西方美人.〕"라고 한 데서 유래하여 서방의 미인은 그리운 사람을 지칭한다. 경지(瓊枝)는 《초사(楚辭)》 〈이소(離騷)〉에 "경옥 가지를 꺾어 음식을 만들고 경옥 가루를 빻아서 양식을 만들리라.〔折瓊枝以爲羞兮, 精瓊爢以爲粻.〕"라고 한 데서 유래하여 아름다운 시문(詩文)을 비유한다. 한편 미인은 임금을 상징하기도 하므로 어찌하면 임금을 도울 수 있을까 하는 의미도 내포된 듯하다.

또 절구 두 수를 차운하다
又次兩絶

봄 물결 아직 푸르게 일렁이지 않고 春波未漾綠
잔설이 아직도 비탈에 남았네 殘雪尙留坡
언제쯤 붉은 살구나무에 幾時紅杏樹
꽃이 펴서 두타산[312]에 가득할까 花發滿頭陀

영균도 우리의 무리인데 靈均亦吾徒
산과 못에서 홀로 배회했지[313] 山澤獨徊徨
쓸쓸한 천 년 뒤에 寥寥千載下
누가 이 큰 뜻을 알까 誰識此意長

312 두타산(頭陀山) : 충청북도 진천군 초평면과 괴산군 도안면·증평읍의 경계에 있는 산으로 이하곤이 은거했던 곳이다.

313 영균(靈均)도……배회했지 : 초(楚)나라 굴원(屈原)이 쫓겨나 상강(湘江) 주위에서 지낸 일을 말한 것이다. 영균은 굴원의 자이다.

한가롭게 지내며 일을 기록하다

閒居書事

스스로 산속에 사는 열 가지 글을 이어	自續山居十賚文
목석 품평하고 사슴과 어울리네	平章木石鹿麋群
이미 묵은 잣나무를 푸른 선비라 부르고	已稱古栢爲靑士
특별히 찬 매화에게 시군이라는 이름 지어 주었네	特賜寒梅號是君
늙어가며 연하의 풍광으로 부귀 독차지하고	老去煙霞專富貴
봄 되자 꽃과 새의 공로 기리네	春來花鳥策功勳
두타산을 탕목읍[314]으로 봉할 만하니	頭陀準擬封湯沐
또 한가한 구름을 절반 나누어 받고 싶네	又被閒雲欲半分

314 탕목읍(湯沐邑) : 주대(周代)에 천자가 제후(諸侯)에게 그 수입을 재계(齋戒)하는 목욕 비용에 쓰라는 명목으로 내리는 특정의 채지(采地)를 가리킨다.

석의의 시를 차운하다

次錫禕韻
중관(仲寬)[315]이 최근에 이름을 석의(錫禕)로 고쳤다.

말없이 단정히 앉으니 정신 집중되고	忘言端坐覺神凝
조용히 아침 창 바라보니 붙은 파리 있구나	靜看朝窓有撲蠅
병든 몸이라 바람 두려워 문 밖에 나가지 않고	病愓風威稀出戶
늙은이 책 즐겨 자꾸 등불 켜게 하네	老耽書課數呼燈
산으로 돌아와 천 가지 졸렬함 감추려 할 뿐	還山但欲藏千拙
세상 구제할 한 가지 능력도 없어 부끄럽네	濟世深慚乏一能
다행히 늙어서도 두 다리 튼튼하니	自幸衰年雙脚健
봄 되면 태백산에 올라 보려네	春來太白試攀登

315 중관(仲寬) : 이석의(李錫禕)로, 본관은 경주(慶州), 자는 중관이다. 이하곤의 조카이다.

자야[316]를 곡하다

哭子野

끝내 흉보 받았으니	竟以凶音至
병든 줄을 어찌 알았겠는가	何由病狀知
살아서는 늘 양식 걱정했는데	生常憂乏食
죽음은 또 뛰어난 시 때문이네[317]	死亦坐工詩
남긴 글 한 묶음이나 되겠지만	遺草收盈束
제때에 염할 심의나 있을는지	深衣斂及時
다만 오늘 밤 달이	只應今夜月
부질없이 옛 글방을 비추겠지	虛照舊書帷

2

술 즐겨 이웃에서 얻어 마시고	愛酒從隣乞
시 읊조리며 부인에게 가난한 살림 맡겼지	吟詩任婦貧
묘헌께서는 훌륭한 아버지이시니	妙軒自名父
양세가 문장가였네[318]	兩世卽詞人

316 자야(子野) : 이신(李莘)으로, 본관은 성주(星州), 자는 자야이다.

317 죽음은……때문이네 : 당(唐)나라 시인 이하(李賀)가 27세에 죽었는데, 천상에서 붉은 옷을 입은 사람이 붉은 용을 타고 내려와 "상제(上帝)께서 백옥루(白玉樓)를 완성하고 지금 그대를 불러 기문(記文)을 짓게 하라고 명하셨다."라고 하였다는 고사가 전한다.《李義山文集箋註 卷10 李賀小傳》 여기서는 이 고사를 염두에 두고 이신 역시 시를 잘 짓기 때문에 상제가 데려갔다고 읊은 것이다.

사람들은 예스러운 모습 비웃었지만 衆笑形容古
나는 진실한 그 마음 사랑했네 吾憐意態眞
취하여 서글픈 노래 부르며 悲歌當醉後
백안으로 두건 흔들었지[319] 白眼掉頭巾

3

남쪽 골짝에 세 들어 살 때 僑居南谷日
눈 내리는 가운데 걸어왔었지 徒步雪中來
밤 날씨 추워 함께 이불 덮었고 夜冷還同被
집 가난해도 마실 술은 있었지 家貧亦有杯
향 피우고 상자 속의 그림 논평하고 焚香評篋畫
등 밝히고 동이에 심은 매화 읊었지 燒燭詠盆梅
지난 일 온통 봄날의 꿈같아 往事渾春夢
남은 인생 백발로 슬퍼하네 餘生白首哀

318 묘헌(妙軒)께서는……문장가였네 : 이신과 그의 아버지가 모두 뛰어난 문장가였다는 말이다. 《두타초(頭陀草)》 책8 〈군칙동이군자야……(君則同李君子野……)〉의 아래에 "자야는 묘헌의 아들로 이름은 신이다.〔子野, 是妙軒之子, 名莘.〕"라고 하였다. 묘헌은 이규명(李奎明)의 호이다. 그의 자는 서경(瑞卿)인데 나머지 인적사항은 자세하지 않다. 김창흡(金昌翕)의 《삼연집(三淵集)》 권23 〈묘헌유고서(妙軒遺藁序)〉와 홍세태(洪世泰)의 《유하집(柳下集)》 권10 〈묘헌시집발(妙軒詩集跋)〉을 통해 그의 문장에 대해 대략 알 수 있다.

319 백안(白眼)으로 두건 흔들었지 : 이신이 예교(禮敎)에 얽매인 사람들을 좋아하지 않았다는 말이다. 진(晉)나라 죽림칠현(竹林七賢)의 한 사람인 완적(阮籍)은 예교에 얽매인 속된 선비가 찾아오면 백안을 뜨고, 고결한 선비가 찾아오면 청안을 뜨고 대했다는 고사가 전한다. 《晉書 卷49 阮籍列傳》

4

남다른 성격에 어찌 세속을 따랐으랴	性癖寧隨俗
시 훌륭해도 가난을 떨치지 못했네	詩高未送窮
스스로 지금 세상의 선비 아니라며	自非今世士
옛사람의 풍모 사모했지	能慕古人風
빈 부엌에 밥 짓는 불 자주 끊겼으며	累絶空廚火
누가 양쪽 귀밑털 세는 것을 가여워할까	誰憐兩鬢蓬
지금도 생각난다 글 짓는 모임에서	尙思文社會
괴로운 읊조림 마치 가을벌레 울음 같았지	吟苦似秋蟲

5

허둥지둥 남쪽으로 돌아오던 날	草草南歸日
끝내 그대를 만나지 못했지	終孤面別君
소식이 뜸하다 걱정했을 뿐	但愁音信闊
생사가 나뉠 줄을 어찌 알았으랴	何意死生分
아름다운 시를 함께 땅에 묻고	佳句同埋土
깊은 원통함도 무덤에 부치노라	幽冤只寄墳
영연에 한 번 통곡하지 못한 채	靈筵阻一慟
늙은이 눈물만 서쪽 구름에 뿌리오	衰涕灑西雲

표아의 시를 차운하다[320]

次杓兒韻

한 줄기 맑은 시내 울타리 아래로 흐르고　一道溪寒自籬落
천 그루 늙은 나무들 모두 단풍과 삼나무라네　千章木老盡楓杉
눈처럼 깨끗한 모래가 우저[321]에 이어졌고　明沙如雪連牛渚
구름 위로 솟은 푸른 벼랑 봉암을 마주했네　蒼壁參雲對鳳巖
검은 소로 밭 갈려고 옛 쟁기 손질하고　烏牸當耕修舊耒
황정[322] 베려고 새 가래 샀노라　黃精欲斲買新鑱
백운동 어귀에 늘 머물러 지내노니　白雲洞口常留住
사립문 만들지 않아도 이미 속세와 떨어졌네　不設柴門已隔凡

2

섣달도 이미 다하고 새해 다가오는데　臘月已窮新歲近
외로이 앉은 나[323] 괴롭게도 아무 정감도 없네　澹翁孤坐苦無情

320 표아(杓兒)의 시를 차운하다 : 표아는 이하곤의 아들 이석표(李錫杓, 1704~?)로, 본관은 경주(慶州), 자는 운원(運元), 호는 남록(南麓)이다. 저본에는 이 시의 아래에 동일한 제목이 또 있는데, 이 번역서에서는 다음 제목을 삭제하고 이 제목의 아래에 두 수의 시를 나란히 배열하였다.

321 우저(牛渚) : 견우가 소에게 물을 먹이는 물가라는 말로 은하수를 가리키는데, 여기서는 이하곤이 살던 지역에 있는 물가를 가리키는 것으로 보인다. 아마도 침우담(沈牛潭)의 물가를 가리키는 듯하다.

322 황정(黃精) : 선가(仙家)에서 복용하는 약초(藥草)의 이름인데, 이것을 복용하면 장수(長壽)를 누린다고 한다.

끝내 푸른 산 저버리지 않았지만	終能不負青山在
자라는 백발은 어찌할 수 없구나	最可難禁白髮生
몸은 늙어 용모가 학처럼 야위었는데	身老形容同鶴瘦
긴긴 밤에 닭 울 때까지 등불 밝혀 두네	夜長燈火到鷄鳴
흉년에 세금 독촉한다고 하니	還聞儉歲催租稅
매번 남쪽 이웃의 새벽 절구 소리 세노라	每數南隣曉杵聲

323 나 : 이하곤의 호가 담헌(澹軒)이므로 담옹(澹翁)은 이하곤 자신을 가리킨다.

또 표아[324]의 시를 차운하다

又次杓兒韻

아득히 깊은 구름 속에 한 사립문	漠漠深雲只一扉
문 앞의 시냇물이 이끼 낀 낚시터 둘렀네	門前溪水繞苔磯
당시에 산 떠난 일 한스러운데	當時只恨出山去
오늘 온 가족 데리고 돌아왔네	今日能成盡室歸
권세 탐하면 재앙 부르니 무슨 이로움 있으랴	貪勢招殃有何益
몸 깨끗이 하고 녹봉 사양함이 그른 것은 아니네	潔身辭祿未全非
등불 앞에서 배회한다는 글자 읽을 만하여	燈前徊字唯堪讀
일부러 두른 서재 휘장 안에 끼고 앉았네	擁坐書帷故作圍

324 표아(杓兒) : 이하곤의 아들 이석표(李錫杓, 1704~?)로, 본관은 경주(慶州), 자는 운원(運元), 호는 남록(南麓)이다.

표아[325]가 취옹의 시[326]를 차운하여 보여 주므로 화운하다
杓兒次翠翁韻示之 亦和之

매화는 변함없이 고와 예전처럼 다정해지고	梅不渝芳尋舊好
대나무는 오래 견디니 새 사귐을 의탁하네	竹堪耐久托新交
시냇가에서 달빛 받으며 할미새와 함께 섰고	溪頭占月鴒同立
골짝 안에 구름 나누어 학과 함께 깃들었네	峒裏分雲鶴竝巢
근심 달래려 술잔을 홀로 들고	遣悶酒杯還獨引
한가함 사랑하여 책도 오랫동안 제쳐두었네	愛閑書卷亦長抛
동암이 솔숲 깊은 곳에 있어	東菴只在松深處
때때로 시내 너머에서 쓸쓸한 종소리 들리네	時聽寒鍾隔水敲

325 표아(杓兒) : 이하곤의 아들 이석표(李錫杓, 1704~?)로, 본관은 경주(慶州), 자는 운원(運元), 호는 남록(南麓)이다.

326 취옹(翠翁)의 시(詩) : 취옹은 박은(朴誾, 1479~1504)으로, 본관은 고령(高靈), 자는 중열(仲說), 호는 읍취헌(挹翠軒)이다. 이 시에서 사용하고 있는 운자는 박은의 《읍취헌유고(挹翠軒遺稿)》 권3에 수록된 〈이래절부작문자……(爾來絶不作文字……)〉 가운데 세 번째 시의 운자와 동일하다.

저물녘 풍경을 바라보다

晩望

바람 불고 연기 낀 세밑	風煙窮臘色
삼나무와 잣나무가 야인의 집 에웠네	杉栢野人家
숲 어두워져 새들 깃들기 시작하는데	林黑初栖鳥
지는 노을에 냇물 환하게 밝구나	川明自落霞
세모의 풍경 쓸쓸하고	蕭蕭當暮景
흐르는 세월에 마음 서글프네	悄悄感年華
평생 경세제민에 뜻 가졌지만	經濟平生志
돌아와 꽃을 심으려 하네	歸來欲種花

중관[327]의 시를 차운하다

次仲寬韻

너의 새 시 보니 게으른 노인 흥기되는데	見汝新詩起老慵
시내 너머에서 서로 바라볼 뿐 만나지 못하네	隔溪相望不相逢
밤에 등 걸고 독서할 제 달이 문을 엿보고	懸燈夜讀月窺戶
아침 지팡이 끌고 읊을 제 구름이 솔에서 나오네	曳杖朝吟雲出松
세상 관심 이미 물처럼 담박해졌는데	世念已知如水淡
사귀는 정의는 매화와 함께 짙어지리	交情應復與梅濃
내년에 나와 함께 사담[328]으로 가	明年同我沙潭去
봄 산에 겹겹이 핀 꽃을 구경하세	去看春山花萬重

327 중관(仲寬) : 이석의(李錫禕)로, 본관은 경주(慶州), 자는 중관이다. 이하곤의 조카이다.

328 사담(沙潭) : 현재의 충청북도 괴산군 청천면 사담리 일대를 가리키는 것으로 보인다.

청 자에 맞춰 짓다

次清字

마음 멀어져 구름처럼 게으르고	心遠同雲倦
시는 고상해져 물처럼 맑구나	詩高似水清
숲 너머에서 새들 지저귀는데	隔林渾鳥語
문 닫고 지내니 솔바람 소리 뿐	閉戶只松聲
버들에는 이미 봄기운 맴돌고	柳色已春意
매화는 속된 마음 없구나	梅花無俗情
산속 집에 사립문 만들지 않았는데	山扉元不設
종에게 다시 가시울타리 엮게 하랴	課僕更編荊

또 춘 자에 맞춰 짓다

又次春字

매화는 눈 내린 빈 골짝에서 시들고　　梅殘空谷雪

사람은 봄 돌아온 거적문[329] 안에 누웠네　　人臥席門春

등나무 지팡이 짚고 나와 냇물 소리 듣고　　聽澗紫籐杖

오각건 쓰고 서서 구름 보노라　　看雲烏角巾

시내와 산 바라보며 절로 멋진 흥취 일어　　溪山自佳興

흥얼흥얼 읊조리는 한가로운 사람이네　　吟嘯一閑身

퇴고하느라 애쓰지 않아도　　不費推敲力

지은 시가 구마다 새롭다　　詩成句句新

329 거적문 : 석문(席門)은 거적을 매달아 놓은 문으로 청빈한 집이나 은자(隱者)의 거처를 뜻하는데 여기서는 이하곤의 집을 의미한다. 《사기(史記)》 권56 〈진승상세가(陳丞相世家)〉에 "다 떨어진 거적으로 문을 매달아 놓은 집에 장자의 수레가 많이도 찾아왔다.〔以弊席爲門, 然門外多有長者車轍.〕"라고 하였다.

표아[330]가 방옹의 시[331]를 차운하여 보여 주므로 나도 화운하였다

杓兒次放翁韻示之 余亦和之

소나무 울타리 두른 여덟아홉 초가집	茆屋松籬八九家
바람 불고 연기 낀 한 시냇가에 이어졌네	風煙相接一溪涯
창에 햇살 붉게 비추는데 책을 펼치고	牕烘日色還開卷
솥에 물 끓고 솔바람 소리 들으며 차를 기다리네	鼎沸松聲自候茶
아직도 눈 덮인 봉우리 우뚝하고	峰雪猶明留崿岝
어두운 구름 드리운 골짜기 휑하게 펼쳐졌네	谷雲初暗漲谽谺
부자가 전원으로 돌아온 즐거움 있으니	翁兒自有歸田樂
티끌 가운데서 부질없이 자랑 말라	且向塵中莫浪誇

330 표아(杓兒) : 이하곤의 아들 이석표(李錫杓, 1704~?)로, 본관은 경주(慶州), 자는 운원(運元), 호는 남록(南麓)이다.

331 방옹(放翁)의 시 : 방옹은 송(宋)나라 시인 육유(陸游, 1125~1209)로 자는 무관(務觀)이다. 여기서 사용하고 있는 운자는《검남시고(劍南詩藁)》 권66 〈초하한거(初夏閒居)〉의 여섯 번째 시의 운자와 동일하다.

한밤까지 앉아 잠들지 못한 채 감회를 쓰다

夜坐至數鼓不寐 書懷

빈 서재에 말없이 삼경까지 앉았노라니	空齋嘿坐到三更
창 사이 등불이 반쯤 꺼져가네	燈火窓間半滅明
달 오르려 하자 매화 그림자 조금 분간되고	梅影微分月欲上
바람 일어 소나무 소리 문득 급해지네	松聲忽急風初生
젊은 시절의 객기 지금은 없으니	少時客氣今無在
늙어가며 장한 마음 점차 평담해지네	老去雄心漸覺平
봄 오면 온 가족이 사담[332]으로 가서	春來盡室沙潭去
깊은 구름 속 몇 이랑 밭을 소 몰아 갈아야지	數頃深雲叱犢耕

332 사담(沙潭) : 현재의 충청북도 괴산군 청천면 사담리 일대를 가리키는 것으로 보인다.

돌아오다

歸來

터럭만 센 채 한 가지 일도 이루지 못하고	鬢髮蕭蕭百不成
돌아와 몸소 밭 갈려 하네	歸來聊欲事躬耕
삼나무와 소나무는 서리 견뎌 푸르고	杉松自有凌霜色
닭과 개는 오히려 세상 벗어난 마음 있구나	鷄犬猶存出世情
만 권의 책 읽어서 해박해지더라도	萬卷縱窺資博洽
마음 길러야 허명한 본체 알 수 있네	寸心能養覺虛明
《맹자》에서 일찍이 우산의 나무 말했으니	鄒書曾說牛山木
글 가운데 맑은 야기에 눈길 머무네[333]	着眼篇中夜氣淸

333 맹자(孟子)에서……머무네 : 추서(鄒書)는 《맹자》를 가리킨다. 《맹자》 〈고자 상(告子上)〉에서 우산(牛山)의 나무에 비유하여 사람의 본성(本性) 기르는 방법을 말하면서 야기(夜氣)에 대해 언급하였다. 그 글에 "낮에 하는 소행이 양심을 짓밟으니 짓밟기를 반복하면 야기가 보존될 수 없고, 야기가 보존될 수 없으면 행실이 금수와 거리가 멀지 않게 된다.〔旦晝之所爲, 有梏亡之矣, 梏之反覆, 則其夜氣不足以存, 夜氣不足以存, 則其違禽獸不遠矣.〕"라고 하였다.

감회가 있어서

有感

세모의 빈산에 사립문 고요한데	空山歲暮柴門幽
추운 날 지팡이 짚고 서서 두우성 바라보네	倚杖寒天望斗牛
흉년이라 도적 때 횡행하니 두렵고	儉歲黃巾多警懼
백성들 곤궁한데 죽은 이에게도 세금 부과하네[334]	窮民白骨有徵求
집안 대대로 군신의 의리 소중히 여겼으니	傳家素重君臣義
물러난 선비지만 나라 걱정 없으랴	退士能忘社稷憂
만촉이 어지러이 다투니[335] 무슨 일을 하겠는가	蠻觸紛紜奚事業
관리들[336] 본래 아무 계책 없음을 잘 아노라	深知肉食本無謀

334 백성들……부과하네 : 세수(稅收)가 부족하여 죽은 사람에게도 군포(軍布)를 징수하는 백골징포(白骨徵布)가 행해졌는데, 어린 아이를 군정(軍丁)에 편입시키는 황구첨정(黃口簽丁)과 함께 폐단으로 지적되었다.

335 만촉(蠻觸)이 어지러이 다투니 : 조정(朝廷)이 당쟁(黨爭)으로 혼란함을 지적한 것이다. 만촉은 사소한 일로 서로 분쟁을 일으키며 명리(名利)를 다투는 것을 의미한다. 달팽이의 왼쪽 뿔에는 촉(觸)이라는 나라가 있고 오른쪽 뿔에는 만(蠻)이라는 나라가 있는데, 이 두 나라의 영토(領土) 싸움으로 죽은 시체(屍體)가 백만(百萬)이나 되었다는 우화(寓話)에서 유래하였다. 《莊子 則陽》

336 관리들 : 육식(肉食)은 높은 직책에 있는 사람을 가리키는 말이다. 춘추 시대에 제(齊)나라가 노(魯)나라를 치려고 하자, 노나라 장공이 나아가 싸우려고 하였는데 조귀(曹劌)라는 사람이 장공을 뵙고자 하였다. 마을 사람이 말하기를 "고기를 먹는 사람들이 꾀할 일인데, 또 어찌하여 참견하려 하는가.〔肉食者謀之, 又何間焉.〕"라고 하자, 조귀가 말하기를 "고기 먹는 사람은 식견이 모자라서 원대한 꾀를 하지 못한다.〔肉食者鄙, 未能遠謀.〕"라고 하였다. 《春秋左氏傳 莊公10年》

2

선왕의 지극한 은택이 백성들에게 두루 미쳐　　先王至澤浹東民
오십 년 태평세월을 직접 보았네　　眼看昇平五十春
약소국의 계책 본래 일정하지 않지만　　弱國籌謀元不一
중원의 소식 끝내 사실인지 믿기 어렵네　　中原消息竟難眞
황금빛 마래기 쓰고 새로 군주 바꿨는데[337]　　黃金抹額新更主
푸른 바다의 병선에 과연 사람이 있겠는가　　滄海戈船果有人
오래 전에 용천검 사서 보갑에 보관했으니　　舊買龍泉藏寶匣
본래 마음이야 초야의 몸이 되려고 했으랴[338]　　素心肯作艸間身

337 황금빛……바꿨는데 : 이 시는 1723년(경종3)에 지었는데, 1722년 12월에 청 성조(淸聖祖)가 운명하고 옹정제(雍正帝) 세종(世宗)이 즉위하였다. 말액(抹額)은 청나라 때 관리들이 쓰던 모자의 한 가지이다.

338 오래……했으랴 : 본래 웅대한 뜻을 품었지만 이제는 초야의 선비가 되고 말았다는 한탄과 당시의 어려운 상황을 해결하지 못하는 안타까움을 읊은 것이다. 용천(龍泉)은 태아(太阿)와 함께 명검으로 일컬어지는 검의 이름이다. 50쪽 각주61 참조.

오늘 눈이 내릴 기미가 역력했다

今日頗有雪意

사립문이 깊숙한 소나무 숲에 있는데	柴荊深在萬松幽
앓아누운 채 열흘 동안 나가지 못했네	臥病經旬懶出遊
눈이 내리려고 구름이 시커멓게 끼고	雪意方濃雲黯黮
바람소리 끊이지 않아 나뭇잎 요란하네	風聲不斷葉颼飂
친구들 멀리 있으니 반갑게[339] 만날 이 누구인가	親朋落落誰青眼
세월만 속절없이 흘러 백발 되었네	歲月悠悠自白頭
기서를 지어 후세에 전하고자 하는데	欲著奇書傳後世
무심히 또 한가한 시름 생길까 두렵네	無心又恐着閒愁

단(斷)은 진(盡)으로도 쓴다.

339 반갑게 : 청안(青眼)은 진(晉)나라 죽림칠현(竹林七賢)의 한 사람인 완적(阮籍)의 고사에서 유래한 말로 반가운 눈빛을 의미한다.

늙음을 한탄하다

歎衰

다리는 야위고 치아는 반이나 빠졌으니	兩脚枯羸齒半落
늙은 나는 이제 건강한 젊은이 아니구나	吾衰無復少年强
주머니에 비록 단사 빚는 법 있지만	囊中縱有丹砂法
거울 속에 비친 백발 보며 괜스레 슬퍼지네	鏡裏空悲白髮長
양생하려면 먼저 기를 모아야 함을 늙어 알았지만	晩悟養生先任氣
도를 배우려면 방향을 앎이 귀함을 일찍이 들었네	嘗聞學道貴知方
어리석은 마음으로 장생의 비결 물으려고	癡心擬問長生訣
일찍이 동해로 영랑을 찾아갔었지[340]	曾向東溟訪永郎

340 어리석은……찾아갔었지 : 이하곤이 1714년(숙종40)에 금강산 유람을 다녀온 적이 있는데, 지금 자신의 노쇠함을 한탄하면서 당시의 유람을 장생의 비결을 묻기 위한 것이었다고 읊은 것이다. 영랑(永郎)은 신라 효소왕(孝昭王) 때의 화랑으로 술랑(述郎), 남랑(南郎), 안상(安詳)과 더불어 사선(四仙)으로 일컬어진다.

한 해가 다 지나가매 홀로 앉아 있으려니 쓸쓸히 감회가 있어서

歲行已盡 獨坐悄然有感

세월이 잘도 흘러 돌아오지 않으니　歲月堂堂去不廻
묵은 해 다 지나고 새해 오네　舊年已盡新年來
썩은 이빨은 누가 당기기라도 한 듯 절로 빠지고　蛀牙自脫如人挽
흰머리는 누가 심기라도 한 듯 한꺼번에 자라네　霜髮齊生是孰栽
멋진 달이 시흥을 일으키고　觸撥詩情元好月
찬 매화가 속된 잡념 쓸어내네　掃空塵慮有寒梅
산속 집에도 봄 소반에 반찬 많으니　山家亦飣春盤鬪
백주[341]를 새로 걸러 한 잔 마시노라　栢酒新芻試一杯

341 백주(栢酒) : 설날에 어른에게 세배를 드릴 때 사기(邪氣)를 쫓기 위해 가족들이 돌려가며 마시던 술로 백엽주(栢葉酒)라고도 한다.

표아의 시를 차운하다[342]

次杓兒韻

시회의 맹약을 너희들에게 맡기고	詩社齊盟付汝曹
병든 나는 한 걸음 물러나노라	病夫還讓一頭豪
물속의 달 같아야 바야흐로 깨달았다 하리니	如水中月方稱悟
붓 아래 티끌 남으면 끝내 고상하지 못하네	留筆下塵終欠高
마음 감동시킬 한 마디 말 없다면	未有一言能魄動
천 수의 시를 읊어도 마음만 수고로울 뿐	縱吟千首只心勞
곤륜[343]은 이미 죽고 창랑[344]은 늙었으니	昆侖已死滄浪老
만사를 이제 막걸리에 의지하네	萬事于今寄濁醪

2

만사를 아득히 하늘에 맡기고	萬事悠悠付上天
남은 인생 보잘것없이 머리만 세었네	餘生碌碌只華顚

342 표아(杓兒)의 시를 차운하다 : 표아는 이하곤의 아들 이석표(李錫杓, 1704~?)로, 본관은 경주(慶州), 자는 운원(運元), 호는 남록(南麓)이다. 저본(底本)에는 이 제목의 아래에 3수의 시가 나열되었고 그 아래에 다시 동일한 제목의 시가 있다. 이 번역서에서는 다음에 등장하는 동일한 제목을 삭제하고 이 제목의 아래에 4수의 시를 모두 나열하였다.

343 곤륜(昆侖) : 최창대(崔昌大, 1669~1720)로, 본관은 전주(全州), 자는 효백(孝伯), 호는 곤륜이다. 《西堂私載 卷10 弘文館副提學崔公墓誌銘 幷序》

344 창랑(滄浪) : 홍세태(洪世泰, 1653~1725)로, 본관은 남양(南陽), 자는 도장(道長), 호는 창랑・유하(柳下)이다. 《浣巖集 卷4 滄浪洪公墓誌銘》

등불 의지해 밤 지새고	相依燈火堪終夜
매화와 함께 한 해를 보내노라	獨與梅花又送年
몸은 늙었어도 밥 잘 먹고	身老猶能誇健飯
마음 한가로워 단잠 자노라	心閒長得業酣眠
보태고 빼는 조물주의 뜻을 자세히 보니	細看造物升除意
임천에 눕게 한 것은 우연이 아니구나	使臥林泉不偶然

간(看)은 사(思)로도 쓴다.

3

눈 내린 강에서 낚시질 하지 않고	不把漁竿釣雪江
서쪽 창가에 앉아 책 펼치노라	還開書卷坐西牕
가족 데리고 세상 피했으니 광륙[345]과 같고	携家遯世同狂陸
머리 깎지 않은 채 참선하며 노방[346]을 배우네	留髮參禪學老龐
소나무 위로 달 오르자 자던 학 놀라고	月上松梢驚宿鶴
구름 깊은 돌길에 삽살개 누웠네	雲深石逕臥寒狵
산에 사는 아내도 그윽히 사는 흥취 알아	山妻亦識幽居趣
새로 빚은 봄 술이 항아리에 가득하네	新釀春醪滿瓦缸

345 광륙(狂陸) : 공자(孔子)와 같은 시대에 살았던 초(楚)나라의 은자(隱者) 육통(陸通)을 가리킨다. 초광접여(楚狂接輿)로 불리는 인물로 소왕(昭王) 때 정치가 혼란하자 마침내 거짓으로 미친 체하며 벼슬하지 않았다고 한다.

346 노방(老龐) : 당(唐)나라 거사로 유명한 방온(龐蘊)을 가리킨다. 수만 금을 상강에 던져버리고 수행을 통해 선종(禪宗)에 통달했으며 동방의 유마거사(維摩居士)로 일컬어지는 인물이다.

4

주변의 차가운 산에 어둠 내릴 제	一帶寒山暝色含
지팡이 짚고 다시 낚시터 남쪽으로 나왔네	笻枝又出釣臺南
푸른 안개 낀 고목은 물 동쪽 마을이고	蒼煙古木水東里
맑은 풍경 소리와 성긴 불빛은 호숫가 암자로다	淸磬疎燈湖上菴
우연히 임천에서 나의 노년 즐기니	偶幸林泉娛我老
남들이 부귀에 도취함을 어찌 비웃으랴	何須富貴笑人酣
한 가지 일이 즐거운 줄 아노니	自知一事差爲樂
돌아와 두타산[347] 마주하고 부끄럽지 않노라	歸對頭陀獨不慚

347 두타산(頭陀山) : 두타산은 충청북도 진천군 초평면과 괴산군 도안면·증평읍의 경계에 있는 산으로 이하곤이 은거했던 곳이다.

중관[348]의 시를 차운하다

次仲寬韻

고상한 자취로 세상을 경시함이 아니라	不緣高蹈能輕世
임금에게 보답할 재주가 없을 뿐이네	只是無才可報君
고목 가운데에 암자 짓고 살며	古木中間結菴住
맑은 시내를 승려와 나누어 차지했네	淸溪一半與僧分
불 피워 무쇠 솥에 약 달이고	煉火自烹金鼎藥
향불 피워 때로 옥 상자의 글 읽노라[349]	焚香時讀玉函文
내일 아침 기다란 쟁기 메고 가서	明朝荷得長鑱去
앞 봉우리 흰 구름 속에서 밭 갈아야지	且向前峰斸白雲

348 중관(仲寬) : 이석의(李錫禕)로, 본관은 경주(慶州), 자는 중관이다. 이하곤의 조카이다.

349 불……읽노라 : 단약(丹藥)을 달이고 선술(仙術)을 익힌다는 말로 산속에 은거하는 삶을 표현한 것이다. 옥함문(玉函文)은 옥으로 장식한 상자에 든 진귀한 서책을 이르는 말로 여기서는 선술에 관한 서책을 의미한다.

또 시 자에 맞춰 짓다

又次詩字

사람들이 모두 버리려 해야 고상한 선비이고	世皆欲棄方高士
남들이 공교롭다 않는 것이 멋진 시라네	人不稱工是好詩
초가집에 티끌 한 점 이르지 않고	茅屋能無一塵到
매화와 노부의 기이함 짝이 될 만하네	梅花合配老夫奇
버들색이 이와 같으니	卽看柳色還如許
봄이 곧 돌아올 줄 알겠네	已覺春歸亦不遲
평생 견뎌준 것은 오직 대지팡이 뿐	耐久平生唯竹杖
산 오르고 물가에 갈 때 너와 함께했지	登山臨水與渠爲

또 절구 세 수를 차운하다

又次三絶

온종일 초가에서 푸른 산만 바라볼 뿐	終朝茅屋對青山
지팡이 짚고 오가지 않노라	更不笻枝費往還
짚신 팔러 온 승려는 흰 구름 밖으로 돌아가고	賣屨僧歸白雲外
바둑 구경하는 손님은 푸른 솔숲에 앉아 있네	觀棊客坐蒼松間

2

사립문의 버들 빛깔이 점점 새로워지고	柴門柳色漸看新
아침나절 새소리가 사람을 일으키네	朝日禽聲更起人
마을마다 떡 만들어 한 해를 보내고	打餠村村將送歲
곳곳에서 소반에 음식 담아 봄을 맞이하려 하네	飣盤處處欲迎春

3

산속 집 작은 창가에 매화 다 떨어졌으니	山齋落盡小窓梅
다시 어떤 꽃이 이어서 피려나	更有何花續此開
복사꽃 자두꽃이 붉고 고와도	桃李非無紅艶色
그윽한 사람은 시에 담으려 하지 않네	幽人不肯入詩來

임군 덕여 홍기 가 그의 부친 첨추공을 위해 장수를 축하하는 잔치를 베풀었는데 수백 리 먼 곳까지 편지를 보내와 시의 운자를 보여 주고 내게 화운을 요청하였다. 그 마음을 저버릴 수 없어 이 시를 써서 돌려보낸다

任君德輿 弘紀 爲其大人僉樞公設慶壽宴 走書數百里 示以詩韻 乞和於余 其意不可孤 書此以復焉

고질병이 나아[350] 저절로 회춘하여	沈痾勿藥自回春
은대와 붉은 도포[351]가 자리에서 빛나네	銀帶緋袍耀座茵
임금의 은혜가 팔십의 어른에게 미친 것이지만	縱是君恩推大耋
하늘이 어진 사람에게 복 내림을 알겠네	元知天意福仁人
지극한 즐거움에 색동옷[352]으로 자주 술잔 올리고	至懽萊服稱觴數
성대한 경사에 동안으로 덩실덩실 춤추네	盛事童顏起舞頻
태사가 조정에서 아뢰기를	太史朝端應有奏
수성과 덕성이 새로 빛났다 하리[353]	壽星光與德星新

350 고질병이 나아 : 물약(勿藥)은 병이 완치됨을 말한다. 《주역》〈무망괘(无妄卦) 구오(九五)〉에 "구오는 잘못이 없는 병이니 약을 쓰지 않아도 기쁜 일이 있으리라.〔九五, 无妄之疾, 勿藥有喜.〕"라고 하였다.

351 은대(銀帶)와 붉은 도포 : 임홍기의 부친이 관복을 입은 모습을 형용한 것이다. 은대는 종6품 이상 정3품까지의 관원이 허리에 두르는 은으로 만든 띠이다. 첨지사(僉知事)는 정3품의 직책이다.

352 색동옷 : 내복(萊服)은 노래자(老萊子)의 옷이라는 말이다. 춘추 시대 초(楚)나라의 노래자가 나이 70세에 양친을 모시면서 오색 옷을 입고 어린아이처럼 재롱을 부려 그 부모를 즐겁게 한 데서 유래하였다.《初學記 卷17 引 孝子傳》

뜻으로 한 말이다. 수성(壽星)은 목숨을 관장하는 별이고 덕성(德星)은 나라에 도덕이 있는 사람, 다복한 사람, 또는 현인이 세상에 나왔을 때에 나타난다는 별로 경성(景星)이라고도 한다.

353 태사(太史)가……하리 : 임홍기의 부친이 어질면서 장수를 누리기에 경하하는 뜻으로 한 말이다. 수성(壽星)은 목숨을 관장하는 별이고 덕성(德星)은 나라에 도덕이 있는 사람, 다복한 사람, 또는 현인이 세상에 나왔을 때에 나타난다는 별로 경성(景星)이라고도 한다.

서재에서 지내며

齋居

눈보라 치는 빈산에서 가는 해 슬퍼하며	風雪空山徂歲悲
차가운 서재에서 달 뜰 때까지 있노라	寒齋每到月生時
깊이 숨어 사니 눈에는 늘 이름난 산이 보이고	深居眼底常名嶽
말하지 않아도 마음속에 이미 멋진 시 있다네	不語胸中已好詩
여생 의탁할 나무 쟁기 남았고[354]	托命殘年餘木鑱
요즈음 매화를 마음 알아주는 벗으로 삼았네	知音近日得梅枝
고상한 사람은 안위의 일에 관여하지 않나니	高人無與安危事
상산사호의 출처 의심스럽구나[355]	終覺商山出處疑

354 여생……남았고 : 초야에서 농사지으며 남은 삶을 살겠다는 말이다. 당(唐)나라 두보(杜甫)의 시에 "흰 나무로 자루를 한 긴 보습이여 긴 보습이여, 내가 너를 의탁하여 생명으로 삼노라.〔長鑱長鑱白木柄, 我生託子以爲命.〕"라고 하였다. 《杜詩詳註 卷8 乾元中寓居同谷縣作歌七首》

355 고상한……의심스럽구나 : 세상사에 관심을 완전히 끊겠다는 의지의 표현이다. 상산(商山)은 상산사호(商山四皓)로 진나라 말기에 폭정(暴政)을 피해 상산에 숨어 살았던 동원공(東園公), 기리계(綺里季), 하황공(夏黃公), 녹리선생(甪里先生)을 가리킨다. 한 고조(漢高祖)가 태자(太子) 영(盈)을 폐하고 척 부인(戚夫人)의 아들 조왕(趙王) 여의(如意)를 세우려 하자, 장량(張良)이 여후(呂后)에게 사호(四皓)를 불러 태자를 보좌하게 하도록 건의하였다. 이에 사호가 나와 고조의 마음을 돌려 태자를 폐하지 못하게 했던 고사가 전한다. 《史記 卷55 留侯世家》

초가에서

茅齋

작은 초가집 솔숲에 가려 있으니　　茅齋絶小隱松林
누가 산속 생활 즐기며 깊숙한 곳 싫어하랴　　誰愛居山更厭深
냇물소리 들으니 속된 귀 맑아지고　　聽澗已能淸俗耳
구름 바라보니 다급하던 마음 가라앉네　　看雲聊復息忙心
술에 취해 글자 쓰니 삐뚤삐뚤하고　　醉中作字還胡艸
흥취 일어 시 지으니 고민하지 않아도 되네　　興到題詩不苦吟
백발 늙은이 어찌 세월 보내는 느낌 없으랴만　　白首寧無徂歲感
냇가 버들이 차츰 짙어짐을 기꺼이 보노라　　喜看溪柳漸成陰

표아[356]의 시를 차운하다

次杓兒韻

평소에 어찌 산에서 늙어갈 마음 있었으랴	素心寧欲作山臞
백발로 전원에 돌아와 송아지와 함께하네	白首歸田一犢俱
천하 사람들은 이미 명나라 잊었고	天下已忘大明國
중원에는 작은 오랑캐가 들어섰네[357]	中原又立小單于
오늘은 오두막에 살지만	蝸廬今日堪容我
내세에는 기린각에 내 모습 그릴 수 있을까[358]	麟閣他生倘畫吾
취하여 격렬한 소리로 슬피 노래하니	醉後悲歌聲激烈
솔가지에 자던 학도 놀라 우는구나	松梢宿鶴亦驚呼

2

세밑에 외진 산에서 감개가 그지없어	歲盡窮山感慨長
아이들과 함께 등불 앞에 둘러앉았네	燈前圍坐衆雛將

356 표아(杓兒) : 이하곤의 맏아들 이석표(李錫杓, 1704~?)로, 본관은 경주(慶州), 자는 운원(運元), 호는 남록(南麓)이다.

357 중원(中原)에는……들어섰네 : 한족이 세운 명(明)나라가 멸망하고 그 땅을 만주족의 청(淸)나라가 차지했다는 말이다. 선우(單于)는 한(漢)나라 때 흉노족 군장(君長)의 칭호로 여기서는 청나라를 가리킨다.

358 오늘은……있을까 : 포부를 펼치지 못하고 초야로 돌아온 자신의 회한(悔恨)을 읊으며 내세에는 공훈을 세워보리라는 희망을 말한 것이다. 인각(麟閣)은 기린각(麒麟閣)으로 한 선제(漢宣帝)가 공신 11명의 초상화를 그려서 걸어놓게 한 공신각의 이름이다.

밝은 달 볼 때마다 군경[359] 떠오르고	每逢朗月懷君敬
때로 돌아가는 구름 보내며 재창[360] 생각하네	時送歸雲憶載昌
지난 일 진정 봄날의 꿈 같은데	往事眞同理春夢
누가 다시 나의 광태를 기억할까	何人能復記吾狂
서쪽 성과 남쪽 골짜기 함께 어울리던 곳	西城南洞追遊地
괴이하게도 그때는 바쁜 줄 몰랐네	獨怪當時未覺忙

3

칠 척의 몸으로 초가에서 읊고 즐기고	七尺茅齋容嘯傲
한 사발 나물죽 먹으며 청렴을 기르네	一盃菜粥養淸廉
이미 세상 피해 구름과 자취 같으니	已能遯世雲同跡
눈처럼 흰 수염으로 산에 돌아옴 한하지 않노라	不恨還山雪滿髯
봄물은 언제쯤 푸르게 일렁일까	春水幾時新綠漲
저물녘 산 마주하니 푸른 몇 봉우리 뾰족하네	暮岑相對數靑尖
아이들도 멋진 흥취 넘쳐서	亦知兒子饒佳興
운자 뽑는 대로 백 수의 시 짓는구나	百首詩成信手拈

4

구름 보려고 강 서쪽에 갈 때마다	每欲看雲到水西

359 군경(君敬) : 이일제(李日躋, 1683～1757)로, 본관은 전주(全州), 자는 군경, 호는 화강(華岡)이다.

360 재창(載昌) : 이명곤(李明坤, 1685～?)으로, 본관은 경주(慶州), 자는 재창이다. 이하곤의 막내아우이다.

석양의 거친 둑에 홀로 지팡이 짚고 섰었지　　夕陽荒埭獨扶藜
뜬 피라미는 나그네 보고 깊이 피하고　　浮鯈見客如深避
돌아가는 새는 때를 알아 깃들 곳 정하지　　歸鳥知時各定棲
성긴 숲은 푸른 절벽 가리지 못하고　　疎木已難藏翠壁
찬 백사장도 일찍이 맑은 시냇물 넘쳤지　　寒沙曾亦漲清溪
그윽한 흥취 때문에 자주 오갈 뿐인데　　只緣幽興來往熟
내일은 술병 하나 들고 가려네　　明日一壺還可提

5

매화 다 졌으니 누가 다시 들를까　　落盡寒梅誰復過
뒷짐 지고 구름 보며 때로 읊조리네　　看雲負手時一哦
가는 세월은 물처럼 머물지 않는데　　徂年如水不曾駐
해 잡아맬 끈이 없으니 어이하랴　　繫日無繩將奈何
눈은 풀뿌리에도 모두 녹아 사라졌고　　雪色都從艸根盡
봄빛은 먼저 버들가지에 찾아왔네　　春光先入柳絲多
가난한 집이지만 다행히 세금 다 냈으니　　貧家幸得輸租畢
아전이 문 앞에서 구박할 일은 없구나　　能免門前吏責苛

또 오언 율시를 차운하다

又次五律

묵은해도 이제 사흘 남았을 뿐	舊歲餘三日
봄빛은 벌써 생동하네	春光已欲生
새로운 버들 빛깔 어여뻐	獨憐新柳色
또 북쪽 숲으로 가노라	又向北林行
잔설은 하얀 흔적 남았고	殘雪留痕白
석양은 한껏 밝게 빛나네	斜陽盡意明
흥취 일어 한바탕 읊조리니	興來一舒嘯
중천에 솔바람 소리 일어나네	天半起松聲

설날에 쓰다 갑진년(1724, 경종4)

元朝試筆 甲辰

문득 오늘 아침에 갑진년 된 줄 알겠으니	忽覺今朝是甲辰
산속 집에서도 새봄의 전통 따르네	山家隨例作新春
윷놀이하는 아이들 신이 났는데	樗蒲兒女多懽戲
양산의 선영 생각하며 마음 아파하노라[361]	梓木陽山遠愴神
옛날 배운 것들 점점 잊히니 늙은 줄 알겠고	舊學漸荒知老倦
신음하는 소리로 겨우겨우 새 시 짓네	新詩僅就出吟呻
외진 마을에 누가 도소주[362] 보내 줄까	窮村誰遣屠蘇飮
소반에 담긴 오신채[363]만 칭송하네	只向盤中頌五辛

361 양산(陽山)의……아파하노라 : 설날을 맞이하여 선영(先塋)을 떠올리며 성묘하지 못하는 마음을 읊은 것이다. 재목(梓木)은 묘지에 가래나무를 심었던 데서 유래하여 선영을 가리킨다. 양산은 이하곤의 어머니, 그리고 요절한 아들 봉석(鳳錫)과 딸 봉혜(鳳惠)의 무덤이 있는 곳이다. 《두타초(頭陀草)》 책12 〈망아봉석광명(亡兒鳳錫壙銘)〉에 "같은 달 어느 날에 양지 신창리에 있는 어머니 묘소 곁에 묻어서 너의 혼백으로 하여금 의지할 바가 있게 한다.〔以同月某日, 瘞于陽智新倉里先夫人墓傍, 使汝魂魄, 有所依歸也.〕"라고 하였다.

362 도소주(屠蘇酒) : 설날에 마시는 약주(藥酒) 이름이다. 귀기(鬼氣)를 도절(屠絶)하고 인혼(人魂)을 소성(蘇醒)한다고 하여 그 이름이 붙여졌다고 한다. 새해 아침에 가족 모두가 의관을 정제하고 모여서 젊은 사람부터 차례로 마셨다. 《荊楚歲時記》

363 오신채(五辛菜) : 매운 맛이 나는 다섯 가지 훈채(葷菜)인 파, 마늘, 부추, 여뀌, 겨자를 말한다. 오신반(五辛盤)이라는 소반에 담아 새해를 축하하며 오장(五臟)의 기운을 돋우기 위해 나물을 만들어 먹고 이웃에 나누어주었다.

삼가 위헌[364]에게 부치다

奉寄韋軒

아직도 금강의 맑은 유람 떠올라	尙憶淸遊錦水廻
새 시 읊고 나서 찬 매화 주위를 맴도네	新詩吟罷遶寒梅
아미산[365]에 뜬 한 조각 어여쁜 달이	可憐一片峨嵋月
밤마다 빈 서재의 꿈속에 들어오네	夜夜空齋入夢來

364 위헌(韋軒) : 이형곤(李衡坤)으로, 본관은 경주(慶州), 자는 재방(載方), 호는 위헌이다. 이하곤의 백부(伯父) 이인소(李寅熽)의 둘째아들이다. 1723년 공산 현감(公山縣監)에 임명되었으며 이하곤이 공주에 갔을 때 함께 유람하였다.

365 아미산(峨嵋山) : 《두타초(頭陀草)》 책11 〈금성가(錦城歌)〉의 원주(原註)에 "이곳에는 아미산과 금수가 있어서 촉 땅과 유사하다.〔此地有峨嵋山錦水, 與蜀地相似.〕"라고 하였으므로 공주에 아미산이 있음을 알 수 있다. 그러나 현재의 어느 산을 가리키는지는 미상이다.

도성으로 들어가는 재징[366]을 전송하다

送載澄入都

당시 재징이 영휘전 참봉(永徽殿參奉)에 새로 임명되었다.

그대가 이제 하급 관리 되어	汝今隨斗粟
온 가족이 푸른 산을 떠나네	盡室去青山
밝은 달이야 그대로 있겠지만	明月應自在
동쪽 시내에 누구와 함께 다녀올까	東溪誰與還
물고기 헤엄치는데 낚시터 남았고	魚游餘釣石
꽃 피어도 사립문 닫히겠지	花發獨柴關
구름 낀 숲은 예부터 드넓었지만	雲林從古闊
한가한 사람 몇이나 보았던가	能見幾人閒

366 재징(載澄) : 이철곤(李澈坤, 1689~?)으로, 본관은 경주(慶州), 자는 재징이다. 이하곤의 당숙부 이인혁(李寅赫)의 막내아들이다.

입춘일에 표아[367]의 시를 차운하다

立春日次杓兒韻

늘어나는 백발 가련한데	自憐白髮坐相催
만 리에서 불어온 봄바람을 또 보게 되네	又見春風萬里來
약봉지 물리쳤으니 묵은 병 나았고	藥裹屛來除舊疾
도부[368] 걸어서 새로운 재액 물리치네	桃符帖得禳新灾
금 쟁반에 나물 내오던 궁궐의 일 떠오르는데	九重忽憶金盤菜
작은 누각에서 옥 같은 매화만 시로 짓고 있네	小閣空題玉樹梅
은택 펼치려는 동군[369]에게 하례하며	多賀東君將布澤
정성껏 막걸리 잔을 올리네	殷勤爲奠濁醪盃

367 표아(杓兒) : 이하곤의 아들 이석표(李錫杓, 1704~?)로, 본관은 경주(慶州), 자는 운원(運元), 호는 남록(南麓)이다.

368 도부(桃符) : 두 개의 복숭아나무 판자에다 신도(神荼)와 울루(鬱壘)의 두 귀신 이름을 써서 만든 부적이다. 사기(邪氣)를 막을 목적으로 정초에 이것을 문간에 걸어 두었다. 《說郛 卷12 鬱壘》

369 동군(東君) : 봄을 관장하는 신으로 동제(東帝)·동황(東皇)·청황(靑皇)·청제(靑帝)라고도 한다.

저물녘 경치를 바라보다

晩望

숲 속 새들은 어찌 저리 힘겹게 나는가 林鳥飛何倦
나무꾼은 노래하며 벌써 돌아가려 하네 樵歌已欲還
저녁 연기가 봄 물가 버들에 어리고 暮煙春水柳
잔설이 석양 물든 산에 남았네 殘雪夕陽山
푸른 절벽은 천연 그대로 예스럽고 蒼壁天然古
외로운 구름은 날마다 절로 한가하네 孤雲日自閒
저물녘에 끝없는 생각 일어나 晩來無限意
창가에 기대노라 徒倚一牕間

병석에서 일어나 쓰다

病起試筆

비 그친 뒤에 엷은 구름은 깁처럼 얇고	雨後輕陰薄似紗
고운 노을은 벌겋게 물들었네	深紅淺紫爛蒸霞
동풍이 봄철의 힘을 다 발휘해	東風用盡三春力
시내 남쪽 나무마다 꽃 피웠네	成就溪南萬樹花

윤국형이 뒤늦게 자식 하나를 낳고 시 한 수로 빛내주기를 요청하기에 이 시를 써서 주다

尹▨國衡晩抱一子 請得一詩以侈之 書此贈之

고목에 꽃 피지 않는다고 말하지 마라	莫言枯木不生花
고목에 꽃 피니 더욱 아름답네	枯木生花事更華
훗날 《잠부론》 짓는다면	他時倘著潛夫論
외가 없다고 남들이 기롱한들 어떠하리[370]	不害人譏無外家

370 훗날……어떠하리 : 윤국형(尹國衡)의 자식이 서출이라도 뛰어난 재주를 지닐 수 있다는 말이다. 《잠부론(潛夫論)》은 후한(後漢) 말기의 학자 왕부(王符)가 지은 책으로 난세(亂世)를 만나 세속과 영합하지 않고 절개를 지키고 살면서 당시 정치와 사회에 대한 분개한 심정을 총 35편(篇)으로 정리하였다. 왕부는 자가 절신(節信)으로 서출이어서 외가(外家)가 없다고 당시 사람들에게 천대를 받았으나 학문을 좋아하여 당대의 명류(名流)와 교류하였다.

앓던 가운데 문득 복사꽃을 보니 시흥이 일기에 율시 한 수를 읊어 짓다

病中忽見桃花 觸動詩情 吟成一律

기력 떨어져 노쇠한 줄 아노니	氣力摧殘覺自頹
몸뚱이만 고목처럼 우뚝하네	形如枯木獨崔嵬
창문 열자 문득 만발한 복사꽃 보이는데	開窓忽見桃花發
이불 끼고 가랑비 소리 듣노라	擁被仍聽細雨來
지긋지긋한 병으로 약만 먹을 뿐	一病支離唯服藥
봄 지나도록 술잔 들지 못했네	三春倏忽不持杯
한밤중에 격렬히 큰 소리로 노래하니	中宵激烈高歌發
괴이하다 장한 마음 아직도 식지 않았나	可怪雄心尙未灰

두타초

제12책

잡저
雜著

이화국[1] 상관 에게 보내는 편지 정축년(1697, 숙종23)

與李華國書 尙觀○丁丑

하곤(夏坤)은 아룁니다. 근래 김수완(金壽完)을 통해 들으니 당신은 행실이 매우 고상하고 의리가 매우 도타우며 학문이 대단히 해박하고 병(病)[2]이 대단히 기이하다고 하였습니다. 이 말을 듣고 저는 이런 사람과 이런 병은 고금(古今)의 천하에 매우 드물다고 생각하여 한번 만나 우호를 맺고 가슴 속에 축적된 것을 토로하고 싶었습니다. 그러나 제가 상중(喪中)[3]의 몸이라 감히 실행으로 옮기지 못하였으니 항상 마음이 답답하였습니다. 김수완과 대화를 나눌 때마다 당신에 관한 말이 끊이질 않았습니다.

제가 생각건대 세상 사람들이 남과 사귈 때 이익을 추구하지 않으면 반드시 명예를 추구할 뿐 의기(義氣)로써 함께한다는 경우를 전혀 듣지 못하였습니다. 그러므로 관중(管仲)의 말에 "까마귀 떼의 사귐은 뒤에 반드시 서로 꾸짖는다."[4] 하였습니다. 양자운(揚子雲)도 말하기

1 이화국(李華國) : 인적사항은 알 수 없다. 다만 《두타초(頭陀草)》 책1에 〈이화국 상관이 올해 문득 아들을 낳았으므로 긴 시로 축하하다[李華國 尙觀 今年忽生子 以長語賀之]〉라는 시가 보인다.

2 병(病) : 이 글의 끝부분에 원굉도(袁宏道)의 〈서문장전(徐文長傳)〉을 인용하고 있는데, 그 내용을 참고해 볼 때 여기서 병은 실제 몸이 아픈 것이 아니라 남다른 성격을 가리키는 것으로 보인다.

3 상중(喪中) : 중제(重制)는 대공(大功) 이상의 상복(喪服)을 말한다.

4 관중(管仲)의……꾸짖는다 : 관중은 춘추 시대 제(齊)나라의 정치가이자 사상가인 관이오(管夷吾)로 중(仲)은 그의 자이다. 이하곤이 인용한 말은 《관자(管子)》 권20

를 "벗을 사귀는데 마음으로 하지 않는다면 얼굴만 아는 벗이다."[5] 하였습니다. 이런 말로 볼 때 벗을 사귀는 도가 어려운 것은 예부터 이미 그러했습니다. 지금 제가 당신과 사귀고자 하는 것은 이익을 추구하는 마음에서 나왔겠습니까, 명예를 추구하는 마음에서 나왔겠습니까, 아니면 의리에서 나왔겠습니까?

제가 듣건대 옛사람들은 혹 백 년이나 천 년 전의 사람을 벗하기도 하고[6] 혹 천 리나 만 리 밖의 사람과 정신으로 사귀기도 했다고 합니다. 지금 당신처럼 고상한 행실과 도타운 의리와 해박한 학문과 독특한 병을 가진 사람이 있다면 비록 백 년이나 천 년 전에 살았고 천 리나 만 리 밖에 살더라도 오히려 그 사람을 그리워하며 한번 얼굴을 보려고 할 것입니다. 그런데 하물며 같은 시대에 태어나 서로 바라다보이는 곳에 사는 사람인 경우이겠습니까. 이것이 바로 제가 당신과 사귀고 싶어 하는 마음이 간절한 이유이니 이익과 명예를 추구하는 마음에서 나오지 않았음을 알 수 있습니다.

〈형세해(形勢解)〉에 보인다.

5 양자운(揚子雲)도……벗이다 : 양자운은 전한 말기의 학자이며 문인인 양웅(揚雄)으로 자는 자운이다. 이하곤이 인용한 말은 《양자법언(揚子法言)》 권1에 보인다.

6 옛사람들은……하고 : 《맹자》 〈만장 하(萬章下)〉에 "천하의 훌륭한 선비를 벗하는 것으로 만족스럽지 못하게 여겨 또다시 위로 올라가 옛사람을 논하니, 그의 시를 외우며 그의 글을 읽으면서도 그의 사람됨을 알지 못한다면 되겠는가. 이 때문에 그 당세에 행사의 자취를 논하는 것이니, 이는 위로 올라가서 벗하는 것이다.〔以友天下之善士爲未足, 又尙論古之人, 頌其詩讀其書, 不知其人可乎. 是以論其世也, 是尙友也.〕"라고 하였다. 소옹(邵雍, 1011~1077)은 "고인은 위로 천고를 벗하는데 나는 사방에도 미쳐본 적이 없으니 문득 그만둘 수 있겠는가.〔昔人尙友千古, 而吾未嘗及四方, 遽可已乎.〕"라고 하였다. 《宋名臣言行錄 外集 卷5 邵雍》

저는 성품이 매우 노둔하여 조금도 지식이 없습니다. 게다가 괴팍하여 사람들과 잘 맞지 않기 때문에 걸핏하면 남들에게 비난을 받습니다. 그러나 입덕(立德)과 입언(立言)의 도(道)에 노력을 기울여야 한다는 것은 조금 알기에 절의(節義)를 숭상하고 의리(義理)를 존모하는 마음만은 옛사람들보다 크게 뒤지지 않습니다. 일찍이 스스로 탄식하며 말하기를 "선비가 세상에 태어나 공렬(功烈)이 당대에 드러나지 않고 이택(利澤)이 후세에 전하지 못하며, 또 고상한 행실과 도타운 의리를 지닌 사람을 만나 형제처럼 친한 관계를 맺고 생사를 함께하는 정의(情誼)를 나누지 못한다면 비록 경상(卿相)의 높은 지위와 천금(千金)의 부유함을 누리더라도 어찌 마음에 맞겠는가."라고 하였습니다. 저의 뜻이 항상 이와 같았는데, 당신의 행실과 의리가 또 앞서 말한 바와 같다는 사실을 들었습니다. 이러므로 사귀고자 하는 마음이 잠시도 잊히지 않기에 지금 이처럼 저의 진심을 다 말씀드려 당신께서 살펴주기를 바랍니다.

옛날 원석산(袁石山)[7]이 서문장(徐文長)[8]에게 말하기를 "그 사람은 병 때문에 독특해지고 그 병은 문장 때문에 독특해진다."[9]라고 하였습

7 원석산(袁石山) : 명나라 후기의 문신이자 문인인 원굉도(袁宏道, 1568~1610)로, 자는 중랑(中郎), 호는 석공(石公)・석산이다.

8 서문장(徐文長) : 명나라 후기의 문인인 서위(徐渭, 1521~1593)로, 자는 문장, 호는 청등(青藤)이다.

9 그 사람은……독특해진다 : 원굉도의 글에 "문장은 나의 늙은 벗이다. 병은 사람으로 인해 독특해지고 사람은 시로 인해 독특해진다.〔文長吾老友, 病奇於人, 人奇於詩.〕"라고 하였는데, 이하곤이 이 문장을 그대로 인용하지 않고 그 취지를 인용한 듯하다. 《文章辨體彙選 卷541 徐文長傳》

니다. 저는 당신도 그렇다고 생각하는데, 당신께서는 어떻게 생각하십니까.

모월(某月) 모일(某日)에 하곤은 두 번 절하고 올립니다.

붕 상인에게 주는 서문 무인년(1698, 숙종24)

贈鵬上人序 戊寅

사람이 재예(才藝)에 대하여 오롯한 노력을 기울이지 않으면 사라지게 되고 부지런히 익히지 않으면 거칠어지게 된다. 그러나 또 바른 방법으로 배우지 않는다면 비록 오롯한 노력을 기울이고 부지런히 익히더라도 오묘한 경지에 나아가지도 못하고 신묘한 경지에 이르지도 못한다.

서예(書藝)는 육예(六藝) 가운데 한 가지로 사람에게 가장 요긴한 것이다. 그러므로 왕공(王公)과 대인(大人)으로부터 여항(閭巷)에 사는 사람에 이르기까지 배워서 익히지 않는 이가 없다. 이미 배우고 익힐 때는 또 잘 쓰게 되기를 바라지 않는 이가 없다. 그러나 서예로 세상에 이름이 알려진 사람은 대단히 드물다. 그 이유는 오롯한 노력을 기울이지 않고 부지런히 익히지 않아서 그런 것인가, 아니면 서예의 도를 얻지 못하여 그런 것인가?

옛날에 서예에 뛰어났던 사람들을 살펴보면 그 서체가 정신이 빼어난〔神秀〕 사람, 고상하고 기이한〔瓌奇〕 사람, 여위었지만 굳건한〔瘦勁〕 사람, 힘차면서 뛰어난〔遒逸〕 사람, 맵시가 고운〔姿媚〕 사람이 있었다. 그들의 공력(功力)의 깊고 얕음과 품격의 높고 낮음은 비록 저마다 다르지만 그들이 배우고 익힐 때에는 부지런히 애쓰며 노력을 기울이지 않은 이가 없었다. 이목(耳目)과 심지(心智)가 외물에 이끌리지 않고 오직 서예에 정신을 집중하였다. 마음에서 경영한 대로 손으로 나타낼 적에 중후하게 하려 하고 경박하게 하려 하지 않았으며,

엄격하게 하려 하고 방종하게 하려 하지 않았으며, 성글게 하려 하고 빽빽하게 하려 하지 않았으며, 생동감 넘치게 하려 하고 움츠러들게 하려 하지 않았다. 이와 같이 하였기 때문에 별(撇)·적(趯)·노(努)·약(掠)의 법[10]이 자연스럽게 법도에 맞아 조금도 어긋남이 없었던 것이다.

지금 붕 상인(鵬上人)은 좋아하는 외물이 하나도 없고 오직 서예를 좋아하여 날마다 붓을 쥐고 종이 앞에 앉아 게으른 기색이 전혀 없으니 그가 마음을 쓰는 것이 전일하고 부지런하다 하겠다. 그러나 그가 배우고 익히는 것이 과연 바른 방법인가, 아니면 바른 방법이 아닌가? 이것은 알 수 없다.

붕 상인은 불가(佛家)의 사람이다. 나를 찾아왔으니 그 마음은 대개 내게서 한 마디 말을 들어 소중하게 간직하려는 것이다. 내가 선정(禪定)·공유(空有)에 관한 말을 해준다면 이런 말은 붕 상인이 진실로 이미 스승에게서 가르침을 받아 분명하게 익혔을 것이다. 내가 이제(二帝)·삼왕(三王)[11]과 주공(周公)·공자(孔子)의 도와 예악정형(禮樂政刑)의 가르침, 인의효제(仁義孝悌)에 관한 말을 해준다면 붕

10 별(撇)·적(趯)·노(努)·약(掠)의 법 : 영(永)자를 쓸 때 사용하는 여덟 가지 기법 가운데 네 가지를 들어 말한 것이다. 첫 번째 획에 해당하는 상단의 점을 쓰는 기법을 측(側), 두 번째 획을 쓸 때 왼쪽에서 오른쪽으로 긋는 기법을 늑(勒), 다음으로 아래로 내려 긋는 기법을 노(努), 내려 그은 획을 갈고리로 올리는 기법을 적(趯)이라 한다. 다시 좌측 상단의 가로 획을 긋는 기법이 책(策), 다음 획을 왼쪽 아래로 내려 긋는 기법이 약(掠), 우측 첫 번째 획을 긋는 기법이 탁(啄), 마지막 획을 긋는 기법이 책(磔)이다. 별(撇)은 약(掠)과 같다. 《書法離鉤 卷5 八法》

11 이제(二帝)·삼왕(三王) : 이제는 요(堯) 임금과 순(舜) 임금을 말하고, 삼왕은 하(夏)나라의 우(禹), 은(殷)나라의 탕(湯), 주(周)나라의 문무(文武)를 말한다.

상인은 또 귀를 막고 서둘러 달아나 버릴 것이다. 그러니 그가 좋아하는 것에 대해 말해주는 것만 못하였다. 그러므로 이와 같이 말해준 것이다.

지영(智永),[12] 변재(辨才),[13] 회소(懷素),[14] 고한(高閒)[15]은 모두 서예에 뛰어난 인물로 알려졌다. 불가의 사람들이 서예에 뛰어났던 것은 예부터 그러하였다. 붕 상인이 마땅히 더욱 게을리하지 않는다면 서예의 뛰어난 경지에 이르는 것이 어찌 어렵겠는가. 붕 상인의 스승 여급(呂岌)은 글을 알고 계율(戒律)을 지닌 인물로 일컬어진다. 내가 여러 번 만나기를 청하였으나 만나지 못하였다. 아마도 연로하여 사람들과 왕래하지 않는 것이라고 한다.

12 지영(智永) : 남북조 시대 진(陳)의 영흔사(永欣寺) 승려로, 속성(俗姓)은 왕(王), 호는 영선사(永禪師)이다. 왕희지(王羲之)의 7세손이다.

13 변재(辨才) : 월주(越州) 영흠사(永欽寺)에 머물렀던 당(唐)나라 승려의 법명이다. 왕희지의 〈난정서(蘭亭序)〉 진적(眞跡)을 지영에게서 전해 받고 보관 중에 태종의 물음을 받고는 분실했다고 대답하였는데, 뒤에 소익의 속임수에 넘어가 태종에게 빼앗겼다고 한다. 《陔餘叢考 兩辨才》

14 회소(懷素) : 727~785. 당나라 때 승려이자 서예가로 특히 초서(草書)에 뛰어났다.

15 고한(高閒) : 847~859. 당나라 때 승려이자 서예가로 《초서천자문(草書千字文)》의 저자로 유명하다.

이자심[16]을 전송하는 서문 기묘년(1699, 숙종25)

送李子深序 己卯

남쪽 지방에는 아름다운 산과 물이 많다. 그 가운데 웅장하고 깊으며 크고 아름다우며 우뚝하게 높고 큰 것은 덕유산(德裕山)[17]이라 일컫는다. 덕유산으로부터 북쪽으로 산이 온통 다 가파른 바위로 우뚝 솟아나 가장 아름다운 것을 적상산(赤裳山)[18]이라 일컫는다. 그러나 남쪽 지방의 산들 가운데 모두들 이 두 산을 으뜸으로 여기는 것은 태사씨(太史氏)가 국가(國家)의 전고(典故)를 편수(編修)하여 수백 년 동안 보관하였는데[19] 전란과 수재(水災)나 화재(火災)의 피해를 입지 않았기 때문이다.

산을 빙 둘러 자리한 고을이 십여 개인데 그 가운데 무주(茂朱)가 가장 크다고 일컬어진다. 두 산[20]이 모두 무주에 속하니 유람하며 올라 볼 만한 곳들이 다른 고을에 비해 더욱 아름답고 백성들의 풍속이

16 이자심(李子深) : 이진원(李眞源, 1676~1709)으로, 본관은 전주(全州), 자는 자심, 호는 반공(盤公)이다.

17 덕유산(德裕山) : 전라북도 무주군 설천면 일대에 있는 산이다.

18 적상산(赤裳山) : 전라북도 무주군 적상면 일대에 있는 산이다.

19 태사씨(太史氏)가……보관하였는데 : 전라북도 무주군 적상면 적상산성(赤裳山城) 안에 사고(史庫)가 있기에 한 말이다. 1614년(광해군6) 적상산성 안에 실록전(實錄殿)을 건립했으며 4년 뒤인 1618년 9월부터 실록이 봉안되기 시작하여 1633년(인조11)까지 묘향산사고의 실록을 모두 이곳으로 옮겨서 보관하였다.

20 두 산 : 저본(底本)에는 府山으로 되어 있는데, 의미를 고려할 때 兩山의 오기(誤記)로 보이므로 수정하여 번역하였다.

순박하고 예스러워 관리들을 받드는 데 어긋남이 없다. 이러므로 부사(府使) 자리가 비면 조정의 이름난 사대부들이 모두 다투어 맡으려고 한다.

올해 시월에 나의 벗 이자심의 부친 참의공(參議公)[21]께서 부사에 임명되어 부임할 때 자심도 따라가게 되었다. 편지를 보내 나에게 말하기를 "남쪽 지방의 산들 가운데 높고 크며 빼어나고 아름답기로는 덕유산과 적상산만 한 곳이 없다네. 그런데 또 이 두 산이 모두 우리 아버지께서 맡으신 고을에 있으니 내가 장차 높은 봉우리에 오르고 그윽한 절벽에 가서 구름과 달을 따르고 산수를 실컷 유람하려고 하네. 그리고 세상의 이른바 비사(祕史)를 보관한 곳에서 책을 읽으려고 하니 그대가 어찌 한 마디 말로 내가 그곳으로 가는 것을 빛내주지 않을 수 있겠는가."라고 하였다.

내가 생각건대 덕유산과 적상산은 모두 높고 크며 빼어나고 아름다워 남쪽 지방의 명산(名山)으로 일컬어진다. 그런데 자심이 하루아침에 그곳으로 가서 책을 읽고 학문을 익히는 장소로 삼게 되었으니 그가 가는 것이 부럽다. 또 자심은 어려서부터 문사(文詞)를 좋아하여 제자백가(諸子百家)의 말을 섭렵하지 않은 것이 없다. 게다가 새로 진사(進士)에 뽑혀[22] 명성이 자자하고 많은 사람들이 훌륭하게 여긴

21 참의공(參議公) : 이진원(李眞源)의 부친 이덕성(李德成, 1655~1704)으로, 본관은 전주(全州), 자는 득보(得甫), 호는 반곡(盤谷)·지비자(知非子)이다. 《승정원일기》 숙종 25년 10월 10일 기사에 무주 부사(茂朱府使) 이덕성이 하직했다는 기록이 보인다.

22 진사(進士)에 뽑혀 : 이진원은 1699년(숙종25) 증광시(增廣試)에 진사 1등 4위에 뽑혔다. 《肅宗己卯增廣司馬榜目》

다. 하지만 자심은 박학하다고 스스로 뻐기거나 영예로운 명성에 자만하지 않고 오직 한적한 곳에 살면서 그윽한 곳을 다니며 그가 좋아하는 문사(文詞)에 힘을 쏟을 수 있는 것을 다행으로 여기니 그 뜻이 더욱 가상하다.

그러나 가만히 살피건대 옛날의 고인(高人)과 일사(逸士)들도 왕왕 몸을 감추고 책을 읽었으며 이름난 산과 경치 좋은 곳에 살기를 좋아하였다. 그들이 이와 같이 한 것은 어찌 다만 적막한 곳을 좋아하여 심지(心志)를 빼앗긴 채 문사와 언어의 아름다움을 추구하려는 것뿐이었겠는가. 이름난 산과 경치 좋은 곳은 웅장하고 두텁게 쌓인 그곳의 기운이 반드시 청명(淸明)하고 빼어나기 마련이다. 대개 그 청명하고 빼어난 기운의 도움을 받아 욕심과 잡념을 씻어내고 성령(性靈)을 도야(陶冶)하여 이치를 밝히고 도를 깨닫는 데 이르고자 한 것이다.

지금 자심이 가는 곳은 남쪽 지방의 명산이다. 그 산은 높고 크며 아름다우므로 청명하고 빼어난 기운이 웅장하고 두텁게 쌓여 있으니 자심이 하고자 하는 바가 장차 이치를 밝히고 도를 깨달으려는 것인지, 장차 문사와 언어의 아름다움을 추구하려는 것일 뿐인지 알 수 있다. 자심은 힘쓸지어다.

내가 일찍이 남쪽 지방의 산수가 아름답다는 말을 듣고 항상 짚신을 신고 대지팡이를 짚고서 그 사이를 방랑하며 휘파람 불고 노래하면서 즐기고 싶었다. 그러나 내가 십 년 동안 티끌세상에서 지내며 아직까지 하루도 한가한 시간을 도모하지 못하였다. 하물며 자심처럼 덕유산을 비롯한 여러 산들에서 독서하는 것을 바랄 수 있겠는가.

박낙옹[23]에게 보내는 편지 귀징

與朴洛翁書 龜徵

낙옹(洛翁) 족하(足下)는 요즈음 별 탈 없이 잘 지내는가. 족하와 이별한 지 어느덧 2년이 되었네. 족하가 병에 잘 걸리는데 외진 고을에 살아 의원도 약재도 없을 것이기에 항상 걱정이라네. 또 작년부터 역병이 크게 유행하여 호서(湖西)로부터 사망한 사람이 만여 명이나 되고 족하에게서는 편지도 없으며 양군(楊君)도 한양에 전혀 오지 않으니 마음속으로 늘 이상하게 생각하고 있다네. 여름에 세 번 편지를 써서 부치려고 했지만 인편이 없어서 그러지도 못했다네. 족하는 내가 이처럼 족하를 애타게 걱정하는 심정을 알기나 하는가?

이여래(李汝來)[24] 형이 근래 일 때문에 서울에 머물고 있어서 자주 만난다네. 형에게서 족하가 잘 지내고 있고 평소 뜻하던 일을 성취하여 새로 지은 초가가 대단히 깨끗하며 곁에 그림과 책을 두고 차분히 그 가운데 앉아 오직 마음 가는대로 지내고 있다는 소식을 들었네. 이런 소식을 듣고서야 나는 비로소 족하가 병에 걸리지 않았을 뿐만 아니라 세상 사람들이 누리지 못하는 복을 과연 이처럼 누리고 있다는 사실을 알게 되었다네.

23 박낙옹(朴洛翁) : 박귀징(朴龜徵)으로, 본관은 무안(務安), 자는 낙옹이다. 인적 사항은 자세하지 않으며 《두타초(頭陀草)》 책13에 〈박낙옹귀징애사(朴洛翁龜徵哀辭)〉가 수록되어 있다.

24 이여래(李汝來) : 인적 사항은 자세하지 않다. 《두타초》 책1에 〈이여래 태망 형의 방문을 기뻐하며〔喜李兄汝來泰望過訪〕〉라는 작품이 있다.

내가 일찍이 오가던 사담동(沙潭洞)[25]에 높은 벼랑과 깎아지른 듯한 절벽과 맑은 연못과 널찍한 바위와 논과 물레방아 등이 모두 갖추어져 있다네. 산자락에 의지해 정원을 만들고 물가에 정자를 지어서 배회하며 늙어가려는 것이 나의 평소 뜻이라네. 그런데 세상일을 겪으면서 그곳에 가지 못한 지도 오래되었으니 어찌한단 말인가.

내가 일찍이 보니 족하가 사는 곳은 땅이 매우 낮고 비좁았으며 근처에 올라보고 거닐 만한 아름다운 산이나 물도 없었네. 내가 이런 이유 때문에 매우 불만스러웠는데 족하가 이처럼 편안하고 즐겁게 지낼 줄을 어찌 생각이나 했겠는가. 아, 내게 사담과 같이 빼어나고 아름다운 곳이 있어도 가지 못하는데, 족하처럼 편안하고 즐겁게 살고자 한들 할 수 있겠는가.

옛날에 두 사람이 있었는데 한 사람은 돼지고기를 좋아하고 다른 한 사람은 용의 고기를 좋아하였다네. 용의 고기를 좋아하는 사람을 두고 진기한 것을 좋아한다고는 할 수 있겠지만 이것은 망상(妄想)에 불과하니 맛나게 먹을 수 있는 돼지고기를 좋아하는 사람과 어찌 같을 수 있겠는가. 지금 나와 족하의 처지가 이와 같다고 하지 않겠는가.

나는 팔에 통증이 있어서 벌써 한 달 넘게 굽혔다 폈다 하지 못하고 있다네. 또 어렸을 때 키워주셨던 외조모(外祖母)의 상(喪)을 만나 슬픔과 괴로움 속에 하루하루를 보낸다네. 인편이 있을 때마다 자주

25 사담동(沙潭洞) : 현재의 충청북도 괴산군 청천면 사담리 일대를 가리키는 것으로 보인다. 《두타초》 책1 〈홍군여관……(洪君汝寬……)〉에 "사담의 눈 속 봉우리 떠오른다〔遙憶沙潭雪裏峯〕"라는 구가 있는데, 그 아래에 "사담은 소금산 아래에 있다. 이곳에 우리의 별업이 있다.〔沙潭在小金山下, 是吾家別業.〕"라는 소주(小注)가 있다.

편지를 보내겠네. 모쪼록 자중자애하여 간절한 나의 바람에 부응해 주기 바라네. 언제나 다시 만날 수 있을까. 편지지를 앞에 두고 나도 모르게 먹먹하기만 하다네. 이만 줄이네.

하곤(夏坤)이 절하고 올림.

조계우 문명 에게 보내는 편지 경진년(1700, 숙종26)

與趙季禹書 文命○庚辰

모월 모일에 하곤(夏坤)이 아룁니다. 계우(季禹) 족하가 어제 보내준 편지는 문사(文辭)가 매우 아름답고 담긴 정성도 대단히 두터웠네. 날이 저물어 자세히 답장하지 못하여 안타까웠네.

나는 어려서부터 옛사람들이 사라지지 않는 입덕(立德)과 입언(立言)의 일에 마음을 써서 오직 과거(科擧)와 이록(利祿)에만 관심을 기울이는 지금의 사람들과는 같지 않음을 알았네. 내가 비록 어리석어 잘 아는 것이 없지만 일찍이 이 두 가지에 종사(從事)하여 이로운 혜택을 당대에 남기고 명성(名聲)을 후세에 드리우고자 하였으니 이 것이 나의 바람일세. 그러나 지금 스물네 살이 되었건만 한 가지도 볼만한 능력이나 장점이 없다네. 재주가 대단히 용렬한데 습성도 게을러서 나이를 먹을수록 의지는 더욱 나태해지니 세상의 이른바 용렬한 사람과 크게 다를 것이 없다네. 다행히 백온(伯溫)[26]과 군산(君山),[27] 그리고 족하와 같은 한두 명의 동지(同志)들이 서로 이끌어준 덕분에 한 시대의 헛된 명성을 주제넘게 얻었다네. 실제는 없으면서 명성이

26 백온(伯溫) : 이위(李瑋, 1676~1727)로, 본관은 전주(全州), 자는 백온, 호는 두천(斗川)이다. 김창협(金昌協)의 문인이다.

27 군산(君山) : 김숭겸(金崇謙, 1682~1700)으로, 본관은 안동(安東), 자는 군산, 호는 관복암(觀復菴)이다. 농암(農巖) 김창협의 아들로 벼슬에 뜻을 두지 않고 영평(永平)에서 학문에 몰두하다가 19세로 요절하였다. 산수(山水)를 좋아하여 산천을 두루 유람하였으며 시 수백 편을 남겼다. 《渼湖集 卷15 先府君墓誌》

사실보다 지나는 것을 군자는 부끄러워하니[28] 만일 보내 준 편지에서 말한 것처럼 먼저 묘처(妙處)를 얻었다고 한다면 내가 그 말을 감히 감당할 수 없다네. 그러나 청컨대 사우(師友)들에게 들은 말을 가지고 족하를 위해 말해 보겠네.

글을 짓는 방법은 반드시 학식(學識)으로 근본을 삼아야 하네. 그러므로 학식의 정밀함과 거침, 깊고 얕음에 따라 그 사람의 글의 수준도 비슷해지게 된다네. 내가 일찍이 관중(管仲)·한비(韓非)·신불해(申不害)·상앙(商鞅)·장주(莊周) 등을 보니 이들은 모두 쇠퇴한 주(周)나라와 전국 시대에 태어나 혹은 공리(功利)와 형명(刑名)의 학설로 그들의 군주에게 유세하였고 혹은 허무(虛無)한 이단(異端)의 학설을 그들의 문도들에게 전수하였네. 이것들이 비록 인의중정(仁義中正)의 도(道)에는 어긋나지만 그 학술은 대개 깊이 나아가 스스로 얻은 것이 있었던 것이라네. 그러므로 말로 드러낸 것들이 저마다 그 말을 한 사람들과 닮아 깊이가 있는 것도 있고 정밀하고 엄격한 것도 있으며 넉넉하고 기이한 것도 있다네.

한(漢)나라의 가의(賈誼)·동중서(董仲舒)·사마천(司馬遷)·사마상여(司馬相如)·유향(劉向), 양웅(揚雄)·반고(班固), 당(唐)나라의 한유(韓愈)·유종원(柳宗元)·이화(李華)·원결(元結)·이고(李翺), 송(宋)나라의 구양수(歐陽脩)·증공(曾鞏)·소순(蘇洵)·

28 실제는……부끄러워하니 : 《맹자》 〈이루 하(離婁下)〉에 "만일 근본이 없다면 7, 8월 사이에 빗물이 모여서 도랑이 모두 가득하나 그 마름은 서서도 기다릴 수 있다. 그러므로 명성이 실제보다 지나침을 군자는 부끄러워하는 것이다.〔苟爲無本, 七八月之間, 雨集, 溝澮皆盈, 其涸也, 可立而待也. 故聲聞過情, 君子恥之.〕"라고 하였다.

왕안석(王安石)·소식(蘇軾)·육유(陸游) 등 여러 사람에 이르러서는 또 모두가 문사(文詞)로써 천하에 명성을 떨쳤다네. 그러나 그들의 학식은 정밀하거나 거칠고 깊거나 얕은 차이가 있다네. 그러므로 그들의 문장도 고하(高下)와 우열(優劣)과 금고(今古)의 분류가 있는 것이라네. 그러나 사람마다 각자의 학술이 있으니 이것을 사업(事業)에 적용하면 백성을 다스리고 나라를 경영할 수 있으며 언어(言語)로 담아내면 도(道)를 보호하고 세상을 훈도(訓導)할 수 있다네. 그러니 후세의 한갓 지리멸렬한 학문과 거친 지식으로 그 자구(字句)나 다듬고 말이나 꾸며서 안목 없는 세상 사람들을 속임으로써 명성과 기림을 얻는 사람들과는 같지 않다네. 내가 그러므로 글을 짓는 도는 반드시 학식으로 근본을 삼는다고 말하는 것이라네.

위에서 말한 몇 명의 군자들은 그들의 책이 남아 있으니 사람들이 읽는다면 마치 해와 달이 하늘에서 빛나고 강물이 땅에 흘러가며 물고기와 용이 변환(變幻)하고 호랑이와 표범이 빛나는 것과 같아서 눈이 아찔해지고 마음이 흔들려 그 단서를 종잡을 수 없을 것이네. 요컨대 이들의 글은 모두 천하의 참된 문장이라고 할 수 있다네. 그런데 학식이 높은 사람은 문장의 수준도 높고 학식이 넓은 사람은 그 문장의 폭도 넓은 것이지 애당초 높음과 넓음에 뜻을 둔 것은 아니라네. 저마다 자기 마음속에 알고 있는 것을 말하고 가슴속에 담긴 것을 표현하여 자연스럽게 이렇게 되었다네.

그러나 이렇게 된 것은 또한 쉽게, 그리고 요행히 된 것이 아니라네. 관중(管仲)과 한비(韓非)와 신불해(申不害)와 상앙(商鞅) 같은 이들은 오히려 진실로 말할 겨를이 없네. 한(漢)·당(唐)·송(宋)의 여러 군자들에 이르러서는 그들의 총명함과 재기(才氣)는 진실로 이미 다른 사람들보다 대단히 뛰어나고 게다가 부지런히 도를 익히고 힘써 공부하여 성인(聖人)의 책과 현인(賢人) 및 재사(才士)의 기록을 두루 읽어서 기억하지 않음이 없었네. 독실히 좋아하고 깊이 기뻐함이 마치 눈으로 아름다운 빛깔을 보고 입으로 맛있는 음식을 먹는 것과 같아 차분히 실컷 즐기며 밤이나 낮이나 부지런히 하였다네. 그러므로 그들의 지식과 견해가 날마다 더욱 높고 밝아졌으며 그들의 학문이 날마다 더욱 넓고 커졌다네. 그리하여 그들의 언어와 문사의 아름다움이 이와 같은 수준에 이르렀다네. 세상의 학자들은 그들의 성취가 이처럼 빼어나고 훌륭함을 보고 절대 따라갈 수 없다고 여겨 스스로 한계를 긋고 전진하지 않는다네. 그 결과 늙어 죽을 때까지 깨닫지 못한 사람들을 전후(前後)로 이루 다 헤아릴 수 없으니 슬프도다.

선비가 진실로 널리 배워서 학식을 발전시키고 도를 밝혀 문사(文辭)를 닦는다면 비록 위에서 말한 여러 군자들의 수준에 이르기를 바랄 수는 없겠지만 그 언어와 문사(文詞)가 또 마땅히 어떠하겠는가.

그러나 글을 짓기는 매우 어렵다네. 비록 뛰어나고 빼어난 재주를 지녔더라도 깊고 탁월한 생각이 아니라면 자신이 받은 재주를 빛어낼 수 없고, 비록 깊고 탁월한 생각이 있더라도 뛰어나고 빼어난 재주가 아니라면 또한 내 마음속에 간직한 뜻을 드러낼 수 없다네. 그러므로 이 두 가지는 서로 쓰임〔用〕이 된다네. 그러나 오히려 기다릴 바가 있으니 반드시 부지런히 공부한 뒤에야 그렇게 할 수 있다네. 그러므로 장차 글을 잘 짓고자 하는 사람은 천지(天地), 일월(日月), 열성(列星 별을 말함), 귀신(鬼神), 유괴(幽怪 괴이한 것들), 산천(山川), 초목(草木), 화실(花實), 조수(鳥獸), 곤충(昆蟲) 등의 물건에 대하여 그 이치를 알고 그 변화를 알아야만 한다네. 또한 인류가 존재한 이래로 이제(二帝)와 삼왕(三王), 주공(周公)과 공자(孔子)께서 논한 인의(仁義), 효제(孝悌), 충신(忠信), 예악(禮樂)의 도에 대해서도 그 뜻을 연구하고 그 핵심을 파악해야만 한다네. 유가(儒家), 불가(佛家), 도교(道敎), 음양가(陰陽家), 복서(卜筮), 의약(醫藥), 성력(星曆)의 학설에 이르러서도 그 근원을 탐구하고 그 흐름을 거슬러 올라가야만 한다네. 이와 같이 한 다음에야 재주와 생각이 서로 균형을 이루고 마음과 손이 서로 호응하여 언어와 문사로 나타나는 모든 것들이 마치 강물을 터서 바다로 달려가게 하듯이 드넓어져서 바야흐로 옛날의 작자와 함께 나란히 달릴 수 있다네. 진실로 여기에서 나온다는 사실을 알지 못하고 고작 구어(句語)와 성률(聲律)의 말단에서 구한다면 그것은 내가 말하는 문장이 아니라네.

문장이란 실제〔實〕를 아름답게 표현〔華〕한 것이라네. 실제가 마음 속에 쌓여서 이미 대단히 깊고 두터워지면 그 문장이 밖으로 드러나는 것은 반드시 환하게 빛날 것이라네. 실제라고 이르는 것은 인의와 효제와 충신과 예악의 도에 불과하고 문장이라고 이르는 것은 그 도를 천하 후세에 밝혀 언어로 나타내고 책에 드러내는 것에 불과하네. 그러나 이것은 구차한 말일 뿐만이 아니라 반드시 높은 학식이 있은 뒤에 할 수 있는 것이네. 그러므로 학자(學者)가 부지런히 학문을 닦고 높은 학식을 쌓는 두 가지 가운데 어느 하나도 소홀히 할 수 없지만 학식이 더욱 귀중하다고 말하는 것이네. 청컨대 족하를 위해 비유하여 말해 보겠네.

지금 적을 치러 가는 사람이 정예 기병을 선두에 두고 유격대가 후미에 있으며 칼과 창이 다 날카롭고 깃발이 다 아름답게 드날린다고 가정해 보세. 그러나 혹 결정을 내리고 상대를 제압하여 승리를 거두는 방략(方略)을 알지 못한다면 끝내 아무런 성과도 거두지 못하고 돌아올 것일세. 학식이 풍부하여 다섯 수레의 책을 다 읽었고 재주가 넉넉하여 붓으로 일천 마디의 말을 써 내며 구어(句語)가 이미 다 아름답고 성률(聲律)이 이미 다 조화를 이루었다고 가정해 보세. 그러나 혹 성인(聖人)의 대도(大道)에 어둡다면 또한 반드시 아무 쓸모없는 글에 그치고 말 것이네. 이로 말미암아 보건대 문장을 짓는 도가 어찌 학식을 귀중하게 여기지 않겠는가.

족하는 나이가 매우 젊고 재주가 매우 뛰어나며 지의(志意)도 결코 평범하지 않네. 내가 또 군산(君山 김숭겸(金崇謙))을 통해 족하의 시 몇 편을 보았는데 맑고 아름다워 사랑스러웠다네. 족하가 현재 성취한 것은 이미 같은 연배의 사람들보다 몇 배나 앞서 있네. 족하의 재주와 족하의 뜻으로 무엇을 한들 성취하지 못할 것이며 무엇을 구한들 얻지 못하겠는가. 오직 바라건대 족하는 학문을 널리 익히고 학식을 정밀하게 하며 실제에 힘써서 화려하게 표현되기를 기다린다면 이른바 고인(古人)의 수준에 도달하기가 어렵지 않을 것이네. 어찌 구어와 성률의 사이에서 세월을 낭비하고 정신을 피폐하게 하겠는가. 족하는 힘쓰고 노력하기 바라네.

나는 병세가 요 며칠 사이에 매우 심해져서 직접 가서 사례하지 못하고 우선 편지로 이와 같이 말하였네. 바라건대 살펴주시게.

윤숙 세헌 을 제사하는 글

祭尹叔 世憲 文

남을 대신하여 짓다.

슬픔으로 목숨 잃는 것을	滅性而死
성인께서 나무라셨지만[29]	聖人之譏
예가 무너진 세상에도	禮頹之世
그런 사람 드물게 있으니	亦罕有之
순일한 효성이 아니며	非孝之純
아름다운 기질이 아니면	非質之嫩
형벌을 내리거나 상을 준다 해도	刑賞雖設
기꺼이 하려고 하지 않습니다	莫之肯爲
아 우리 형이	嗚呼我兄
어쩌다가 이렇게 되었습니까	胡至於斯
온화함과 어짊 그리고 화락함이	溫仁愷悌
남들보다 훨씬 뛰어나셨는데	超然等夷
오년 동안 거상[30]하며	五載苫凷

29 슬픔으로……나무라셨지만 : 친상(親喪)에 너무 슬퍼한 나머지 목숨을 잃는 데까지 이르는 것을 성인(聖人)이 경계했다는 말이다. 멸성(滅性)은 《예기》 〈상복사제(喪服四制)〉의 "상을 당한 지 삼 일 만에 밥을 먹고 삼 개월 만에 머리를 감으며 일 년 만에 연을 하고 몸이 야위어져도 생명을 잃는데 이르지 않게 하는 것이니, 이는 사자 때문에 생자를 상하게 하지 않으려는 예법이다.〔三日而食, 三月而沐, 期而練, 毁不滅性, 不以死傷生也.〕"라는 말에서 유래하였다.

30 거상(居喪) : 점괴(苫凷)는 거적자리에 거처하고 흙덩이로 베개를 삼는다는 침점

슬퍼하고 사모함이 한결같더니　哀慕不衰
속으로 마음을 너무 애태운 나머지　神以內鑠
병이 마침내 위태롭게 되었습니다　病遂阽危
서문에 있는 댁으로　西門之第
밤에 제가 말을 타고 가자　夜停僕騎
형이 내 손을 잡고　兄捉我手
아들을 부탁하시기에　托以孤兒
좋은 말로 위로하며　善辭以寬
머지않아 쾌차할 것이라 했는데　云瘳不時
원기가 손상되어　元氣之陷
서툰 의원의 손에 돌아가셨습니다　竟死庸醫
하늘의 도는 어진 이를 돕는 법인데　天道佑仁
지금은 어긋났습니다　今則參差
외숙의 자손이　舅氏之嗣
마치 실낱같고　綴其如絲
세 과부가 방을 지킬 뿐　三孀守室
상복을 입을 종족도 드물어　族鮮功緦
염하고 장사하는 즈음에　殮葬之際
대부분 예법을 따르지 못했습니다만　禮多闕而
허망하게 돌아가신 분은　茫茫逝者
또 무엇을 알겠습니까　而又何知

침괴(寢苫枕塊)의 준말로, 괴(凷)는 괴(塊)의 고자(古字)이다. 이는 부모를 위해 거상함을 의미한다.

다만 산 사람으로 하여금	秖令生者
한없이 슬프게 할 뿐입니다	抱無窮悲
강물이 넘실넘실 흘러가는데	江流滔滔
외로운 배에 흰 장막 드리우고	孤舟素帷
늙은 종이 관을 모시고 가니	老僕絜棺
길 가던 사람들도 눈물 흘립니다	行路涕洟
여양[31]의 산에	驪陽之山
삼대가 묻혔습니다	三世所歸
울창한 소나무와 가래나무를	翳然松梓
만고토록 우러를 것이니	萬古瞻依
넋이여 배회하면서	魂兮徜徉
즐거워하십시오	以娛以嬉
글을 지어 슬픈 마음 고하며	陳辭告哀
영원히 이별합니다	永世之違
흠향하시기 바랍니다	尙饗

31 여양(驪陽) : 충청남도 홍성 지역의 옛 지명이다.

동자 박후재가 소장한[32] 시축의 뒤에 쓰다

題童子朴厚載所藏詩軸後

이봉령(李鳳齡)[33]을 위해 짓는다.

경진년(1700, 숙종26) 5월 14일 밤에 내가 동자(童子) 박후재(朴厚載)와 함께 종인(宗人) 이재대(李載大)의 집에서 묵었다. 이날 밤 달빛이 대단히 곱고 산들바람이 때때로 불어왔다. 세 사람이 기쁜 마음으로 흉금을 털어놓으며 이고(二鼓 밤 10시 경)가 되도록 잠들지 않았다.

동자가 소매에서 백 수십 편의 시를 꺼내 놓으니 모두가 당세의 이름난 사대부들이 지은 것이었다. 동자는 고가(故家)의 자손이었는데 집이 가난하고 곤궁하여 해진 갈옷을 입고 음식을 구걸하여 어머니를 봉양하였으므로 여러 공들이 그의 마음을 가엾게 여겨 시를 주었다고 한다.

아, 동자가 어려서 엄부(嚴父)의 가르침을 받지 못했는데 스스로 독서를 할 줄 알았다. 또 바람과 비, 추위와 더위에도 아랑곳없이 동쪽과 서쪽에서 쌀을 지고 와서 노친(老親)을 봉양하였으니 그의 뜻과 행실은 대개 다른 사람들보다 뛰어난 점이 있었다. 제공들이 이처럼 칭찬한 것은 당연한 일이다.

동자가 자신의 지난 삶을 스스로 이야기하는데 나와 유사한 점이

32 소장한 : 저본(底本)에는 莊으로 되어 있는데 의미를 고려하여 藏으로 수정하여 번역하였다.

33 이봉령(李鳳齡) : 1690~1756. 본관은 전주(全州), 자는 문오(文五)이다.

많았다. 그러나 나는 어머니의 명령으로 천 리 먼 곳에 책 상자를 지고 와서 조금이라도 진전이 있기를 기대하고 있으니 밤낮으로 동자가 했던 것을 하고자 해도 할 수 있겠는가. 그의 말을 듣고 한참동안 눈물을 흘리고 마침내 이 글을 써서 준다.

두 승려를 꿈꾼 기문
夢二僧記

경진년(1700, 숙종26) 5월 19일, 종숙(宗叔) 우경(禹卿)[34] 씨가 백록(白麓)에 있는 나의 집에 들렀기에 함께 자게 되었다. 꿈에 어떤 노승(老僧)이 문을 열고 곧장 들어오더니 손을 드리우고 가부좌를 틀어 상석(上席)에 앉았다. 그 모습이 대단히 기이하여 흰 눈썹은 1촌 남짓이나 되고 눈빛은 반짝반짝 미간 밖으로 뻗쳐 나왔다. 그 모습은 오늘날 화가들이 그린 서역의 호승(胡僧) 모습과 대단히 유사하였다. 곁에는 한 승려가 석장을 세운 채 모시고 서 있었는데, 자주 나를 보며 미소 지으니 마치 옛날부터 아는 사람처럼 굴었다.

내가 노승에게 묻기를 "계(戒)는 정(定)을 낳고 정은 혜(慧)를 낳는데,[35] 혜는 무엇을 낳습니까?"라고 하였다. 그러나 노승은 묵묵히 대답하지 않았다.

내가 또 묻기를 "불경(佛經)에 이르기를 '만법(萬法)이 허공을 떠나지 않는다.'라고 하였는데, 법은 본래 상(相)이 없고 어딘가에 붙는

34 우경(禹卿) : 《두타초(頭陀草)》 책1에 〈제천으로 돌아가는 족숙 우경 정하 씨를 전송하다〔送族叔禹卿甫 廷夏 歸堤川〕〉라는 작품이 있어서 이름이 이정하(李廷夏)임을 알 수 있을 뿐 인적사항은 자세하지 않다.

35 계(戒)는……낳는데 : 불가에서 승려가 닦아야 할 삼학(三學)으로 계(戒)·정(定)·혜(慧)가 있는데, 계는 계율(戒律), 정은 선정(禪定), 혜는 지혜(智慧)를 말한다. 계는 오계(五戒)와 250계를 지켜 몸과 마음을 깨끗하게 하는 것이고 정은 마음에 동요됨이 없고 안정된 것이며 혜는 밝게 깨달은 지혜이다. 곧 계는 그릇과 같고 정은 그릇에 담긴 고요한 물과 같고 지혜는 물에 비치는 달과 같다.

곳도 없으며 떠남도 없습니다. 그런데 어찌하여 떠나지 않는다고 하였습니까. 법이 이미 떠나지 않는다면 곧바로 제유(諸有)를 물들이는데 어찌하여 허공이라고 합니까?"라고 하였다. 노승은 또 묵묵히 대답하지 않았다.

아, 이것은 아무 말도 하지 않음으로써 나를 경계시키고자 하는 것이란 말인가. 훗날 낙영산(落影山)[36]에 들어가 이러한 뜻을 들어 영사(瑛師)[37]에게 묻는다면 영사가 어떻게 대답할지 모르겠다.

승려 조영(祖瑛)의 속성(俗姓)은 차씨(車氏)이니 목릉(穆陵 선조(宣祖)) 때의 시인 차천로(車天輅)[38]의 후예이다. 여덟 살에 속리산(俗離山)에 들어가 승려가 되었다. 뒤에 진언 장로(眞彦長老)를 뵙고 깊이 내전(內典)에 통하였고 시에도 능하였다. 무인년(1698, 숙종24) 봄에 내가 낙영산을 유람할 때 조영 대사를 도명암(道明菴)에서 만나 열흘 동안 머물며 《능엄경(楞嚴經)》을 익히고 드디어 결사(結社)하기로 약속을 맺었다. 헤어질 때 나에게 대승론(大乘論)을 주어 정성스러운 마음을 전하기에 나도 시를 남겨 사례(謝禮)하였다.[39]

36 낙영산(落影山) : 충청북도 괴산군 청천면에 있는 산이다.

37 영사(瑛師) : 《두타초(頭陀草)》에 여러 차례 보인다. 이 글의 원주(原註)에 조영(祖瑛)을 말한 것으로 보아 법명(法名)이 조영인 것으로 파악될 뿐 자세히 알 수 없다. 낙영산에 있는 공림사(空林寺)에 거처했던 것으로 추정된다.

38 차천로(車天輅) : 1556~1615. 본관은 연안(延安), 자는 복원(復元), 호는 오산(五山)·귤실(橘室)·청묘거사(淸妙居士)이다. 《五山續集 卷4 行狀》

39 나도……사례(謝禮)하였다 : 이하곤의 시에 영사를 언급한 작품은 여러 수인데, 《두타초》 책1 〈영사에게 주다〔贈瑛師〕〉라는 작품이 1698년에 지어졌으므로 이 시를 가리키는 것으로 보인다.

산처럼 생긴 붉은 돌로 만든 벼루의 명 소서
山形紫石硯銘 小序

집에 오래된 벼루 하나가 있는데 색깔은 말의 간과 같고 모양은 저절로 산과 같다. 또 기이하게 생긴 나무를 얻었는데 구불구불 구부러져 엎드린 거북이가 벼루를 받치고 있는 것 같다. 명(銘)은 다음과 같다.

우뚝한 산이	巃然之山
자라 머리를 덮었네	冠乎鰲顚
큰 바닷물 받아들여	納大海水
구름과 안개를 뿜었다 삼켰다 하는 듯	噓歙雲煙
위대하다 그 공로	偉哉厥功
인문을 펼쳐내어	人文以宣
그 빛이 무지개처럼	有光如虹
위로 하늘까지 비추네	上燭于天

죽엽석 벼루의 명 소서

竹葉石硯銘 小序

돌에 대나무 잎이 뒤섞인 듯한 무늬가 있고 매우 맑고 매끄러워 먹빛을 내니 이것은 남석(藍石 남포에서 나는 돌) 중에서도 훌륭한 것이다. 내가 아껴서 죽엽석(竹葉石)이라고 이름 붙이고 다음과 같이 명(銘)을 짓는다.

충청도 남포현(藍浦縣)[40]에서 좋은 돌이 생산되는데, 그 무늬가 국화 비슷한 것도 있고 늙은 고사리 비슷한 것도 있다. 세상에서는 이것을 화죽석(花竹石)이라고 하니 이것도 그 중의 하나이다.

깨끗한 바탕은 質之瑩然者
옥처럼 강하고 剛如玉也
아롱진 무늬는 文之斑然者
댓잎처럼 빽빽하네 森如竹也
내가 보건대 이 두 물건은 吾觀二物者
너처럼 유용하지 않아도 사람마다 보배로 아끼는데 無汝之用而人皆寶惜也
하물며 너는 이런 아름다움 갖추고 況汝具斯美
홀로 외진 산속과 황량한 개울가에 버려지랴 而豈獨棄擲乎窮山之中荒溪之側也

40 남포현(藍浦縣) : 지금의 충청남도 보령시 남포면 일대로 성주산에서 생산되는 오석(烏石)으로 만든 벼루가 유명하다.

그러나 쪼고 깎은 뒤가 아니라도	然不琢不斲而後
너의 덕을 볼 수 있도다	亦可以觀汝之德也

유인 김씨[41] 애사

孺人金氏哀辭

나의 벗 수양(首陽) 오명중(吳明仲)[42]의 어진 아내 김 유인(金孺人)은 지금 학자들이 일컫는 농암(農巖) 선생의 셋째 딸이다. 안동(安東) 김씨로 고려 시대 태사(太師) 선평(宣平)[43]의 후손이며 고조부 청음공(淸陰公)[44]과 조부 문곡공(文谷公)[45]은 모두 벼슬이 의정(議政)에 이르렀고 절의와 문장으로 이름이 알려졌다.

유인은 태어나면서부터 정숙하고 현명한 자질을 지녔으므로 농암 선생께서 여러 딸 가운데서도 가장 아끼셨다. 기사년(1689, 숙종15)에 선생께서 참혹한 화를 당하자[46] 영평(永平) 백운산(白雲山)으로

41 유인(孺人) 김씨(金氏) : 1679~1700. 농암(農巖) 김창협(金昌協)의 셋째 딸로 이름은 운(雲)이다. 《農巖集 卷27 亡女吳氏婦墓誌銘 幷序》

42 오명중(吳明仲) : 오진주(吳晉周, 1680~?)로, 본관은 해주(海州), 자는 명중, 호는 무위재(無爲齋)이다. 농암 김창협의 셋째 사위이다.

43 김선평(金宣平) : 안동 지방의 호족으로서 930년(태조13)에 고려 태조 왕건(王建)이 견훤(甄萱)과 싸울 때 안동 장씨의 시조인 장길(張吉), 안동 권씨의 시조인 권행(權幸)과 함께 태조를 도와 고창군(高昌郡) 병산(甁山)에서 백제군과 싸워 크게 이겼다. 그 공으로 대광(大匡)에 임명되었으며 뒤에 벼슬이 아부(亞父)에 이르렀다.

44 청음공(淸陰公) : 김상헌(金尙憲, 1570~1652)으로, 본관은 안동(安東), 자는 숙도(叔度), 호는 청음·석실산인(石室山人), 시호는 문정(文正)이다. 좌의정을 역임하였다. 《宋子大全 卷182 石室金先生墓誌銘 幷序》

45 문곡공(文谷公) : 김수항(金壽恒, 1629~1689)으로, 본관은 안동, 자는 구지(久之), 호는 문곡, 시호는 문충(文忠)이다. 영의정을 역임하였다. 《農巖集 續集 卷上 先府君行狀》

가족들을 데리고 들어가 은거하면서 세상에 나오지 않으셨다. 여러 아우들과 글을 읽고 성리학을 공부하느라 밤낮으로 강론하고 토론하셨다. 당시에 유인은 나이가 비록 어렸으나 늘 곁에서 모시며 떠나지 않고 서론(緖論)을 가만히 듣다가 가끔씩 사람들과 이야기하면 분명하게 알고 있는 것이 많았다. 선생께서 마침내 글을 가르치며 더욱 기특하게 여기셨다. 매번 좋은 날과 아름다운 경치를 만나면 유인에게 술병을 들고 궤장(几杖)을 잡게 하고 가서 산수를 유람하며 노래하느라 돌아오지 않으셨는데, 유인 또한 흔쾌히 즐거워했으니 여자임을 잊었다.

열여섯 살에 명중(明仲)에게 시집갔는데, 명중은 학문을 좋아하고 선(善)을 즐겼으니 또한 군자다운 사람이었으므로 내외가 공경하고 화목하였다. 시어머니 황 부인(黃夫人)을 모실 적에 아침부터 밤까지 삼가고 공손하여 게을리하지 않았다. 그러나 성품이 단아하고 예를 좋아할 뿐 세속 아녀자들의 악착스러운 태도를 본받지 않았다. 그러므로 오씨 가문에서는 유인의 현숙함을 아는 사람이 드물었다.

명중에게 세 명의 형이 있었는데 모두 아들이 없었다. 황 부인(黃夫人)은 늙고 병이 많아 날마다 유인이 자식을 낳아 눈앞에서 자신을 위로해 주기를 바랐다. 올해 7월에 유인이 비로소 사내아이를 낳았는데 젖을 먹인 지 7일 만에 병에 걸려 운명하였으니 향년 22세이다.

46 기사년에……당하자 : 1689년(숙종15) 후궁 소의(昭儀) 장씨(張氏) 소생을 원자로 정호(定號)하는 문제를 계기로 서인이 축출되고 남인이 장악하게 된 기사환국(己巳換局)으로 인해 김창협의 아버지 김수항(金壽恒)이 진도(珍島)로 유배당했다가 사사된 사건을 말한다.

이보다 앞서 유인이 부모님을 뵈러 친정에 갔었는데, 죽음을 앞두고 집안사람들에게 말하기를 "제가 오씨 집안에 시집가서 조금도 시어머니를 위로하고 기쁘게 해 드린 적이 없었는데 지금 다행히 아들을 낳았습니다. 나중에 이 아이를 데리고 돌아가 우리 시어머니를 기쁘게 해드리려고 했는데 병이 끝내 이 지경에 이르렀으니 이제 그럴 수 없습니다."라고 하였다. 그 말이 서글퍼서 듣는 사람들 모두 슬퍼하였다.

아, 내가 유인의 현숙함을 안 지 오래되었다. 내가 명중과 같은 마을에 살았으므로 어려서부터 서로 어울려 이제는 거의 20년이 되었으니 세상에서 명중보다 나를 잘 아는 사람이 없고 나보다 명중을 잘 아는 사람도 없다. 뒤에 또 유인의 아우 군산(君山)[47]과 서로 매우 친해졌고 이로 인해 농암(農巖) 선생의 문하에 출입하게 되었다. 그러므로 유인이 부모와 형제를 대하는 태도와 부부 사이의 관계를 모두 들어 알았다.

유인은 뜻이 고결하고 행실이 순수하며 용모는 온화하고 마음은 엄숙하였다. 어려서부터 제부(諸父)들을 곁에서 모셔 문사(文史)에 통달하고 도리(道理)를 알았다. 《춘추좌씨전(春秋左氏傳)》과 《주자강목(朱子綱目)》을 더욱 좋아하여 고금의 치란(治亂)과 흥망(興亡), 인물의 현우(賢愚)와 출처(出處)에 대해 환히 꿰뚫어 알지 못하는 것이 없었다. 자라서는 길쌈과 여인이 하는[48] 일에 전념하여 사뭇 스스로 겸양하고 물러났으니 명중조차도 유인이 문장에 능함을 알지 못하

47 군산(君山) : 김숭겸(金崇謙, 1682~1700)으로, 본관은 안동(安東), 자는 군산, 호는 관복암(觀復菴)이다.

48 여인이 하는 : 여공(女紅)은 여공(女工)과 같은 말로 바느질·길쌈 등을 말한다. 《한서(漢書)》 권11 〈애제기(哀帝紀)〉에 "여공의 일을 해친다.〔害女紅之物〕"라고 하였는데, 주석에 "공(紅)은 또한 공(工)이다."라고 하였다.

였다.

평소에 사람이 죽어서 이름이 일컬어지지 못하는 것을 가장 걱정하여 남몰래 스스로 개탄하였다. 그러나 이미 부인이 되었기에 우뚝한 공훈을 수립하여 세상에 드러날 수 없었으므로 부귀와 권세와 이익 등 사람들이 부러워하는 것에 대하여 대수롭지 않게 여겼다. 일찍이 명중에게 말하기를 "산속에 집을 짓고 밭 몇 이랑을 산 다음에 천 권의 책을 쌓아놓고 당신을 따라 농사짓고 책을 읽으며 한가로이 천수를 누린다면 분수에 만족하겠습니다."라고 하였다. 유인이 죽자 명중이 울며 내게 말하기를 "아내는 식견이 밝고 바른 지조를 지닌 것이 대부분 이러하였네. 내가 이제는 마음을 알아주는 벗을 잃었다네."라고 하였다. 아, 유인은 어진 사람이었도다. 만일 나약하고 속 좁은 장부가 유인의 풍모에 대해 듣는다면 또한 조금이나마 부끄러워할 것이다.

명중이 유인의 뜻이 불후(不朽)한 데 있었음을 슬퍼하여 나에게 애사(哀辭)를 지어달라고 하였다. 내가 감히 사양할 수 없지만 내 글이 어찌 유인을 불후하게 할 수 있겠는가. 사(辭)는 다음과 같다.

높은 관 쓰고 넓은 띠 두른 사람 보건대　竊觀夫峩冠而博帶者兮
영예와 이익 위해 어지러이 내달리니　紛馳騖於榮利
누가 덕을 세움이 귀한 줄 알아서　孰知立德之可貴兮
천년토록 남을 명성과 영광 세울까　樹聲光於千祀
작은 여자의 몸으로　夫以渺然一女子兮
홀로 이처럼 기특한 뜻 지녔구나　獨懷抱此奇志
훌륭한 아버지의 가르침 받아　襲名父之訓誨兮
일찍부터 예를 지키고 의를 행하였으며　早佩禮而服義

옛날의 혜반[49]과 헌영[50]을 살펴　覽古之惠班與憲英兮

거슬러 올라가 동사[51]에서 벗 삼았을 뿐　聊尙友於彤史

반짝반짝 눈을 즐겁게 하는 온갖 보물도　金珠寶玉焜燿以悅眼兮

그 마음에 아름답게 여기지 않았네　非余心之所美

높은 관직에 오르고 높은 지위에 처해도 이름 일컬어지지 않는다면

登顯仕居膴位而名不稱兮

기록할 만한 한 가지 선이 있는 것만 못하네　莫如一善之可記

진실로 어진 명성이 후대까지 전해지면　苟賢聲之流遠兮

비록 뼈가 썩어도 죽지 않는 것이네　雖骨朽其不死

제때에 선을 닦기를 바랐으니　願及時而修善兮

이것으로 부군을 권면했네[52]　用以勖乎夫子

덕은 넉넉하였으나 목숨은 짧았으니　豐乎德而命則嗇兮

49 혜반(惠班) : 후한(後漢)의 반소(班昭)로 자는 혜반이다. 반표(班彪)의 딸이자 반고(班固)와 반초(班超)의 누이이다. 반고가 《한서(漢書)》를 저술하다가 끝마치지 못하고 죽자, 화제(和帝)가 반소에게 명하여 완성하게 하였다. 수차례 궁중에 들어가 황후와 귀인들을 가르쳤으므로 대가(大家)라는 칭호를 받았다. 《後漢書 卷84 列女列傳 曹世叔妻》

50 헌영(憲英) : 삼국 시대 위(魏)나라 사람으로 신비(辛毗)의 딸이자 양탐(羊耽)의 아내이다. 총명하고 식견이 뛰어났다.

51 동사(彤史) : 궁중 생활의 기록을 맡은 여관(女官)이나 또는 그 기록을 뜻하는 말인데, 여기서는 현숙한 여인들의 선행을 기록한 역사책을 가리킨다. 옛날 여사(女史)가 궁중의 정령(政令)과 후비의 일을 기록할 때 붉은 색의 동관(彤管)을 사용하였다.

52 제때에……권면했네 : 김창협의 글에 "또 매번 명중에게 제때에 힘써 공부하여 경술과 문장으로 자립할 것을 권면하며 말하기를 '죽어서 이름이 일컬어지지 않는 것을 군자가 싫어합니다.' 하였다.〔又每勸明仲及時力學, 以經術文章自立曰, 沒世而名不稱, 君子所疾也.〕"라는 내용이 보인다. 《農巖集 卷27 亡女吳氏婦墓誌銘》

부모의 마음 슬프기 그지없었네	父母之心悲不能已
옥구슬을 잡고 세 사람이 걸어갔으니	握瓊瑰而三人行兮
아 옛 꿈이 기이하였네[53]	吁昔夢之可異
밝은 행실을 기록하여 무덤 밝히니	記哲行而光幽穸兮
선생의 묘지명 있다네[54]	有先生之銘誌
천 년이 지나도록 그 아름다움 남으리니	歷千載而播芬芳兮
구천에서도 웃음 머금으리[55]	庶含笑於九地
좋은 묏자리 정했으니	卜玄宅而云吉兮
산이 우뚝하고 물도 맑게 흘러가네	巖巖之山水又淸駛
유인이 이곳에서 편안하리니	嗟孺人於斯爲安兮
혼이 오래도록 머무를 것 같네	魂髣髴而永止

53 옥구슬을……기이하였네 : 죽음을 예견하는 꿈을 꾸었다는 말로 보인다. 경괴(瓊瑰)는 옥구슬이다. 춘추 시대 노(魯)나라 사람 공손영제(公孫嬰齊)가 정(鄭)나라로 갔는데, 어느 날 밤 꿈속에서 어떤 사람이 그에게 구슬을 먹였으므로 그가 울었다. 공손영제는 꿈에서 깨어나 불길한 생각이 들어 길흉을 점쳐 보지 않았다. 그 뒤에 정나라를 치고 돌아오는 길에 그 꿈 이야기를 하였는데 그날 저녁에 죽었다는 고사가 전한다.《春秋左氏傳 成公17年》

54 밝은……있다네 : 김창협의 《농암집(農巖集)》 권27에 〈망녀오씨부묘지명(亡女吳氏婦墓誌銘)〉이 수록되어 있다.

55 천 년이……머금으리 : 아버지 김창협이 묘지명을 써서 유인 김씨의 행적이 영원히 남을 것이므로 유인이 지하에서도 기뻐할 것이라는 말이다. 김창협의 글에 "요사이에 또 명중에게 말하기를 '저는 여자입니다. 한스럽게도 세상에 공덕을 드러낼 수 없으니 차라리 일찍 죽어서 우리 아버지의 몇 줄 글을 얻어 묘석에 새기는 것이 낫습니다.' 하였다.〔間又謂明仲, 吾女子也, 恨無功德見於世, 無寧蚤死得吾父數行文, 以鐫墓石.〕" 라는 내용이 보인다.

북막으로 부임하는 최효백[56] 형을 전송하는 서문
送崔兄孝伯赴北幕序

지금 조정에 출사(出仕)한 사대부들 가운데 삼사(三司)의 요직에 있는 사람들은 주상(主上)의 위엄에 저촉될까 두려운 나머지 터럭만한 것까지도 이해(利害)를 따진다. 그 결과 우물쭈물 머뭇거리며 여인네의 행태를 흉내 낼 뿐 감히 굳센 말과 엄격한 낯빛으로 임금의 허물과 정사의 득실(得失)에 대해 지적하지 못한다. 만약 외직으로 나가 도사(都事)나 경차관(敬差官)에 보임(補任)되면 모두 시무룩해져 즐거워하지 않고 용모와 안색이 변하여 탄식 속에 시름겨워하니 친척들이 찾아와 멀리 부임해가는 수고로움과 좌천되어 떠나는 것을 위로한다. 그러니 벼슬을 맡아 책임을 다하고 임무를 받아 자신의 몸을 돌보지 않았다는 사람을 들어보지 못했다. 아, 이것이 어찌 옛날의 군자가 임금을 섬기는 도리이겠는가.

완산(完山 전주(全州)) 최효백 군은 올해 교리(校理)로 있으면서 일을 말하다가 임금에게 미움을 산 나머지 부망(副望 두 번째 인사 후보자)으로 북평사(北評事)에 임명되어 경성(鏡城)의 군막으로 부임하게 되었다. 평사의 벼슬은 예전부터 나라에서 중요시하였으므로 비록 문관들 가운데 문학(文學)과 계책에 뛰어난 사람을 뽑아 보냈으나 북병

56 최효백(崔孝伯) : 최창대(崔昌大, 1669~1720)로, 본관은 전주(全州), 자는 효백, 호는 곤륜(昆侖)이다. 이하곤과는 고종사촌 간이다. 최창대는 함경도 병마평사(咸鏡道兵馬評事)에 임명되어 1700년 8월에 하직인사를 올리고 부임하였다.《承政院日記 肅宗 26年 8月 22日》

사(北兵使)만은 한 서기(書記)에 불과하다.

유악(帷幄)[57]에서 논사(論思)하던 신하가 갑자기 하루아침에 무인의 복장을 차려 입고 활과 화살을 지닌 채 병사(兵使) 앞에 무릎 꿇고 아침저녁으로 안부를 여쭈어서 낮은 관리처럼 해야 하는데 보통 사람의 마음으로 기꺼이 가는 사람은 드물다. 하물며 경성(鏡城)은 서울과 수천 리나 떨어져 있음에랴.

그런데 최군은 얼굴에 시름겨운 기색이 드러나지 않고 개인적인 일에 대해 말하지 않았다. 차분히 사람들에게 말하기를 "내가 이미 몸을 나라에 맡겼으니 어느 겨를에 내 개인적인 사정을 돌아보겠는가. 또 내가 들으니 그곳은 산천이 크고 넓으며 관문과 고개가 험하다고 하니 두루 돌아다니며 바라보는 것 또한 장부가 해야 할 일이 아니겠는가."라고 하였다. 아, 최군 같은 사람은 어찌 지금의 사대부이겠는가.

최군이 말로 임금의 뜻을 거슬러 멀리 변방으로 떠나게 되었는데 어버이는 모두 연로하시고 다른 형제도 하나 없으며 자신도 병을 잘 앓는다. 북쪽 지방의 날씨는 모질게 춥고 음식은 입에 맞지 않으니 사람이 살 만한 곳이 아니다. 그런데도 최군은 두려워하거나 난감해하는 마음이 전혀 없이 마치 낙토(樂土)로 가는 것처럼 한다. 아, 최군은 어찌 지금의 사대부이겠는가. 이른바 벼슬을 맡게 되면 그 책임을 다하고 임무를 받으면 자신을 잊는 바로 그런 사람이 아니겠는가. 조정에서 최군과 같은 사람 수십 명을 얻어 안팎에 둔다면 어찌 나랏일에

57 유악(帷幄) : 왕이 정책을 결정하는 곳이나 대장이 작전 계획을 세우는 막부(幕府)를 모두 유악이라고 하는데, 여기서는 최창대가 교리(校理)로서 임금과 가까운 곳에 있었음을 나타내기 위해 사용한 말이다.

이롭지 않겠는가.

지금 최군이 가는 것은 조정의 불행이지만 변방 백성들에게는 다행이다. 변방의 관리들 가운데 탐욕스러운 사람은 변하여 청렴결백하게 되고 사나운 사람은 백성들을 어루만지며 보살피는 정사에 힘쓰게 되는 모습을 내가 보게 될 것이다. 또 성주(聖主)께서는 자신의 허물을 지적하는 말을 듣지 못하시고 대각(臺閣)에서는 거리낌 없이 바른 말하는 풍토가 끊어지는 상황을 내가 보게 될 것이다. 대신(大臣)들 가운데 혹시라도 나라에 충성하고 임금을 사랑하는 사람이 있다면 어찌 최군을 외직에 오랫동안 머무르게 하겠는가.

김군산[58] 숭겸 을 제사하는 글

祭金君山 崇謙 文

김군산을 장사 지내고 난 지 한 달 뒤에 그의 벗 계림(鷄林) 이하곤(李夏坤)은 비로소 제철 과일과 술과 포 등의 제물을 준비하여 제문을 잡고 다음과 같이 곡한다.

아아, 백년의 장수(長壽)를 누리고 공상(公相)의 높은 벼슬에 올랐어도 기록할 만한 작은 선행이 없어서 만물과 함께 사라져 버리는 사람들은 벌레와 무엇이 다르겠는가. 군산은 나이가 채 스무 살도 되지 못했고 지위는 수사(秀士 학식이 빼어난 선비)에 그쳤으나 살아서는 당대에 아름다운 명성이 있었고 죽어서는 그를 알던 사람이나 모르던 사람이나 눈물을 흘리고 탄식하며 그가 요절한 것을 안타깝게 여기지 않는 이가 없었다. 이와 같으니 구천(九泉)의 혼이 되었지만 불후(不朽)한 사람이라고 위로할 수 있을 것이다.

그러나 저 사람들이 군산에 대해 아는 것은 다만 그의 문장이 훌륭하고 빛나 해처럼 밝고 옥처럼 깨끗하여 천 년 만 년 전할 수 있다는 것을 보았을 뿐이다. 또 어찌 군산이 한 시대를 경영할 수 있는 재주와 천고에 드날릴 만한 뜻이 있었음을 알겠는가.

군산은 식견과 사려가 명백하고 논의가 뛰어났으며, 정직한 지조와 충의의 기질을 지녔으니 천하의 큰 절개를 세울 만하고 천하의 대사

58 김군산(金君山) : 김숭겸(金崇謙, 1682~1700)으로, 본관은 안동(安東), 자는 군산, 호는 관복암(觀復菴)이다.

(大事)를 맡을 만하였다. 이러므로 비록 누추한 오두막에 살고 관직이 없는 낮은 신분이었지만 고통에 시달리는 백성들의 삶을 탄식하고 장차 실추되려고 하는 세상의 운수를 근심하여 강개한 마음으로 눈물을 흘리며 안색과 언어의 사이에 그 속마음이 드러났다.

우리 당(黨)의 선비들 가운데 학식 있는 무리들이 바야흐로 그대의 원대(遠大)한 성취를 기대하여 모두 이르기를 "군산이 세운 사업은 탁월하고 빼어나 거의 해와 별처럼 빛나고 천지 사이에 드높을 것이다."라고 하였다. 그러니 어찌 하찮은 병에 걸려 하루아침에 갑자기 운명할 줄 알았겠는가. 하늘이 과연 이 세상에 마음이 없어서 그대를 홀연히 태어나게 했다가 갑자기 떠나가게 했을 따름이란 말인가. 아아, 애통하도다. 아아, 애통하도다.

향기로운 난초는 쉽게 떨어지고 좋은 옥은 잘 상한다. 예부터 현인과 군자들 사이에 위숙보(衛叔寶)[59]와 형돈부(邢敦夫)[60]처럼 재주는 지녔어도 수명이 짧았던 이들이 얼마나 많았던가. 그러나 그들의 명성과 광휘(光輝)가 지금도 사람들의 눈과 귀에 전하고 있으니 군산이

59 위숙보(衛叔寶) : 서진(西晉)의 명사인 위개(衛玠, 285~314)로 숙보는 그의 자이다. 어려서부터 풍신(風神)이 청수하여 주위에서 그를 옥인(玉人)이라고 불렀으며 노장(老莊) 사상에 밝고 언론이 유창하여 당시 명사(名士)들 사이에서 명망이 높았다. 위개가 27세에 요절하자 사곤(謝鯤)이 통곡하며 "동량이 꺾이니 나도 모르게 슬퍼진다.〔棟梁折矣, 不覺哀耳.〕"라고 하였다. 《晉書 卷36 衛玠列傳》

60 형돈부(邢敦夫) : 송(宋)나라 시인 형거실(邢居實, 1067~1087)로 자는 돈부(敦夫), 돈부(惇夫)이다. 어려서 신동이라고 일컬어졌고 16, 7세에 문장으로 이름을 날렸다. 소식(蘇軾)・황정견(黃庭堅) 등과 함께 망년지교(忘年之交)를 맺었는데 20세의 나이로 생을 마쳤다. 저서에 《신음집(呻吟集)》이 있었다고 하나 일실되었다. 《宋史 卷471 邢居實列傳》

운명하고 백세(百世)의 뒤에도 위숙보나 형돈부에게 그랬던 것처럼 그의 글을 외고 그의 뜻을 슬퍼하며 그의 풍류를 떠올리는 사람이 있지 않을 줄 어찌 알겠는가.

아아, 사람이 태어나고 죽는 것과 요절하고 장수하는 것은 비유하자면 꿈을 꾸고 깨는 것이 혹은 빠르고 혹은 더딘 것과 같다. 만약 후세에도 훌륭한 명성이 남아 마치 연마한 거울이 사라지지 않고 더욱 빛나는 것과 같이 된다면 비록 죽어서 아득해지더라도 진실로 슬퍼할 것이 없다. 그대의 빛나는 신기(神氣)가 아마도 초목과 함께 썩어 없어지지 않고 혹 변하여 신명(神明)과 이류(異類)가 되어 바람과 우레를 타고 이슬[61]을 마시고 조물주와 함께 가없는 세계를 유람하며 살아있는 사람들이 망녕되이 재잘거리는 것을 보며 한번 탄식하고 웃는 것을 면하지 못할 것이다. 그런데도 내가 애간장이 끊어질 듯이 하늘을 우러러 부르짖으며 그칠 줄 모르는 것은 생각건대 평생 얽힌 관계가 형제처럼 의탁하고 지기지우(知己之友)를 맺은 사이인데, 염(殮)도 직접 하지 못하고 장사(葬事)도 직접 보지 못했으니 유명(幽明)을 달리하는 사이에 그대와의 두터운 의리를 저버렸기 때문이다. 혹 문원(文苑)의 전(傳)을 엮거나 혹 유당(幽堂 묘(墓))의 지문(誌文)를 지어 나의 슬픔을 쏟아내고 나의 마음을 다할 것이다.

아아, 이 보잘것없는 음식을 차려 거친 말로 고하니 혹시 정령(精靈)이 멀리 있지 않다면 와서 이 술 잔을 받으시게. 아아, 흠향하기를 바랍니다.

61 이슬 : 항해(沆瀣)는 밤의 수기(水氣)가 엉긴 맑은 이슬로 신선이 마신다고 한다.

군산[62]이 손수 쓴 《동고록》 뒤에 쓰다

題君山手書同苦錄後

책머리에 기록된 세 사람의 성명은 죽은 벗 김군산의 글씨이다. 군산이 죽을 때 열아홉 살이었는데, 문장이 뛰어나 사람들을 놀라게 하였고 서법(書法)도 단아하고 빼어나며 힘차고 굳세었다. 아아, 타고난 재주가 이미 이와 같은데 또 그 수명(壽命)에 인색하였으니 하늘은 과연 무슨 마음이란 말인가.

군산은 생김새가 마치 그림 같았다. 술 마시기를 좋아하고 담론도 잘하여 종일토록 이야기하더라도 지겹지 않았다. 작년 칠월에 나와 함께 석실서원(石室書院)[63]에서 만났을 때 밤은 깊고 인적은 고요하였으며 달이 나오고 강물이 넘실거렸다. 군산이 목을 곧추고 큰 소리로 두자미(杜子美)의 〈동곡칠가(同谷七歌)〉와 〈추흥(秋興)〉[64] 여러 편을 외웠는데, 음조(音調)가 처량하고 장엄하여 마치 금석(金石)의 악

62 군산(君山) : 김숭겸(金崇謙, 1682~1700)으로, 본관은 안동(安東), 자는 군산, 호는 관복암(觀復菴)이다.

63 석실서원(石室書院) : 경기도 남양주시 지금동에 있는 서원으로 김상용(金尙容)과 김상헌(金尙憲)을 기리기 위하여 건립되었다.

64 두자미(杜子美)의 동곡칠가(同谷七歌)와 추흥(秋興) : 두자미는 당(唐)나라 시인 두보(杜甫, 712~770)로 자미는 그의 자이다. 〈동곡칠가〉는 《두소릉집(杜少陵集)》 권8의 〈건원중우거동곡현작가칠수(乾元中寓居同谷縣作歌七首)〉를 가리킨다. 두보가 일찍이 동곡현(同谷縣)에 우거(寓居)할 때 객지에서 고달프게 생활하며 가족들과 고향을 그리워하는 마음을 담아 지은 7수의 시이다. 〈추흥〉은 《두소릉집》 권17에 수록되어 있으며 전체 8수이다.

기를 연주하는 것 같았다. 나에게 화답을 청하고 돌아보며 말하기를 "인생 백 년 안에 이런 즐거움이 능히 몇 번이나 있겠습니까."라고 하였다.

아아, 이제는 어쩔 수 없구나. 어느 때에 다시 이런 풍류의 사람을 만나겠는가. 책을 어루만지노라니 나도 모르게 눈물이 흐른다.

경진년(1700, 숙종26) 12월 24일 아침에 무우자(無憂子)가 낙근재(樂勤齋)에서 쓴다.

어장촌에 쓰다 신사년(1701, 숙종27)

書漁莊村 辛巳

10리 사이에 뽕나무와 삼나무가 무성하고 구름과 노을이 아름다우며 맑은 시내와 고목(古木)이 마을 주위를 비추고 감싸니 사람으로 하여금 흔쾌히 이곳에 살고 싶은 마음이 들게 한다. "마음에 드는 곳이 반드시 멀리 있는 것은 아니다."[65]라고 한 옛사람의 말이 참으로 허언이 아니다.

65 마음에……아니다 : 진(晉)나라의 간문제(簡文帝)가 화림원(華林園)에 들어가 좌우를 돌아보며 "마음에 맞는 곳이 반드시 멀리 있는 것은 아니니 울창하게 우거진 이 산수에 호량과 복수 가에 와 있는 듯한 느낌이 저절로 든다.〔會心處不必在遠, 翳然林水, 便自有濠濮間想也.〕"라고 하였다.《世說新語 言語》

군산[66]의 소상 때 제사하는 글

君山小祥日祭文

예전에 그대가 나귀 타고	昔子騎驢
남산에 살던 내게 들렀을 때	過我南山
손잡고 교분 맺은 것이	握手定交
몇 마디 사이에서 이루어졌지	在片言間
겨울에 독서하며	冬月讀書
수종사에 있을 때	水鍾之寺
그대가 선생님 모시고	子侍杖屨
석실서원에서 왔었지[67]	自石室至
동대[68]에 밤이 되었는데	東臺之夜
눈 내린 뒤의 달빛이 대낮처럼 밝았지	雪月如晝
술잔을 들고 시를 읊었으니	把酒誦詩
그 즐거움 잊을 수 없네	其樂難朽
야박한 세상에	握促之世
오직 우리 두 사람이 마음 맞았지만	唯我二人

66 군산(君山) : 김숭겸(金崇謙, 1682～1700)으로, 본관은 안동(安東), 자는 군산(君山), 호는 관복암(觀復菴)이다.

67 겨울에……왔었지 : 《두타초(頭陀草)》 책1 〈자문군산지사……(自聞君山之死……)〉의 원주에 "정축년(1697, 숙종23) 겨울에 나와 백온(伯溫), 명중(明仲)이 농암(農巖) 선생을 모시고 수종사(水鍾寺)에서 글을 읽었는데 군산도 따라왔다."라고 하였다.

68 동대(東臺) : 수종사 뒤쪽에 있던 바위이다.

그러나 재주와 지취는 然其才志
나와 비교될 것이 아니었네 非我之倫
그대는 어린 나이였지만 子年方少
만 리를 달려가는 수레 같아서 縱駕萬里
문장과 훈업을 文章勳業
어렵지 않게 성취하리라 여겼으니 謂無難事
어찌 나만 그렇게 믿었겠는가 豈唯自負
많은 사람들이 실로 기대했네 衆實所冀
그런데 열아홉의 나이에 十九之年
뜻을 품은 채 저승으로 가니 齎志入地
친한 사람들 놀라 울부짖고 親愛驚呼
길 가던 사람들도 슬퍼했으며 路人含哀
하늘도 변동하여 天以變動
바람 불고 우레 쳤었지 亦有風雷
내가 남쪽으로 갈 때 余之南行
한번 웃으며 이별했는데 一笑而別
여관에서 그대를 곡하려니 哭君旅舍
마음이 찢어지는 것 같았네 我心如裂
돌아와 선생[69]을 뵈었지만 歸拜先生
슬픈 마음 위로할 방법 없었네 莫慰悲思
지나간 묵은 자취가 所往陳迹
다 눈물 되어 흐르네 皆成涕淚

69 선생(先生) : 김숭겸의 아버지이며 이하곤의 스승인 김창협(金昌協)을 가리킨다.

미수[70]가 넘실넘실 흐르고　渼水沄沄
맑은 모래와 푸른 절벽 어우러졌는데　淸沙翠壁
그대가 예전에 나에게 이르기를　子昔謂我
그 옆에 집을 짓자 했지　築室其側
연못 파고 동산 만들어　鑿沼治園
풀과 나무가 향기롭게 우거지면　卉木芬芳
봄과 가을의 아름다운 경치 속에　春秋景美
시와 술 즐기며 거닐자 했었지　詩酒倘佯
이 말 생생하여　耿耿此言
지금도 잊지 않았는데　至今無失
한 사람이 떠나가니　一人傾逝
만사가 무너졌네　萬事敗闕
외로이 남은 내 몸　孑然我躬
마치 그 반을 잘라낸 듯하네　如割其半
외로운 인간 세상에　踽踽人世
달갑지 않은 사람 많네[71]　多白眼看
문을 나서면 막막하여　出門茫然
어디로 갈지 모르겠네　莫知所之

70　미수(渼水) : 경기도 남양주시에 있는 물 이름으로 미호(渼湖)라고도 하며 김창협과 김숭겸이 거주했던 곳이다.

71　달갑지……많네 : 김숭겸이 죽고 난 뒤에 마음을 터놓고 다정하게 지낼 벗이 없다는 말이다. 진(晉)나라 때 완적(阮籍)이 반가운 사람을 만나면 청안(靑眼)을 뜨고 예속(禮俗)을 따지는 선비를 만나면 백안(白眼)을 떴다는 고사가 전한다.《晉書 卷49 阮籍列傳》

주변 사람들 나를 괴이하게 여기니　傍人怪我
집에 들어오면 탄식만 나오네　入則噓唏
모든 그대의 모습　凡君容貌
수염과 머리털 눈과 귀　鬚髮眼耳
관을 쓰고 비녀를 꽂은 옷차림　冠簪服飾
말소리와 웃음소리 기뻐하고 성내는 모습이　言笑喜怒
모두 내가 자나 깨나　皆我寤寐
눈에 보이는 듯하고 귀에 들리는 듯하니　觀聽之間
아마도 나의 이 가슴 속에　蓋此胸中
그대 군산 한 사람이 있는지라　存一君山
나와 군산은　我與君山
일찍이 떨어진 적 없다네　曾不相離
그저 이런 생각으로　聊作是念
나의 슬픔을 억누르네　以塞我悲
세월이 도도히 흘러　日月滔滔
멈추지 않으니　不有停機
지각없는 초목과　草木無知
미물에 불과한 곤충들도　昆蟲之微
저마다 기운의 변화를 따라　各隨氣化
줄었다 불어나고 무성했다 쇠잔해지는데　消息盛衰
오직 그대의 혼백만은　惟子魂魄
한번 가서 돌아오지 않아　一往無歸
소상 날이　小祥之日
어느덧 이르렀네　倏焉已臨

지금 내가 와서 곡하며	今我來哭
강가에서 속내 털어놓는데	自露江潯
즐겁게 웃는 얼굴로	嬉嬉笑容
그대는 나를 맞아주지 않고	子不我延
검은 의자와 하얀 휘장에	烏几素帷
산바람만 쓸쓸히 불고 있네	山風寂然
그대가 평소	子之平生
나의 글 가장 좋아했는데	最好余文
글을 지어 슬픈 마음 고하니	陳辭告哀
그대는 들으시는가	子其有聞
흠향하기 바랍니다	尙饗

군산[72]의 묘에 제사하는 글

祭君山墓文

신사년(1701, 숙종27) 10월 20일 계유(癸酉)는 죽은 벗 김군산의 소상(小祥)이다. 그의 벗 계림(鷄林) 이하곤(李夏坤)과 수양(首陽) 오진주(吳晉周)[73]는 삼가 술과 안주를 준비하여 글로써 그의 묘에 다음과 같이 곡한다.

아아, 남쪽으로 미수(渼水)[74]가 바라다보이고 서쪽으로 석실서원(石室書院)[75]이 바라다보이는 곳에 한 덩이 봉분, 그윽이 언덕 황폐하고 풀 시든 이곳이 그대의 무덤 아닌가. 이곳은 모두 그대와 우리들이 배를 타고 오르내렸고 술을 가지고 올라서 질탕하게 노닐던 곳인데, 하루아침에 그대의 혼백을 그 사이에 안장(安葬)하게 될 줄을 누가 알았겠는가.

아아, 미루어 알기 어려운 것이 이(理)이고 어질지 못한 것이 신(神)이로다. 어찌하여 풍부한 재주와 훌륭한 뜻을 가진 그대를 홀로

72 군산(君山) : 김숭겸(金崇謙, 1682～1700)으로, 본관은 안동(安東), 자는 군산, 호는 관복암(觀復菴)이다.

73 오진주(吳晉周) : 1680～? 본관은 해주(海州), 자는 명중(明仲), 호는 무위재(無爲齋)이다. 김창협의 셋째 사위이다. 《農巖集 卷27 亡女吳氏婦墓誌銘》

74 미수(渼水) : 경기도 남양주시에 있는 물 이름으로 미호(渼湖)라고도 하며 김창협과 김숭겸이 거주했던 곳이다.

75 석실서원(石室書院) : 경기도 남양주시 지금동에 있는 서원으로 김상용(金尚容)과 김상헌(金尚憲)을 기리기 위하여 건립되었다.

텅 빈 산과 썩은 흙에 묻히도록 하여 우리들로 하여금 차마 글을 잡고 술을 따르며 오열하면서 곡하게 한단 말인가. 그러나 그대의 정채(精彩)가 보존된 문장은 해와 별처럼 밝게 빛나네. 그러니 그대가 죽은 백세(百世)의 뒤에도 이것으로 인해 그대의 유풍(流風)과 여운(餘韻)을 찾아 감격하고 사모하는 마음에 나무꾼과 목동이 다니는 길과 여우와 토끼의 굴에서 방황하며 그대의 평생을 슬퍼하는 사람이 있을 것이네. 따라서 그대는 비록 한 시대에 굽혀졌으나 장차 만고에 펴질 것이네.

그대를 곡하는 것이 진실로 망녕됨을 알지만 세월의 무정함을 생각하고 소상(小祥)이 어느덧 지남을 슬퍼하여 외로운 무덤을 어루만지고 길게 탄식하며 슬픔의 눈물이 황천에 사무치니 그대는 아는가, 알지 못하는가. 아아, 흠향하기 바랍니다.

중부 번포공[76]을 제사하는 글 임오년(1702, 숙종28)

祭仲父樊圃公文 壬午

모년 모월 모일에 종자(從子) 하곤(夏坤)은 삼가 술과 과일의 제수를 준비하여 중부(仲父) 구관(具官)[77] 번포공(樊圃公)의 영령(英靈) 앞에 곡하며 다음과 같이 아룁니다.

아, 옛날 한퇴지(韓退之)가 말하기를 "사람이 오래도록 죽지 않고 이 세상을 구경하며 살려는 것은 어째서인가."[78]라고 하였습니다. 제가 일찍이 이 말을 세 번 반복해 읽으면서 그 뜻을 슬퍼하였습니다. 우리 조모(祖母) 윤 부인(尹夫人)[79]께서 돌아가신 뒤로 문득 8, 9년 사이에 우리 어머니[80]께서 돌아가셨고 백부(伯父)[81]께서 이어 돌아가

76 번포공(樊圃公) : 이인병(李寅炳, 1651~1702)으로, 본관은 경주(慶州), 자는 문숙(文叔)이다.

77 구관(具官) : 구위(具位)와 같은 말로 문장을 쓸 때 써야 할 관작을 생략하고 쓰는 말이다. 이인병은 병조 좌랑(兵曹佐郎), 정언(正言), 지평(持平), 참의(參議) 등을 역임하였다.

78 한퇴지(韓退之)가……어째서인가 : 한퇴지는 당(唐)나라의 문인이자 사상가인 한유(韓愈, 768~824)로, 자는 퇴지이다. 그의 글에 "내가 마흔 살도 되지 않았는데 할아버지와 아들과 손자 삼대를 곡하였으니 인간 세상에서 어떠하겠는가. 사람이 오래도록 죽지 않고 이 세상을 구경하며 살려고 하는 것은 어째서인가.〔未四十年, 而哭其祖子孫三世, 於人世何如也. 人欲久不死, 而觀居此世者何也.〕"라고 하였다. 《韓昌黎集 卷33 殿中少監馬君墓誌銘》

79 조모(祖母) 윤 부인(尹夫人) : 이하곤의 조부(祖父)는 이경억(李慶億, 1620~1673)이고, 조모 윤 부인은 윤원지(尹元之)의 딸로 본관은 해평(海平)이다. 《西溪集 卷12 左議政李公墓碑銘》

셨습니다. 제가 이에 세상을 구경하며 살아있는 것이 더욱 슬프다는 것을 알게 되었습니다.

아, 우리 아버지의 형제 세 분 가운데 오직 다행스럽게도 공께서 자녀들의 혼사(婚事)를 이미 마쳐서 집안이 그런대로 갖추어졌습니다. 시절마다 문후를 드릴 때 공과 부인께서 나란히 앉아 계시고 여러 자녀들이 상을 빙 둘러 모시고 서서 즐겁게 담소를 나누는 화기애애한 분위기를 보면서 저는 공과 부인의 모습을 즐겁게 여기고 서곤(瑞坤)[82] 등을 부럽게 여기지 않은 적이 없었습니다. 그런데 잠깐 사이에 즐겁게 여기던 것이 바뀌어 슬픔이 되고 부럽게 여기던 것이 변하여 불쌍하게 될 줄을 누가 알았겠습니까. 아, 애통합니다. 아, 애통합니다.

공께서는 평소 약주를 잘 드셨는데 4, 5년 전부터 왕성하고 굳세던 정신과 밝고 윤기 나던 안색[83]이 비로소 조금씩 줄어들었습니다. 작년에 해서(海西)에서 돌아오신 뒤로는 정신이 더욱 흐트러지고 안색이 더욱 초췌해졌으며 수염과 머리카락도 반이나 하얗게 변하였습니다. 외모(外貌)가 이와 같았으니 내장(內臟)이 어떠할지는 자연스럽게 알 수 있었습니다. 공과 친한 분들 가운데 공을 염려하는 사람들은 술 때문이라고 했고 자제(子弟)들이 공에게 간할 때 술을 줄이시라고

80 어머니 : 이하곤의 어머니는 조현기(趙顯期)의 딸로, 본관은 임천(林川)이다. 1695년에 운명하였다.

81 백부(伯父) : 이인소(李寅爊, 1637~1698)로, 본관은 경주(慶州), 자는 자명(子明), 호는 노포(老圃)이다. 《嘉梧藁略 冊17 校理贈吏曹判書李公墓誌》

82 이서곤(李瑞坤) : 1684~? 이인병의 장남으로, 자는 재휴(載休)이다.

83 밝고……안색 : 저본(底本)에는 容色之華腴而者와 같이 되어 있는데, 앞 구의 精神之旺而健者를 감안할 때 容色之華而腴者의 오류이므로 바로잡아 번역하였다.

했으며 의원(醫員)이 공을 경계할 때도 술을 언급했습니다. 공께서도 스스로 술 때문에 건강이 악화된 줄을 알았지만 끝내 끊지 못하셨습니다. 아, 가령 공께서 일찍 스스로 건강을 관리하여 약주를 줄이고 약을 복용했다면 비록 백 세의 장수를 누리지는 못하더라도 몇 년의 세월을 더 사셔서 조금이나마 여러 자식들의 마음을 위로할 수 있지 않았겠습니까. 아, 애통합니다. 아, 애통합니다.

공께서는 일찍이 병이 깊다는 이유로 벼슬에 나가는 것을 달가워하지 않으셨습니다. 저에게 구산(龜山)과 백석(白石) 근처에 약간의 농토를 구하게 하여 장차 관직을 그만두고 남쪽으로 돌아가 만년에 한가롭게 지내려는 계획을 세우셨습니다. 이것은 제가 바라던 바였습니다. 그러므로 가만히 스스로 기뻐하며 말하기를 "다행히 일찍 두 대인(大人 아버지 이인엽과 중부 이인병)을 모시고 시골집으로 돌아가 누런 관을 쓰고 짚신을 신고서 어른들을 따라 산과 바다를 방랑(放浪)하며 한(漢)나라 때의 소가(疏家) 부자(父子)[84]처럼 지낼 수 있겠구나. 비록 경상(卿相)의 높은 지위와 천금의 부유(富裕)함이 있더라도 어찌 바꿀 수 있겠는가."라고 하였습니다. 바야흐로 향인(鄕人) 아무개와 도모하여 훗날 호숫가의 오두막에서 편안히 쉬고 호숫가의 밭에서 죽을 마련할 수 있으리니 머지않아 소매를 떨치고 가려 하였습니다. 그러니 오호(五湖)의 조각배가 그대로 있는데 서문(西門)의 화수(花樹)가

84 소가(疏家) 부자(父子) : 한 선제(漢宣帝) 때의 태자 태부(太子太傅)였던 소광(疏廣)과 그의 조카 태자 소부(太子少傅) 소수(疏受)를 가리킨다. 소광이 태자 태부가 된 지 5년이 될 무렵, 관직과 명성이 높아졌는데도 떠나지 않으면 후회할 일이 생긴다며 소수와 함께 고향으로 내려간 고사가 전한다. 《漢書 卷71 疏廣傳》

이미 변하여 애달프고 가엾은 물건이 될 줄을 어찌 짐작이나 했겠습니까.[85]

아, 우리 집안의 선세(先世) 어른들은 불행하게도 모두 일찍 세상을 떠나셨습니다. 술인(術人)들이 말하기를 "우리 집안의 산소 자리는 자손들이 마땅히 귀하게 되겠지만 장수를 누리지는 못할 것이다."라고 하였는데, 이로 말미암아 보면 술인의 말이 과연 맞는 것입니까, 맞지 않는 것입니까.

옛날 선대부(先大父) 형제분[86]께서 모두 공보다 1년을 더 살고 돌아가셨고 백부님과 백종부님도 60여 세를 살고 돌아가셨습니다. 그런데 공께서는 홀로 40세가 되도록 가난한 생활 속에 베옷을 입고 나물을 먹으며 담박하게 지내다가 만년(晚年)에 과거에 급제하여[87] 벼슬길에

85 그러니……했겠습니까 : 이인병의 운명을 예상하지 못했다는 말이다. 오호(五湖)의 조각배는 춘추 시대 범려(范蠡)와 관련된 고사이다. 범려가 월왕(越王) 구천(句踐)을 도와 회계(會稽)의 치욕을 씻은 뒤 "계연의 계책이 일곱 가지인데 월나라가 그 가운데 다섯 가지를 써서 뜻을 이루었다. 이미 나라에 시행해 보았으니 내가 집에 써보리라.〔計然之策七, 越用其五而得意, 既已施於國, 吾欲用之家.〕"라고 말하고 편주(扁舟)를 타고 오호로 떠났다고 한다.《史記 卷129 貨殖列傳》 서문(西門)은 양담(羊曇)의 고사를 인용한 것이다. 양담은 동진(東晉)의 명재상 사안(謝安)의 외조카로 매우 총명하여 사안이 생전에 무척 사랑하였다. 사안이 죽은 뒤 양담은 매우 슬퍼서 사안의 무덤이 있는 서문쪽으로는 다니지 않았는데, 어느 날 술에 취하여 자신도 모르는 사이 서문으로 가게 되었다. 주위 사람들이 여기가 서문이라고 알려주자 양담은 "살아서 화려한 집에 머물더니, 죽어서는 산언덕에 돌아가네.〔生存華屋處, 零落歸山丘.〕"라는 삼국 시대 위(魏)나라 조식(曹植)의 〈공후인(箜篌引)〉을 높이 읊조리고 통곡하며 가버렸다고 한다.《晉書 卷79 謝安列傳》

86 선대부(先大父) 형제분 : 이하곤의 조부(祖父)는 이경억(李慶億, 1620~1673)이다. 이경억에게는 형 이경연(李慶衍)과 이경휘(李慶徽, 1617~1669)가 있었다.

올랐지만 명성과 직위가 선대부(先大父)보다 드러나지 못했고 수명과 건강이 또 여러 숙부님들만 못하셨습니다. 아, 이것이 비통합니다. 이것이 비통합니다.

공께서 비록 녹위(祿位)의 영예가 부족하더라도 번포(樊圃)의 한 서생(書生)으로 사시면서 얼굴이 누렇게 되고 등에 복어 무늬가 생길 때까지[88] 지금부터 수십 년 동안 저의 아버지와 함께 임천(林泉)을 거니신다면 제가 다시 무엇을 원망하겠습니까. 아, 애통합니다.

저는 이제부터 더욱 인간 세상에 마음이 없습니다. 서곤(瑞坤) 등과 함께 반계(潘溪) 가로 돌아가 몇 평의 땅에 집을 지은 다음 책을 읽고 농사를 지어서 공의 유지(遺志)를 이을 것입니다. 그렇게 하면 되겠습니까, 그렇게 하면 되겠습니까.

아, 흠향하소서.

87 만년(晩年)에 과거에 급제하여 : 이인병은 1693년(숙종19) 알성시(謁聖試)에서 장원을 차지하였다.

88 얼굴이……때까지 : 《시경》 〈행위(行葦)〉에 "노인으로 복어등을 한 분[黃耉鮐背]"이라고 하였는데, 그 주(註)에 "황구는 노인의 칭호이니 사람이 아주 늙으면 등에 복어 무늬가 있게 된다."라고 하였다. 이는 곧 장수(長壽)함을 의미한다.

극락전에 쓰다 계미년(1703, 숙종29)

書極樂殿 癸未

예전에 극락전(極樂殿)에 왔을 때 대단히 그윽하고 깨끗하여 사랑스러웠다. 게다가 노승(老僧) 태호(太浩)가 매우 정성껏 대우해 주었으므로 며칠 동안 거닐다가 갔다.

그 뒤에 6, 7년 동안 이곳에 오지 않았는데, 태호는 이미 고인(故人)이 되었고 극락전도 허물어진 지 오래되었다. 뜰에는 수북하게 풀이 우거지고 적막하게 사람의 소리도 없다. 다만 한 그루 산 살구나무만 꽃을 피워 눈처럼 찬란하였다.

내가 일찍이 꿈속에서 남해대사(南海大士 관세음보살(觀世音菩薩))를 기려 말하기를 "연꽃으로 매우 밝은 본성(本性)을 나타내고 구름으로 변화하는 몸을 비유하였네. 원컨대 수중(手中)의 감로수를 얻어 세상의 번뇌하는 사람들에게 보시(普施)했으면." 하였다. 이 내용을 왼손으로 부처님 모신 감실(龕室)의 오른쪽에 썼는데 이것마저도 없어졌으니 한참동안 서운한 마음이 들었다.

계미년 모춘(暮春)에 소금산초(小金山樵)는 공림사(空林寺)[89] 만월당(滿月堂)에서 쓴다.

89 공림사(空林寺) : 충청북도 괴산군 청천면 소재의 낙영산에 위치한 절이다. 《신증동국여지승람(新增東國輿地勝覽)》에서는 속리산에 있다고 소개하였다.

허주 이징[90]의 〈도원도〉 뒤에 쓰다 갑신년(1704, 숙종30)

題李虛舟澄桃源圖後 甲申

허주(虛舟) 이징(李澄)이 만든 도원(桃源)이 그려진 장자(障子 가리개)를 막내아우 재창(載昌)[91]이 소장하고 있다.

가파른 비탈의 성난 폭포는 영락없이 골짜기로 들어갈 때 본 모습인 것 같다. 숲의 나무가 거뭇거뭇하고 안개와 구름이 자욱한데 연묵(鉛墨)의 기운이 전혀 없다. 늙은이 서너 명은 키가 모두 1촌 쯤으로 묘사되었는데 수염과 머리카락이 자세하게 표현되었고 코와 눈이 움직이는 것 같으니 이것은 허주의 솜씨가 대단히 잘 발휘된 그림이다.

90 이징(李澄) : 1581～? 본관은 전주(全州), 자는 자함(子涵), 호는 허주(虛舟)이다. 조선 중기의 화가이다.

91 재창(載昌) : 이명곤(李明坤)으로, 본관은 경주(慶州), 자는 재창이다. 이하곤에게는 이한곤(李漢坤)과 이명곤 두 아우가 있었다.

《가설재문초》의 발문

珂雪齋文抄跋

등불 아래에서 원소수(袁少修)[92]의 글을 읽었는데 이고(二鼓 밤 10시경)에 이르러 끝마쳤다. 소수의 문장은 기교(奇巧)의 참신함은 비록 그의 형 중랑(中郎 원굉도(袁宏道)의 자(字))보다 뒤지지만 담박하고 호탕하며〔淡蕩〕 완곡하고 여유가 있는 점〔紆餘〕은 더 뛰어나다. 또한 기녀가 단장하듯 아름답게 꾸미려는 의도가 없으니 마음에 든다. 그러나 문장의 기세가 조금 나약하여 때때로 너무 답답한 곳도 있다. 중랑의 문장과 언론은 동파(東坡 소식(蘇軾)의 호(號))에게서 나왔는데, 소수의 문장도 자유(子由)[93]와 유사한 점이 있으니 참으로 대단히 기이한 일이다.

아, 동파와 중랑 같은 사람들이 형제가 절로 지기(知己)가 되어 그들의 문채(文彩)와 풍류(風流)가 고금에 빛나니 인생이 소씨와 원씨 같다면 또한 즐거울 것이다.

내가 강화도(江華島)의 내각(內閣)에서 이 책을 빌려와 직접 70여 편을 베끼고 3책(冊)으로 만들어 보관하면서 책의 끝에 이와 같이 쓴다. 가설(珂雪)은 소수의 호이다.

92 원소수(袁少修) : 명(明)나라 원중도(袁中道, 1570~1623)로, 자는 소수(小修)·소수(少修), 호는 가설재(珂雪齋)이다. 형 원종도(袁宗道)·원굉도(袁宏道)와 함께 3원(三袁)으로 일컬어지며 공안파(公安派)로 불린다.

93 자유(子由) : 소식(蘇軾)의 아우인 소철(蘇轍, 1039~1112)로, 자는 자유·동숙(同叔), 호는 난성(欒城)이다.

죽은 아들 봉석의 광명

亡兒鳳錫壙銘

봉석이 죽고 사흘 뒤에 그의 아버지 계림(鷄林) 이하곤(李夏坤)은 눈물을 흘리며 다음과 같이 말한다.

내가 어찌 차마 너의 광명(壙銘)을 쓴단 말이냐. 내가 어찌 차마 너의 광명을 쓴단 말이냐. 내 나이 스물여섯에 너를 낳았는데, 너는 태어나면서부터 특이한 자질을 지니고 있었다. 금년 갑신년(1704, 숙종30)에 너는 나이가 겨우 세 살이 되었는데, 침착하고 의젓함이 완연히 어른과도 같아서 부모가 가르치는 것을 너는 반드시 주의 깊게 들었다.

내가 일찍이 너의 행동을 기특하게 생각하여 너의 어머니에게 말했더니 너의 어머니가 말하기를 "자식을 낳아 저 아이와 같다면 비록 아들 하나라도 괜찮겠습니다."라고 하였다. 어찌 너의 부모 마음만 이와 같았겠느냐. 사람마다 모두 너를 큰 인물이 될 것이라고 하였고 날더러 이러한 아들을 두었다고 하였으니 너의 됨됨이를 알 수 있다.

5월에 너를 데리고 아버지를 따라 강화도에 왔는데,[94] 섬의 기후가 괴이하고 올여름의 혹독한 무더위는 사람이 견딜 수 있는 정도가 아니었다. 네가 체하(滯下 이질(痢疾))를 앓아 한 달여 만에 야위니 내가

94 아버지를……왔는데 : 이하곤의 아버지 이인엽(李寅燁, 1656~1710)은 1704년(숙종30) 2월 강화 유수(江華留守)에 임명되었는데, 당시 이하곤이 강화도에 따라간 사실이 《두타초(頭陀草)》 곳곳에 보인다.

매우 걱정하였다.

8월에 내가 과거시험을 보기 위해 도성에 갔다가 9월에 돌아와 너를 보니 정신과 기력, 살갗과 몸이 완전하고 생기가 넘쳐서 애당초 병을 앓지 않은 사람 같았다. 그러므로 수월하게 건강을 회복한 것을 내가 매우 기뻐하였다. 그런데 22일에 이르러 갑자기 손발을 떠는 증상〔風搐症〕을 보였는데 밤새 치료할 수가 없었다.

아, 네가 어찌 요절할 사람이겠느냐. 이것은 너의 아비가 몸에 많은 악을 쌓아 하늘에 죄를 얻었는데 하늘이 나를 죽이지 않고 도리어 그 자식을 죽여서 장차 살아남은 사람으로 하여금 끝없는 고통을 안고 살아가도록 한 것이다. 아, 어찌 견딜 수 있겠느냐.

같은 달 어느 날에 양지(陽智) 신창리(新倉里)에 있는 돌아가신 나의 어머니 묘소 옆에 묻어서 너의 혼백이 의지할 바가 있게 한다. 명(銘)은 다음과 같다.

내가 이 글을 지어	我述斯文
너의 곁에 묻어서	徇汝而藏之
오는 사람들로 하여금	庶乎使來者
나의 슬픔을 알게 한다	知我之悲

도원 장로에게 주는 서문 을유년(1705, 숙종31)

贈道原長老序 乙酉

지난 기미년(1679, 숙종5)에 농암(農巖)[95] 선생이 영평(永平)의 백운산(白雲山)[96] 아래에 집을 마련하셨다. 어느 날 소를 타고 보문암(普門菴)에 가셨는데, 당시 흡연 장로(翕然長老)가 그의 문도 수십 명과 함께 그곳에 머물고 있었다. 범패(梵唄)와 선송(禪誦) 소리가 저녁부터 새벽까지 그치지 않아 선생께서 특이하게 여기셨다.

장로와 함께 대승론(大乘論)과 팔식(八識)[97]의 여러 어려운 뜻을 논하였는데, 장로가 하나하나 정밀하게 분석해 주어 말 밖의 뜻을 초연히 이해할 수 있었다. 선생께서 이 일로 인해 왕래하다가 그를 위해 《전등록(傳燈錄)》의 앞에 글을 써주고 가셨다. 그 뒤에 선생께서는 조정에 출사(出仕)하셨다가 재앙을 만나[98] 다시 백운산으로 가서 은거하며 세상에 나오지 않으셨고 장로도 어느 산으로 갔는지 알 수 없었다.

기묘년(1699, 숙종25)에 선생께서 형님 판서공(判書公)[99]을 따라

95 농암(農巖) : 김창협(金昌協, 1651~1708)으로, 본관은 안동(安東), 자는 중화(仲和), 호는 농암·삼주(三洲)이다. 《三淵集 卷30 仲氏農巖先生墓表》

96 영평(永平)의 백운산(白雲山) : 영평은 경기도 포천 지역의 옛 이름이다. 백운산은 경기도 포천시 이동면과 강원도 화천군 사내면에 걸쳐 있는 산이다.

97 팔식(八識) : 오관(五官)과 몸을 통해 사물을 인식할 수 있는 여덟 가지 작용을 일컫는 말로 안식(眼識)·이식(耳識)·비식(鼻識)·설식(舌識)·신식(身識)·의식(意識)·말나식(末那識)·아뢰야식(阿賴耶識)을 가리킨다.

98 재앙을 만나 : 기사환국(己巳換局)으로 인해 김창협의 아버지 김수항(金壽恒)이 진도(珍島)로 유배당했다가 사사된 사건을 말한다.

강화도(江華島)에 계셨다. 매음도(煤音島)[100]에 있는 보문암(普門菴)의 석실(石室) 경치가 빼어나다는 말을 듣고 형제분이 함께 찾아가셨다. 그곳에 백발의 노승(老僧)이 가사를 입고 나와 맞이했는데, 그가 바로 20년 전에 만났던 흡연 장로(翕然長老)였으므로 서로 바라보며 한바탕 웃었다. 장로가 소장하고 있던 《전등록(傳燈錄)》을 꺼내 보여주며 말하기를 "이것이 누구의 글씨입니까. 한 문공(韓文公)이 옷을 남겨주었던 것[101]보다 이것이 더 낫지 않겠습니까."라고 하였다. 선생께서 전후로 만난 곳과 암자의 이름이 우연히 일치하는 것을 기이하게 여겨 시(詩)[102]와 소서(小序)를 지어 기록하셨다. 그 시는 다음과 같다.

99 판서공(判書公) : 김창집(金昌集, 1648~1722)으로, 본관은 안동(安東), 자는 여성(汝成), 호는 몽와(夢窩)이다. 1698년에 강화 유수(江華留守)에 임명되었다. 《貞菴集 卷11 領議政忠獻金公墓誌銘 幷序》

100 매음도(煤音島) : 강화도의 석모도와 어유정도 사이에 있던 섬으로 숙종 때 간척 사업으로 석모도 및 어유정도와 합쳐졌다. 현재의 인천광역시 강화군 상산면 매읍리 지역이다.

101 한 문공(韓文公)이……것 : 한 문공은 한유(韓愈, 768~824)로, 자는 퇴지이다. 한유가 〈논불골표(論佛骨表)〉를 올리는 등 극렬하게 불교를 배척하다가 헌종의 미움을 받아 조주 자사(潮州刺史)로 좌천되었다. 그곳 축융봉(祝融峯)에서 도를 닦고 있던 태전 선사(太顚禪師)를 만나보고는 그의 높은 도력과 인품에 매료되어 깊은 교분을 쌓았으며, 그와 작별하면서 자신의 의복을 남겨 주었던 고사가 전한다. 《韓昌黎集 卷18 與孟尙書書》

102 시(詩) : 김창협의 이 시는 《농암집(農巖集)》 권6에 〈지난 기미년에 내가 영평의 백운산 아래에 있었는데……〔曾於己未 余在永平白雲山下……〕〉라는 제목으로 수록되어 있다.

매번 소를 타고 흡공 찾아가　每憶騎牛訪翕公
밤에 백운산에서 선송 듣던 일 떠올랐지　夜聽禪誦白雲中
뜻밖에 먼 바다에서 서로 만났는데　忽驚絶海相逢得
정려의 이름 예전과 같아 더욱 괴이하네　更怪精廬舊號同
불경[103]에 글 쓴 것이 어제 같은데　貝葉題籤如昨日
손에 쥔 버들가지는 몇 번이나 봄바람 겪었나[104]　楊枝在手幾春風
죽기 전에 다시 올 수 있을지 모르겠는데　殘生未卜重來此
장로가 훗날 다시 동쪽으로 오시려는가　甁錫他時倘復東

내가 일찍이 선생을 석실서원(石室書院)[105]에서 뵈었는데, 선생께서 그때의 일을 매우 자세히 말씀해 주셨다.

지난해 10월, 내가 적석사(積石寺)[106]에서 글을 읽고 있었는데, 장로께서 바다를 건너 찾아와 나를 위해 팔식(八識)의 요지(要旨)를 설명해주고 며칠을 머물다 떠나셨다. 봄에 내가 거듭 그분의 거처에 들렀는데, 장로께서 《전등록(傳燈錄)》을 내게 주면서 말씀하기를 "나

103 불경(佛經) : 패엽(貝葉)은 옛날 인도에서 글자를 쓰는 데 사용하던 다라수(多羅樹)의 잎이다. 주로 바늘을 사용하여 불교의 경전을 많이 새겼으므로 불경의 별칭으로 사용된다.

104 손에……겪었나 : 흡연 장로(翕然長老)와 헤어진 지 많은 세월이 흘렀다는 말이다. 두보(杜甫)의 〈별찬상인(別贊上人)〉에 "버들가지 새벽에 손에 있더니, 콩알이 비에 이미 익었네.〔楊柳晨在手, 豆子雨已熟.〕"라고 하였다. 《杜詩詳註 卷8》 또 예전에는 버들가지를 꺾어 이별하는 사람에게 주던 풍습이 있었다.

105 석실서원(石室書院) : 경기도 남양주시 지금동에 있는 서원으로 김상용(金尙容)과 김상헌(金尙憲)을 기리기 위하여 건립되었다.

106 적석사(積石寺) : 인천광역시 강화군 내가면 고천리에 있는 사찰이다.

는 이제 늙어서 죽게 될 것이다. 공의 글씨를 산속의 어리석은 중들이 더럽히게 할 수 없다."라고 하셨다. 내가 그 뜻에 감격하여 마다하지 않고 받았다. 그러면서 선생의 시를 차운하여[107] 주었다. 장로는 지금 법호(法號)를 도원(道原)으로 고쳤다고 한다.

107 선생의 시를 차운하여 : 《두타초》 책2에 수록된 〈삼가 농암 선생의 시를 화운하여 흡연 장로에게 주다〔奉和農巖先生韻 贈翕然長老〕〉라는 시를 가리킨다.

보문암을 유람한 기문

遊普門菴記

을유년(1705, 숙종31) 3월 23일에 경력(經歷) 임정(林淨),[108] 종형(從兄) 재방(載方),[109] 아우 재창(載昌),[110] 재종형(再從兄) 택경(澤卿)[111]과 함께 보문암(普門菴) 석실(石室)의 멋진 경치를 찾아갔다.

서문(西門)을 나와 적석사(積石寺)[112] 아래를 경유하여 오솔길을 통해 남쪽으로 20여 리를 갔더니 안응정(安應貞) 군이 집 앞의 버드나무 그늘에 나와 기다리고 있었으므로 함께 갔다. 정포진(井浦津)의 관리가 배를 대고 기다려 주지 않았으므로 만호(萬戶)의 아헌(衙軒)에서 점심을 먹은 다음 저물녘[113]에 비로소 배를 타고 매음도(煤音島)[114]로 향했다. 바람이 불어 파도가 일렁이는데 배는 날 듯이 가고 낙조(落照)가 바다어귀에 가로로 걸쳐서 노을이 온통 붉게 물들었다.

108 임정(林淨) : 1654~1710. 본관은 나주(羅州), 자는 도충(道沖)이다. 《승정원일기》 숙종 29년 7월 16일 기사에 강화 경력(江華經歷) 임정이 하직했다는 기록이 있다.

109 재방(載方) : 이하곤의 백부(伯父) 이인소(李寅熽, 1637~1698)의 둘째 아들 이형곤(李衡坤)의 자이다.

110 재창(載昌) : 이하곤의 막내아우 이명곤(李明坤)의 자이다.

111 택경(澤卿) : 미상이다. 이 글의 끝부분에 이윤곤(李潤坤)이 등장하는 것으로 보아 택경은 이윤곤의 자로 보인다.

112 적석사(積石寺) : 인천광역시 강화군 내가면 고천리에 있는 사찰이다.

113 저물녘 : 저본에는 日脯로 되어 있으나 의미를 고려할 때 日晡의 오기로 보인다. 일포는 신시(申時) 즉 15시에서 17시를 가리킨다.

114 매음도(煤音島) : 현재의 인천광역시 강화군 상산면 매읍리 지역이다.

중류에서 돌아보니 교동(喬桐)[115]과 철곶(鐵串) 등 여러 진(鎭)의 망루(望樓)와 성가퀴가 구불구불 뻗어서 마치 수백 마리의 흰 용들이 꿈틀거리며 바닷물을 마시는 것 같았다.

초저녁에 섬에 도착하여 배에서 내린 뒤 말을 타고 7, 8리를 갔는데, 산길이 매우 험난하고 여기저기 바위가 삐져나와 열 걸음에 한 번은 넘어질 지경이었다. 다시 말에서 내려 걸어서 장항령(獐項嶺)에 올랐는데 날이 어두웠다. 고갯마루에서 내려다보니 바다 빛깔이 조금 희고 드넓게 펼쳐져 마치 천 이랑의 구름 같았다. 총총한 별들이 모두 하늘가에 드리우고 파도소리가 들려오니 이것은 평생 본 것 가운데 가장 빼어난 광경이었다. 다만 소자첨(蘇子瞻)[116]의 필력(筆力)과 원중랑(袁中郎)[117]의 재주가 없어서 글로 기록하지 못하는 것이 한스러웠다.

숲 사이에서 반딧불 무리처럼 반짝이는 빛이 보였는데, 가까워진 뒤에 보니 흡 장로(翕長老)[118]가 우리들이 온다는 소식을 듣고 승려들과 함께 횃불을 들고 마중 나온 것이었다. 나무 그늘을 통해 1리쯤 가서 절에 도착하니 밤은 이미 일고(一鼓 일경(一更)과 같음)에 이르렀다. 다급하게 이른바 석옥(石屋)의 위치를 물었더니 절의 서쪽으로

115 교동(喬桐) : 강화도의 서북쪽에 있는 섬 지역이다. 현재의 인천광역시 강화군 교동면 일대이다.

116 소자첨(蘇子瞻) : 소식(蘇軾, 1037~1101)으로, 자는 자첨·화중(和仲), 호는 동파거사(東坡居士)·설당(雪堂)이다.

117 원중랑(袁中郎) : 명(明)나라 후기의 문신(文臣)이자 문인(文人)인 원굉도(袁宏道, 1568~1610)로, 자는 중랑(中郎), 호는 석공(石公)·석산(石山)이다.

118 흡 장로(翕長老) : 《두타초(頭陀草)》에 여러 번 등장하는 인물로 흡연 장로(翕然長老)이다. 이하곤은 물론 김창협(金昌協)과도 교유가 있었다.

100보쯤 떨어진 곳에 있었으며 신통굴(神通窟)이라는 세 글자가 새겨져 있었다. 종자(從者)로 하여금 불을 들고 앞장서 들어가게 하였는데 앞쪽은 제법 둥그스름하여 마치 문 같았다. 그곳에 농암(農巖)[119] 선생의 제명(題名)이 있었다. 몇 걸음 더 들어가자 동쪽에 작은 샘이 있는데 졸졸 바위틈에서 나와 색깔이 투명하고 물맛이 매우 좋았다. 승려의 말에 따르면 샘물은 영묘한 감응이 매우 신기하게 나타난다고 한다. 또 10여 보를 가니 커다란 바위가 늘어서 있었는데 마치 궤안(几案)과 종정(鍾鼎) 같았다. 이곳으로부터 동굴이 차츰 낮아져서 정수리[120]로부터 지면까지의 거리가 4, 5척에 불과하여 손으로 그 꼭대기를 더듬을 수 있었고 몸을 구부린 뒤에야 갈 수 있었다. 옆쪽에 수십 개의 구멍이 있는데 움푹 패이고 영롱하여 마치 벌집 같기도 하고 연밥 같기도 하였다. 그 속에서 바람소리가 났는데 마치 벌레가 잎을 먹는 소리처럼 들려 기상이 음산하니 모발이 싸늘해졌다. 동쪽과 서쪽으로는 거의 100궁(弓)[121] 정도이고 남쪽과 북쪽은 그것의 두 배 쯤 되어 5백 명을 수용할 수 있다고 한다. 조금 서쪽에 18나한(羅漢)을 모신 곳이 있었다. 승려들이 벽을 만들어 문으로 드나들게 하였으니 영락없이 방 같았으며 대단히 그윽하고 깨끗하여 사랑스러웠다.

이날 밤 흡연 장로(翕然長老)의 방에서 묵었는데 등불을 환하게

119 농암(農巖) : 김창협(金昌協, 1651~1708)으로, 본관은 안동(安東), 자는 중화(仲和), 호는 농암·삼주(三洲)이다.《三淵集 卷30 仲氏農巖先生墓表》

120 정수리 : 저본에는 項으로 되어 있는데, 頂으로 수정해야 한다는 교정 내용이 있고 의미상으로도 頂이 적합하므로 수정하여 번역하였다.

121 궁(弓) : 거리의 단위로 1궁은 6척 또는 8척의 거리를 말한다.

밝히고 서로 바라보며 잠들지 않았다. 산들바람이 때때로 불어와 처마 사이의 풍경들이 쟁그랑 쟁그랑 모두 울려 사람으로 하여금 황홀하게 세상 밖에 있는 듯한 기분이 들게 하였다.

다음 날 아침 석옥(石屋)의 꼭대기에 올라가 바다를 바라다보니 마치 거울과도 같았다. 대여섯 개의 섬들이 줄지어 솟아 마치 미인의 묶은 머리 같았다. 조금 더 올라가자 바위가 있었는데 가운데 부분이 움푹 패고 끝은 뾰족하였다. 바위가 그 끝에 붙어서 그 모습이 마치 솔개의 꼬리 같았다. 승려들이 그것을 선암(船巖)이라고 불렀다. 돌길이 매우 험하여 칡넝쿨을 잡고 반 리쯤 갔는데 커다란 바위가 몇 백 척(尺)의 높이로 우뚝 솟아 있었다. 그 위를 바위가 덮고 있어서 마치 집에 처마를 드리운 것 같았으니 비바람을 피할 수 있었다. 옛날에는 치마바위〔裳巖〕라고 불렀다는데, 내가 그 이름이 전아하지 못함을 싫어하여 석문(石門)이라고 고쳤다.

놀러온 사람들의 성명을 쓰려고 했는데 바위 면이 깎은 듯하여 발을 붙일 수 없었다. 종인(從人) 몇 사람을 나란히 엎드리게 하여 그들의 어깨를 밟고 올라가 "계림(鷄林) 이하곤(李夏坤)·이명곤(李明坤)·이윤곤(李潤坤), 광릉(廣陵) 안응정(安應貞)이 을유년 3월 23일에 보문암(普門菴)에 들러 신통굴(神通窟)을 구경하고 하룻밤 묵은 뒤에 돌아간다. 종자(從者)는 김석문(金錫文), 이동석(李東晳), 지인(知印) 성갑(聖甲), 시영(時英), 효섬(孝暹), 한명(漢明), 예인(隷人) 쌍동(雙同)이다."라고 썼다. 임정(林淨) 어른과 재방(載方)은 오르내리기를 꺼려서 오지 않았으므로 이름은 쓰지 않았다. 또 다음과 같이 시 한 수를 적었다.

청량한 바위굴 안쪽은 텅 비었는데　泠泠巖窟內通虛
푸른 이끼 낀 기이한 무늬는 새의 발자국이네[122]　蒼蘚奇文鳥跡餘
우습다 벼랑의 꽃 기억할 것이니　一笑崖花須記取
정성껏 바위 쓸어서 운서[123]와 조화 이루네　殷勤掃石和雲書

마침내 흡연 장로의 방으로 돌아왔더니 승려들이 아침밥을 내왔다. 식사를 마친 뒤에 종밀(宗密)의 〈원각경서(圓覺經序)〉를 읽었다. 점심에 유화(油花) 떡을 내놓았는데 맛이 매우 좋았다. 장차 돌아가려고 커다란 홰나무 아래에서 흡연 장로와 이별하려니 대단히 아쉬웠다. 배에 올라 황청포(黃淸浦)에 정박했더니 동성(同姓)의 이수징(李壽徵) 등이 와서 술과 밥을 대접해 주었다. 저물녘에 이수징과 헤어지고 적석사(積石寺)에서 묵은 다음 이튿날 비를 맞으며 돌아왔다.

122 푸른……발자국이네 : 바위에 새겨진 글자를 읊은 것이다. 조적(鳥跡)은 창힐(蒼頡)이 새의 발자국을 보고 만들었다는 조적서(鳥跡書)를 의미한다.

123 운서(雲書) : 황제(黃帝)가 상서로운 구름을 보고 만들었다는 글자이다.

큰외삼촌 묵헌공[124]을 제사하는 글

祭伯舅默軒公文

모년 모월 모일에 생질(甥姪) 이하곤(李夏坤)은 삼가 술과 과일의 제수를 준비하여 이 글로 큰외삼촌 전관(典官) 묵헌(默軒) 조공(趙公)의 영전에 곡하며 다음과 같이 아룁니다.

아 우리 어머니는	嗚呼唯我母氏
공을 아우로 삼았습니다	以公爲弟
공은 빼어나고 걸출하였으며	公則英偉
어머니는 영리하고 지혜로우셨습니다	母氏靈慧
귀계[125]께서 어루만지고 사랑하신 것은	歸溪撫愛
공과 어머니셨으니	惟公及母
글씨와 역사와 노래와 시를	書史歌詩
함께 지도 받으셨습니다	同承指授
문장을 즐겨	翰墨爲戲

124 묵헌공(默軒公) : 조정위(趙正緯, 1659~1703)로, 본관은 임천(林川), 자는 상지(象之), 호는 일묵헌(一默軒)이다. 저서에 《일묵헌집(一默軒集)》이 있다. 이하곤의 부친 이인엽(李寅燁)은 조현기(趙顯期)의 셋째 딸과 혼인하였다. 조정위는 조현기의 장남이다. 《陶菴集 卷41 府使趙公墓誌》

125 귀계(歸溪) : 조정위의 외조부(外祖父) 김좌명(金佐明, 1616~1671)으로, 본관은 청풍(淸風), 자는 일정(一正), 호는 귀계·귀천(歸川), 시호는 충숙(忠肅)이다. 《西溪集 卷11 兵曹判書金公神道碑銘》

우열을 다투었으니	角勝較負
혹은 큰 선비가 되고	或爲儒彦
혹은 규수라 일컬어졌습니다	或稱閨秀
누님과 아우의 사이에	姊弟之間
절로 지기가 되었으니	自爲知己
맹견과 혜반[126]만	孟堅惠班
어찌 훌륭하다 하겠습니까	豈獨專美
어머니 때문에	母氏之故
저를 사랑하여	愛及小子
어리석은 저를 일깨우고	砭我愚魯
미련한 저를 깨우치셨습니다	牖我顓蒙
공은 저를 대하실 때에	公之視我
어머니께 하는 마음과 같으셨고	與伯心同
우리 어머니를 섬기는 마음으로	事吾母者
저 또한 공을 섬겼습니다	我亦事公
그런데 제가 불효한 탓에	而我不孝
하늘에 죄를 지어	獲戾于天
전몽의 해에	歲在旃蒙

126 맹견(孟堅)과 혜반(惠班) : 맹견은 후한(後漢)의 역사가 반고(班固)의 자이고 혜반(惠班)은 반고의 누이 반소(班昭)의 자이다. 반고가 《한서(漢書)》를 저술하다가 팔표(八表) 및 천문지(天文志) 등을 끝마치지 못하고 운명하자, 화제(和帝)가 반소에게 명하여 완성하게 하였다. 수차례 궁중에 들어가 황후와 귀인들을 가르쳤으므로 대가(大家)라는 칭호를 받았다. 여기서는 반고와 반소가 남매 사이이면서 문장을 잘했기 때문에 이들을 인용하여 이하곤의 어머니와 큰외삼촌이 그에 못지않다고 한 것이다.

어머니께서 돌아가셨으니[127]	母氏棄捐
양산[128]의 풀이	陽山之草
자라고 시든 지 십 년입니다	榮枯十年
제가 공을 뵐 때마다	我每造公
눈물이 줄줄 흘렀는데	涕必泫然
완연히 웃고 말씀하시는 모습이	宛宛笑言
공 또한 우리 어머니와 같았으니	公亦我母
제가 어찌 공의	余幾忘公
얼굴을 잊겠습니까	髩鬓弁首
제가 생각에 잠겨	我作思惟
어머니를 떠올려 보지만	我思母氏
들을 수도 없고 볼 수도 없어서	莫聆莫覩
음성과 얼굴이 어렴풋할 뿐이니	音容曖爾
차라리 공을 찾아가	無如拜公
얼굴을 뵙고 말씀을 듣노라면	承其色辭
어머니가 계신 듯하여	吾母在是
슬픔을 달랠 수 있는 것이 더 나았습니다	聊可塞悲
공께서 장수하여	祝公黃耉
오랫동안 제가 뵙고 의지하기를 바랐는데	永我瞻依

127 전몽(旃蒙)의……돌아가셨으니 : 이하곤의 어머니는 1695년(숙종21)에 세상을 떠났다. 전몽은 십간(十干) 중 을(乙)의 고갑자(古甲子)이다. 1695년은 을해년(乙亥年)이다.

128 양산(陽山) : 현재의 경기도 용인시와 안성시 부근으로 이하곤의 어머니 산소가 있는 곳이다.

어찌하여 하루아침에	胡爲一朝
공께서도 돌아가셨단 말입니까	公亦大歸
아 공이시여	嗚呼我公
이것이 무슨 하늘의 이치란 말입니까	此何天理
공처럼 박학다식한 사람과	以公博學
공처럼 큰 뜻을 품은 사람을	以公偉志
지금 세상에서 찾아본들	求之今世
그 누가 공과 비견되겠습니까	孰與公比
세월은 짧고	限以短期
지위도 낮아	局乎下位
끝내 꺾여서	竟以挫衂
그 능력을 다 펼치지 못하셨습니다	未究厥施
그러나 평생의 행적을	然其平生
제가 가장 자세히 기억합니다	我最詳記
굳센 마음으로 악을 바로잡아	剛腸讐惡
이익 때문에 의를 빼앗기지 않았고	利不奪義
서슬 퍼런 칼날이 눈앞에 있어도	白刃當前
평지를 밟듯이 하셨습니다	蹈若平地
조정의 간사한 신하들이	有奸在廷
임금께 아첨하여	挾媚君術
우리 임금의 법을 어지럽히는데	亂我王經
누가 감히 그 잘못을 바로잡겠습니까	孰敢規失
혹은 기아[129]를 건드려	或觸機牙
번번이 처벌을 받았으니	輒罹鋒鏑

저 용렬한 무리들이 彼庸庸輩
뒤에서는 비방하고 앞에서는 움츠렸습니다 陰誹陽縮
공께서 당시 간관으로 계시면서[130] 公時諫官
충심을 일으켜 奮其忠赤
간신들을 꾸짖고 못된 짓을 바로잡으셨는데 刺奸糾慝
음성과 낯빛을 바꾸지 않으시니 不動聲色
올곧다는 명성이 크게 드날려 直聲大揚
사람들마다 칭찬이 자자했습니다 萬口嘖嘖
두세 명의 무리가 有二三徒
서로 시끄럽게 헐뜯으며 交訌胥諑
당을 위해 죽기로 마음먹고 甘心死黨
무함하여 보복하겠다고 하니 誣曰修郄
공께서 자리를 편안히 여기지 않다가 公不安位
끝내 배척당하셨는데 竟遭斥逐
사람들의 의심은 더욱 들끓어 群疑愈騰
사특한 이를 꺾고 충직한 이를 드러냈다고 하였습니다 摧邪旌直
공께서도 이로부터 公亦自此
어지러운 세상을 싫어하여 志厭世紛
노자의 겸손함을 지킨다[131]는 말에 老氏守雌

129 기아(機牙) : 쇠뇌의 시위를 잡아당겨 화살을 올려놓는 기관으로 상대방을 해치는 것을 비유한다. 여기서는 조정의 소인들이 바른 신하를 해치려는 의도를 의미한다.

130 공께서……계시면서 : 조정위는 1702년(숙종28) 2월에 사간원 정언에 임명되었다. 《承政院日記 肅宗 28年 2月 14日》

의미가 있다고 생각하셨습니다	有味其言
연산은 우뚝하고	漣山嶻嶻
그곳의 물은 맑게 흐르는데	其水淸駛
미련 없이 돌아가	將浩然歸
그곳에서 한가롭게 지내셨습니다	婆娑于此
집을 짓고 채소를 가꾸자	築室藝圃
꽃과 약초가 잘 자랐습니다	花藥芳蕤
공을 뵈려고	陪公杖屨
제가 한번 갔었는데	我嘗一至
맑은 강물이 문 앞에 흐르고	澄江在戶
푸른 절벽이 하늘에 우뚝 솟아 있었습니다	翠壁揷天
높이 올라 노래 부르니	登高嘯歌
마음이 후련했습니다	意氣翛然
저를 보고 말씀하기를	顧余而語
좋구나 강산이여	樂哉江山
글 읽고 농사지으며	讀書耕稼
여기에서 늙으리니	終老此間
부귀와 영욕은	富貴榮辱
나에게 뜬구름과 같다 하셨습니다	於我浮雲

131 노자(老子)의 겸손함을 지킨다 : 수자(守雌)는 자신을 낮추어 겸손한 태도로 처신하는 것을 의미한다. 《노자》 제28장에 "수컷의 강함을 알고 암컷의 연약함을 지키면 천하 만물이 귀착하는 골짜기 같은 존재가 된다.〔知其雄, 守其雌, 爲天下谿.〕"라고 하였다.

서로 바라보며 한번 웃으니 相視一笑
이 말씀이 저의 생각과 같았는데 深契斯言
이제는 끝났습니다 今則已矣
모든 일이 꿈만 같아 萬事如夢
공의 말씀 떠올릴 때마다 每念公言
가슴이 아픕니다 中心則慟
공께서 돌아가시고 自公云逝
이태가 지났습니다[132] 穀燧再改
큰고모님을 곡하고 나서 哭我伯姑
슬픔이 채 가시지도 않았는데 餘哀未解
둘째 외숙께서 仲舅之歿
또 먼 변방에서 돌아가셨습니다[133] 又隔嶺海
동쪽 바라보며 놀라 울부짖으니 東望驚嘷
내장이 찢어지려 합니다 腸肺欲裂
우리 외숙들처럼 어진 분들이 仁如吾舅
모두 오십 년도 수를 누리지 못하셨으니 竝未五十

132 이태가 지났습니다 : 곡(穀)은 곡식을 이르고 수(燧)는 불씨를 취하는 나무로 모두 1년을 의미한다. 《논어》 〈양화(陽貨)〉에 "묵은 곡식이 이미 없어지고 햇곡식이 나오며 나무를 뚫어 불씨를 바꾸니 1년이면 그칠 만하다.〔舊穀既沒, 新穀既升, 鑽燧改火, 期可已矣.〕"라고 하였다.

133 둘째……돌아가셨습니다 : 이하곤의 둘째 외숙은 조정신(趙正紳)이다. 《승정원일기》 숙종 31년 9월 4일 기사에 간성 군수(杆城郡守) 조정신이 8월 24일에 사망했다고 보고하는 강원 감사(江原監司)의 서목(書目)이 수록되어 있다. 간성은 강원도 고성군 지역의 옛 이름이다.

하늘의 도는 어둡고 어두워　天道昧昧
하나하나 물을 수 없습니다　莫可窮詰
일곱 누이와 여섯 아우는[134]　七姊六弟
예전에 사람들이 부러워했는데　昔爲人羨
수십 년 사이에　數十年間
재앙이 이어졌습니다　禍故相嬗
살아남은 사람들 쓸쓸하게　餘生孑然
눈물 흘리며 마주하고 있지만　涕淚共對
아득한 구천에는　茫茫九原
모두 친하고 아끼던 분들 계시리니　盡是親愛
만일 돌아가신 분들이　若令逝者
지각이 있다면　而有所知
위로 부모님을 모시며　上侍父母
형제들이 즐거워하실 테니　兄弟懽嬉
임금 노릇하는 즐거움과　南面之樂
공이 어찌 바꾸려 하시겠습니까　公豈易斯
혹시 그렇지 않더라도　而或不然
공의 넋은　公之神魄
초목과 함께　不與草木
사그라지지 않을 것입니다　同歸銷落
별들을 마부로 삼고　星辰爲馭

134 일곱……아우는 : 조현기(趙顯期)는 김좌명(金佐明)의 딸과 혼인하여 6남 7녀를 두었다. 《陶菴集 卷41 府使趙公墓誌》

무지개를 말로 삼아	虹蜺爲騎
이슬을 마시며[135]	呼吸沆瀣
가없는 세계를 노니실 것입니다	游戲無涯
삶과 죽음을	視生與死
낮과 밤의 이치처럼 보시리니	如晝夜理
어둡침침한 속세는	瞢瞢塵世
벌레들이 사는 것과 무엇이 다르겠습니까	蟲蟻何異
장수함과 요절함을 두고	淹速脩短
부질없이 슬퍼도 하고 기뻐도 하는데	妄生悲悅
공께서 굽어보시며	公乃俯視
엄숙하게 한번 탄식하실 것입니다	儼然一咉
제가 슬피 운다면	令我嗷嗷
그 또한 부질없는 짓이라 하실 테지만	其亦妄爾
지난날을 생각하면	感念疇昔
이 슬픈 마음 어찌 그치겠습니까	情則曷已
한 잔 술과 짧은 글로	單杯隻字
아직도 제사를 돌리지 못하였으니	尙闕一酹
영연을 바라볼 때마다	每瞻靈帷
부끄러움과 후회가 더합니다	增我慚悔
대상일이 문득 다가와서	大祥奄迫

135 이슬을 마시며 : 저본(底本)에는 吭瀣로 되어 있으나 의미상 沆瀣가 옳으므로 수정하여 번역하였다. 항해는 맑은 밤이슬이다. 《한서(漢書)》 권57 〈사마상여전(司馬相如傳)〉에 "밤이슬을 마시고 아침놀을 먹는다.〔呼吸沆瀣兮餐朝霞.〕" 하였다.

궤연을 거두게 되었기에	筵几將撤
제문으로 슬픈 마음 고하니	文以告哀
말은 짧지만 뜻은 길고 깁니다	辭短意長
공께서는 저를 허물하지 마시고	公無我尤
제 술 한 잔 받으십시오	擧我一觴
흠향하소서	尙饗

이덕익[136]의 산수첩 뒤에 쓰다

題李德益山水帖後

내가 이덕익의 그림을 매우 많이 보았다. 그는 안개가 희뿌옇게 끼고 숲이 짙고 옅은 모습을 즐겨 그렸는데 필법이 엄정하여 함부로 하려는 태도가 전혀 없다. 이 화첩은 또 일종의 담담한 풍치를 지녔으니 그의 가장 뛰어난 솜씨가 발휘된 작품이라서 더욱 마음에 든다.

그림은 예전에 공주(公州)의 시골집에 보관되어 있었다. 이사회(李士晦) 군이 무너진 벽의 먼지구덩이에 묻혀 있는 것을 보고 먼지를 털어내며 탄식하였다. 다른 그림과 바꾸어 손수 이와 같이 장정하고서 맑은 창가에 햇살이 따뜻할 때마다 향을 피우고 책상을 놓은 다음 꺼내 감상하였다.

아, 사물이 드러나고 감춰지는 것은 진실로 때가 있는 것이지 공졸(工拙)과 미악(美惡)에 달려 있는 것은 아니다. 그러므로 이른바 화가의 삼매(三昧)[137]를 얻은 사람도 세상에 항상 있는 것은 아니지만 안목을 갖추고 제대로 감상하는 사람은 더욱 쉽게 얻지 못하는 것이다. 덕익은 장릉(長陵)[138] 때의 사람으로 김명국(金鳴國)[139]과 명성이 나

136 이덕익(李德益) : 조선 중기의 화가로 호는 섬강(蟾江)이다. 도화서(圖畫署)의 화원으로 1627년의 〈소현세자가례도감의궤도(昭顯世子嘉禮都監儀軌圖)〉, 1638년의 〈인조장렬후가례도감의궤도(仁祖壯烈后嘉禮都監儀軌圖)〉, 1651년의 〈현종명성후가례도감의궤도(顯宗明聖后嘉禮都監儀軌圖)〉의 제작에 참여하였다.

137 삼매(三昧) : 불교 용어로 마음을 한곳에 모아 조금도 산란하지 않게 하는 정신 작용을 말한다. 여기서는 오묘(奧妙)한 경지를 의미한다.

란하였다고 한다.

138 장릉(長陵) : 조선의 제16대 임금인 인조(仁祖)와 인열왕후(仁烈王后) 한씨(韓氏)의 능으로 여기서는 인조가 재위한 시기를 가리킨다.

139 김명국(金鳴國) : 조선 중기의 화가이다. 본관은 안산(安山), 일명은 명국(明國), 자는 천여(天汝), 호는 연담(蓮潭)・취옹(醉翁)이다. 인조 때에 도화서(圖畫署)의 화원(畫員)으로 교수를 지냈다. 《浣巖集 卷4 畫師金鳴國傳》

김씨의 어머니 남양 홍씨 묘표

金母南陽洪氏墓表

고(故) 감찰(監察) 김익(金釴)[140] 공의 소실(小室) 홍씨(洪氏)가 운명하자 청안(淸安)의 반계(磻溪)에 장사 지냈다. 49년이 지난 뒤에 그의 아들 전(前) 현감 응운(應運)[141]이 무덤에 비갈(碑碣)을 세우려고 어느 날 나에게 찾아와 묘에 기록할 글을 청하였다. 그가 울면서 다음과 같이 말하였다.

"우리 어머니는 본관이 남양(南陽)으로 청도 군수(淸道郡守)를 지내고 예조 판서(禮曹判書)에 증직된 순각(純慤)[142]의 손녀이며 통정대부 이건(頤建)의 딸입니다. 만력(萬曆) 정미년(1607, 선조40)에 태어나 열아홉 살에 저의 선친께 시집와서 정유년(1657, 효종8)에 운명하셨으니 향년 51세입니다. 3남 1녀를 낳으셨으니 장남은 경운(慶運), 차남은 창운(昌運), 셋째는 바로 저 응운이며 딸은 현감 손유(孫愈)[143]에게 시집갔습니다.

140 김익(金釴) : 1591~? 본관은 나주(羅州), 자는 여중(汝重)이다. 1645년(인조23)에 감찰(監察)에 임명되었다. 《承政院日記 仁祖 23年 4月 25日》 저본(底本)에는 釴이 鉽로 되어 있으나 《사마방목(司馬榜目)》을 참고하여 수정하였다.

141 김응운(金應運) : 1647~? 본관은 나주, 자는 성서(聖瑞)이다. 1681년(숙종7) 7월에 정의 현감(旌義縣監), 1697년 7월에 진해 현감(鎭海縣監)에 임명되었다.

142 홍순각(洪純慤) : 1551~? 본관은 남양(南陽), 자는 근초(謹初), 호는 쌍백당(雙栢堂)이다.

143 손유(孫愈) : 1635~? 본관은 구례(求禮), 자는 계진(季進)이다.

아, 어머니가 돌아가실 때에 저는 나이가 어렸기 때문에 얼굴도 가물가물할 뿐 기억나지 않는데 하물며 평소의 말씀이나 행실을 기억하겠습니까. 적모(嫡母) 한씨(韓氏)의 조카 상기(相夔) 형제를 따라다니며 어울리게 되었는데, 일찍이 저를 위해 말하기를 '건주(建州)[144] 오랑캐의 난에 함께 오랑캐를 피해 남쪽으로 갔는데 당시 가속(家屬)이 거의 80명이었다. 어머니는 해 뜨면 나가서 쌀을 빌어다가 돌아와서 밥을 지어 먹였는데 매우 주밀하면서도 고르게 하셨다. 자신은 비록 배불리 먹지 못하더라도 차마 하인들을 굶주리게 하지는 않으셨다. 그러므로 함께 피난한 사람들 모두 탄식하며 기이하게 생각하였다.'라고 하였습니다. 이러한 사실은 한씨가 당시에 직접 보았다고 합니다.

후적모(後嫡母) 숙인(淑人) 이씨(李氏)도 일찍이 저의 어머니를 칭찬하여 말씀하기를 '너의 어머니는 나를 잘 섬겨 함께 지낸 15년 동안 조금도 낯빛을 붉힌 적이 없었다. 또 매우 난처한 집안일을 네 어머니가 정성으로 다른 사람을 감동시켜 끝내 걱정거리가 없게 하였다. 네 어머니가 공손하고 유순하며 슬기로워 이와 같은 일이 많았다.'라고 하셨습니다.

아, 이 몇 가지 일에서 우리 어머니를 알 수 있습니다. 우리 어머니처럼 어진 분이 끝내 그 행적이 묻혀 알려지지 못한다면 어찌 저의 죄가 아니겠습니까. 이러므로 원컨대 그대의 한 마디 말을 얻어 영원히 전해지도록 하려고 합니다."

144 건주(建州) : 만주 여진족의 근거지이다. 건주좌위에서 나온 누르하치가 각 부족을 통일하여 대금국(大金國)을 세웠고 이를 후금(後金)이라 하였다. 후금은 청(淸)나라의 전신이다.

내가 일찍이 청주(淸州)를 오갔는데, 그 고을 사람들이 김씨 집안이 번창한 것을 칭송하면서 반드시 "이는 현명한 어머니에 대한 보답이다."라고 하였다. 한군(韓君)과 숙인(淑人) 이씨(李氏)가 칭찬한 것을 듣고 보니 그 어짊을 더욱 믿을 수 있다.

아, 홍씨는 외진 시골의 한 여인으로서 본래 시례(詩禮)의 가르침[145]이나 스승의 훈계를 받은 적이 없다. 그런데도 공손한 자세로 윗사람을 섬기고 은혜로운 마음으로 아랫사람을 어루만지며 정성으로 일을 처리하여 집안을 화목하게 하고 인척과 고을 사람들에게 알려졌으니 그 덕성(德性)이 대개 남들보다 뛰어난 점이 있었던 것이다. 비록 후세에 전한다 해도 어찌 부끄럽겠는가. 내가 이에 사양하지 못하고 마침내 그 말을 정리해 기록하여 돌려준다.

145 시례(詩禮)의 가르침 : 시와 예절에 관한 가르침이라는 말인데, 일반적으로 부모가 자식을 가르치는 가정교육을 의미한다.

비해당[146] 진적 발문

匪懈堂眞蹟跋

비해당의 글씨는 마땅히 우리나라의 으뜸이다. 점과 획에 앞서 새롭고 기이한 생각을 담고 보통의 방법 밖에서 법도(法度)를 갖추어 통창(通敞)하면서도 유려(流麗)하여 필묵(筆墨)이 날아 춤추는 듯하다. 마치 삼하(三河)[147]의 걸출한 소년이 비단바지에 준마(駿馬)를 타고 의기(意氣) 양양하게 가는 모습 같고 토원(兎園) 늙은 서생(書生)[148]의 진부함이 전혀 없으니 이런 점이 마음에 든다.

청안(淸安) 한필상(韓必相)의 집에서 소장하고 있는 네 장의 작품은 당인(唐人)의 절구(絶句)를 쓴 것인데, 그 필법이 더욱 빼어나고 아름다워 사랑스럽다. 내가 변량(卞良)[149]의 호랑이 그림을 주고 그

146 비해당(匪懈堂) : 안평대군(安平大君) 이용(李瑢, 1418~1453)으로 세종의 셋째 아들이다. 자는 청지(淸之), 호는 비해당·낭간거사(琅玕居士)·매죽헌(梅竹軒)이다. 어려서부터 학문을 좋아하고 시(詩)·서(書)·화(畫)에 모두 능하여 삼절(三絶)로 일컬어졌다.

147 삼하(三河) : 중국의 중앙이라 불리는 낙양(洛陽) 황하(黃河)의 남북 지역으로 당요(唐堯)의 도읍지 하동(河東)과 은(殷)나라 도읍지 하내(河內)와 주(周)나라 도읍지 하남(河南)을 가리킨다.

148 토원(兎園) 늙은 서생(書生) : 비리(卑俚)한 문자(文字)밖에 알지 못하는 사람을 의미한다. 토원은 양 효왕(梁孝王)의 동원(東苑)이다. 노학구(老學究)는 늙은 서생을 의미한다. 효왕의 사후에 경제(景帝)가 백성에게 토원을 경작하게 하였는데, 토원의 조(租)를 기록한 부서(簿書)가 다 이어(俚語)였다. 이로 인해 저속한 글을 토원책(兎園冊)이라고 한다. 《新五代史 卷55 劉嶽列傳》

149 변량(卞良) : 조선 후기 도화서 화원이다. 1711년 윤증(尹拯)의 초상화를 처음

가운데 두 장의 작품을 얻었다. 매일 손을 닦고 향을 피운 다음 꺼내어 감상하니 영락없이 가난뱅이가 해외의 기이한 보물을 얻은 모습과 비슷하다. 자손에게 천금을 준다고 해도 다른 사람에게 이 작품을 주지 말라고 부탁하고 싶으니 이것은 또한 우군(右軍)이 석실(石室)에 보관하게 한 뜻[150]과 같은 것이다. 운정(雲亭)[151]에 훗날 아마도 만 길의 무지갯빛이 규벽(奎壁)[152] 사이에서 빛날 것이다.

임호(臨湖) 홍공(洪公)[153]은 서화(書畫)를 잘 감별한다. 후에 이 작품을 보고 말하기를 "비해당의 글씨가 아니라 송이암(宋頤菴)[154]의

그렸던 사람으로 알려져 있다.

150 우군(右軍)이……뜻 : 우군은 진(晉)나라의 명필 왕희지(王羲之, 307~365)로 자는 일소(逸少)이다. 원제(元帝) 때 우군장군(右軍將軍)을 지냈으므로 왕우군(王右軍)으로 불린다. 왕희지의 〈제필진도후(題筆陣圖後)〉에 "석실에 보관해 두고 천금을 준다고 해도 제대로 된 사람이 아니면 전수하지 말라.〔可藏之石室, 千金勿傳非其人也.〕"라는 내용이 보인다.《裨編 卷78》

151 운정(雲亭) :《두타초(頭陀草)》 책4 〈초평이십오영(草坪二十五詠)〉에 열운정(悅雲亭)이 있는 것으로 보아 이하곤의 고향에 있던 이 정자를 가리키는 듯하다.

152 규벽(奎壁) : 28수(宿) 가운데 규성(奎星)과 벽성(壁星)을 가리키는데, 이 두 별은 모두 문운(文運)을 관장한다.

153 임호(臨湖) 홍공(洪公) : 홍만적(洪萬迪)으로, 본관은 풍산(豐山), 자는 사길(士吉), 호는 임호이다. 이하곤의 조부인 이경억(李慶億)의 막내사위이다.《西溪集 卷12 左議政李公墓碑銘》

154 송이암(宋頤菴) : 송인(宋寅, 1517~1584)으로, 본관은 여산(礪山), 자는 명중(明仲), 호는 이암이다. 10세에 중종의 셋째 서녀인 정순옹주(貞順翁主)와 혼인하여 여성위(礪城尉)가 되고 명종 때 여성군(礪城君)에 봉해졌다. 글과 글씨에 능하여 산릉(山陵)의 지(誌)와 궁전의 액(額)으로부터 사대부의 비갈(碑碣)에 이르기까지 많은 글과 글씨를 남겼다. 그는 특히 오흥(吳興)의 필법을 받아 해서를 잘 썼다고 한다.《頤菴遺稿 卷10 附錄1 諡狀》

글씨인 것 같고 가장 잘 쓴 작품이다."라고 하였다.

내가 홍공이 말한 내용으로 한군에게 물었더니 한군이 말하기를 "집에서 이 작품을 소장해 온 지 이미 칠대(七代)가 지났습니다. 선대로부터 비해당의 글씨라고 전해 들었고 본래 여덟 장의 작품이었는데 그 가운데 넉 장을 귀댁에서 가져가셨습니다. 그 중 한 장에는 아랫부분에 '매죽헌이 쓰다.〔梅竹軒書〕'라는 네 글자가 있습니다. 이것으로 본다면 비해당의 글씨라는 점은 의심할 것이 없습니다."라고 하였다. 이 내용을 함께 기록하여 박식하고 고아한 군자를 기다린다.

죽은 딸 봉혜의 광지
亡女鳳惠壙誌

죽은 딸 봉혜는 경진년(1700, 숙종26) 2월 17일에 태어나 을유년(1705, 숙종31) 10월 그믐날에 운명하였으니 나이가 겨우 여섯 살이다. 아버지는 계림(鷄林) 이하곤(李夏坤)이고 어머니는 은진 송씨(恩津宋氏)이며 할아버지 회와공(晦窩公) 휘 모(某)[155]는 지금 이조 판서(吏曹判書)이다.

딸아이는 나면서부터 매우 슬기로웠다. 처음 말을 배울 때 벽에 걸린 임량(林良)[156]의 학 그림을 보더니 학을 부르는 소리를 내며 그림을 향해 소리쳤다. 내가 그 모습을 보고 한바탕 웃으며 다른 아이들보다 똘똘한 것을 기뻐하였다.

조금 자라서는 용모가 단정하고 예뻤으며 성품이 효성스럽고 우애가 있으며 온순하였으므로 회와공께서 더욱 기특하게 여기고 사랑하셨다. 항상 말씀하기를 "이 아이가 사내가 아니라서 한스럽다."라고 하셨다. 늘 무릎에 앉히고 관심을 기울여 어루만지며 돌보셨고 딸아이도 성심을 다해 섬겼다. 혹 몇 개월 동안 떨어져 만나지 못하면 더욱

155 회와공(晦窩公) 휘 모(某) : 이하곤의 부친 이인엽(李寅燁, 1656~1710)으로, 자는 계장(季章), 호는 회와이다. 《승정원일기》 숙종 31년 11월 19일 기사에 이인엽을 이조 판서(吏曹判書)에 임명한 기록이 보인다.

156 임량(林良) : 명(明)나라 중기의 화가로 자는 이선(以善)이고 광동(廣東) 남해(南海) 사람이다. 경태(景泰)에서 성화(成化) 연간에 걸쳐 활동하였다. 안종(顔宗)과 하인선(何寅善)에게 그림을 배웠고 화조화(花鳥畫)에 능했다.

간절히 그리워하였다. 신선한 과일이나 야채, 해산물 등을 보면 제 어머니에게 말하기를 "이거 맛있네요. 할아버지께 드려야겠어요."라고 하였다. 어머니가 그 마음을 떠보고자 농담으로 묻기를 "할아버지께서는 너를 생각하지 않으시는데 너는 어찌 홀로 할아버지를 생각하느냐?"라고 하자, 대답하기를 "저는 할아버지의 수염과 머리카락이 이미 듬성듬성 하얗게 세서 가엾습니다."라고 하였다. 이 말을 들은 사람들이 감탄하며 기특하게 여겼다.

아우 봉석(鳳錫)[157]과 서로 아끼는 마음이 매우 돈독하여 음식을 먹을 때나 생활할 때 잠시도 떨어지지 않았는데, 봉석이 죽자 슬퍼하는 마음이 그지없었다. 매번 비바람이 불고 캄캄해지면 문득 시무룩한 표정으로 한숨을 쉬며 "아아, 나의 동생이 텅 빈 산에 홀로 버려졌으니 무섭지 않을까."라고 하였다.

어머니가 눈물 흘리는 것을 보면 다정한 말로 위로하고 또 어머니를 위해 재롱을 피워 그 마음이 즐거워지기를 바랐다. 혹 지나치게 슬퍼하면 문득 다시 겁을 주며 말하기를 "어머니께서 제 말을 듣지 않으시면 저도 죽을 거예요."라고 하였다. 내가 진실로 그 뜻을 비통하게 여기면서도 그 말이 상서롭지 못함을 괴이하게 생각했는데 아아, 과연 죽고 말았다.

을유년(1705, 숙종31) 겨울에 내가 가족을 모두 데리고 남쪽 금계(金溪)[158]의 옛 집으로 돌아왔다. 딸아이가 길에서 몹시 여독에 시달렸

157 이봉석(李鳳錫) : 1702~1704. 이하곤이 26세에 낳은 아들인데 세 살 때 요절하였다.《頭陀草 冊12 亡兒鳳錫壙銘》

158 금계(金溪) :《두타초(頭陀草)》 책1에 〈침우담은 진천현 남쪽 10여 리 쯤에 있

고 바람과 추위를 만나 천연두를 앓은 지 8일 만에 병이 더욱 심해졌다. 이경(二更) 즈음에 등불 아래에서 보니 숨소리가 헉헉거리며 매우 빨라졌다. 딸아이의 얼굴을 끌어안고 이름을 부르며 "네가 어찌 이러느냐."라고 하였지만 딸아이는 이미 말을 하지 못했다. 다만 눈을 깜빡이며 한번 바라보더니 오열하며 슬피 울 뿐이었다. 아아, 위독하여 숨이 넘어가려는 즈음에도 오히려 부모를 돌아보며 연연해하는 마음으로 차마 영결하지 못하니 더욱 애통할 뿐이었다.

처음 죽었을 때 세속에서 꺼리는 풍습 때문에 장사 지내지 못하였다. 병술년(1706, 숙종32) 3월 한식(寒食) 날에 관속 이불을 바꿔 양지(陽智)[159]에 있는 나의 어머니의 무덤 서쪽에 묻으면서 나의 애통하고 괴로운 마음을 대략 서술하여 사기그릇에 써서 광에 넣는다. 아, 두 해 사이에 이미 아들을 곡하고 또 딸아이를 잃었으니, 하늘은 어찌 나를 이 지경에 이르게 한단 말인가.

다.……금계와 석탄의 물이 대 아래에 합쳐져서 큰 못을 이루는데……〔沈牛潭在鎭川縣南十餘里……金溪石灘之水 合流滙于臺下 成巨潭……〕〉라고 하였으므로 이하곤의 고향에 있는 물 이름임을 알 수 있다.

159 양지(陽智) : 현재의 경기도 용인시의 옛 이름으로 이하곤의 어머니 묘소가 양지 신창리에 있었다.

봉혜를 곡하는 글
哭鳳惠文

세차(歲次) 병술년(1706, 숙종32) 2월 상사일(上巳日)은 죽은 딸 봉혜를 장사 지내고 하루가 지난 날이다. 그의 아버지가 간소하게 떡과 과일 등의 제수(祭需)를 마련하고 이 글로 묘소에 곡하며 다음과 같이 말한다.

아, 내 나이 스무 살이 지나도록 자식을 얻지 못했다. 너의 어머니도 몸이 약해 병을 자주 앓았으므로 항상 두려워하며 오직 대를 이을 것만을 걱정하였다. 경진년(1700, 숙종26) 봄에 네가 비로소 태어났다. 너의 어머니가 너를 가졌을 때 꿈에 오색(五色)의 새가 길게 울고 갔으므로 나의 아버지께서 드디어 너의 이름을 봉혜라고 지으셨다.

너는 나면서부터 용모가 풍성하고 고왔으며 정채가 빼어나고 기운이 완전하였으므로 내가 매우 기쁜 나머지 딸을 낳았다는 한스러움도 알지 못하였다. 너의 외증조부 월당공(月堂公)[160]께서 내게 편지를 보내 말씀하기를 "자네가 아들을 바라다가 딸을 낳았는데 어찌 이처럼 기뻐하는가?"라고 하셨다. 내가 도시상(陶柴桑)의 "연약한 딸이 비록 사내아이는 아니지만 마음을 달래주니 진실로 없는 것보다 낫다네."[161]

160 외증조부 월당공(月堂公) : 이하곤의 부인 은진 송씨(恩津宋氏)는 옥오재(玉吾齋) 송상기(宋相琦)의 딸이다. 따라서 여기서 봉혜의 외증조부는 송상기의 부친인 제월당(霽月堂) 송규렴(宋奎濂, 1630~1709)을 가리킨다.

161 도시상(陶柴桑)의……낫다네 : 도시상은 도잠(陶潛)을 가리킨다. 도잠이 시상현(柴桑縣) 사람이기 때문에 이렇게 부른다. 이하곤이 인용한 말은 《도연명집(陶淵明

라는 말을 들어서 답장을 드렸다.

다시 2년이 지난 임오년(1702, 숙종28)에 너의 아우 봉석(鳳錫)이 태어났다. 그해 겨울에 너의 어머니가 데리고 회천(懷川)[162] 친정에 가서 어버이를 뵈었다. 계미년(1703) 봄에 비로소 금계(金溪)[163]의 병사(丙舍)에서 단란히 모여 살게 되었는데, 봉석은 이미 책상을 잡고 일어설 줄 알았고 의기가 높았으며 너의 말과 행동은 더욱 어여뻐 사랑스러웠다. 나와 네 어머니가 아침저녁으로 너희들의 재롱을 보면서 마치 두 구슬이 앞에 있는 것처럼 여겼다. 너의 어머니가 매번 말하기를 "봉혜와 같은 딸이 있고 봉석이와 같은 아들이 있으니 저는 남부러울 것이 없습니다."라고 하였다.

얼마 뒤에 나의 아버지께서 관직을 그만두고 남쪽으로 돌아오셨고 너의 막내 숙부[164]가 영동으로부터 인석(麟錫)이를 데리고 왔으며 나의 백모(伯母)와 중모(仲母)의 집안도 도성으로부터 오셔서 한 고을 안에 함께 살게 되었다. 만일 김(金) 누이와 송(宋) 누이와 윤(尹) 누이[165]가 모두 모이면 달 밝은 밤과 꽃이 만발한 아침에 혹은 산에

集)》 권2 〈화유시상(和劉柴桑)〉에 보인다.

162 회천(懷川) : 현재의 대전광역시 대덕구 회덕동에 있는 물 이름으로 이하곤의 장인 송상기가 회덕에 거주하였다.

163 금계(金溪) : 이하곤이 거주했던 충청북도 진천군에 있는 물 이름이다. 320쪽 각주158 참조.

164 막내 숙부 : 이하곤의 막내아우 이명곤(李明坤)이다.

165 김(金) 누이와……윤(尹) 누이 : 이하곤의 백부(伯父) 이인소(李寅爐)는 3남 1녀를 두어 딸이 윤현교(尹顯教)에게 시집갔고 중부(仲父) 이인병(李寅炳)은 2남 2녀를 두어 딸들이 김문택(金文澤)과 송필환(宋必煥)에게 시집갔다. 따라서 여기서 언급한 세 사람은 김문택, 송필환, 윤현교에게 시집간 이하곤의 사촌누이들을 가리키는 것으로

올라가기도 하고 혹은 물가에 가기도 하였으며, 혹은 평대(平臺)를 거닐기도 하고 혹은 작은 배를 저어 가기도 했다. 혹은 투호(投壺)와 박혁(博奕)을 즐기고 혹은 술을 마시며 노래하고 웃었다. 그럴 때면 너희 남매도 옷자락을 잡아당기고 띠를 끌면서 함께 가서 소리치고 뛰어다니며 항상 그 사이에 있었다. 너의 종숙(從叔)과 종고모(從姑母)들이 너희들을 아끼고 너희들을 기특해하고 너희들에게 감탄하며 우리 부부가 훌륭한 자식을 두었다고 하였으며, 우리 부부도 너희 남매를 늦게 두었다고 한스럽게 생각하지 않았다. 그저 장성하여 시집가고 장가들기만을 날마다 기대하였다.

이듬해 갑신년(1704, 숙종30)에 나의 아버지께서 강화 유수(江華留守)에 임명되시자 나와 너희들이 모두 따라 갔다. 가을에 봉석이가 갑자기 풍휵(風搐)[166]을 앓아 죽으니 나와 너의 어머니의 참담한 아픔과 슬픔은 진실로 말할 수가 없었다. 그런데 너는 더욱 슬퍼하여 매번 말하기를 "아, 봉석아. 네가 어찌 부모의 사랑을 저버리고 죽었단 말이냐. 너는 어찌 홀로 겁도 없이 빈 산에 묻힐 수가 있단 말이냐."라고 하였다. 그 말이 처절하여 차마 들을 수가 없었다. 너는 또 지나치게 슬퍼하는 나와 네 어머니를 염려하여 다정한 말로 위로도 하고 재롱을 부려서 부모가 한 번 웃기를 바랐다. 나와 네 어머니의 마음이 비록 죽은 아이를 차마 잊을 수 없었지만 그래도 네가 앞에서 정성을 다하고 효성을 다하였으므로 비통한 마음을 조금이나마 위로받을 수 있었다. 그런데 하루아침에 네가 또 부모를 버리고 영원히 떠날 줄을 어찌

보인다.

166 풍휵(風搐) : 손발을 떨며 버둥거리는 병이다.

생각이나 했겠느냐.

아, 예전에 네가 봉석을 원망하던 말로 내가 장차 너를 원망할 것이고 예전에 네가 봉석이를 애도하던 말로 내가 또 너를 애도할 것이다. 너는 아느냐, 알지 못하느냐. 아, 슬프다. 아, 슬프다.

내가 많은 아이들을 보았지만 너처럼 총명하고 지혜로운 아이를 보지 못했으며 너처럼 효성스럽고 우애 있는 아이를 보지 못했다. 어린 아이들 가운데 누군들 놀이와 장난을 일삼지 않으랴만 너는 그렇지 않았다. 서너 살 때부터 길쌈과 바느질을 좋아하였고 밥 짓고 음식 차리는 것을 일삼았으며 자물쇠와 세간살이를 관리하고 담당하였다. 그러므로 너의 어머니가 말하기를 "봉혜가 이미 저의 일을 덜어주고 있습니다."라고 하였다.

일을 처리하고 사람을 대하는 즈음에 이르러서는 완연히 성인의 모습이 있어서 말은 반드시 정성스럽게 하였고 나누어 줄 때는 반드시 고르게 하였다. 이러므로 귀한 사람에게서나 천한 사람에게서나 모두 환심을 얻었다. 살아서는 사람들이 모두 아꼈고 죽어서는 사람들이 모두 불쌍히 여겼으니 내가 이를 통해 너의 총명하고 지혜로움이 남들보다 뛰어남을 알겠다.

또 나는 너를 몹시 사랑하였다. 내가 가르치는 것을 너는 반드시 공경히 믿고 곡진히 따라서 조금도 나의 뜻을 거스르지 않았다. 간혹 잠시 나의 품을 떠나면 너는 문득 얼굴에 근심을 드러내며 말하기를 "아버지는 어찌 저를 잊을 수 있습니까. 어찌 여러 날 밖에서 주무십니까."라고 하였다. 내가 만약 너를 따라 안에서 지내면 너는 좋아서 펄쩍펄쩍 뛰기를 그치지 않았다.

너의 어머니가 항상 가슴 통증을 앓아 밤새 신음하면 네가 옆에서

끌어안고 울었다. 사람들이 너를 떼어놓으려고 해도 너는 끝내 떨어지지 않았는데, 당시 너는 아직 돌도 되지 않았었다.

너의 어머니는 봉석이가 죽은 뒤로 늘 빨리 죽기만을 바랐다. 네가 그 말을 들으면 근심스러운 얼굴로 말하기를 "어머니 죽지 마세요. 저를 어머니 없는 아이로 만들지 마세요."라고 하였다. 너의 어머니가 너의 뜻을 슬퍼하며 네가 한 말을 여러 번 나에게 말해 주었다. 또 늙은 여종에게서 나의 어머니께서 나를 기르시던 때의 일을 듣고 마음으로 매우 감동하여 너 혼자 사당에 들어가 뵈었었다.

네가 할아버지를 섬기는 정성과 사랑은 선천적으로 타고난 것이었다. 너의 할아버지께서 혹 시골집에 가서 여러 달 동안 돌아오지 않으시면 너의 그리워하는 마음이 매우 간절하였다. 신선한 채소와 과일, 또는 생선이나 조개를 보면 너의 어머니에게 말하기를 "이것들은 맛이 좋은데 어찌하면 할아버지께서 맛보시도록 할 수 있을까요?"라고 하였다. 너의 어미가 농담 삼아 물으면[167] 네가 또 말하기를 "저는 할아버지의 수염과 머리카락이 이미 하얗게 세서 걱정입니다."라고 하였다. 그 말을 듣는 사람마다 너를 기특하게 생각하였다.

너와 봉석이는 우애(友愛)가 대단히 돈독하였다. 살아서는 잠시도 떨어지려고 하지 않았고 봉석이가 죽자 매우 슬퍼하여 시간이 지나도 그 슬픔이 줄어들지 않았다. 종형제(從兄弟)가 한 방에서 지냈는데 너는 또 그들을 형제처럼 대하였다. 내가 이를 통해 너의 효성과 우애

167 너의……물으면 : 《두타초(頭陀草)》 책12 〈망녀봉혜광지(亡女鳳惠壙誌)〉에는 "할아버지께서는 너를 생각하지 않으시는데 너는 어찌 홀로 할아버지를 생각하느냐.〔大爺不念兒, 兒何獨念大爺耶.〕"라는 내용이 더 있다.

가 더욱 다른 사람들이 미치지 못할 바가 있음을 알았다.

아, 너는 총명하고 지혜로운데도 오래 살지 못했고 효성스럽고 우애가 있는데도 복을 받지 못하였다. 내가 이제 총명하고 지혜로운 것은 요절(夭折)의 뿌리이고 죽을 조짐임을 알겠고 효성스럽고 우애 있는 사람을 하늘이 시기하고 귀신이 미워한다는 것을 알겠다. 그렇다면 반드시 걸어 다니는 시신이나 달리는 고기와 같고 어리석기가 목석(木石)과 같은 사람이라야 백 년의 장수를 누릴 수 있는 것인가? 반드시 이리처럼 사납고 개처럼 거칠며 효경(梟獍)[168]처럼 흉악한 사람이라야 강녕(康寧)한 복을 받을 수 있는 것인가? 아, 애통하다. 아, 애통하다.

너는 비록 여자지만 내가 너에게 기대한 것은 매우 컸다. 너도 평소 튼튼하고 병이 없었으니 일찍 죽을 근심과 단명하는 걱정에 이르러서는 어찌 꿈에선들 짐작이나 했겠느냐.

나의 성격이 어리석고 편벽되어 도성에서 지내는 것을 좋아하지 않았다. 을유년(1705, 숙종31) 겨울에 가족들을 모두 데리고 금계(金溪)의 옛 집으로 돌아오려고 하였는데, 그해에 천연두가 도성에 크게 유행하였다. 내가 생각하기에 너는 천연두를 앓지 않았으므로 멀리 시골로 피하는 것이 또한 좋을 것이라고 여겨서 마침내 너를 데리고 길을 나서 죽산(竹山 경기도 안성시 죽산면)의 가섭리(迦葉里)에 도착하였다.

그날 바람이 세차게 불어 추웠는데, 네가 수레에서 나왔을 때 얼굴빛이 마치 언 배와 같았고 움츠린 채 한참동안 말을 하지 못했다. 너의

168 효경(梟獍) : 효(梟)는 어미를 잡아먹는 새이고 경(獍)은 아비를 잡아먹는 짐승이다. 흉악하여 인륜(人倫)을 모르는 사람을 비유할 때 사용하는 말이다.

어머니가 서둘러 술로 네 속을 따뜻하게 하고 화롯불을 피워 너의 몸을 따뜻하게 하자, 네가 비로소 조금 안색이 돌아오고 말도 하게 되었다.

다음 날 새벽에 너는 갑자기 복통(腹痛)을 앓아 구토를 하였다. 내 생각에 찬바람을 쐬었으니 이렇게 되는 것은 이상할 것이 없는 것 같았고 또 중도에 오래 머물 수 없었으므로 마침내 길을 나서 식송촌(植松村)에서 점심을 먹었는데 너는 또 회(蛕 회충)를 토하며 밥을 먹지 못했다. 네가 정신이 이미 혼미하고 얼굴빛이 창백한 것을 보고 나는 두려운 마음에 수레를 달려 운정(雲亭)[169]에 도착했는데 당시 밤이 이미 깊은 뒤였다. 이것저것 약을 써 보았지만 소용이 없었고 이틀 밤을 자고 나자 천연두 물집이 보이기 시작했다. 의원 유상(柳瑺)[170]을 불러다가 진찰하니 그가 말하기를 "피가 소변 나가는 길로 내려가니 비록 유편(兪扁)[171]이라도 손쓸 방법이 없습니다."라고 하였다. 네가 과연 8일 뒤에 일어나지 못하였으니 바로 시월 그믐이었다.

네가 아침부터 저녁까지 수십 번 설사를 하고 배가 북처럼 커졌으며 숨소리가 거칠어지고 빨라져서 마치 톱질을 하는 것 같았다. 나는 너의 발을 안고 앉았고 너의 어머니가 또 내 옆에 앉았는데, 당시 등불이 환하고 바람소리가 쌩쌩 창문에 불어왔다. 우리 부부 두 사람은 눈물

169 운정(雲亭) : 이하곤이 거주했던 충청북도 진천군에 있었던 열운정(悅雲亭)을 가리키는 것으로 보인다.

170 유상(柳瑺) : 본관은 문화(文化)이다. 두의(痘醫)로 이름이 높아 1683년 숙종을 시진(侍診)하여 완쾌시켰다. 이 공으로 동지중추부사(同知中樞府事)가 되었다.

171 유편(兪扁) : 황제(黃帝) 때의 명의인 유부(兪跗)와 전국 시대의 명의인 편작(扁鵲)을 병칭(竝稱)한 것이다.

을 흘리며 바라볼 뿐이었는데, 네가 갑자기 눈을 뜨더니 나를 보고 몇 마디 말을 했지만 목이 메어 그쳤으니 마치 부모와 영결하려는 것 같았다. 이러한 때를 만나 네 부모의 마음이 어떠하였겠느냐. 아, 애통하다. 아, 애통하다.

너의 병이 심할 때 정신과 지각이 이미 어두워져 아무것도 기억하지 못했다. 농담을 하고 잠꼬대를 하는 것 같던 가운데 문득 나에게 말하기를 "이것은 아버지의 잘못입니다. 이것은 아버지의 잘못입니다."라고 하였으니 마치 나를 깨우치려는 것 같았다. 아, 옛날 한 문공(韓文公 한유(韓愈))이 말하기를 "사람이 태어나 수재(水災)와 화재(火災)를 면하지 못하는 것은 부모의 죄이다."[172]라고 하였다. 이 말을 가지고 말한다면 너를 병들게 하고 죽게 한 것은 누구의 죄이겠느냐. 네가 나를 따라 남쪽으로 오지 않았다면 어찌 여독에 시달려 병이 나는 지경에 이르렀겠느냐. 가령 네가 비록 한 때 병을 앓더라도 만일 따뜻한 방에서 극진히 치료했다면 또 어찌 갑자기 죽는 데까지 이르렀겠느냐. 이제 그렇게 하지 못하고서 이미 깊은 방과 따뜻한 방의 평평한 자리와 따뜻한 이불을 떠나 거센 바람과 모진 눈보라가 몰아치는 거친 산과 외진 시내 사이에서 달리다가 넘어졌고, 또 제때에 의원에게 물어 증상에 따라 약을 쓰지 못하여 끝내 네가 중도에 요절하는 지경에 이르렀으니 이것은 나의 죄이다. 이것은 나의 죄이다. 어찌 내가 죽을 때까지 한으로 남지 않겠느냐. 아, 슬프다. 아, 슬프다.

너[173]의 용모를 보자면 풍만하고 고우며 너의 신기(神氣)를 보자면

172 사람이……죄이다 : 한유(韓愈)의 이 말은 《한창려집(韓昌黎集)》 권23 〈제여나여문(祭女拏女文)〉에 보인다.

빼어나고 완전하다. 하늘에서 받은 것을 말한다면 총명하고 지혜로우며 그 덕성(德性)을 말한다면 효성스럽고 우애가 있다. 이 몇 가지를 갖춘 사람이 어찌 다 요절하였겠느냐. 그런데 네가 끝내 요절한 것은 무엇 때문이란 말이냐?

네가 처음 병들었을 때 내가 매우 걱정하였다. 너의 종숙(從叔)들이 모두 말하기를 "이 아이의 골상(骨相)과 품성(稟性)은 마땅히 많은 복을 누릴 것인데, 그대는 어찌 지나치게 걱정하는가."라고 하며 나를 달랬다. 그런데 지금 보면 너보다 복 없는 사람이 없는데, 사람들이 또 마땅히 많은 복을 누릴 것이라고 한 것은 대체 어째서란 말이냐? 아, 네가 어찌 복이 없어 일찍 죽을 운명이겠느냐.

네가 죽던 날 너의 종숙들이 또 모두 말하기를 "무릇 사람의 생사와 요수(夭壽 요절(夭折)과 장수(長壽))는 용모로 예측할 수 없고 신기로 헤아릴 수 없으며 또 성품과 행실로 미루어 볼 수 없다. 이 아이가 죽었으니 세상이 어찌 믿을 만한 아이가 있겠는가."라고 하며 나를 위로하였다. 이 말을 가지고 논해본다면 네가 어찌 복이 없이 일찍 죽을 운명이겠느냐. 이것은 너의 아버지가 실상은 못났으면서 그릇되게 명성을 얻어 못된 짓을 하다가 신명(神明)에게 죄를 얻었으므로 신명께서 품안의 자식을 지키지 못하게 하여 마음이 찢어지게 하고 뼈에 사무치게 하며 지독한 참담함 속에 그 몸을 마치게 하려는 것이다. 너는 실로 아버지를 대신하여 죽은 것이니 어찌 원통하지 않겠느냐. 어찌 원통하지 않겠느냐. 아, 애통하다. 아, 애통하다.

173 너 : 저본에는 余로 되어 있으나 의미를 고려할 때 汝의 오기(誤記)이므로 수정하여 번역하였다.

나는 네가 죽은 뒤로 방안에 틀어박혀 온종일 벽만 마주한 채 흐리멍덩하고 시무룩하니 마치 바보 같고 마치 취한 사람 같다. 앉아서는 무엇을 하는지 알지 못하고 걸어가면서도 어디로 가는지 알지 못한다. 간혹 책을 보다가 탄식하고 간혹 밥을 마주하고 한숨을 지으며 혹은 그림자를 마주하고 중얼거린다. 산을 보아도 네가 떠오르고 물을 보아도 네가 생각난다. 평대(平臺)의 솔바람 소리를 들어도 네가 생각나고 작은 배에 밝은 달빛이 비추는 것을 보아도 네가 떠오르니 언제고 생각나지 않는 때가 없으며 어디를 가든 떠오르지 않는 곳이 없다. 그러나 너의 종적은 이미 화하여 차가운 연기가 되고 나는 재가 되었으니 찾아도 볼 수 없고 구해도 얻을 수 없다. 아, 나와 너는 고작 6년 동안 아버지와 딸로 지냈는데, 또 언제나 지하에서 만나게 될지 알지 못하겠다. 그렇다면 지금부터 내가 죽을 때까지 나는 매일 너를 그리워하고 너를 슬퍼할 것이다. 아, 어찌 견딜 수 있겠느냐.

부처의 윤회설(輪回說)이 비록 우리 유자(儒者)들의 도(道)는 아니지만 그러나 양숙자(羊叔子)가 구슬을 찾은 것[174]과 방차율(房次律)이 옹기를 연 것[175]은 그 일이 대단히 신기하니 과연 전하는 말과 같다

174 양숙자(羊叔子)가……것 : 숙자는 진(晉)나라 양호(羊祜)의 자이다. 양호가 다섯 살이 되던 해에 갑자기 유모에게 자기가 갖고 놀던 금환(金環)을 가져오라고 하였다. 유모가 "너에게 원래 이런 물건이 없었지 않느냐."라고 하자, 양호가 곧장 이웃 이씨(李氏)의 집 동쪽 담벼락에 서 있는 뽕나무 사이에서 금환을 찾아냈다. 집 주인이 "이것은 우리 죽은 아이가 잃은 물건인데 왜 가져가느냐?"라고 하므로 사람들이 "이씨의 아들이 곧 양호의 전신(前身)이었다."라고 하였다.《晉書 卷34 羊祜列傳》

175 방차율(房次律)이……것 : 차율은 당(唐)나라 현종(玄宗)과 숙종(肅宗) 연간의 상신(相臣)인 방관(房琯)의 자이다. 방관이 일찍이 노씨(盧氏)의 재(宰)로 있을 때 한번은 도사(道士) 형화박(邢和璞)이 찾아와서 그와 함께 놀러 나갔다. 하곡촌(夏谷

면 또한 온전히 이러한 이치가 없다고도 할 수 없다. 나는 지금부터 대대로 태어나서 너와 부모 자식의 관계가 되어 이번 생에 다하지 못한 빚을 갚을 것이니 또한 나의 끝없는 슬픔을 조금이라도 덜 수 있을 것이다. 아, 애통하다. 아, 애통하다.

네가 죽었을 때 세속에서 꺼리는 일 때문에 장사 지내지 못하고 금년 한식(寒食) 날에 너의 관속 이불을 바꾸어 나의 어머니의 묘소 곁에 깊이 묻는다. 그리고 인석(麟錫)이도 너를 따라 며칠 뒤에 죽었으니 네가 장차 왼쪽에는 봉석이를, 오른쪽에는 인석이를 두고서 나의 어머니를 지하에서 따를 것이므로 너의 혼백이 외롭지 않을 줄을 알겠다.

아, 봄바람이 한 번 불어오면 온갖 사물이 되살아나는데 오직 너의 혼백만은 가서 돌아오지 않으니 끝없는 이 애통한 마음이 어찌 다할 날이 있겠느냐. 마음이 격앙되어 말에 순서가 없지만 모두 네 아버지의 가슴에서 나왔으니 네가 지각이 있다면 어두운 가운데서 들을 것이다. 아, 애통하다. 아, 애통하다.

村)에 이르러 한 폐사(廢寺)에 들어가 소나무와 대나무가 우거진 숲에서 형화박이 지팡이로 땅을 두드리더니 사람을 시켜 땅을 파서 항아리를 찾아냈다. 그 항아리에는 누사덕(婁師德)이 영선사(永禪師)에게 준 서신(書信)이 들어 있었는데, 형화박이 웃으며 방관에게 말하기를 "이것이 기억나는가?" 하자, 방관이 즉시 자기의 전생(前生)이 영선사였음을 깨달았다고 한다. 《天中記 卷39 前身》

원경 장로에게 보내는 편지

與圓敬長老書

최근 다녀간 운 사미(雲沙彌)를 통해 대사께서 큰 법회(法會)를 열어 많은 선남자(善男子)를 모아 세간(世間)을 벗어나고 생사를 초탈하는 법을 수증(修證)[176]하기 위해 한결같이 정진하며 항상 물러나지 않는 마음을 견지하고 계시다는 소식을 들었으니 매우 훌륭하십니다.

저도 약관(弱冠)의 나이 때부터 일찍이 이처럼 큰일에 마음을 두었지만 근기(根器)[177]가 본래 못난 데다가 혼사와 과거(科擧), 상사와 질병이 종종 걸림돌이 되어 또한 선지식(善知識)[178]을 만나 끝까지 증득(證得)하고 하나하나 깨닫지 못하였습니다. 하루 온종일 사위의(四威儀)[179]의 안에 마귀와 부처가 서로 나타나고 참됨과 헛됨〔眞妄〕이 뒤섞여 이리저리 흔들리고 헤매는 사이에 이미 30년의 세월이 흘렀습니다. 지금 이후로 손에 쥐고 감상할 것은 빈둥거리며 그저 그렇게 보낼 3, 40년의 세월뿐이니 염라대왕의 앞에서 끝내 어떻게 될지 알지

176 수증(修證) : 불가의 말로 수행(修行)을 통해 진리를 증득(證得)한다는 수행증리(修行證理)의 약칭이다.

177 근기(根器) : 근(根)은 식물의 뿌리로서 지엽(枝葉)을 생기게 하고 그릇은 물건을 담는 것이다. 이 두 가지에는 대소(大小)와 다소(多少)의 차이가 있으므로 수도(修道)의 능력에도 고하(高下)가 있게 된다.

178 선지식(善知識) : 부처님의 교법(敎法)을 말하여 다른 이로 하여금 괴로움에서 벗어나 이상향(理想鄕)에 이르게 하는 이를 가리키는 말로 고승(高僧)을 의미한다.

179 사위의(四威儀) : 불교 용어로 수행자가 갖추어야 하는 행(行)・주(住)・좌(坐)・와(臥)의 네 가지 몸가짐을 가리킨다.

못하겠습니다. 생각이 여기에 이를 때마다 마음이 더욱 혼란하고 답답함을 느낍니다.

아, 공맹(孔孟)의 도덕과 구등(寇鄧)[180]의 사공(事功)과 소식(蘇軾)·한유(韓愈)의 문장은 세상 사람들이 말하는 세 가지 썩지 않는 것〔三不朽〕입니다. 사람이 이 가운데 한 가지만 성취해도 한 세상에 빛나고 영원토록 밝게 드러날 수 있습니다. 그러나 대단히 총명하고 뛰어난 역량을 지닌 사람이 아니라면 쉽게 담당할 수 없습니다. 그러니 이런 일은 제쳐두고 부들방석과 대나무 의자에 고목처럼 앉아 108개의 염주를 잡고서 운문(雲門)의 수미산(須彌山)[181]과 조주(趙州)의 방하착(放下著)[182]과 노방(老龐)의 "한 입으로 서강의 물을 다 들이마신다."[183]라는 몇 개의 화두(話頭)를 생각하며 자신의 본래 면목을 밝

180 구등(寇鄧) : 구순(寇恂)과 등우(鄧禹)의 병칭이다. 구순은 후한(後漢)의 명장으로 자는 자익(子翼)이며 광무제(光武帝)를 도와 천하를 평정하는 데 공을 세웠다. 등우 역시 광무제를 도운 개국공신으로 광무제 즉위 뒤에 대사도(大司徒)에 봉해졌다. 《後漢書 卷16 鄧寇列傳》

181 운문(雲門)의 수미산(須彌山) : 운문은 문언 선사(文偃禪師)가 소주(韶州) 운문산(雲門山)에 있었으므로 문언 선사를 가리키는 말로 사용된다. 승려가 "한 생각도 일어나지 않아도 도리어 허물이 있는 것입니까?〔不起一念, 還有過也無.〕"라고 묻자, 문언 선사가 "수미산이다."라고 답했다고 한다. 《五燈會元 卷15 青原下六世》

182 조주(趙州)의 방하착(放下著) : 조주는 조주 선사(趙州禪師, 778~897)를 가리킨다. 엄양존자(嚴陽尊者)가 조주 선사에게 "한 물건도 가져오지 않았을 때는 어떻습니까?〔一物不將來時如何〕"라고 묻자, 조주 선사가 "놓아 버려라.〔放下著〕"라고 답했다고 한다. 《江西通志 卷103 仙釋》

183 노방(老龐)의……들이마신다 : 노방은 당(唐)나라의 거사(居士) 방온(龐蘊)을 가리킨다. 수만금을 상강에 던져버리고 수행을 통해 선종(禪宗)에 통달했으며 동방의 유마거사(維摩居士)로 일컬어지는 인물이다. 그가 강서(江西)로 마조 도일(馬祖道一)

혀 곧장 옛사람이 직접 깨달은 곳에 도달한다면 어찌 대단히 평안한 경지[184]가 아니겠으며 대단히 즐거운 일이 아니겠습니까.

그러나 이것도 또한 공부가 순일(純一)하지 못하여 지금까지도 캄캄하게 귀신들의 소굴 안에 앉아 있으니 참으로 여래(如來)께서 말씀하신 매우 가엾고 답답한 사람이라고 할 수 있습니다. 일찍이 스스로 부끄러워하고 탄식하며 산림 가운데 계신 대덕(大德 고승(高僧)의 존칭)께 참례(參禮)하여 찬제(羼提)[185]를 받지 못하는 것을 한할 뿐입니다.

《화엄경(華嚴經)》을 멀리서 부쳐주시는 은혜를 입었으니 마음이 한가롭고 기운이 안정되는 때를 기다려 이 인연을 마쳐서 장로(長老)의 한 자락 인자한 마음을 저버리지 않으려고 합니다. 평소의 기량(伎倆)에 대해서는 이미 하나하나 말씀드렸으니 반드시 저의 이런 마음을 잘 아실 것입니다. 모르겠습니다만 어떤 약을 써야 이 병의 뿌리를 제거할 수 있단 말입니까. 오직 때때로 편지를 보내 곡진하게 이끌어 주고 깨우쳐주시기를 지극한 마음으로 바랍니다.

을 찾아가 "만법과 더불어 짝하지 않는 사람은 어떤 사람입니까?〔不與萬法爲侶者是什麽.〕" 하고 묻자, 마조가 "그대가 한입으로 서강의 물을 다 들이마시면 그때 바로 그대에게 일러주겠다.〔待汝一口吸盡西江水, 卽向汝道.〕"라고 답하였다. 방온은 이 한마디 말을 듣고 바로 깨달음을 얻었다고 한다. 《蜀中廣記 卷86 高僧記》

184 대단히 평안한 경지 : 대휴헐(大休歇)은 크게 쉰다는 말로 대도(大道)를 깨달아 더 이상 추구할 것이 없고 크게 마음이 편안한 경지를 의미한다.

185 찬제(羼提) : 범어(梵語) kṣāti의 음역(音譯)으로 마음을 안정시켜 온갖 모욕과 번뇌를 참는 수행을 말한다.

익재[186] 선생의 화상 기문

益齋先生畫像記

우리 선조(先祖) 익재(益齋) 문충공(文忠公)께서는 고려(高麗)의 충선왕(忠宣王)과 충숙왕(忠肅王)을 섬겨 벼슬이 삼중대광문하시중(三重大匡門下侍中)에 이르고 81세를 일기로 운명하셨다. 공께서 운명하신 뒤로 이제 400여 년이 지났는데 공의 명성과 문장을 학사(學士)와 대부(大夫)들이 변함없이 칭송한다.

원(元)나라 연우(延祐)[187] 연간에 공께서 충선왕을 따라 연도(燕都)에 계셨다. 왕께서 만권당(萬卷堂)을 짓고 당시 문학에 뛰어난 선비들을 불러 모으셨으니 요단보(姚端甫)[188] · 염자정(閻子靜)[189] · 조자앙(趙子昂)[190] · 원복초(元復初)[191] · 장양호(張養浩)[192] 공(公) 등

186 익재(益齋) : 이제현(李齊賢, 1287~1367)으로, 본관은 경주(慶州), 자는 중사(仲思), 호는 익재 · 역옹(櫟翁)이다. 《牧隱文藁 卷16 鷄林府院君謚文忠李公墓誌銘》

187 연우(延祐) : 원 인종(元仁宗)의 연호로 1314년부터 1320년까지 사용하였다.

188 요단보(姚端甫) : 원나라 학자 요수(姚燧, 1239~1314)로, 자는 단보, 호는 목암(牧菴)이다. 문장에 능하여 서한(西漢)의 기풍이 있었다.

189 염자정(閻子靜) : 원나라 학자 염복(閻復, 1236~1312)으로, 자는 자정, 시호는 문강(文康)이다.

190 조자앙(趙子昂) : 조맹부(趙孟頫, 1254~1322)로, 자는 자앙, 호는 집현(集賢) · 송설도인(松雪道人), 시호는 문민(文敏)이다.

191 원복초(元復初) : 원명선(元明善, 1269~1322)으로, 자는 복초, 시호는 문민(文敏)이다. 저본에는 複初로 되어 있으나 復初가 옳으므로 수정하였다.

192 장양호(張養浩) : 1269~1329. 원나라 제남(濟南) 사람으로 자는 희맹(希孟),

이 모두 왕의 문하에 출입하였다. 공께서 그들과 함께 한묵(翰墨)과 준조(尊組)[193]의 사이에서 어울리셨는데, 그 문아(文雅)함과 풍류를 여러 공들이 대단히 칭찬하였다.

또 일찍이 서쪽으로 파촉(巴蜀)에 이르고 남쪽으로 오회(吳會)[194]에 가서 산천의 빼어남, 백성들의 부유함, 성곽과 누대의 아름답고 거대함을 구경하셨다. 당시 올라서 둘러본 광경을 글로 표현해 내니 그 아름다운 말과 걸출한 시구가 사람들의 입에 회자(膾炙)되어 비록 대단히 먼 지역의 사람이라도 동쪽 고려 땅에 익재 선생이 있다는 사실을 모르는 이가 없었으니 성대하다고 할 만하다.

그러나 이것으로는 공의 평생을 다 드러냈다고 할 수 없으며 공의 빼어난 절개를 나타냈다고 할 수 없다. 내가 일찍이 공의 유집(遺集)과 목은(牧隱) 이공(李公)[195]이 지은 공의 묘지(墓誌)[196]를 읽어보고 공의 본말(本末)을 대략 알게 되었다.

충선왕께서 참소를 입어 서쪽으로 가실 때에 고려의 많은 신하들 가운데 누구 한 사람도 임금을 위해 저항하는 말을 하거나 거짓을

호는 운장(雲莊)이다.

193 준조(尊組) : 제사(祭祀) 때 술을 담는 준(樽)과 고기를 담는 조(俎)를 아울러 이르는 말로 보통은 예절을 갖추어 진행하는 공식적인 잔치를 의미한다.

194 오회(吳會) : 중국 회계군(會稽郡)의 오현(吳縣)과 회현(會縣)의 병칭으로 강동(江東) 지방을 의미한다.

195 목은(牧隱) 이공(李公) : 이색(李穡, 1328~1396)으로, 본관은 한산(韓山), 자는 영숙(穎叔), 호는 목은, 시호는 문정(文靖)이다.

196 공의 묘지(墓誌) : 이색의 《목은문고(牧隱文藁)》 권16에 수록된 〈계림부원군시문충이공묘지명(鷄林府院君諡文忠李公墓誌銘)〉을 가리킨다.

밝히려는 사람이 없었다. 오직 공만이 피로 얼굴을 적시고 눈물을 삼키며[197] 당시 집정(執政)한 귀근(貴近 지위가 높아 왕을 가까이 모시는 신하)의 신하들을 부지런히 찾아다니며 하소연하셨다. 〈여원낭중서(與元郎中書)〉[198]에서는 역대 조정에서 사대(事大)한 예(禮)와 상왕(上王)이 익대(翊戴)한 공[199]을 논열(論列)하였는데 그 말의 뜻이 더욱 적절하고 간절하였다. 그러므로 보는 사람들이 모두 공의 충심(忠心)을 가엾게 여기지 않는 이가 없었으며 공의 정성에 감격하지 않는 이가 없었다. 마침내 왕께서 죄가 없음을 아뢰어 내지(內地)로 양이(量移)되었다.

조적(曹頔)의 난[200]에 이르러서는 원나라에 있는 그의 무리들이 장

197 피로……삼키며 : 이 구절은 《한서(漢書)》 권62 〈사마천전(司馬遷傳)〉의 "피로써 얼굴을 적시고 눈물을 삼키면서 빈 활을 당기고, 적의 시퍼런 칼날을 무릅쓰며 북쪽으로 머리를 돌리고 죽음으로써 적과 싸우고자 하였다.〔沫血飮泣, 張空弮, 冒白刃, 北首爭死敵.〕"라는 표현을 원용한 것이다.

198 여원낭중서(與元郎中書) : 이제현의 《익재난고(益齋亂藁)》 권6에 수록된 〈최송파와 함께 원낭중께 드리는 편지〔同崔松坡贈元郎中書〕〉를 가리킨다. 이 글에서 이제현은 고려가 100여 년 동안 조공을 바치며 사대(事大)한 일, 요(遼)의 잔당 금산 왕자(金山王子)가 약탈을 일삼을 때 충헌왕(忠憲王), 즉 고종(高宗)이 조충(趙冲)과 김취려(金就礪)를 보내 도운 일, 충경왕(忠敬王), 즉 원종(元宗)이 세조(世祖)를 도운 일 등을 열거하였다.

199 상왕(上王)이 익대(翊戴)한 공 : 충선왕이 충숙왕(忠肅王)에게 양위(讓位)하고 상왕이 되었으므로 여기서 상왕은 충선왕을 가리킨다. 1307년 원나라 6대 성종(成宗)이 사망하자 성종의 사촌 안서왕 아난다와 성종의 조카 아유르바르와다가 차기 황위(皇位)를 두고 경쟁하였는데, 충선왕은 아유르바르와다를 지지하였다. 뒤에 아유르바르와다의 형 카이샨이 먼저 황위에 올라 7대 무종(武宗)이 되었고 1311년에는 아유르바르와다가 8대 인종(仁宗)이 되었다.

차 충혜왕에게 복수하려고 하여 재앙의 조짐을 헤아릴 수 없는 지경이었으므로 사람들이 대단히 두려워하였다. 공이 또 분연히 돌아보지 않으며 말씀하기를 "나는 우리 임금의 아들을 알 뿐이다."라고 하셨다. 드디어 왕을 따라 원나라로 가서 왕께서 무함을 받은 정황을 하나하나 밝혀 끝내 아무 일이 없게 되었다.

나라가 위태롭고 임금이 치욕을 당하는 날을 만나 공께서 충의(忠義)로써 시랑(豺狼)[201]의 마음을 감복시켜 두 번이나 사직에 큰 공을 세웠으니, 자신의 목숨을 보전하려 하고 처자를 보호하려는 사람들이 어찌 이런 일을 할 수 있겠는가. 이를 통해 볼 때 비록 옛날의 영유(甯兪)[202]와 관고(貫高)[203]의 무리라 하더라도 어찌 이보다 뛰어날 수 있겠

200 조적(曹頔)의 난 : 조적은 고려 말의 역신(逆臣)이다. 충숙왕의 사랑을 받다가 최안도(崔安道)에게 사랑을 빼앗기게 되자, 채하중(蔡河中) 등과 심왕(瀋王) 고(暠)에게 아첨하여 왕위 찬탈을 꾀하였다. 충숙왕이 돌아가고 충혜왕(忠惠王)이 즉위하자, 왕의 무도(無道)함을 토벌한다는 이유로 반란을 일으켰다가 실패하여 자살하였다. 《高麗史 列傳 卷44》

201 시랑(豺狼) : 승냥이와 이리를 아울러 이르는 말인데 보통 간사하고 포학한 무리들을 지칭한다. 여기서는 원나라를 가리키는 말로 사용되었다.

202 영유(甯兪) : 위(衛)나라 대부 영무자(甯武子)이다. 나라가 편안할 때에는 드러난 공적이 없는 것 같다가 나라가 위태로울 때 충성을 다하여 타국에 잡혀가 죽게 된 임금을 구하였다. 공자(孔子)께서 "영무자는 나라에 도가 있을 때에는 지혜로웠고 나라에 도가 없을 때에는 어리석었다. 그 지혜는 미칠 수 있으나 그 어리석음은 미칠 수 없다."라고 칭찬하였다. 《論語 公冶長》

203 관고(貫高) : 한 고조(漢高祖) 때 조왕(趙王) 장오(張敖)의 정승이다. 고조가 조왕 장오를 무례하게 대우하자, 관고가 매우 격분하여 한 고조를 암살하려 하였다. 뒤에 이 일이 발각되어 조왕이 갇히고 관고도 옥에 갇혔는데, 관고는 모진 고문에도 굽히지 않고 조왕의 무죄를 밝혔다. 고조가 그의 의리를 훌륭하게 여겨 용서했으나

는가.

그러나 지금 공을 칭송하는 사람들은 다만 아름다운 문장과 풍부한 유람의 경험과 화려한 지위를 언급할 뿐이다. 공의 충의와 공렬(功烈)이 해와 별처럼 빛나고 천지 사이에 우뚝한데도 사람들이 또 칭송하지 않는 것은 어째서인가.

안타깝다. 고려의 문헌이 사라져서 오직 정인지(鄭麟趾)[204]의 《고려사(高麗史)》가 남아 있을 뿐인데, 거기에서도 온갖 비방을 더하여 조금도 용납해 주지 않았다. 심지어는 "심술(心術)이 바르지 않고 일처리가 이치에 맞지 않았다."라고 하였다. 비록 그 책이 잘못되고 어긋나 믿을 만한 것이 없다고 하더라도 세상의 학자들은 정인지가 살았던 시기가 공이 살았던 시대와 가깝다는 이유로 의심하지 않은 채 공의 생애에 대한 사실을 깊이 고찰하지 않는다. 그러니 또 어찌 그 말이 거짓임을 알겠는가. 또 사람의 장점과 단점에 대해 말하기는 좋아하면서도 선배들의 학행(學行)과 절의를 드러내기는 좋아하지 않으니 또 누가 공을 위해 밝혀내려고 하겠는가.

아, 충선왕과 충혜왕의 시기에 참소하는 사람들이 혼란을 일으켜 나라의 임금이 잡혀갔으니 왕씨(王氏)의 복이 겨우 한 가닥 실처럼 위태롭게 남아 있을 뿐이었다. 이러한 때를 만나 고려가 고려임을 알 수 없었는데, 죽음을 편안하게 여기며 그 임금을 호랑이 입에서 빼내

그는 "신하로서 찬시의 이름을 얻고 무슨 면목으로 주상을 섬길 수 있겠는가.〔且人臣有簒弑之名, 豈有面目復事上哉.〕"라고 하고는 자결하였다. 《漢書 卷32 張耳陳餘傳》

204 정인지(鄭麟趾) : 1396~1478. 본관은 하동(河東), 자는 백저(伯睢), 호는 학역재(學易齋)이다. 1451년(문종1)에 김종서(金宗瑞) 등과 함께 《고려사(高麗史)》를 개찬(改撰)하고 이듬해 《고려사절요(高麗史節要)》를 편찬하였다.

500년 종묘(宗廟)의 제사[205]를 다시 이어지게 한 것은 누구의 힘이었던가.

가령 공에게 정말로 정인지가 말한 것과 같은 점이 있다면 그것은 기나긴 황하가 한 번 구부러지고 백옥(白玉)에도 미세한 티가 있는 것에 불과하니 그런 점은 공을 터럭만큼도 손상시키지 못한다. 하물며 공의 순결한 충의와 큰 절개, 기이함과 탁월함이 이미 저와 같으시니 또 어찌 심술과 행사를 논하겠는가. 이러한 내용은 당시 공을 좋아하지 않았던 사람의 입에서 나왔을 것인데, 정인지가 드디어 믿을 만한 사서(史書)에 기록하여 공의 평생을 판단하였으니 그 허망함을 볼 뿐이다.

공께서 사시던 시대에 어질고 식견 있는 사람으로는 목은(牧隱)만 한 분이 없다. 목은께서 공을 칭송한 말에 "타고난 자품이 중후한데다 학문까지 더해져서 고명(高明)하고 정대(正大)하였다. 그러므로 의론에 나타나고 사업에 시행한 것들이 찬란하게 볼만하였다."[206]라고 하였다. 또 말하기를 "도덕의 우두머리이고 문장의 종장(宗匠)으로 사직에 공을 세우고 백성들에게 은택을 베풀었다."[207]라고 하였으니

205 종묘(宗廟)의 제사 : 혈식(血食)의 혈(血)은 제사(祭祀)에 바치는 희생(犧牲)을 뜻한다. 피 묻은 산짐승을 잡아 제사를 지낸 데에서 나라의 의식(儀式)으로 제사 지냄을 이르는 말이다.

206 타고난……볼만하였다 : 이색의 《목은문고》 권16에 수록된 〈계림부원군시문충이공묘지명〉에 보이는 내용이다.

207 도덕의……베풀었다 : 이색의 《목은문고》 권16에 수록된 〈계림부원군시문충이공묘지명〉의 명(銘) 부분에 보이는 내용인데, 일부를 생략하고 중요한 부분만 발췌한 것이다.

공을 높여 칭송한 것이 이처럼 지극하다. 그런데 목은의 말은 믿지 않고 공을 좋아하지 않았던 사람의 말을 믿었다. 이처럼 지식이 없었으니 정인지와 같은 사람이 어찌 공의 진면모를 알 수 있겠는가. 정인지의 글만 읽은 사람들이 공의 진면모를 알지 못하는 것 또한 어찌 이상한 일이겠는가.

내가 고려의 인물에 대해 논하건대 공의 이전에는 강감찬(姜邯贊)[208] 공이 있고 공의 뒤에는 정몽주(鄭夢周)[209] 공이 있다. 강감찬 공은 공훈(功勳)으로, 정몽주 공은 절의(節義)로 알려졌다. 만일 공께서 두 공이 사시던 시대에 태어났다면 구주(龜州)의 승전보를 알리지 못하셨을 것인가. 또 선죽교에서 목숨을 버리지 않으셨겠는가. 선비가 저마다 만난 상황이 달라 수립한 것도 피차 다름이 있는 것인데 사람들은 그들이 보존한 것을 살피지 않고 그들이 성취한 바를 고찰하지 않은 채 다만 비방만 하려고 드니 슬프다.

공은 오래 전부터 화상(畫像)이 있었는데 공의 14세손으로 보은(報恩)에 사는 이담경(李覃慶)의 집에 소장되어 있다. 그 화상은 고항(古杭) 진감여(陳鑑如)의 솜씨[210]이고 북촌(北村) 탕병룡(湯炳龍)[211]이

208 강감찬(姜邯贊) : 948~1031. 고려의 명장으로 본관은 금주(衿州)이다. 1018년에 거란의 소배압(蕭排押)이 10만 대군으로 침입해 오자 이듬해 서북면행영도통사로 상원수(上元帥)가 되어 흥화진(興化鎭)에서 적을 무찔렀으며 달아나는 적을 구주(龜州)에서 격파하였다.

209 정몽주(鄭夢周) : 1337~1392. 본관은 영일(迎日), 자는 달가(達可), 호는 포은(圃隱)이다. 이방원(李芳遠)이 보낸 조영규(趙英珪) 등에 의해 선죽교(善竹橋)에서 살해되었다.

210 고항(古杭) 진감여(陳鑑如)의 솜씨 : 이제현의 화상을 그린 사람에 대해서는 기

찬(贊)을 지었다. 공께서 일찍이 이 화상을 분실하였다가 다시 찾아서 그 전말을 시로 지어 기록하였는데, 공의 문집 가운데 "이 사람이 다른 사람 아니라 이전 사람이 바로 뒷날의 사람이네.〔此物非他物, 前身定後身.〕"[212]라고 한 것이 바로 그것이다.

무술년(1658, 효종9)에 나의 대부(大父) 화곡공(華谷公)[213]께서 충청도 관찰사(忠淸道觀察使)로 있으면서 비로소 사당을 세워 봉안하였다. 담경(覃慶)이 또 10월 상순(上旬)에 해마다 한 번 제사를 올린다고 한다.

내가 일찍이 담경의 집에 들렀다가 사당 아래에서 화상을 뵈었는데,[214] 넓은 이마와 우뚝한 콧날로 그 모습이 늠름하였으니 한번 보고

록에 차이가 있다. 《익재난고(益齋亂藁)》 권4 〈연우기미여종어충선왕……(延祐己未予從於忠宣王……)〉에 "왕께서 고항 오수산을 불러서 내 얼굴을 그리게 하였다.〔王召古杭吳壽山令寫陋容〕"라고 하였으며 그 아래에 "다른 책에는 진감여라고 하였는데 이것은 잘못이다.〔一本作陳鑑如, 誤也.〕"라는 소주(小註)가 있다. 그러나 "진감여는 항주에 거주하였는데 인물화를 정밀하게 잘 그려서 국조의 가장 뛰어난 솜씨를 지녔다.〔陳鑑如居杭州, 精於寫神, 國朝第一手也.〕"라는 내용을 참고할 때 《익재난고》의 소주가 잘못된 것으로 보인다. 《圖繪寶鑑 卷5 元》

211 탕병룡(湯炳龍) : 원나라 사람으로 자는 자문(子文), 호는 북촌(北村)이다. 사서오경(四書五經)에 해박하여 모두 전주(傳註)를 남겼으며 특히 《주역》에 정통하였고 시가(詩歌)에도 뛰어났다. 《江南通志 卷163 人物志》

212 이 사람이……사람이네 : 《익재난고》 권4 〈연우기미여종어충선왕……(延祐己未予從於忠宣王……)〉의 일부이다.

213 화곡공(華谷公) : 이하곤의 조부(祖父) 이경억(李慶億, 1620~1673)으로, 본관은 경주(慶州), 자는 석이(錫爾), 호는 화곡, 시호는 문익(文翼)이다. 1657년(효종8)에 충청도 관찰사에 임명되었다. 《西溪集 卷12 左議政李公墓碑銘》

214 내가……뵈었는데 : 《두타초(頭陀草)》 책2의 〈원조고려문충공익재선생……(遠

서도 공께서 세상에 드문 호걸이라는 것을 알 수 있었다. 화상도 중간에 전란을 겪은 것이 몇 차례인지 알 수 없는데도 오히려 완전하여 다시 100년은 더 갈 것 같았다. 아마도 공의 충의의 기운이 진실로 사라지지 않아 귀신이 남몰래 지켜준 것이 아니겠는가.

사방의 선비들 가운데 이 사당에 들르는 사람이 또한 어루만지고 한숨을 지으며 차마 떠나지 못하는데, 하물며 공의 후손이 된 사람이겠는가. 우러러 사모하는 마음은 다시 어떠하겠는가. 내가 재종형 아무개와 함께 몇 장을 모사(摹寫)하여 널리 전해지게 하려고 하면서 마침내 일찍이 개탄했던 심정을 서술하여 공의 화상 기문으로 삼는다.

숭정(崇禎) 기원 후 63년 병술년(1706, 숙종32) 정월 어느 날에 15세손 하곤(夏坤)은 두 번 절하고 기록한다.

祖高麗文忠公益齋先生……)〉이 당시에 지은 작품이다.

이휴휴[215] 애사 정해년(1707, 숙종33)
李休休哀詞 丁亥

나는 젊었을 때에 윤양직(尹養直) 군과 우의(友誼)가 좋았다. 양직의 됨됨이는 뜻이 크고 기개가 있었다. 널리 선비를 아끼고 좋아하였으며 또 글을 잘 짓는다는 명성도 얻었으므로 함께 어울리는 사람들이 모두 당대의 훌륭한 선비였다.

내가 신교(新橋)의 우사(寓舍)로 양직을 만나러 갔을 때 키가 크고 구레나룻이 난 사람이 자리에 있었다. 그의 미간을 보자마자 속 좁은 보통사람이 아님을 알았다. 그의 성명을 물어보니 바로 우리 휴휴(休休)였다. 마침내 한 번 보고도 오래 만난 사이처럼 손을 잡고 많은 이야기를 나눈 뒤에 떠났다. 양직이 일찍이 칭찬하기를 "지금 세상에 오직 휴휴 형제만이 벗할 만하다."라고 하였다.

얼마 뒤에 양직은 죽고 나도 두타산(頭陀山)으로 물러나 살게 되었으므로 거의 8, 9년 동안 휴휴를 만나지 못하였다. 그 뒤에 내가 아버지를 따라 강화도에 있을 때에[216] 휴휴의 형 사진(士珍)[217]도 그의 아버지

215 이휴휴(李休休) : 이진휴(李眞休, 1674~1707)로, 본관은 전주(全州), 자는 휴휴이다.《昆侖集 卷18 成均進士李君墓碣銘》

216 내가……때에 : 심도(沁都)는 강화도의 옛 이름이다. 이하곤의 아버지 이인엽(李寅燁)이 1704년(숙종30) 2월에 강화 유수(江華留守)에 임명되어 부임하였는데, 당시 이하곤도 따라갔었다. 당시 지은 시는《두타초(頭陀草)》책2의 〈심주록(沁洲錄)〉에 실려 있다.

217 사진(士珍) : 이진유(李眞儒, 1669~1730)로, 본관은 전주, 자는 사진, 호는 북

경력공(經歷公)[218]을 따라 와 있었으므로 왕래하며 서로 즐겁게 지냈다. 그를 통해 들으니 휴휴는 부모님께 효도하고 형제들과 우애 있으며 행실이 매우 돈독하고 또 부지런히 공부하고 있으나 휴휴가 고질병에 걸려 스스로 각고의 노력으로 학문에 힘을 기울이지 못하는 것이 한스럽다고 하였다. 나는 진실로 그가 병에 걸린 것을 불쌍하게 여기면서도 그의 의지가 전일하고 독실함을 가상하게 여겼다.

올해 2월에 내가 비로소 휴휴 형제와 팔각정(八角井)의 본가(本家)에서 함께 묵게 되었다. 조대년(趙大年)[219] 군, 이자심(李子深)[220] 군, 그의 아우 자후(子厚)[221]・자연(子淵)[222]도 함께 모였다. 당시 달빛이 대지에 가득하고 나무 그림자가 서로 엉겨 있었으니 노래도 하고 웃기도 하고 술도 마시며 즐거운 시간을 보냈다. 휴휴는 비록 병을 걱정하면서도 기뻐하며 기분이 좋아서 새벽까지 잠들지 않았으니 천하의 지극히 즐거운 일로 여겼다.

곡(北谷)이다.

218 경력공(經歷公) : 이대성(李大成, 1651~1718)으로, 본관은 전주(全州), 자는 시숙(時叔), 호는 삼취헌(三翠軒)이다.《艮齋集 卷9 戶曹參判李公神道碑銘》

219 조대년(趙大年) : 조태억(趙泰億, 1675~1728)으로, 본관은 양주(楊州), 자는 대년, 호는 겸재(謙齋), 시호는 문충(文忠)이다.《西堂私載 卷12 議政府左議政趙公行狀》

220 이자심(李子深) : 이진원(李眞源, 1676~1709)으로, 본관은 전주, 자는 자심, 호는 반공(盤公)이다.《西堂私載 卷10 翊衛司侍直李公墓誌銘》

221 자후(子厚) : 이진순(李眞淳, 1679~1738)으로, 본관은 전주, 자는 자후, 호는 하서(荷西)이다.

222 자연(子淵) : 이진수(李眞洙, 1684~1732)로, 본관은 전주, 자는 자연, 호는 서간(西澗)이다.《圓嶠集 卷7 族父黃海道觀察使府君墓碣銘》

내가 생각건대 벗들과의 모임은 만나는 일은 항상 드물고 헤어져 있는 경우는 많다. 나와 휴휴가 10년 동안 만나서 손을 맞잡은 것은 한두 번에 불과하였다. 그러나 우리 두 사람 모두 젊고 다른 문제가 없으니 이후로 서로 만날 기회가 또 얼마나 될지 알 수 없었다.

얼마 뒤에 서울에 홍역이 크게 돌아 많은 사람들이 감염되어 죽었다. 휴휴도 홍역을 앓았는데 사랑스러운 딸이 죽자 지나치게 애통해한 나머지 평소 앓던 담질(痰疾)이 갑자기 심해져 죽으니 나이 서른네 살이었다.

아, 휴휴의 형제 네 명은 모두 단정하고 빼어나며 유아(儒雅)하여 세상에 이름이 알려졌다. 휴휴는 더욱 심후(深厚)하고 돈중(敦重)하며 용모도 헌걸찼다. 벗들과 사귈 때 뜻은 성실하고 미더웠으며 기운은 순수하고 온화하여 모나거나 과격한 행실을 전혀 하지 않았다. 널리 배우고 문장을 잘 지었는데, 과거 시험에 쓰이는 글을 더욱 잘 지어 사마시(司馬試)의 양장(兩場)에 합격하였고 우뚝하게 생원시에서 장원을 차지하였으니[223] 사람들이 모두 칭찬하였다. 두 형이 서로 이어 문과(文科)에 급제하였고[224] 부모님도 모두 건강하여 병이 없었으므

223 사마시(司馬試)의……차지하였으니 : 양장(兩場)은 과거시험의 첫째 날 보는 초장(初場)과 마지막 날 보는 종장(終場)을 이른다. 생원·진사시의 경우 초장에는 시(詩)·부(賦)를 보았다. 하루 간격을 두고 보는 종장에는 의(疑)·의(義)를 보았다. 《梅泉野錄 卷1上 甲午以前》 이진휴는 1702년(숙종28)의 식년시에서 생원 1등, 진사 2등으로 합격하였다.

224 두 형이……급제하였고 : 이진휴는 5형제 중 셋째로 태어났다. 맏형인 이진유(李眞儒, 1669~1730)는 1707년(숙종33) 별시문과에 급제하였고 둘째 형 이진검(李眞儉, 1671~1727)은 1704년에 춘당대시(春塘臺試)에 급제하였다.

사람들이 더욱 칭찬하고 부러워하며 미칠 수 없다고 하였다. 또 두 형처럼 휴휴도 머잖아 문과에 급제할 것이라고 손꼽아 기대하였다. 그런데 지금 문득 불행하게도 일찍 세상을 떠나 부모와 형제를 슬프게 하였다.

사우(士友)들 가운데 휴휴를 아는 사람이라면 누군들 탄식하고 슬퍼하지 않겠는가마는 나는 이미 양직을 곡하고 지금 또 휴휴를 곡하니 이제부터 세상에 다시는 알아주는 사람이 없게 되었다. 신교(新橋)를 지나다닐 때마다 문득 눈물이 흘러 준충(濬沖)이 산하가 가로막은 듯 아득하게 느껴진다고 했던 것과 같은 탄식[225]을 하게 된다.

슬프다. 내가 이에 교유하며 어울리는 즐거움을 오래도록 보존할 수 없는 것이 이와 같음을 알게 되었다. 또 세상의 이른바 선인(善人)과 양사(良士)들 가운데 왕왕 일찍 죽는 이가 많아서 우리 휴휴와 양직처럼 수를 누리지 못하는 사람이 매우 많으니 아, 슬프다.

휴휴의 이름은 진휴(眞休), 본관은 완산(完山)이니, 지금 홍문관 교리(弘文館校理)로 있는 이대성(李大成) 공의 셋째 아들이다. 증조부 석문공(石門公)[226]과 조부 서곡공(西谷公)[227]은 모두 판서를 지냈

225 준충(濬沖)이……탄식 : 준충은 진(晉)나라 때 죽림칠현(竹林七賢)의 한 사람인 왕융(王戎)의 자이다. 왕융이 일찍이 황공주로를 지나다가 뒤에 따라오는 손에게 말하기를 "내가 옛날에 혜숙야·완사종과 함께 이곳에서 술을 실컷 마셨고 죽림의 놀이에도 또한 그 끝자리에 참여하였다. 혜강과 완적이 죽고 난 이후로 문득 시속에 얽매여서 오늘날에는 황공주로가 비록 가까이에 있으나 산하처럼 멀게 여겨진다.〔吾昔與嵇叔夜阮嗣宗共酣飮於此壚, 竹林之遊, 亦預其末. 自嵇生夭阮公亡以來, 便爲時所羈紲, 今日視此雖近, 邈若山河.〕"라고 하였다.《世說新語 傷逝》

226 석문공(石門公) : 이경직(李景稷, 1577~1640)으로, 본관은 전주(全州), 자는 상고(尙古), 호는 석문, 시호는 효민(孝敏)이다.《澤堂集 別集 卷10 戶曹判書贈右議政

는데 당시에 이름난 재상이었다고 한다. 휴휴는 아들 둘을 두었다. 장남은 여덟 살이고 막내아들은 휴휴보다 며칠 뒤에 죽었다.

휴휴를 장사 지낼 때에 교리공(校理公 이대성(李大成))이 내게 부탁하여 말씀하기를 "우리 아들의 장사에 그대가 한 마디 말로 죽은 이를 위로하지 않을 수 없네."라고 하셨다. 하지만 나는 글재주가 부족하여 그의 전할 만한 언행을 잘 드러내지 못할까 염려된다. 그러나 나와 휴휴는 서로 깊이 알았고 돈독히 아끼는 사이였으니 그의 죽음 앞에 끝내 슬픔을 담아내는 말이 없다면 더욱 안 될 일이기에 내가 감히 사양하지 못하였다. 이에 이 글을 지어 생사(生死)가 갈린 슬픈 감회를 대략 서술하고[228] 인하여 우리 양직을 슬퍼하노라. 사(詞)는 다음과 같다.

조물주가 끝없이 만물 만들 때　大鈞坱圠其播物兮
신령하고 빼어난 기운 받아 사람이 되는데　稟靈秀者爲人
순수함과 잡박함이 같지 않아　旣粹駁之不同兮
어짊과 어리석음이 다르다네　又賢愚其異倫

李公諡狀》 이경직은 1637년 2월에 호조 판서(戶曹判書)에 임명되었다. 《仁祖實錄 15年 2月 5日》

227 서곡공(西谷公) : 이정영(李正英, 1616~1686)으로, 본관은 전주, 자는 자수(子修), 호는 서곡, 시호는 효간(孝簡)이다. 《西溪集 卷12 判敦寧府事李公神道碑銘》 이정영은 1671년 형조 판서(刑曹判書), 1673년 공조 판서(工曹判書)에 임명되었다. 《顯宗實錄 12年 6月 21日, 14年 5月 15日》

228 이에……서술하고 : 저본(底本)에는 於是作文此略敍其存歿之感으로 되어 있으나 문맥으로 볼 때 於是作此文略敍其存歿之感이 옳으므로 수정하여 번역하였다.

선한 사람 복 받고 악한 사람 재앙 받음은[229]	善者福而淫則禍兮
오직 저 하늘이 권한을 잡았으니	惟彼蒼操其大權
까마득한 옛날에는 돈후하여	伊邃古之敦厖兮
진실로 이 이치 어긋나지 않았는데	固此理之罔愆
경박한 말세에 이르러서는	降及叔季之澆漓兮
하늘과 사람의 호오가 어긋났네	而天人好惡之相忒
된서리에 향기로운 풀은 시드는데	嚴霜隕於蕙芝兮
더부룩한 쑥만 불어나고[230]	紛蕭艾之滋息
올빼미는 떼 지어 날아 하늘 찌르는데	鴟梟群飛而刺天兮
봉황은 긴 날개 꺾이네	鳳凰鎩其長翮
안회는 요절하고 도척은 장수했으니[231]	顔回夭而蹠蹻壽兮
그 이유를 따질 수 없네	曾莫詰其所由
법도를 따라 중정한 길을 가도	循繩墨而蹈中正兮
하늘이 해치고 귀신이 해코지하네	亦天所戕而神所仇

229 선한……받음은 : 《서경》 〈탕고(湯誥)〉에 "하늘의 도는 선한 자에게 복을 내리고 음탕한 자에게 화를 내린다. 그리하여 하나라에 재앙을 내려 그 죄를 드러내신 것이다.〔天道福善禍淫, 降災于夏, 以彰厥罪.〕"라고 하였다.

230 된서리에……불어나고 : 혜지(蕙芝)는 향기로운 풀이고 소애(蕭艾)는 나쁜 풀이다. 여기서는 혜지를 착한 사람, 소애를 악한 사람에 비유하여 착한 사람은 불행을 겪고 악한 사람은 승승장구하는 경우를 말한 것이다.

231 안회(顔回)는……장수했으니 : 안회는 공자(孔子)의 수제자로서 안빈낙도(安貧樂道)하며 살았으나 32세의 젊은 나이로 세상을 떠났다. 척교(蹠蹻)는 노(魯)나라의 도둑 도척(盜蹠)과 초(楚)나라의 도둑 장교(莊蹻)의 병칭이다. 사마천(司馬遷)은 안회와 같은 선인이 요절하고 도척과 같은 악인이 장수를 누리는 현실에 대해 탄식하면서 천도(天道)가 무상하다고 하였다. 《史記 卷61 伯夷列傳》

아 우리 무리에 사람이 있었으니	嗟吾黨之有人兮
일찍부터 선비들에게 칭송받았고	夙標譽於儒珍
석문공과 서곡공의 실마리 이어	紹石門西谷之遺緖兮
정성스러운 바른 가르침을 따랐네	服義訓之諄諄
자질이 아름답고 재주도 많은 데다가	質旣美而多藝兮
부지런히 갈고닦음을 더하여	又重之以勤脩
어버이에게 효도하고 형에게 순종했으며	孝于親而順於兄兮
신의로 벗들에게 믿음 받았지	信義孚於朋游
헌칠한 몸을 일으켜 옥처럼 서면	聳長身而玉立兮
관은 우뚝하고 패옥은 반짝였네	冠嵬峩而佩陸離
현안의 몹쓸 병에 걸렸으나[232]	抱玄晏之奇疾兮
동중서가 장막 내린 일을 사모하여[233]	慕董生之下帷
육예의 향기로운 꽃을 따	擷六藝之芳華兮
홀로 맛보며 굶주림 잊었네	獨咀嚼而忘飢
형제들 빼어나 빛났으니[234]	常棣擢秀以交映兮

232 현안(玄晏)의……걸렸으나 : 이진휴가 병에 걸린 것을 비유하여 말한 것이다. 현안은 진(晉)나라의 황보밀(皇甫謐, 215～282)로 평생 동안 벼슬하지 않고 학문에만 전념하였고 만년에 풍질(風疾)에 걸려 반신불수가 되었으나 침식을 잊고 독서하였다. 《晉書 卷51 皇甫謐列傳》

233 동중서(董仲舒)가……사모하여 : 이진휴가 밖에 나가지 않고 독서에 매진하였다는 말이다. 동중서는 전한(前漢)의 학자로 장막을 드리운 채 강론하여 제자들 중에 그 얼굴을 한 번도 보지 못한 자가 있었으며 독서에 심취하여 3년 동안 집의 뜨락을 내다보지도 않았다는 고사가 전한다. 《史記 卷121 儒林列傳 董仲舒》

234 형제들 빼어나 빛났으니 : 이진휴의 형제들이 모두 뛰어난 인재였다는 말이다. 〈상체(常棣)〉는 《시경》의 편명으로, 형제의 우애를 읊은 시이다.

성대하게 아름다운 명성 나란히 드날렸고　蔚華聲之竝馳

성균관에 들어가 선비들 가운데 으뜸 되었는데　登國庠而冠多士兮

손으로 턱수염 뽑듯이 하였네[235]　若手摘乎頷髭

천리마가 멍에를 벗고　佇驊騮之縱駕兮

먼 길을 빠른 걸음으로 내달려　騁逸足乎長逵

두 형님의 높은 걸음 뒤따라　躡兩昆之高步兮

청운 사이에 날기를 기다렸는데[236]　將翱翔于青雲

진실로 조물주가 시기심 많아　諒造化之多忌兮

문득 옥이 부서지고 난초가 불탔네[237]　奄玉毁而蘭焚

맑은 몸가짐 깨끗한 행실로도 복 받지 못해　澡身潔行而不蒙福兮

뜻은 컸지만 수명은 짧았네　志何長而短其期

부모님은 하늘을 우러러 길게 부르짖고　二親仰天而長嘷兮

형제들은 깊은 슬픔에 잠겼네　使兄弟抱此深悲

두 자식도 앞뒤로 함께 죽었으니　兩雛相先後其同逝兮

어찌하여 재앙이 이리도 혹독한가　胡禍毒之太偏

나쁜 일과 좋은 일이 끊임없이 이어져　災祥嬗其萬端兮

지난날 부럽던 것이 이제는 가엾게 되었네　昔所羨而今則憐

서늘한 바람이 솔솔 방으로 불어와　涼風蕭蕭以入室兮

235 성균관에……하였네 : 어렵지 않게 장원을 차지했다는 말이다. 당(唐)나라 한유(韓愈)의 시에 "해마다 과거급제의 영광 거두니, 마치 턱밑 수염을 뽑는 것 같네.〔連年收科第, 若摘頷底髭.〕"라고 하였다. 《韓昌黎集 卷5 寄崔二十六立之》

236 천리마가……기다렸는데 : 이진휴가 형들처럼 문과에 급제하여 관직에 나아가기를 기대했다는 말이다.

237 진실로……불탔네 : 이진휴가 훌륭한 자질을 지녔지만 요절하였다는 말이다.

빈소의 장막이 한들한들 흔들리네	動繐帷之襜襜
상여 떠나니 어디로 가는가	戒靈輀向何之兮
들풀이 이슬에 젖었네	野草蔓其露霑
아 인생은 물거품과 그림자 같으니[238]	欸人生之若泡影兮
누군들 죽음을 피할 수 있으랴	孰能免乎一死
기운의 순환을 따라서	隨氣化之回斡兮
밤낮과 함께 운행하니	與夜晝而同軌
산들 어찌 기쁘며 죽은들 어찌 슬프랴	生奚足悅而死不足悲兮
이 때문에 달관을 소중하게 여기는 것인가	所以貴乎達觀

238 인생은……같으니 : 《금강반야바라밀경(金剛般若波羅密經)》의 〈응화비진분(應化非眞分)〉에 "이 세상의 모든 현상은 꿈과 같고 허깨비와 같고 물거품과 같고 그림자와 같고 또한 아침 이슬이나 번갯불과 같으니 응당 이렇게 살펴보아야 할 것이다.〔一切有爲法, 如夢幻泡影, 如露亦如電, 應作如是觀.〕"라고 하였다.

두타초

제13책

잡저 雜著

종제 재정[1] 운곤 을 곡하는 글
哭從弟載靜 運坤 文

정해년(1707, 숙종33) 10월 어느 날에 종형(從兄) 재대(載大 이하곤의 자(字))는 제철 과일과 술과 포의 제물을 준비하여 종제 재정의 영령을 곡하며 다음과 같이 말한다.

아, 재정아! 너는 나보다 10년 뒤에 태어났고 네가 태어나자 또 나와 함께 같은 방에서 지냈다. 당시 할머니 윤 부인(尹夫人)[2]께서 건강하셨고 제부(諸父)와 제모(諸母)께서도 모두 무탈하셨다. 우리 사촌 형제와 자매들이 수십 명도 넘는데 중부(仲父)[3]께서 너를 늦게 얻었기 때문에 제부들께서 가장 아끼고 사랑하여 안아주고 돌보며 항상 포대기 안에 있는 아이처럼 대하셨다. 너는 다만 옷과 띠를 끌고 재잘대며 이리저리 달려 다닐 뿐이었다. 이것이 참으로 인간 세상의 지극한 즐거움이었지만 너는 당시 너무 어렸으니 어찌 알았겠느냐. 나 역시 어느 집에나 있는 평범한 일이라고 여겼을 뿐 천하의 지극히 얻기 어려운 일인 줄은 알지 못했다.

그 뒤에 할머니께서 세상을 떠나시고 1년도 되지 않아 우리 어머니[4]

1 재정(載靜) : 이운곤(李運坤, 1687～1707)으로, 본관은 경주(慶州), 자는 재정이다. 이하곤의 중부 이인병(李寅炳, 1651～1702)의 둘째 아들이다. 《明谷集 卷24 議政府左議政華谷李公墓碣銘》

2 할머니 윤 부인(尹夫人) : 이하곤의 할머니는 윤원지(尹元之)의 딸로, 본관은 해평(海平)이다.

3 중부(仲父) : 이인병으로, 본관은 경주, 자는 문숙(文叔)이다.

께서 돌아가셨으며 또 3년이 되기 전에 백부(伯父)[5]님을 곡하였으니 상사(喪事)의 혹독함이 세상에 드문 경우였다. 우리들은 각자 끝없는 애통함을 품은 채 갈팡질팡하며 살려는 마음이 없었다. 그나마 다행히도 너희 형제들은 위로 부모님을 모시고 아침저녁으로 즐거워하며 우리들이 누리지 못한 즐거움을 누렸다. 내가 일찍이 너의 형[6]에게 "너는 복 받은 사람이다."라고 하였으니 너희들을 부러워함이 이와 같았다.

임오년(1702, 숙종28) 봄에 중부께서 또 돌아가시니 당시 너의 형은 열아홉이고 너는 열여섯이었다. 이 나이는 진정 어느 집안의 자제들이나 곁에서 부모님을 모시고 슬하에서 즐거워할 때이다. 내가 매번 너희들이 안쓰럽게 상복을 입고 사람들에게 고자(孤子)라 말하는 것을 볼 때마다 눈물을 줄줄 흘리며 너희들이 슬픔과 애통함을 머금고 구차하게 살고자 하지 않는 것이 우리들과 다름이 없음을 슬퍼하지 않은 적이 없었다.

얼마 뒤에 네가 상여를 따라 남쪽으로 내려갔는데 초평(草坪)[7]에 이르러 네가 병에 걸려 죽을 고비를 만났다. 내가 마침 하관할 때 가서 직접 너를 부축하고 너를 돌봐주었다. 다행히 조금 나았지만 너는 이때부터 항상 두려워하며 오직 병을 근심하여 감히 사람들과 나란히

4 어머니 : 이하곤의 어머니는 임천 조씨(林川趙氏)로, 인천 부사를 역임한 조현기(趙顯期, 1634~1685)의 딸이다. 1695년에 세상을 떠났다.

5 백부(伯父) : 이인소(李寅爀, 1637~1698)로, 본관은 경주(慶州), 자는 자명(子明), 호는 노포(老圃)이다. 《明谷集 卷24 議政府左議政華谷李公墓碣銘》

6 너의 형 : 이서곤(李瑞坤, 1684~?)으로, 자는 재휴(載休)이다.

7 초평(草坪) : 현재의 충청북도 진천군 초평면을 말한다.

어울리지 못하였다.

몇 년 동안 너는 의원을 찾아 약을 복용하며 스스로 몸을 잘 돌봐서 신기(神氣)와 피부가 조금씩 정상을 되찾아갔으니 너 스스로 매우 다행스럽게 여겼을 뿐만 아니라 여러 형제들도 너의 병이 나음을 기뻐하지 않는 이가 없었다. 그러니 그 누가 하루아침에 네가 하찮은 병으로 끝내 일어나지 못하게 되리라고 짐작이나 했겠느냐. 아, 애통하다. 아, 애통하다.

중모(仲母)님께서 임오년의 화(禍)를 겪은[8] 이후로 그 마음이 어찌 하루라도 죽음을 잊었으랴만, 오직 너희들이 앞에 있었기 때문에 죽지 못한 마음을 조금이마나 달래며 너희들을 좌우의 손처럼 여기셨다. 네가 혹 아침에 나가서 돌아오지 않으면 저녁때까지 진지를 잡숫지 못했고 네가 혹 저물녘에 나가서 돌아오지 않으면 밤까지 주무시지 못하였다. 그러므로 너희들도 차마 잠시라도 어머니 곁을 떠나서 어머니 마음을 조금이라도 불안하게 해드리지 않았다. 형이 나가면 아우가 들어오고 아우가 어디를 가면 형이 머물렀으니 그 사랑하고 효도하며 아끼는 마음은 자연스럽게 사람들을 감동시켰다. 내가 일찍이 마음속으로 말하기를 "하늘이 어찌 차마 이 자애로운 어머니와 효성스러운 아들들을 저버리겠는가. 너희들이 조만간 성장하여 자식을 낳아 중모님의 만년을 기쁘게 해 드릴 것이다."라고 하였으니 내가 너에게 희망하고 너에게 바라며 너에게 기대한 것이 이와 같았다. 네가 지금 그렇게 하지 못하고 갑자기 모자(母子)의 은인(恩仁)하는 마음과 형제가

8 중모(仲母)……겪은 : 이하곤의 중모는 민기중(閔蓍重)의 딸이다. 임오년의 화(禍)는 1702년에 이인병이 운명한 일을 가리킨다.

우애를 나누는 즐거움을 버리고 아득히 떠나가서 전혀 미련을 두지 않았다. 그리하여 우리 중모(仲母)님으로 하여금 그 몸의 반을 잃게 하였다. 아, 진지를 잡숫지 않을 때 누가 잡수시도록 할 것이며 주무시지 못할 때 누가 주무시도록 한단 말이냐. 너의 형이 나갈 때 누가 어머니 곁에 있을 것이며 너의 형이 어디를 갈 때 누가 어머니 곁을 지킨단 말이냐. 네가 어찌 차마 이렇게 한단 말이냐. 네가 어찌 차마 이렇게 한단 말이냐. 아, 애통하다. 아, 애통하다.

지금 네가 죽은 지 이미 한 달이 넘었다. 내가 들어가 중모님께 안부를 여쭈면 멍하니 마치 잃어버린 것이 있는 듯이 하고 불안해하며 마치 기다리는 것이 있는 듯이 하신다. 낮에는 울부짖으며 그칠 줄 모르고 밤에는 곡하며 그만두시지 않는다. 내가 나와서 너의 형을 보면 길게 탄식하고 짧게 한숨지으며 마치 취한 사람 같기도 하고 마치 바보 같기도 하다. 오직 그 몸과 그림자가 근심스레 서로를 위로할 뿐이니 이것은 길 가는 사람이 듣더라도 또한 코가 시큰해져 눈물을 흘릴 것이다. 하물며 정이 모아져 있는[9] 우리들은 어떠하겠느냐. 아, 애통하다. 아, 애통하다.

너는 태어나면서 기도(氣度)가 침착하고 차분하여 보통아이들과 같지 않았다. 성장해서는 남들과 잘 화합하면서도 휩쓸리지 않았고[10]

9 정이 모아져 있는 : 정종(情鍾)은 정(情)이 모여 있다는 의미이다. 진(晉)나라 왕융(王戎)이 일찍이 아들을 잃었는데, 산간(山簡)이 찾아가 보니 왕융이 매우 비통해하고 있었다. 산간이 "어린애는 품 안의 물건이거늘, 어찌 이 지경에까지 이른단 말인가.〔孩抱中物, 何至於此.〕"라고 하자, 왕융이 "성인은 정을 잊고 가장 낮은 사람은 정에 미치지 못한다. 그런즉 정이 모여 있는 곳은 바로 우리 같은 무리들이다.〔聖人忘情, 最下不及情. 然則情之所鍾, 正在我輩.〕"라고 하였다. 《晉書 卷43 王戎列傳》

소통하면서도 자신의 신념을 지킬 줄 알았다. 부모에게 효도하고 형제와 우애 있게 지내는 예절과 선(善)을 즐기고 의(義)를 좋아하는 마음에 있어서는 더욱 다른 사람들이 미치지 못할 점이 있었다. 보는 사람들마다 모두 네가 훌륭한 자질을 지녔으므로 네가 훌륭한 인물이 될 것이라고 기대하였다. 너는 또 세상의 이른바 과거(科擧)와 명리(名利) 이외에도 입덕(立德)과 입언(立言)이라는 영원히 썩지 않는 일이 있음을 알았다. 일찍이 스스로 탄식하며 말하기를 "대장부가 세상에 태어나 그 공업(功業)이 당대를 이롭게 하지 못하고 문장을 후세에 드리우지 못한다면 비록 공상(公相)의 높은 벼슬과 천금(千金)의 부유함을 누리더라도 벌레와 다를 것이 무엇이겠는가."라고 하였다. 그 뜻은 대개 천하의 책을 모두 다 읽어 그 의지를 확충하고 그 기를 키워 학문을 이루고 도를 세우는 데 이른 뒤에 그치려는 것이었다. 그러므로 입으로는 외우기를 그치지 않고 손으로는 책장 넘기기를 멈추지 않아 밤낮으로 부지런히 공부하며 병이 몸에 있는 줄도 알지 못하였다.

아, 세상에 의지를 지닌 사람이 없어진 지 오래되었다. 큰 뜻을 품고[11] 옛사람을 사모하는 선비를 보면 그들을 가리켜 미치광이라 하고

10 남들과……않았고 : 《중용장구》 제10장에 "군자는 화합하나 흐르지 않으니 강하다.〔和而不流, 强哉矯.〕"라고 한 것을 원용한 표현이다. 이는 군자는 다른 사람들과 잘 화합하기는 하지만 그렇다고 자기 주관도 없이 그들에게 동조하거나 휩쓸리지 않는다는 뜻이다.

11 큰 뜻을 품고 : 교교(嘐嘐)는 뜻이 크고 말이 큰 것을 형용하는 말이다. 맹자께서 광자(狂者)를 풀이하면서 "그 뜻이 높고 커서 말하기를 '옛사람이여, 옛사람이여.'라고 하나 평소에 그 행실을 살펴보면 행실이 말을 가리지 못하는 자이다.〔其志嘐嘐然曰,

과거(科擧) 공부를 벗어난 사람에 대해 들으면 우활(迂闊)하다고 지목하니 얽매이고 속박되어 손과 발을 둘 곳이 없다. 그런데 너는 세상 사람들이 좋아하는 것을 좋아하지 않고 세상 사람들이 좋아하지 않는 것을 좋아했으며 세상 사람들이 하는 일을 하지 않고 세상 사람들이 하지 않는 일을 하였다.

내가 너를 만난 뒤로 형제지간에 절로 지음(知音)으로 여겼으니 강락(康樂)과 혜련(惠連),[12] 자첨(子瞻)과 자유(子由),[13] 중랑(中郎)과 소수(小修)[14]처럼 내가 질나발을 불면 너는 젓대를 불고 내가 북을 치면 너는 춤을 추며 함께 예원(藝苑)에 가고 나란히 사림(詞林)에 가서 천 년 뒤에도 우리 두 사람이 있었음을 알게 함으로써 위의 세 군자만 전대(前代)에서 아름다움을 독차지하지 못하게 하려고 하였다. 그 일은 멋지다고 할 수 있고 그 뜻은 장하다 할 수 있을 것이다. 너의 문장 솜씨가 또한 차츰 날로 발전하여 볼만한 것이 있었으므로 내가 여러 번 이런 생각을 사람들에게 말하였더니 사람들도 내가 속인다고 여기지 않았다. 내가 바야흐로 그 시작을 보았으나 그 끝을 보지 못했고 그 진보함을 보았으나 그침을 보지 못하였으니 아, 이것이 더욱 슬픈 일이다.

古之人古之人, 夷考其行, 而不掩焉者也.]"라고 하였다. 《孟子 盡心下》

12 강락(康樂)과 혜련(惠連) : 강락은 남조(南朝) 송(宋)의 문인 사영운(謝靈運)의 봉호(封號)이다. 혜련은 사혜련(謝惠連)으로 사영운의 족제(族弟)이다.

13 자첨(子瞻)과 자유(子由) : 자첨은 북송(北宋)의 시인 소식(蘇軾, 1037~1101)의 자이고 자유는 그의 아우 소철(蘇轍, 1039~1112)의 자이다.

14 중랑(中郎)과 소수(小修) : 중랑은 명(明)나라 문장가 원굉도(袁宏道, 1568~1610)의 자이고 소수는 그의 아우 원중도(袁中道, 1570~1623)의 자이다.

옛날 영(郢) 사람이 죽었을 때 장석(匠石)이 도끼질을 그만두었고[15] 종자기(鍾子期)가 죽자 백아(伯牙)는 거문고 줄을 끊었다.[16] 그렇다면 내가 지금부터 도끼질을 그만두고 거문고 줄을 끊는 것이 좋겠는가? 아니면 더욱 스스로 분발하고 노력하여 성취한 뒤에 혹 너의 기특한 뜻을 서술하고 너의 순수한 행동을 드러내 후세의 사람들에게 알려주는 것이 좋겠는가? 아, 애통하다. 아, 애통하다.

너는 이미 나와 뜻이 같고 도(道)가 같았으며 문사(文詞)를 좋아하는 것도 같았고 아름다운 산수(山水)를 사랑하는 것도 같았다. 계미년(1703, 숙종29)에 내가 아버지를 따라 상산(常山)의 금계(金溪)[17]에 와서 살았으니 이른바 초평(草坪)이라는 곳이었다. 재방(載方)[18]은

15 영(郢)……그만두었고 : 《장자(莊子)》 〈서무귀(徐無鬼)〉에 "영 사람이 자기 코끝에 백토(白土)를 파리의 날개만큼 얇게 바르고 장석(匠石)에게 이것을 깎아 내게 했다. 장석은 도끼를 바람소리가 나게 휘둘렀으나 영 사람은 그저 듣기만 하고 그대로 있었다. 백토는 죄다 깎여 떨어졌지만 코는 조금도 다치지 않았고 영 사람도 선 채로 모습을 바꾸지 않았다. 송(宋)나라의 원군(元君)이 이 이야기를 듣고 장석을 불러들여 '어디 시험 삼아 내게도 해 보게.' 하니 장석이 대답하기를 '저는 이전에는 그렇게 할 수 있었지만 지금은 그 기술의 근원이 되는 영 사람〔質〕이 죽었습니다.' 했다."라는 이야기가 등장한다.

16 종자기(鍾子期)가……끊었다 : 춘추 시대 백아(伯牙)가 거문고를 타면 그의 벗 종자기가 듣고 백아의 마음을 이해했는데, 종자기가 죽자 백아가 거문고 줄을 끊었다는 고사가 전한다. 《列子 湯問》

17 상산(常山)의 금계(金溪) : 상산은 충청북도 진천군의 산 이름으로 진천의 별칭이기도 하다. 금계는 《두타초(頭陀草)》 책1에 〈침우담은 진천현 남쪽 10여 리 쯤에 있다.……금계와 석탄의 물이 대 아래에 합쳐져 큰 못을 이루는데……〔沈牛潭在鎭川縣南十餘里……金溪石灘之水 合流滙于臺下 成巨潭……〕〉라고 하였으므로 이하곤이 거주했던 진천의 물 이름임을 알 수 있다.

백모(伯母)님을 모시고 너희들은 중모(仲母)님을 모시고 함께 따라서 남쪽으로 내려와 한 동네에서 같이 살았다. 이곳에는 외딴 벼랑과 가파른 절벽이 있고 맑은 물이 흐르며 숲이 무성하여 천천히 소요하며 살 만하였으니 비록 옛날의 구지(仇池)와 무릉(武陵)[19]도 이곳보다 낫지는 않았을 것이다. 매번 꽃이 피고 새가 우는 때와 바람이 맑고 달이 밝은 밤이면 혹은 소를 타고 혹은 지팡이를 짚고서 혹은 시내를 다 돌아보고 혹은 높은 봉우리에 오르기도 하였으며 혹은 산사(山寺)로 승려를 찾아가고 혹은 버드나무 언덕에서 물고기를 구경하기도 하였다.[20] 그때마다 내가 일찍이 너와 함께 노닐지 않은 적이 없었고 노닐 때는 일찍이 너와 함께 즐겁지 않은 때가 없었다.

작년 7월의 어느 날 밤, 달빛이 대낮처럼 밝았는데 문득 퉁소 소리가 아스라한 안개 물결 사이에서 들렸다. 내가 청령대(淸泠臺)[21]에 나가 바라보니 너는 퉁소를 불고 너의 형은 노를 잡고 배를 몰았으며 중모님

18 재방(載方) : 이형곤(李衡坤, 1684~?)으로, 본관은 경주(慶州), 자는 재방, 호는 위헌(韋軒)이다. 이하곤의 백부(伯父) 이인소(李寅熽)의 둘째 아들이다. 《西溪集 卷12 左議政李公墓碑銘》

19 구지(仇池)와 무릉(武陵) : 구지는 감숙성(甘肅省) 성현(成縣)의 산에 있는데, 사방이 절벽인 그 정상에 백 경(頃)쯤 되는 못이 있어서 경치가 아주 좋다고 한다. 무릉은 도잠(陶潛)의 〈도화원기(桃花源記)〉에 나오는 이른바 무릉도원(武陵桃源)으로, 속세와 떨어져 있는 이상적인 별세계(別世界)를 말한다.

20 버드나무……하였다 : 《두타초》 책4 〈초평이십오영(草坪二十五詠)〉에 유호(柳湖)가 있는 것으로 보아 유호에서 물고기 구경하던 일을 말한 것으로 보인다. 유호는 현재의 충청북도 진천군 초평면 용정리에 있었던 것으로 추정된다.

21 청령대(淸泠臺) : 현재의 충청북도 진천군 초평면 용정리에 있는 바위로 이하곤이 낚시터로 언급하는 곳이다.

은 뱃머리에 앉아 손으로 달을 가리키셨는데 배가 이미 유호(柳湖)를 지나고 있었다. 내가 두자미(杜子美)의 시 〈추흥(秋興)〉[22]을 읊어 화답하였더니 마침내 배를 청령대 아래에 맨 다음 술을 마시고 웃으며 매우 즐겁게 즐긴 뒤에 마쳤다. 이때 나는 그 어떤 즐거움이 이것과 바꿀 수 있을지 알지 못했다.

얼마 뒤에 나는 누이동생의 혼인을 보기 위해 식구들을 모두 데리고 북쪽으로 돌아왔다. 올 여름에 너희들도 어머니를 모시고 서울 집으로 돌아왔다. 세상일에 바빠 열흘이나 달포 동안 겨우 한두 번 밖에 만나지 못했으니 예전에 놀던 일이 꿈만 같다는 한탄을 하게 되었다. 그러나 생각건대 나와 너는 모두 젊고 금계(金溪)는 또 우리들이 늙어갈 곳이었으니 이런 놀이의 즐거움을 비록 한 때 누리지 못하더라도 마침내 긴 세월동안 누릴 수 있을 것이라고 여겼다. 그런데 이제는 끝났구나. 이제는 끝났구나. 내가 어떻게 너처럼 풍류를 즐기고 일을 좋아하는 사람을 만나겠느냐. 또 어떻게 예전처럼 질탕하게 서로 즐거워할 수 있겠느냐. 이제부터 저 시내와 산, 바람과 달은 다만 나의 가슴을 아프게 하는 물건이며 마음을 슬프게 하는 자료가 될 뿐이다. 내가 어찌 견뎌내겠느냐. 내가 어찌 견뎌내겠느냐. 아, 애통하다. 아, 애통하다.

내가 세상에 머문 것은 불과 20년인데, 너의 자식이 또 너보다 몇 개월 전에 요절하였으니 너의 뒤를 부탁할 한 덩이 혈육도 없다. 너의 아름다운 자질로도 수(壽)를 누리지 못했고 너의 순수한 행실로도

22 두자미(杜子美)의 시 추흥(秋興) : 자미는 당(唐)나라 시인 두보(杜甫, 712~770)의 자이다. 〈추흥〉은 《두소릉집(杜少陵集)》 권17에 수록되어 있다.

복(福)을 받지 못했으며 너의 빼어난 뜻도 조금도 이루지 못했으니 천하에 너보다 기박한 사람은 없을 것이다. 아, 슬프다.

내가 보건대 예부터 어질지만 장수를 누리지 못하고 꽃은 피었지만 열매를 맺지 못한[23] 사람들이 매우 많았다. 예를 들면 왕문고(王文考),[24] 위숙보(衛叔寶),[25] 왕자안(王子安),[26] 이장길(李長吉),[27] 왕원택(王元澤),[28] 형돈부(邢敦夫)[29] 등이 바로 그런 사람들이다. 이 뿐만

23 꽃은……못한 : 《논어》 〈자한(子罕)〉에 "싹이 나고서 꽃이 피지 못하는 경우도 있으며 꽃이 피고서 열매를 맺지 못하는 경우도 있다.〔苗而不秀者, 有矣夫, 秀而不實者, 有矣夫.〕"라고 한 것을 인용한 것이다.

24 왕문고(王文考) : 동한(東漢)의 왕연수(王延壽, 124~148)로 자는 문고·자산(子山)이다. 〈영광전부(靈光殿賦)〉를 지었으며 나이 20세경에 물에 빠져 죽었다.

25 위숙보(衛叔寶) : 서진(西晉)의 위개(衛玠, 285~314)로 자는 숙보이다. 어려서부터 풍신(風神)이 청수하여 주위에서 옥인(玉人)이라고 불렀으며 노장(老莊) 사상에 밝고 언론이 유창하여 당시 명사들 사이에서 명망이 높았다. 27세에 요절하였다. 《晉書 卷36 衛玠列傳》

26 왕자안(王子安) : 초당(初唐)의 시인 왕발(王勃, 650~676)로 자는 자안이다. 17세에 유소과(幽素科)에 급제하고 재능을 인정받아 664년에 이미 조산랑(朝散郎)의 벼슬을 받았다. 27세에 좌천된 아버지를 만나러 갔다 돌아오던 중, 배에서 떨어져 익사하였다. 시문집으로 《왕자안집(王子安集)》 16권을 남겼다.

27 이장길(李長吉) : 만당(晚唐)의 시인 이하(李賀, 790~816)로, 자는 장길이다. 7세에 문장으로 한유(韓愈)와 황보식(皇甫湜)에게 인정받았다. 27세에 요절하였다. 저서에 《이하가시편(李賀歌詩篇)》 4권과 《외집(外集)》 1권이 전한다.

28 왕원택(王元澤) : 송(宋)나라 문인 왕방(王雱, 1044~1076)으로 자는 원택이다. 왕안석(王安石)의 아들로 아버지를 도와 《삼경신의(三經新義)》를 찬술하였다. 저서에 《노자주(老子注)》, 《시의(詩義)》 등이 있다. 《宋史 卷327 王雱列傳》

29 형돈부(邢敦夫) : 송나라 시인 형거실(邢居實, 1067~1087)로 자는 돈부·돈부(惇夫)이다. 어려서 신동이라고 일컬어졌고 16, 7세에 문장으로 이름을 날렸다. 소식

이 아니다. 쑥은 무성하게 자라지만 난초는 그 향기 때문에 불태워지고 무부(武夫)[30]는 드러나지만 좋은 옥은 훼손되며 봉황은 깃이 고와 부러지지만 올빼미는 날개를 펼치고 날며 천리마는 요절하지만 노둔한 말은 장수한다. 그렇다면 하늘이 좋아하고 싫어하는 것과 신(神)이 사랑하고 미워하는 것은 사람과 등급이 다르고 기준이 달라서 사람들이 말하는 훌륭한 자질과 뛰어난 재목은 요절할 원인이며 죽을 징조에 불과할 뿐이란 말인가. 저 이른바 하늘은 캄캄하고 아득하여 주장하는 것이 없으며 이른바 신은 또한 무뎌서 신령스럽지 못하고 흐리멍덩하여 밝지 못하기 때문에 그런 것인가. 지금 내가 그 실마리를 끝까지 캐묻고 그 까닭을 미루어 밝혀서 하늘을 탓하고 신명(神明)을 헐뜯으려는 것은 또한 어리석고 부질없는 짓일 뿐일까. 아, 애통하다. 아, 애통하다.

지금 사람들이 살아가면서 친한 지인이 수백 리 먼 곳으로 갈 때 반드시 전별하며 마음을 표현하는 글이 있으니 이것은 참으로 인정(人情)으로 볼 때 그만둘 수 없는 것이다. 네가 지금 영원히 번포(樊圃)의 기슭으로 돌아가려고 하는데, 비록 네가 앎이 없더라도 내가 어찌 차마 몇 마디 말과 짧은 글로 너를 슬퍼하며 너를 전송하지 않겠느냐. 과연 네가 앎이 있다면 너는 또 평소에 나의 글을 매우 좋아하였으니 내가 어찌 한 번 붓을 잡는 수고로움을 아껴서 길이 떠나가는 너의

(蘇軾)・황정견(黃庭堅) 등과 함께 망년지교(忘年之交)를 맺었는데 20세의 나이로 생을 마쳤다. 저서에 《신음집(呻吟集)》이 있었다고 하나 일실되었다. 《宋史 卷471 邢居實列傳》

30 무부(武夫) : 돌이면서 옥과 비슷하게 생긴 것이다.

혼을 위로하지 않겠느냐. 내가 내 가슴 속의 사사로운 마음을 털어놓느라 그 말이 많고 거친 것은 점검할 겨를이 없다. 너도 또한 나의 끝없는 슬픔을 알 것이다. 흠향하기 바란다.

진사 황창술[31]에게 답하는 글

答黃進士昌述書

그동안 남쪽 지방의 사람을 통해 들으니 당신께서 대질(大耋)의 나이로 밥을 싸고 병을 들고서 춘명문(春明門)[32]에 들어가 먹을 갈고 붓을 적셔 과거 시험의 글을 지었는데, 마치 건장한 소년이 한 것 같았으니 비록 옛날의 이른바 동안(童顔)에 머리는 흰 지상의 신선이라도 이보다 낫지는 못했을 것이라고 합니다. 제가 마음으로 대단히 훌륭하게 여겨 한번 성대한 모습을 뵙고 수양(修養)에 관한 묘론(妙論)을 듣고 싶어서 여러 번 사람을 시켜 알아보게 하였습니다. 그러나 당신께서는 이미 여장을 꾸려 남쪽으로 내려가셨습니다.

얼마 뒤에 합격자 명단이 나왔는데, 저처럼 보잘것없는 사람이 거친 글로 외람되이 200명이 넘는 많은 선비들 가운데 장원을 차지하였으니 개인적으로 부끄럽고 송구하여 어찌할 바를 모르겠습니다. 그러나 다만 당신께서도 합격자 명단에 나란히 이름을 올려 다행이라고 생각합니다.

옛날 공손홍(公孫弘)의 60세 대책(對策)[33]과 진민수(陳敏修)의 70

31 진사(進士) 황창술(黃昌述) : 1628~1711. 본관은 창원(昌原), 자는 계도(繼道), 호는 단구(丹丘)이다. 1708년(숙종34)에 식년시(式年試)에서 진사 3등 60위로 합격하였다. 이때 그의 나이 81세였다.

32 춘명문(春明門) : 당(唐)나라 장안(長安)의 성문 이름으로 여기서는 도성의 문을 가리킨다.

33 공손홍(公孫弘)의 60세 대책(對策) : 공손홍(기원전 200~기원전 121)의 자는 계

세 과거 합격[34]은 혹은 믿을 만한 사서(史書)에 기록되고 혹은 패기(稗記)에 올라 진기한 이야기와 특이한 일로 여겼습니다. 그런데 지금 당신께서는 이 두 사람과 비교할 때, 연세가 열 살, 스무 살이나 더 많으십니다. 세상에 혹시라도 옛사람처럼 붓을 잡고 찬술하는 이가 있다면 또한 반드시 이 일을 가장 먼저 거론하여 위의 두 사람으로 하여금 앞 시대에서 홀로 뛰어나게 하지 않을 것입니다. 하물며 저는 같은 나라에 살고 같은 시대에 태어났으며 또한 같은 해에 합격하는 특별함이 있으니 어찌 영광이 아니겠습니까.

이러므로 당신을 향한 사사로운 마음을 감히 하루도 잊지 못한 채 밝은 조정에서 이름을 호명하는 날에[35] 혹시라도 얼굴을 한번 뵙고 변변찮은 저의 마음에 위안이 되기를 기대하였는데, 당신께서 일 때문에 북쪽으로 올라오지 않으셨습니다. 당신에게 곧 부관(部官)[36]의 직

(季)·차경(次卿)이다. 전한(前漢) 무제(武帝) 즉위 초에 예순의 나이로 현량문학(賢良文學)으로 등용되어 재상에 올랐다. 《한서(漢書)》에 "태상(太常)에서 공손홍의 대책문을 하등으로 평가하여 올리자 무제가 일등으로 뽑았다. 공손홍을 만나보고 그의 용모가 미려하므로 박사로 삼아 금마문(金馬門)에서 대조(待詔)하게 하였다."라고 하였다. 《漢書 卷58 公孫弘傳》

34 진민수(陳敏修)의……합격 : 진민수는 송(宋)나라 사람으로 호는 시은거사(市隱居士)이다. 소흥(紹興) 연간에 73세의 나이로 과거에 합격하였는데, 당시에 장가들지 못하였다가 30세의 아름다운 시씨(施氏)와 혼인하였다. 당시 사람들이 "신랑의 나이가 몇인가 하고 물으면 50년 전 23세라고 하라."라고 했다는 일화가 전한다. 《氏族大全 晩婚》

35 이름을 호명하는 날에 : 창려(唱臚)는 조정에서 행사(行事)를 진행할 때에 윗사람의 말을 아랫사람에게 전하며 큰소리로 호명(呼名)하는 의식을 말한다. 여기서는 과거 시험을 보고 급제자를 호명하는 것을 말한다.

36 부관(部官) : 조선 시대 한성부(漢城府)의 행정 구역인 5부에 소속되어 여러 가지

책을 임명하는 명령이 있었으므로 아마도 당신께서 마땅히 올라와 사은(謝恩)할 것이라고 생각하였습니다. 그러므로 당신께서 도성으로 들어오실 날을 기다렸다가 진실로 제일 먼저 여관으로 가서 축하하려고 하였는데, 당신께서 또 북쪽으로 올라오지 않으셨습니다. 당신을 한번 뵙기가 어찌 이리 어렵단 말입니까.

그 뒤에 편지를 드려서 이러한 뜻을 말씀드리려고 했습니다만, 하루도 만난 적이 없는 상황이라 당신께서 괴이하게 여기실 것 같아 침묵하며 감히 편지를 드리지 못하였습니다. 그런데 지금 다행스럽게도 저를 비루하게 여기지 않고 먼저 편지로 안부를 물어주시고 너무 지나치게 칭찬해주시니 감사한 나머지 부끄러운 마음이 이어 일어납니다.

당신께서는 대대로 문헌을 계승하여 독서를 통해 몸가짐을 단속하여 영남(嶺南)의 명망 있는 선비가 되셨습니다. 또한 사마시(司馬試)에 합격하는 것은 당신의 가문에 이어져 내려온 일[37]인데 늘그막에 성취하셨습니다. 그러니 다만 당신의 근력이 남들보다 강건할 뿐만 아니라 그 독실한 성의(誠意)는 또한 지금 세상 사람들이 미칠 바가 아니므로 사람들로 하여금 감탄하게 합니다.

은문연(恩門宴)[38]은 본래 국가의 오래된 행사인데, 근래에는 인심

조세의 수취와 국가 의례 행사에 동원되었던 하급 벼슬아치이다.

37 사마시(司馬試)에……일 : 황창술의 선대(先代) 조상들이 대대로 사마시에 합격했다는 말이다. 청전(靑氈)은 선대로부터 전해진 귀한 유물을 가리킨다. 진(晉)나라 왕헌지(王獻之)가 누워 있는 방에 도둑이 들어와 물건을 모조리 훔쳐 가려 할 적에 그가 "도둑이여, 그 푸른 모포는 우리 집안의 유물이니 그것만은 두고 가는 것이 좋겠다.〔偸兒, 靑氈我家舊物, 可特置之.〕"라고 하자, 도둑이 질겁하고 도망쳤다는 고사가 전한다.《晉書 卷80 王羲之列傳 王獻之》

이 게을러지고 흉년마저 들어 폐지하고 행하지 않은 지 수십 년이나 되었습니다. 합격한 한두 명의 벗들과 함께 장마가 끝나고 서늘한 바람이 불어오는 가을에 은문연을 다시 거행하려고 합니다. 당신께서 말을 타고 오는 고단함 때문에 사양하지 않고 들르셔서 함께 〈녹명(鹿鳴)〉의 반열[39]에 참여한다면 어찌 천고의 미담(美談)이 되지 않겠습니까. 당신께서 헤아려 주시기를 바랍니다.

하곤이 절하고 올립니다.

38 은문연(恩門宴) : 과거에 함께 급제한 사람들이 모여 고시관(考試官)을 접대하는 연회를 말한다.

39 녹명(鹿鳴)의 반열 : 〈녹명〉은 《시경》의 편명이다. 본래는 임금이 신하를 위해 연회를 베풀며 연주하던 악가(樂歌)인데, 후대에는 군현의 장리(長吏)가 향시(鄕試)에 급제한 거인(擧人)들을 불러 향음주례(鄕飮酒禮)를 베풀며 그들의 전도(前途)를 축복하는 뜻으로 이 노래를 부르게 하였다. 여기서는 은문연을 말한다.

돌아가신 어머니께 고하는 글
告先妣文

어리석은 제가	小子顓蒙
무엇인들 밝게 알겠습니까만	何所曉記
다행히 자애로운 가르침 받아	幸受慈敎
대략 글자를 압니다	粗解文字
지금 진사시에	今玆選庠
드디어 많은 선비들 가운데 장원하니	遂魁多士
집안은 비록 빛나게 되었으나	門闌縱榮
어머니 모습은 영원히 뵐 수 없습니다	母儀永閟
사람들은 어버이를 기쁘게 하는 데는	世謂悅親
과거 합격보다 더 좋은 것이 없다고 합니다만	莫如科試
구원에서 알지 못하시니	九原無知
누가 저를 위해 기뻐하겠습니까	孰爲我喜
비유하자면 저 밭가는 사람이	譬彼耕者
부지런히 김을 매고 따비질을 했더라도	只勤耨耟
그 보답을 받지 못하는 것과 같으니	不食其報
이것이 무슨 하늘의 이치란 말입니까	此何天理
제가 합격한 뒤로[40]	自我唱臚
두 달이 지났는데	月魄再死

40 제가 합격한 뒤로 : 창려(唱臚)는 급제자의 이름을 부르는 것을 말한다.

이 선산 주변에 屬玆楸山
심한 돌림병이 창궐하여 毒癘斯熾
영소[41]하는 예를 榮掃之禮
지금까지 행하지 못했습니다 尙今闕爾
오늘 단오를 맞아 趁此端陽
묘소에 오니 來展墓地
골짜기의 새들이 우짖고 谷鳥相叫
언덕의 풀이 푸르게 자랐습니다 隴草交翠
눈물 흘리며 글공부하던 때 떠올려 보니 淚眼課書
마치 어제 일 같은데 如昨日事
지난날 돌아보니 俯仰今昔
서글픈 마음만 더합니다 增我悲思
제물 올리려니 薦豆布奠
슬픈 눈물이 저절로 떨어집니다 感淚自墜
글을 지어 삼가 고하니 陳詞虔告
오셔서 이 잔을 받으소서 尙格玆觶

41 영소(榮掃) : 영광스럽게 무덤을 쓴다는 말로 자기 자신이나 아들이 과거에 합격하거나 관직에 나가게 되는 등 경사로운 일이 있을 때 선조의 무덤에 고하고 제사 지내는 일을 가리킨다.

임장서원[42] 통문 무자년(1708, 숙종34)

臨漳書院通文 戊子

생각건대 우리 회암(晦菴) 주 부자(朱夫子)[43]께서는 성인과 멀어지고 말씀이 사라졌으며 경전이 없어지고 교화가 느슨해진 뒤에 태어나 홀로 염락(濂洛)[44]의 도통(道統)을 잇고 곧바로 수사(洙泗)[45]의 맥에 닿았습니다. 양한(兩漢) 이래 용렬한 선비와 세속적인 학자들의 비루한 학설을 제거하고 뭇 성인들의 이치를 궁구하고 마음을 바르게 한 요체를 밝혀 이제(二帝)와 삼왕(三王), 주공(周公)과 공자(孔子)의 도가 찬란히 다시 세상에 밝아지게 하였습니다. 그리하여 후대의 학자들로 하여금 의거하고 지킬 바가 있게 하여 극기복례(克己復禮)의 학문을 알게 하고 이적(夷狄)과 금수(禽獸)의 지역에 빠지지 않게 하였습니다. 그분의 우뚝한 도덕과 찬란한 공업은 태산(泰山)에 견주어도 그 높음을 표현할 수 없고 해와 달보다 밝다고 해도 그 빛남을 비교할 수 없습니다. 그러므로 선유(先儒)들이 부자의 공덕(功德)을

42 임장서원(臨漳書院) : 경기도 연천군 연천읍 동막리에 있었던 서원이다.

43 회암(晦菴) 주 부자(朱夫子) : 주희(朱熹, 1130~1200)로, 자는 원회(元晦)·중회(仲晦), 호는 회암·회옹(晦翁)·운곡산인(雲谷山人)·창주병수(滄洲病叟)·둔옹(遯翁) 등이다.

44 염락(濂洛) : 염계(濂溪)의 주돈이(周敦頤)와 낙양(洛陽)의 정호(程顥)·정이(程頤) 형제를 가리키는데, 이들은 모두 송대(宋代)의 저명한 성리학자이다. 주희는 그들의 학통을 이어 유학을 집대성한 인물로 평가된다.

45 수사(洙泗) : 중국의 산동성(山東省) 곡부(曲阜)를 지나는 두 개의 강물 이름이다. 이곳이 공자(孔子)의 고향과 가깝고 공자께서 이 지역에서 제자들을 가르쳤다.

찬미하여 혹은 "한 마음으로 조화의 이치를 다 궁구하여 성명(性命)의 오묘함을 다 밝혔고 한 몸으로 천지의 운행을 체험하여 강상(綱常)의 책임을 맡았으며, 이전 성인들의 장차 미묘해지려는 실마리를 잇고 앞 현인들이 말하지 않았던 기미를 열었으며, 여러 선비들의 득실(得失)을 구분하고 이단의 잘못된 학설을 물리쳤으며, 천리(天理)를 세우고 인극(人極)을 확립하였으니 만세(萬世)의 종사(宗師)이시다."[46] 라고 하였습니다. 또 어떤 사람은 "옛날의 서적을 안고 근세의 문헌에서 채택하여 장차 실추되려던 사문(斯文)을 잇고 영원토록 후세들을 깨우쳤으니 비록 천지와 더불어 영원할 것이라고 해도 가하다."[47]라고 하였습니다. 이를 통해 볼 때 대개 맹자(孟子)의 뒤에 오직 우리 부자(夫子) 한 분이 계실 뿐입니다.

무릇 장보관(章甫冠)[48]을 쓰고 봉액(縫掖)[49]을 입은 천하의 사람들이 우리 부자를 모범으로 삼지 않는 이가 없고 우리 부자의 말씀을 외우고 본받지 않는 이가 없으며, 태산(泰山)과 북두(北斗)처럼 우러르고 귀신(鬼神)과 신명(神明)처럼 공경하지 않는 이가 없습니다. 우

46 한 마음으로……종사(宗師)이시다 : 이 말은 황간(黃幹)의 《면재집(勉齋集)》 권36 〈조봉대부……주선생행장(朝奉大夫……朱先生行狀)〉에 보이는데 글자에는 약간의 출입(出入)이 있다.

47 옛날의……가하다 : 주희의 문인 이방자(李方子)의 말이다. 《性理大全書 卷41 諸儒三 朱子》

48 장보관(章甫冠) : 은(殷)나라 때의 예관(禮冠)으로 뒤에는 유자(儒者)의 관을 이르는 말로 쓰였다.

49 봉액(縫掖) : 소매 밑에서부터 봉합하여 소매가 넓은 옷으로 선비가 입는 도포를 가리킨다.

리나라의 경우에는 존모(尊慕)하고 우러러보는 것이 중국보다 배는 더합니다. 집마다 고정(考亭)[50]의 책이 있고 사람마다 자양(紫陽)[51]의 글을 외우며, 크게는 관혼상제(冠婚喪祭)의 의례(儀禮)와 작게는 날마다 사용하는 사물의 사이에 이르기까지 부자(夫子)의 법도를 저버리지 않으려고 합니다.

이와 같기 때문에 예부터 유현(儒賢)들과 여러 노선생(老先生)들이 부자를 숭봉(崇奉)하는 한 가지 일에 대해서는 일의 어려움과 쉬움, 크고 작음을 따지지 않고 정성을 다해 주도면밀하게 준비하여 최선을 다하지 않음이 없었습니다. 그러한 유풍(遺風)과 여습(餘習)이 지금까지도 사라지지 않아 진실로 부자에게 관계된 일이 있으면 비록 오척동자(五尺童子)라도 소매를 걷어붙이고 떨쳐 일어나 부자의 문에 충심을 바치고 힘을 보태려고 합니다. 여기에서 부자의 덕이 성대하고 공이 지극하여 사람들을 감동시키는 것이 오랜 세월이 흐를수록 더욱 깊어진다는 것을 볼 수 있습니다.

지금 연천(漣川)의 사우(士友)들이 돌아가신 참판(參判) 최유해(崔有海)[52] 공의 집에서 선생의 유상(遺像) 1점을 얻었으니 이것은

50 고정(考亭) : 주희가 만년에 거처했던 복건성(福建省) 건양(建陽)의 지명이다. 주희는 이곳에 집을 짓고 죽림정사(竹林精舍)라 이름 지었는데 뒤에 창주정사(滄洲精舍)로 고쳤다. 일반적으로 주희를 가리키는 말로 사용된다.

51 자양(紫陽) : 주희의 아버지 주송(朱松)이 공부하던 곳이다. 뒤에 주희가 그곳에 자양서실(紫陽書室)이라는 현판을 달고 후학들을 양성하였으므로, 주희를 가리키는 말로 사용된다.

52 최유해(崔有海) : 1588~1641. 본관은 해주(海州), 자는 대용(大容), 호는 묵수당(默守堂)이다. 《宋子大全 卷176 承旨崔公墓碣銘 幷序》

대개 최공이 바다를 건너 명(明)나라에 갔을 때 연경(燕京)의 저자에서 얻은 것입니다. 그것을 새로 기영(箕營 평안 감영(平安監營))에서 다시 표구하여 예의를 갖추고 연천으로 모시고 온 것입니다. 부자의 태산(泰山) 교악(喬嶽)과도 같은 기상, 그리고 높은 하늘과 넓은 바다와도 같은 흉금을 가까이에서 우러러보는 것과 같습니다.

연천 선비들이 애모(愛慕)하는 정성은 이에 더욱 간절하여 바야흐로 서원을 세워 봉안하려고 하는데, 이 일은 또 매우 기이한 점이 있습니다. 대개 소희(紹熙)[53] 연간에 부자(夫子)께서 장주군(漳州郡)의 수령으로 나가셨는데, 그 고을에는 임장사(臨漳祠)와 용강서원(龍江書院)이 있었습니다. 그런데 연천의 옛 이름이 장주(漳州)이고 그 지역에 또 마을 이름을 부무이(復武夷)라고 한 곳이 있으니 이렇게 명명(命名)한 뜻은 진실로 우연히 된 것이 아니라 오늘의 이 일을 위해서 했던 것 같습니다.

아, 사람을 깊이 사랑하면 그 사람이 쉬었던 수목(樹木)도 사랑하고 사람을 지극히 존경하면 그 사람이 사용했던 장리(杖履 지팡이와 신)도 존경하게 됩니다. 지금 부자의 모습을 제대로 모사한 이 영정은 사랑하고 공경할 만한 점이 수목과 장리에 비견될 바가 아닙니다. 그리고 지명이 이처럼 서로 같으니 우리 부자께서 다스리던 고을과 사시던 마을에 우리 부자의 사우(祠宇)를 건립하고 우리 부자의 화상을 봉안하여 제사를 받드는 곳으로 삼는다면 이것이 어찌 세상에 드문 특이한 일이 아니겠으며 사문의 성대한 일이 아니겠습니까. 그리고 후학들이

53 소희(紹熙) : 남송(南宋) 광종(光宗)의 연호로 1190년부터 1194년까지 5년간 사용되었으며 영종(寧宗)이 즉위한 뒤에도 사용하였다.

숭봉(崇奉)하는 도에 있어서도 또한 크게 빛나지 않겠습니까.

또 강릉(江陵)의 구산(丘山)[54]과 충주(忠州)의 운곡(雲谷),[55] 수양(首陽)의 청절(淸節)[56]과 남양(南陽)의 와룡(臥龍)[57]은 고작 지명이 우연히 같다는 이유로 서원을 건립하여 경모하는 뜻을 붙였습니다. 그렇다면 연천의 고을 이름 한 가지만 가지고도 진실로 사우(祠宇)를 세울 만한데, 게다가 이 유상을 또 연천 사람이 확보하였으니 연천 사람들이 반드시 사우를 세워 봉안하려고 계획하는 것은 사람들마다 같은 생각이며 도리로 볼 때도 당연한 것입니다. 지금 사우 건립의 일을 어찌 하루라도 늦출 수 있겠습니까.

그러나 이 일은 지극히 중대하기 때문에 사실상 한 고을 사람들의

54 강릉(江陵)의 구산(丘山) : 이황(李滉)의 《퇴계집(退溪集)》 권4에 〈서원십영(書院十詠)〉이 있는데, 그 가운데 강릉의 구산서원(丘山書院)을 말하고 있는 것으로 보아 강릉에 구산서원이 있었던 것으로 보인다. 공자(孔子)께서 태어난 곳이 이구산(尼丘山)이다.

55 충주(忠州)의 운곡(雲谷) : 충주에 주희를 배향하는 운곡서원이 있었다. 운곡은 주희가 초당을 짓고 독서하던 산 이름으로 복건성(福建省) 건양현(建陽縣) 서북쪽에 있다.

56 수양(首陽)의 청절(淸節) : 황해도(黃海道) 해주(海州)에 있는 수양서원(首陽書院)을 가리키는 것으로 보인다. 이 서원은 주세붕이 황해도 관찰사로 있을 때 세운 문헌서원(文獻書院)을 개칭한 것인데 해주에 수양산이 있다. 백이(伯夷)와 숙제(叔齊)가 수양산에서 아사(餓死)하였으므로 이름이 같은 수양산에 이 서원이 있었던 것으로 보인다.

57 남양(南陽)의 와룡(臥龍) : 남양의 와룡사(臥龍祠)를 가리키는 것으로 보인다. 와룡은 제갈량(諸葛亮)을 가리킨다. 이덕무(李德懋)의 《청장관전서(靑莊館全書)》 권2 〈지일억내제(至日憶內弟)〉에 "남양에 와룡사가 있다.〔南陽有臥龍祠〕"라는 소주(小註)가 있다.

힘으로는 할 수 없으며 또한 한 고을 선비가 사사롭게 제멋대로 세울 일도 아닙니다. 이것은 마땅히 일의 상황을 자세히 갖추어 온 나라의 선비들에게 두루 알리고 한 목소리로 협력한다는 동의를 얻은 뒤에 사도(斯道)가 외롭지 않고 중대한 일이 성사될 수 있습니다. 연천의 선비들이 이미 토목 공사를 시작하였는데 지금 채비를 챙겨 서울로 올라와 오로지 이 일을 저희들에게 부탁하니 저희들이 이미 유사(有司)의 일원이기 때문에 입 다물고 아무런 말도 하지 않아서 연천 선비들의 바람을 저버릴 수 없습니다. 다만 이러한 뜻을 태학(太學)과 사학(四學)에 알려서 여러 학생들로 하여금 각각 재물을 내서 이 일을 돕게 하려고 합니다. 또 이 글을 여러 고을의 군자들에게 읽게 하여 예전부터 학궁(學宮)에 관계된 일은 각처의 향교와 서원으로부터 재물을 덜어 도와주기로 규례(規例)를 만들었으니 지금 부자의 사우를 세우는 일에 더욱 어찌 힘을 보태지 않을 수 있겠습니까.

아, 여러 군자들께서 누군들 부자의 글을 외우고 본받아 진실한 마음으로 깊이 현인을 존모하고 간절한 뜻으로 학교를 일으키려 하지 않겠습니까. 따라서 저희들의 뜻을 기다리지 않고서도 반드시 감개하여 일어나는 사람이 있을 것입니다.

삼가 바라건대 여러 군자들께서는 이 일을 가볍게 여기거나 저희들을 어리석다 여기지 마시고 각 향교와 서원에서 재물을 모아 서둘러 보내 주십시오. 그리하여 이처럼 큰 일이 지체되지 않게 해 주신다면 우리 부자께서 후학들을 열어주고 이끌어준 은혜를 만에 하나라도 갚을 수 있을 것입니다. 이것이 어찌 저희들 한두 사람의 바람이겠습니까. 실상 사문의 영원한 다행일 것입니다.

농암[58] 선생을 제사하는 글
祭農巖先生文

아, 하늘이 사문(斯文)을 없애려고 한 지가 오래되었습니다. 대개 맹자(孟子)께서 돌아가신 뒤로 일천 오백 년 사이에 성학(聖學)을 넓히고 사도(斯道)를 우익(羽翼)할 뛰어나고 총명한 선비가 어찌 없었겠습니까. 그러나 혹은 이단(異端)의 괴이한 학설에 빠지고 혹은 공리(功利)와 사위(事爲)의 말단을 탐했으며 혹은 기송(記誦)과 사장(詞章)의 습관으로 치달아 이제(二帝)·삼왕(三王)과 주공(周公)·공자(孔子)의 도로 하여금 끝내 다시는 천하 후세에 전해지지 못하게 하여 마치 달이 그믐에 어두워지고 거울이 티끌에 잠식되듯이 차츰차츰 쇠미해져서 거의 사라지는 지경에 이르렀습니다.

다행히 하남(河南) 정씨(程氏) 두 부자(夫子)[59]께서 먼저 앞에서 밝히시고 회암(晦菴) 주 부자(朱夫子)께서 뒤에서 발휘하여 요순(堯舜) 이래 서로 전한 도통(道統)에 닿아서 인의(仁義)·충신(忠信)의 도와 격치(格致)·성정(誠正)의 학문이 찬란히 세상에 크게 밝아졌습니다. 그러나 안타깝게도 이분들이 모두 군사(君師)의 지위를 얻지 못하여 그 뜻을 펼치고 그 도를 행하여 삼대(三代)의 아름답고 밝은 정치를 회복하지는 못하셨습니다.

58 농암(農巖) : 김창협(金昌協, 1651~1708)으로, 본관은 안동(安東), 자는 중화(仲和), 호는 농암·삼주(三洲)이다. 《三淵集 卷30 仲氏農巖先生墓表》

59 하남(河南) 정씨(程氏) 두 부자(夫子) : 정호(程顥)와 정이(程頤) 형제를 가리킨다.

또 금계(金溪)[60]와 여요(餘姚)[61] 같은 이들은 내선외유(內禪外儒)의 학문으로 그 사이에 선동하고 고무시켰습니다. 이에 천하의 사람들 가운데 바름을 등지고 사특한 데로 달려가며 신기한 것만 좋아하고 떳떳한 것을 싫어하는 무리들이 하나같이 휩쓸려 그들의 학문을 따랐습니다. 그 사이에 비록 왕노재(王魯齋)[62]·김인산(金仁山)[63]·허백운(許白雲)[64]·설문청(薛文淸)[65]·나정암(羅整菴)[66]·채허재(蔡虛齋)[67] 같은 이들이 있었지만 그 빛나는 기세와 총명한 언론을 또 감당하지 못하였습니다. 그러므로 저들이 더욱 그들의 뜻대로 하여 그들의

60 금계(金溪) : 남송(南宋)의 유학자 육구연(陸九淵, 1139~1192)이 금계 사람이다. 그의 자는 자정(子靜), 호(號)는 상산(象山)이다.

61 여요(餘姚) : 중국 절강성(浙江省) 여요현(餘姚縣)으로 지금의 항주(杭州)에 해당한다. 양명학(陽明學)으로 널리 알려진 왕수인(王守仁)이 이곳에서 나고 자랐다.

62 왕노재(王魯齋) : 남송(南宋)의 왕백(王柏, 1197~1274)으로, 자는 회지(會之)·백회(柏會), 호는 노재, 시호는 문헌(文憲)이다.

63 김인산(金仁山) : 송말(宋末) 원초(元初)의 학자 김이상(金履祥, 1232~1303)으로, 주희(朱熹)와 면재(勉齋) 황간(黃榦)의 학통(學統)을 이은 인물이다.

64 허백운(許白雲) : 송나라 말기의 경학가(經學家) 허겸(許謙, 1270~1337)으로, 자는 익지(益之), 호는 백운산인(白雲山人)이다.

65 설문청(薛文淸) : 명(明)나라 전기의 학자 설선(薛瑄)으로, 자는 덕온(德溫), 호는 경헌(敬軒), 시호는 문청이다. 정주학(程朱學)의 거벽으로 명대 이학(理學)의 주종이었다.

66 나정암(羅整菴) : 명나라 학자 나흠순(羅欽順, 1465~1547)으로, 자는 윤승(允升), 시호는 문장(文莊)이다. 벼슬에 나가지 않은 채 격물치지(格物致知)의 학문에 전념하였다.

67 채허재(蔡虛齋) : 명나라 학자 채청(蔡淸, 1443~1508)으로, 자는 개부(介夫), 호는 허재이다. 잠시 관직에 나갔다가 고향으로 돌아와 학문에 전념하였다.

학설을 더욱 부르짖으며 거리낌이 없었습니다. 그러니 그 흐름의 해로움이 양주(楊朱)와 묵적(墨翟), 노자(老子)나 석가(釋迦)보다도 심한 점이 있어서 우리의 도가 거의 드러나려다가 다시 어두워지고 이어지려다가 다시 끊어졌습니다.

우리나라에 이르러서는 퇴계(退溪 이황(李滉))의 순수하고 심오하며 정밀하고 치밀한 학문과 율곡(栗谷 이이(李珥))의 맑고 통하며 뛰어나고 조예 깊은 식견이 멀리 고정(考亭)이 남긴 실마리를 거의 이었는데, 이분들 뒤로 큰 선비와 뛰어난 학자가 대대로 나왔습니다. 그러나 혹은 의문(儀文)과 도수(度數)의 자세함에 전념하고 혹은 춘추(春秋)의 명의(名義)의 뜻을 숭상하였습니다. 가장 늦게 우리 선생께서 나왔는데, 선생께서는 청명(淸明)하고 순수(純粹)한 자품을 지니고 어려움을 견뎌내는 독실(篤實)한 공부를 더하셨습니다. 신령한 마음을 운행하고 밝은 지혜로 비추어 학문에는 엿보지 않은 것이 없고 이치에는 궁구하지 않은 것이 없으십니다. 《주역》의 오묘함과 《예기》의 번잡함과 《서경》의 정사(政事)와 《시경》의 권계(勸戒)와 《춘추》의 상벌(賞罰), 그리고 이기성명(理氣性命)과 도덕의리(道德義理)의 정미(精微)한 온축(蘊蓄), 예악(禮樂)·형정(刑政)·황왕(皇王)·제작(制作)의 근본, 천지(天地)와 음양(陰陽)의 조화(造化)와 소장(消長)의 근원, 일월(日月)과 산천(山川)의 운행과 융치(融峙 트이고 우뚝함)한 오묘함, 귀신(鬼神)과 신선(神仙)과 석가(釋迦)의 괴이하고 그럴 듯한 이야기, 곤충과 초목이 날고 잠기며 움직이고 자라는 본성에 이르기까지 그 근원을 궁구하고 흐름을 거슬러 올라가 샅샅이 분석하여 이해하고 관통하셨습니다. 《대학》의 삼강령(三綱領)과 팔조목(八條目)[68]의 요체, 《논어》의 극기복례(克己復禮)[69]의 가르침에 더욱 힘을 기울여 그 배움은 지극히 넓으면서도 핵심을 요약하여 맥락을 잡았고 그 분석함은 지극히 정밀하면서도 더욱 돈독히 지키셨습니다. 그리하여 체(體)와 용(用)이 모두 원만해지고 지(知)와 행(行)이 융화되는 경지에 거의 이르셨습니다. 거기다가 웅장하고 기이하며 전아하고 굳센 문장과 맑고 깊으며 민첩하고 아름다운 수사는 그 성령(性靈)을 닦아 기르고 그 심지(心知)를 열어 밝힐 만하였습니다. 그러므로 문장에 나타나고 논의(論議)에 드러난 것이 해와 별이 하늘에 달린 것처럼 빛나고 장강(長江)과 황하(黃河)가 땅에 흘러가는 것처럼 넓었습니다. 그 영롱하고 아름다운 운치는 마치 수많은 구슬이 섞여 있는 것과 같고 그 시원하고 맑으며 그윽하고 고운 소리는 마치 오성(五聲)과 팔음(八音)[70]이 교대로 연주되는 것과 같았습니다. 사람들이 그 글을 읽고 그 말을 외우면 그 흉중에 간직된 것을 알 수 있었습니다.

아, 근래의 유자(儒者)들 가운데 명철하고 해박한 사람이 있으며 침착하고 독실한 사람도 있지만 선생께서는 대개 이것들을 모두 겸하셨습니다. 그 흉금의 깨끗함과 기상의 온화함과 출처(出處)의 명백함

68 대학의 삼강령(三綱領)과 팔조목(八條目) : 삼강령은 명명덕(明明德)·신민(親民)·지어지선(止於至善)을 말하고 팔조목은 격물(格物)·치지(致知)·성의(誠意)·정심(正心)·수신(修身)·제가(齊家)·치국(治國)·평천하(平天下)를 말한다.

69 논어의 극기복례(克己復禮) : 《논어》 〈안연(顔淵)〉에 안연이 인(仁)에 대하여 묻자, 공자께서 "자기의 사욕을 이겨 예로 돌아감이 인을 하는 것이다.〔克己復禮爲仁〕"라고 답한 내용이 보인다.

70 오성(五聲)과 팔음(八音) : 궁(宮)·상(商)·각(角)·치(徵)·우(羽)의 오성과 금(金)·석(石)·사(絲)·죽(竹)·포(匏)·토(土)·혁(革)·목(木)의 팔음을 말한다.

과 문로(門路)의 바름은 더욱 다른 사람들이 미치지 못할 바입니다. 이를 통해 볼 때 비록 퇴계와 율곡 뒤에 제일인(第一人)이라고 해도 될 것입니다.

도학(道學)과 재식(才識)을 지닌 선생께서 만일 조정에 있으면서 공고(公孤)[71]의 지위에 계셨다면 오늘날 세도(世道)의 낮음이 비록 이와 같으며 인심(人心)의 투박함이 비록 이와 같으며 풍속(風俗)의 퇴패함이 비록 이와 같으며 당쟁(黨爭)의 고질이 비록 이와 같더라도 그 정령(政令)을 시행하는 사이에 크게 변화하는 효과와 볼만한 실상이 있었을 것입니다. 그러나 선생께서는 대개 기사년(1689, 숙종15)의 혹독한 재앙[72]이 있은 뒤로 빈산에서 세상을 마치는 것을 본분으로 여기며 다시는 세상일에 관여할 생각을 갖지 않으셨습니다. 그러므로 몸을 깨끗하게 하고 멀리 떠나 베개를 높이 하고 누워서 일어나지 않으셨습니다. 비록 빈번하게 조정으로 부르는 명령이 있었고 임금의 큰 관심이 있었지만 선생께서는 끝내 그 기개를 바꾸지 않았고 그 절조를 고치지 않으셨습니다. 사시던 집에 밥 짓는 연기가 자주 끊어지고 처자식이 굶주린 기색을 면하지 못하더라도 오히려 편안하게 지내면서 터럭만큼도 원망하거나 괴로운 기색을 얼굴에 드러내지 않

71 공고(公孤) : 삼공(三公)과 삼고(三孤)를 병칭한 말로 정승 같은 고관을 가리킨다. 삼공은 삼정승(三政丞)으로 도(道)를 논하여 나라를 다스리고 음양을 조화한다. 삼고는 삼공의 보좌관(輔佐官)으로서 삼공을 도와 교화를 넓혀서 천지를 공경하며 그 이치를 밝히는 것을 임무로 한다. 《書經 周官》

72 기사년의 혹독한 재앙 : 1689년 서인(西人)이 실각하고 남인(南人)이 집권한 기사환국(己巳換局)을 가리킨다. 당시 김창협의 아버지 김수항(金壽恒)이 진도에 유배 되었다가 그곳에서 사사(賜死)되었다.

으셨습니다. 이러므로 위로는 어진 사대부(士大夫)로부터 아래로는 아녀자와 아이들, 천한 종들에 이르기까지 선생의 뜻을 고상하게 여기며 선생의 절의를 존모하여 태산(泰山)과 북두(北斗)처럼 우러르고 경성(景星)[73]과 경운(慶雲)[74]처럼 바라보지 않는 이가 없었습니다. 선생께서도 스스로 가난과 비통함에 마음 쓰지 않은 채 오직 천하의 어진 인재를 육성하고 글을 지어 후세의 빼어난 선비와 지사(志士)를 가르치는 것으로 소임(所任)을 삼으셨습니다.

바야흐로 두세 명의 학자와 경서를 가지고 황량한 강가의 오래된 사우 옆에서 도를 강론하시니 사림(士林)들이 이에 모범으로 삼을 곳이 있게 되었으며 후생(後生)들이 이에 사표(師表)로 삼을 사람이 있게 되었으며 성학(聖學)이 이에 전해지고 오도(吾道)가 이에 실추되지 않게 되었습니다. 선생의 한 몸에 관계된 것이 이처럼 중차대하였습니다. 그런데 어찌하여 하늘은 수십 년의 목숨을 아껴서 선생의 지업(志業)이 끝을 보지 못하게 하고 하루아침에 칠 척의 관에 담아 중천(重泉)의 아래에 묻게 한단 말입니까. 선생께서 시운(時運)에 맡기고 운명에 순종하는 뜻으로 볼 때 죽음을 두려워하는 마음이 없었다는 것을 진실로 압니다. 그러나 사림들은 이로부터 모범을 잃었고 후생들은 이로부터 사표를 잃었으며 성학은 장차 더욱 어두워질 것이고 오도는 장차 더욱 외롭게 될 것입니다. 나라 사람들이 현인을 잃은 슬픔[75]과 후학들의 대들보가 부러진 것에 대한 애통함[76]을 장차 어찌

73 경성(景星) : 큰 별로 덕성(德星), 서성(瑞星)이라고도 한다. 도(道)가 행해지고 있는 나라에 나타난다고 한다.

74 경운(慶雲) : 경운(卿雲)과 같은 말로 오색의 상서로운 구름을 말한다.

한단 말입니까. 하늘이 사문(斯文)을 없애려고 한다는 것을 저는 여기에서 더욱 확고하게 믿게 되었습니다. 아, 애통합니다. 아, 애통합니다.

선생의 신명(神明)이 맑음은 진실로 이미 다른 사람들보다 대단히 뛰어나고 거기다가 도로써 스스로 길러 세상의 때에 물들지 않았으며 외물에 더러워지지 않았습니다. 그런데 홀로 장수하여[77] 우리나라 사람들의 바람을 위로하지 않으신단 말입니까.

선생의 아들 군산(君山)[78]은 문장(文章)과 재기(才氣)가 남들보다 월등히 뛰어났는데 불행하게도 일찍 죽었습니다. 또 선생의 실마리를 이을 만한 다른 형제들도 없습니다. 선생께서 비록 동문(東門)[79]과

75 현인을 잃은 슬픔 : 진췌(殄瘁)는 《시경》 〈첨앙(瞻卬)〉의 "선인이 없으니 나라가 끊기고 병들리로다.〔人之云亡, 邦國殄瘁.〕"라고 한 데서 유래한 말로 어질고 선한 사람의 죽음을 의미한다.

76 대들보가……애통함 : 스승을 잃은 슬픔을 말한다. 공자(孔子)께서 자신이 죽을 꿈을 꾸고 아침에 일찍 일어나 뒷짐을 지고 지팡이를 짚은 채 문 앞에서 한가로이 거닐며 노래하기를 "태산이 무너지겠구나, 들보가 부러지겠구나, 철인이 죽겠구나.〔泰山其頹乎, 梁木其壞乎, 哲人其萎乎.〕"라고 한 데서 유래하여 대들보가 부러진다는 말은 스승이나 철인의 죽음을 의미하게 되었다. 《禮記 檀弓上》

77 장수하여 : 황구태배(黃耇鮐背)는 《시경》 〈행위(行葦)〉에 보이는 말이다. 황구는 노인을 가리키고 태배는 복어의 등을 말하는데, 주희(朱熹)는 "사람이 아주 늙으면 등에 복어 무늬가 있게 된다."라고 풀이하였다. 일반적으로 장수하는 노인을 가리킨다.

78 군산(君山) : 김숭겸(金崇謙, 1682~1700)으로, 본관은 안동(安東), 자는 군산, 호는 관복암(觀復菴)이다. 벼슬에 뜻을 두지 않고 영평(永平)에서 학문에 몰두하다가 19세로 요절하였다. 산수를 좋아하여 산천을 두루 유람하였으며 시 수백 편을 남겼다. 저서에 《관복암유고(觀復菴遺稿)》가 있다. 《渼湖集 卷15 先府君墓誌》

79 동문(東門) : 자식이 죽었어도 슬퍼하지 않았다는 춘추 시대의 동문오(東門吳)를 가리킨다. 《열자(列子)》 〈역명(力命)〉에 "위(魏)나라 사람 동문오는 아들이 죽었는데도 슬퍼하지 않았다. 이에 집안의 집사가 묻기를 '공의 아들 사랑은 천하에 둘도 없었는

계자(季子)[80]처럼 달관하고자 한들 어떻게 그럴 수 있었겠습니까. 대개 이로부터 질병이 찾아들어 예순이 되기도 전에 머리가 이미 하얗게 세었고 입은 옷의 무게를 견디지 못할 정도로 여위셨습니다. 이런 선생의 모습을 보는 사람들마다 걱정해 마지않았습니다. 올여름에 이르러 선생께서 여러 날 동안 지독한 학질을 앓았는데 평소 앓던 혈증(血症)이 갑자기 심해져서 몇 되나 토하더니 갑자기 운명하셨습니다. 고작 생질(甥姪) 한 명과 서너 명의 문인들이 유언(遺言)[81]을 들었을 뿐 상복을 입고 후사(後事)를 주관할 사람이 하나도 없었습니다. 하늘이 선생을 곤궁하게 한 것이 이러한 지경에 이르렀지만 이것은 선생의 곤궁함이 아니라 오도(吾道)의 곤궁함입니다. 그렇다면 제가 말한 하늘이 사문을 없애려고 한다는 것이 어찌 헛된 말이겠습니까. 아, 서글픕니다.

선생께서는 저와 군산(君山)이 성이 다른 형제의 정의가 있다고

데, 이제 자식이 죽었는데도 슬퍼하지 않는 것은 무엇 때문입니까?' 하였다. 동문오가 대답하기를 '나는 옛날에 자식이 없었는데, 자식이 없다고 그때 슬퍼하지 않았다. 지금 자식이 죽은 것은 옛날에 자식이 없던 것과 똑같은데, 내가 무엇 때문에 슬퍼하겠는가.' 하였다."라는 이야기가 나온다.

80 계자(季子) : 춘추 시대 오(吳)나라 사람 계찰(季札)을 가리킨다. 그가 제(齊)나라에 다녀오는 길에 자식을 잃었는데, 영현(嬴縣)과 박현(博縣) 사이에서 장례를 지냈다. 봉분을 만든 다음 계찰은 왼쪽 소매를 걷어 매고 바른편으로 자식의 봉분을 돌며 "골육이 흙속에 들어가는 것은 명(命)이거니와 혼기(魂氣)는 못 갈 데가 없느니라. 못 갈 데가 없느니라."라고 세 번 외치고 떠났다고 한다. 《史記 卷31 吳太伯世家》

81 유언(遺言) : 계여지음(啓予之音)은 증자(曾子)가 임종(臨終) 때 제자들에게 "이불을 걷고 내 손과 발을 보아라.〔啓予足, 啓予手.〕"라고 한 데서 유래하여 유언을 의미한다. 《論語 泰伯》

하여 저와 대화할 때에 줄줄 눈물을 흘리셨고 편지에서 서글프고 괴로운 말씀을 여러 번 하셨습니다. 제가 선생을 슬퍼하는 것은 군산을 슬퍼했던 것보다 심한 점이 있으니 비록 선생인들 이런 마음을 어찌 다 아시겠습니까.

저는 아직도 기억하고 있습니다. 정축년(1697, 숙종23) 겨울에 선생을 따라 수종사(水鍾寺)[82]에서 글을 읽을 때 백온(伯溫)[83]과 명중(明仲)[84]과 군산이 함께 했습니다. 눈이 내리는 밤에 절의 동대(東臺)에 올라 바라보니 큰 강물이 하늘 끝에서부터 비단처럼 펼쳐지고 용문(龍門)의 여러 산들이 눈에 덮여 환한 모습이 달빛과 함께 일렁이니 대단히 아름다운 광경이었습니다. 선생께서 돌아보고 웃으며 즐거워하고 거나하게 술을 마시면서 저희들에게 고시(古詩)를 외우게 하고는 선생께서 화운하셨습니다. 이 일이 어제의 일처럼 생생하기만 합니다. 그런데 불과 10년 사이에 이미 군산을 곡하였고 이제 또 선생을 곡하게 되었습니다. 옛날에 한퇴지(韓退之)가 말하기를 "사람이 오래도록 죽지 않고 이 세상을 구경하며 살려고 하는 것은 어째서인가."[85]

82 수종사(水鍾寺) : 경기도 남양주시 조안면 송촌리 운길산(雲吉山)에 있다. 봉선사(奉先寺)의 말사이다.

83 백온(伯溫) : 이위(李瑋, 1676~1727)로, 본관은 전주(全州), 자는 백온, 호는 두천(斗川)이다. 김창협의 문인이다.

84 명중(明仲) : 오진주(吳晉周, 1680~?)로, 본관은 해주(海州), 자는 명중, 호는 무위재(無爲齋)이다. 김창협의 《농암집(農巖集)》 권27 〈망녀오씨부묘지명(亡女吳氏婦墓誌銘)〉에 "수양 오진주 명중의 처 안동 김씨는 농암거사의 딸이다.〔首陽吳晉周明仲妻, 安東金氏, 農巖居士女也.〕"라고 하였으므로 오진주가 김창협의 사위임을 알 수 있다.

85 한퇴지(韓退之)가……어째서인가 : 한퇴지는 당(唐)나라의 문인이자 사상가인

라고 하였습니다. 제가 이제야 이 말이 서글프다는 것을 더욱 알게 되었습니다. 아, 애통합니다. 아, 애통합니다.

저는 타고난 성품이 어리석고 노둔한데다가 지식도 없습니다. 선생의 문하에 출입한 지 이미 오래되었지만 실상 하루도 존심(存心)하고 양성(養性)하는 학문에 힘을 쓰지 못하였습니다. 선생께서 일찍이 그 게으름을 일깨우고 몽매함을 개발할 때 반드시 도로써 권면하였으니 기대하시는 바가 대개 이와 같았습니다. 그러나 저는 문사(文詞)의 오래된 습관에 얽매이고 과문(科文)의 속된 굴레에 구애되어 그럭저럭 지내며 지금까지 나이 40이 되도록 하나도 성취한 것이 없습니다. 바야흐로 놓쳐 버린 마음을 불러들이고 힘써 전진하여 지난날의 잘못을 뉘우치고 새롭게 하려는[86] 요량으로 봄에 후회하고 두렵다는 뜻을 말씀드렸는데 선생께서 병중이라 답장을 주지 않은 채 갑자기 세상을 떠나셨습니다. 아, 애통합니다. 아, 애통합니다.

제가 이제부터 선생처럼 남을 가르치는 데 게을리하지 않는 사람을 어찌 만날 수 있겠습니까. 선생처럼 정성껏 잘 이끌어 주는 사람을

한유(韓愈, 768~824)로 자는 퇴지이다. 그의 글에 "내가 40살도 되지 않았는데 할아버지와 아들과 손자 삼대를 곡하였으니 인간 세상에서 어떠하겠는가. 사람이 오래도록 죽지 않고 이 세상을 구경하며 살려고 하는 것은 어째서인가.〔未四十年, 而哭其祖子孫三世, 於人世何如也. 人欲久不死, 而觀居此世者何也.〕"라고 하였다. 《韓昌黎集 卷33 殿中少監馬君墓誌銘》

86 지난날의……하려는 : 식경보의(息黥補劓)는 그동안의 잘못을 반성하고 앞으로 새롭게 되는 것을 말한다. 《장자(莊子)》〈대종사(大宗師)〉에 "조물주가 내 이마에 가해진 묵형(墨刑)의 흔적을 없애 주고 나의 베인 코를 보완해 주어 완전한 인간의 몸으로 선생의 뒤를 따르게 해 주지 않을 줄 어떻게 알겠는가.〔庸詎知夫造物者之不息我黥而補我劓, 使我乘成以隨先生耶.〕"라고 하였다.

어찌 만날 수 있겠습니까. 삼주(三洲)[87]의 경물이 변하지 않고 산속 누각의 화초와 수목이 그대로 남아 있는데 오직 봄바람과도 같았던 선생의 모습과 금과옥조(金科玉條)와 같았던 의론은 다시 볼 수 없게 되었으니 금대산(金臺山)[88]이 비록 무너지고 미호(渼湖)[89]의 물이 비록 끊어지더라도 저의 애통함은 다할 때가 없을 것입니다. 선생께서 이런 마음을 아십니까, 알지 못하십니까?

선생께서는 사람들이 세속의 진부하기 이를 데 없는 상투적인 말들을 엮어 다른 사람을 애도하는 것을 문제점으로 여기셨습니다. 제가 지금 만약 세속의 진부하기 이를 데 없는 상투적인 말들을 엮어 선생을 애도하는 것이라면 선생의 영령께 부끄러울 것입니다. 요컨대 제 흉금에 있는 진실한 마음을 펼쳐 제 가슴속의 슬픔을 털어놓은 것입니다. 그러므로 글이 거칠고 졸렬하여 사람들이 기롱하더라도 돌아볼 겨를이 없습니다. 혹시라도 선생의 영령께서 흡족하게 웃으신다면 바라건대 제가 올리는 술잔을 받아주십시오. 아, 흠향하시기 바랍니다.

87 삼주(三洲) : 경기도 남양주시 지금동에 있는 석실서원(石室書院) 앞쪽의 세 개의 모래톱을 가리킨다. 김창협의 《농암집》 권36 〈연보 하(年譜下)〉에 "8월에 삼주에 거처를 정했다.〔八月, 定居于三洲.〕"라고 하였다.

88 금대산(金臺山) : 경기도 남양주시 와부읍 덕소리와 도곡리 경계에 있는 산이다. 김창협이 거주하던 곳과 가까운 산이다.

89 미호(渼湖) : 경기도 남양주 근처에 있는 미수(渼水)를 가리키는 것으로 보인다.

남쪽으로 돌아가는 사관 김담[90]을 전송하는 서문
送金士寬 墰 南歸序

나라에서 선비를 시험하는 법에는 대과(大科)와 소과(小科)가 있다. 대과에 합격하는 것을 급제(及第)라고 하고 소과에 합격하는 것을 진사(進士)라고 한다. 그러나 인재를 쓸 때는 오로지 과거에 급제한 사람을 중용하므로 급제하여 관직에 나간 선비는 비록 아둔하고 지조가 없으며 어리석은 무리라 하더라도 마치 지푸라기 줍듯이 쉽게 청요직(淸要職)에 오르고 높은 자리에 올라 늙어 죽을 때까지 찬란하게 부귀를 누린다. 그러나 급제를 통해 관직에 나간 사람이 아닌 경우에는 비록 보배처럼 빼어나고 남들보다 뛰어난 재주를 지닌 사람이라고 하더라도 죽을 때까지 등용되지 못하여 간혹 산골짜기에서 말라 죽기도 한다. 그러므로 선비들은 어려서부터 경서(經書)와 사서(史書)에 등장하는 말들을 표절하고 자구(字句)를 따다가 짝을 맞추는 변려문(騈儷文)을 익혀서 과거에 급제하여 명성을 이룸으로써 자기 자신을 영예롭게 하고 부모를 드러나게 하려고 한다.

먼 지역의 외진 고을에 사는 선비에 이르러서는 급제하는 것이 서울 사람들에 비해 어렵고 매우 드물기 때문에 그곳의 사람이 혹시라도 진사가 된다면 죽을 때까지 영광스럽게 여기고 종족과 이웃들이 칭찬

90 김담(金墰) : 1678~1743. 본관은 광주(光州), 자는 사관(士寬)이다. 이하곤과 함께 1708년(숙종34)에 진사시에 합격한 인물이다. 저본에는 이름이 빠져 있는데 《사마방목(司馬榜目)》에 의거하여 보충하였다.

하고 빛내준다. 그 사람의 집을 지나가다가 묻는 사람이 있으면 "아무개 진사 댁이다." 하고 그의 친척과 이웃을 가리켜 묻는 사람이 있으면 "아무개 진사의 친척이며 이웃이다."라고 한다. 사람들이 우러러 흠모함이 이와 같기 때문에 선비들이 과거 말고 다시 어떤 일이 있는지를 알지 못한다. 선비들이 더럽고 낮은 데로 달려가는 것이 날로 심해지니 서글프지 않겠는가.

나와 같이 진사에 합격한 벗 김사관은 호남(湖南)의 낙안(樂安) 사람이다. 낙안은 서울에서 거의 천 리나 떨어져 있을 뿐만 아니라 바닷가의 황량하고 외진 곳에 있는데 근래 급제하여 드러난 사람을 듣지 못했다. 사관의 대인(大人) 사예공(司藝公)[91]이 비로소 감과(柑科)[92] 일등으로 뽑혔고 종형(從兄) 영(玲)[93]이 사관보다 앞서 진사가 되었다. 사관은 사부(詞賦)에 뛰어나 과장(科場)에서 명성이 있었는데 올해 높은 등수로 진사에 합격하였다. 내가 들으니 그 고을의 사람들이 칭찬하고 부러워하여 급제하는 김씨 가문이라고까지 한다고 한다. 또 말하기를 "사관은 진사에서 그치지 않고 머지않아 대과(大科)

91 사관의 대인(大人) 사예공(司藝公) : 김담의 아버지 김우화(金遇華, 1656~1726)로, 본관은 광주(光州), 자는 이현(而顯)이다. 1695년(숙종21) 별시(別試)에 급제하였고 1708년에 성균관 사예(成均館司藝)에 임명되었다. 《陶谷集 卷20 僉知中樞府事金公墓表》

92 감과(柑科) : 귤[柑]을 진상 받고 베풀던 조선 시대의 과거 제도이다. 제주 수령이 귤과 유자 등을 진상하면 나라에서 이를 경하하는 뜻에서 과거를 시행하였다. 감제(柑製)·황감제(黃柑製)라고도 한다.

93 김영(金玲) : 1671~? 본관은 광주, 자는 백숭(伯嵩)이다. 1705년 증광시에 합격하였다.

에 합격하여 높은 지위에 오를 것이다. 이것은 사관이 뛰어날 뿐만 아니라 또 그의 대인께서 교육시킨 힘 때문이니 사예공이 더욱 어질다."라고 한다 하니 이른바 자신이 영예롭게 되어 부모를 드러나게 한다는 것을 사관이 이에 모두 갖게 되었다.

지금 남쪽 고향으로 돌아가 선조들의 묘소를 살피려고 하니 장차 종족과 이웃들이 영광으로 여길 것이다. 평소 사관을 알던 사람들이 모두 그가 가는 것을 영광스럽게 여겨 노래와 시를 지어 빛내주는데, 나만은 이것으로 사관을 영광스럽게 여기지 않고 가만히 마음에 느끼는 것이 있다.

정축년(1697, 숙종23)에 내가 처음 석실서원(石室書院)에서 사관을 만났다. 당시 농암(農巖)[94] 선생께서는 도덕과 문장으로 한 시대의 중망(衆望)을 받으셨으므로 바야흐로 서원에서 강학(講學)하려고 할 때 사방에서 종유(從遊)한 선비들이 구름처럼 모여들었다. 나와 사관은 모두 배우는 자리에 있어서 몇 달 동안 함께 지냈다. 매일 밤 바라보면 늘어선 집 가운데 등불이 환하게 밝았고 글을 읽는 소리가 강물 소리와 어우러져 대단히 좋았다.

내가 보니 사관은 당시 나이가 어린데도 지기(志氣)가 매우 예리하여 학문을 부지런히 힘쓰고 몸가짐을 깨끗하게 하였다. 그러므로 내가 사관을 두렵게 여겼다. 그 뒤에 내가 두타산에서 숨어 지내게 되어 사관을 만나지 못한 지가 10년이나 되었다. 올봄에 다시 방회(榜會 합격자 모임)에서 만나게 되었는데 우리 두 사람은 옛날의 나와 사관일

94 농암(農巖) : 김창협(金昌協, 1651~1708)으로, 본관은 안동(安東), 자는 중화(仲和), 호는 농암·삼주(三洲)이다. 《三淵集 卷30 仲氏農巖先生墓表》

뿐이었고 달라진 것이라고는 진사가 되었다는 점 하나 뿐이었다. 어찌 대단히 부끄러운 일이 아니겠는가.

지금 사관을 먼 지방의 선비라 하여 비록 진사에 합격한 것이지만 장차 종족과 이웃들에게 칭찬을 받아 그 자신이 이미 영광스럽고 부모가 드러나게 되었으니 사관에게는 만족스러운 일이라고 한다면 이것은 사관을 야박하게 대하는 것이다. 그러나 사관이 지난날의 사관보다 크게 뛰어난 점이 없는 것은 대개 세속의 굴레에서 훌쩍 벗어나 과거(科擧) 이외의 일에 마음을 쓰지 못하기 때문이다. 사관이 이와 같이 하면서 지금 선비들과 달라지기를 바란다면 난망한 일이다.

사관의 됨됨이는 돈독하고 중후하며 질박하고 정직하다. 거기다가 일찍이 선생의 서론(緖論)을 들었으니 만일 지금부터 마음을 다스리고 본성을 기르는 학문에 더욱 노력을 기울여 선생의 도를 닦아 밝히는 것을 자신의 소임으로 삼고 경서(經書)나 사서(史書)를 표절하거나 자구(字句)를 따다가 과거에 급제하여 명성 얻는 것을 일삼지 않는다면 훗날의 성취할 바를 어찌 쉽게 헤아릴 수 있겠는가. 장차 우리 무리의 선비들이 모두 칭찬할 것이고 우리 무리의 선비들이 칭찬하는 것만으로는 부족하여 장차 한 시대가 모두 칭찬할 것이며 백 년 천 년에 이르도록 칭찬하는 데 이를 것이니 이와 같이 된 뒤에야 진실로 사관에게 영광스러운 일이 될 것이다. 종족과 이웃들이 급제한 사람이라고 칭찬하는 것과 비교해 볼 때 어떠한가. 사관도 또한 그 경중을 구분할 수 있을 것이다.

아, 내가 선생을 곡한 이후로 갈팡질팡하며 마치 실명한 장님과 같아서 학업이 날마다 더욱 추락하고 지취(志趣)가 날마다 더욱 낮아졌으니 지금 세상의 선비가 되지 않으려고 했지만 그렇게 될 수가 없었다. 그러나 매번 동문(同門)의 선비를 만나면 문득 선생의 도를 닦아 밝히고 선생의 사업을 이어야 한다는 말로 권면하였다. 지금 사관이 갈 때에 더욱 한 마디 말이 없을 수 없기에 이 글을 써서 이별한다.

이태로의 친구들 편지 첩 뒤에 쓰다
書李台老知舊手筆帖後

무자년(1708, 숙종34) 11월 17일 밤에 권환백(權桓伯) · 윤효언(尹孝彦)[95] · 남덕조(南德操)와 함께 이태로(李台老)의 집에 모였다. 아우 재창(載昌)[96]과 효언의 둘째 아들 중수(仲受)도 자리에 있었다. 당시 눈이 막 개고 달빛이 매우 고왔다. 뜰에 오래된 구기자나무 한 그루가 있었는데 성긴 그림자가 아른거려 사랑스러웠다.

서로 화로를 끼고 마음껏 담론을 나누다 보니 밤이 이경(二更)에 이르렀는데, 태로가 간직하고 있던 친구들의 편지 첩을 꺼내어 그 아래에 글을 써달라고 부탁하였다. 여러 사람들이 각각 한 장씩 글을 쓰고 권의 머리에 효언이 또 붓을 놀려 초가집에서 달을 바라보는 그림을 그려 넣으니 대단히 풍치가 있어 볼만하였다. 소금산초(小金山樵 이하곤의 호)는 이화당(梨花堂)에서 쓴다.

95 윤효언(尹孝彦) : 윤두서(尹斗緖, 1668~1715)로, 본관은 해남(海南), 자는 효언, 호는 공재(恭齋)이다.

96 재창(載昌) : 이명곤(李明坤, 1685~?)으로, 본관은 경주(慶州), 자는 재창이다. 이하곤의 막내 아우이다.

정경부인 황씨[97]를 제사하는 글

祭貞敬夫人黃氏文

아 부인이여	嗚呼夫人
우리 어머니가 어머니처럼 모시는 분입니다[98]	吾母所母
지금 세상 사람들 중에	凡今世人
누군들 생질과 외숙모가 없겠습니까만	孰無甥舅
어찌 부인과	豈如夫人
우리 어머니처럼 도타운 사이가 있겠습니까	於吾母厚
제가 부인을 뵌 것은	我覲夫人
어려서부터인데	蓋自稚幼
당시 문충공[99]께서는	維時文忠
세상의 태산북두셨습니다	爲世山斗
문장과 훈업이	文章勳業
수많은 사람에게 알려지고	播在萬口

97 정경부인(貞敬夫人) 황씨(黃氏) : 황일호(黃一皓, 1588~1641)의 넷째 딸로, 김석주(金錫胄, 1634~1684)와 혼인하였다.

98 우리……분입니다 : 이하곤의 어머니는 조현기(趙顯期)의 셋째 딸이고, 조현기는 김좌명(金佐明)의 딸인 김석주의 누이와 혼인하였다. 그러므로 정경부인 황씨는 이하곤의 어머니에게는 외숙모가 된다.

99 문충공(文忠公) : 김석주로, 본관은 청풍(淸風), 자는 사백(斯百), 호는 식암(息菴), 시호는 문충이다. 1680년(숙종6) 남인 세력을 몰아낸 공으로 보사 공신(保社功臣) 1등으로 청성부원군(淸城府院君)에 봉해졌다. 《瑞石集 卷16 右議政淸城府院君金公墓誌銘 幷序》

집안이 화려하게 빛나니	門闌烜焃
누가 감히 짝하겠습니까	誰與敢偶
사람들이 말하기를 부인은	衆曰夫人
실로 현명한 아내로	實爲賢婦
온순하고 자애로우며	祥順慈惠
또한 효도하고 우애가 있으며	亦孝而友
교만하여 우쭐대지 않고	不挾以驕
부귀함을 잊었다고 합니다	忘其貴富
인척들이 구름처럼 많았으나	姻戚如雲
누군들 부인을 헐뜯겠습니까	孰我訕詬
이처럼 아름다운 덕을 지니셨으니	曰令此德
하늘의 복을 받을 것이라 했는데	受天之祐
인간 세상의 극심한 변화가	人世滄桑
손을 뒤집듯 쉽게 일어났습니다	在翻覆手
기사년의 재앙[100]은	屠維之禍
예부터 드문 일이니	自古罕有
밤에 곡하는 슬픔으로[101]	夜哭之悲

100 기사년의 재앙 : 1689년(숙종15)에 후궁 소의(昭儀) 장씨(張氏) 소생을 원자로 정호(定號)하는 문제를 계기로 서인이 축출되고 남인이 정권을 장악한 기사환국(己巳換局)을 말한다. 이 사건으로 인해 김석주는 공신호와 관작을 추탈당했고 그의 아들 김도연(金道淵)은 자살하였으며 정경부인 황씨도 변방으로 유배되었다.

101 밤에 곡하는 슬픔으로 : 김석주와 정경부인 황씨의 사이에서 태어난 김도연의 죽음을 슬퍼했다는 말이다. 춘추 시대에 경강(敬姜)이 남편 목백(穆伯)의 상에는 낮에만 곡하고, 아들 문백(文伯)의 상에는 주야로 곡하였는데, 공자(孔子)께서 이를 두고

창자가 찢어지고 심장이 문드러지는 듯했습니다　腸裂心腐
삼대가 과부 되어　三世孀婦
쓸쓸하게 서로를 의지했는데　煢然相守
저 노려보는 자들이　彼睢盱者
날마다 재앙을 엮으려 했습니다　日欲禍構
부인이 어찌 알았겠습니까　夫人何知
사정거리 안에서 노는 줄을[102]　遊此羿彀
두세 명의 계집종과　二三女奴
함께 남쪽으로 달려가니　相隨南走
습한 바닷가는 아득하고　瘴海茫茫
산으로 막혀 있었습니다[103]　隔以嶺岫
제가 당시 어머니를 모시고　余時將母
또한 골짜기 오른쪽에 있었는데　亦落峽右
보내 주신 편지를 읽을 때마다　每讀來札
어머니께서는 눈물로 소매를 적셨습니다　母淚盈袖
갑술년에　歲行在戌
못된 무리가 모두 처벌되자[104]　群凶駢首

예(禮)를 안다고 평했던 고사가 전한다.《禮記 檀弓下》

102 사정거리……줄을 :《장자(莊子)》〈덕충부(德充符)〉에 "예의 사정거리 안에서 노니는 자 가운데 그 한복판에 서 있는 자는 적중되기에 꼭 알맞다고 할 것인데, 그럼에도 불구하고 그 화살을 맞지 않는다면 그것은 운명이다.〔遊於羿之彀中, 中央者中地也, 然而不中者命也.〕"라고 하였다.

103 두세……있었습니다 : 정경부인 황씨가 변방으로 유배된 사실을 말한 것인데 구체적으로 어디로 유배되었는지는 고증할 수 없다.

하늘의 해가 다시 밝아져	天日再昭
이 어둠을 열었습니다	豁此昏瞀
남산의 옛 집에서	終南舊第
손을 잡고 서로 만났으나	握手相覯
슬프고 기쁜 모든 일들로 인해	萬事悲懽
마음의 병만 늘었습니다	只增心疚
이듬해 여름에	明歲之夏
제가 우리 어머니를 곡하였는데[105]	我哭我母
옷을 벗어 염하게 하시니	脫衣以斂
이 은혜를 저버릴 수 있겠습니까	此恩可負
아 제 아우도	嗟嗟余弟
감싸주는 은혜를 입었습니다[106]	亦蒙覆幬
외가는	夫我外黨
날로 쇠락했지만	日就凋朽
오직 다행히도 부인께서	惟幸夫人
우뚝 예전처럼 계시니	巋然如舊
그 은혜를 생각하고 덕을 우러르며	懷恩仰德

104 갑술년에……처벌되자 : 1694년(숙종20)에 집권했던 남인이 물러나고 소론과 노론이 다시 국정을 장악하게 된 갑술환국(甲戌換局)을 말한다. 여기에서 군흉(群凶)은 남인 세력을 가리킨다.

105 이듬해……곡하였는데 : 이하곤의 어머니 임천 조씨(林川趙氏)는 1695년에 세상을 떠났다.

106 제 아우도……입었습니다 : 이하곤의 아우 이한곤(李漢坤)이 죽었을 때도 도움을 받았다는 말로 보인다.

많은 종인들이 모여들었습니다	衆宗所輳
검은 머리 그대로이고	鬒髮無變
고운 얼굴 주름지지 않았기에	韶顔不皺
저는 부인께서	我祝夫人
장수하시기를 바랐는데	享有黃耇
어쩌다가 하루아침에	云胡一朝
병에 걸려 돌아가셨습니까	則疾不救
제 친족들은	凡我親屬
먹여주는 이를 잃은 듯합니다	若失哺鷇
부인께서는 언제나	夫人始終
허물할 일이 전혀 없었으니	無一可咎
남자도 어려운 것을	男子所難
부인만은 지니셨습니다	惟夫人有
혹독한 재앙 겪으셨으니	禍故之酷
이치를 실로 알기 어려운데	理實難究
부인은 이런 상황에서	夫人於此
어찌 오래 살고자 하셨겠습니까	夫豈欲久
바라는 일은 사손이	所冀嗣孫
혼인하여[107]	庶遂婚媾
문충공의 공적을 기록하여	記文忠功

107 사손(嗣孫)이 혼인하여 : 김석주와 정경부인 황씨의 아들인 김도연이 자살하여 대를 잇지 못하게 되자, 족손(族孫) 김성하(金聖廈)를 김도연의 후사로 삼았다. 《玉吾齋集 卷14 右議政淸城府院君文忠金公神道碑銘 幷序》

후대에 밝게 드러내는 것입니다 俾昭于後

하늘이 만약 뉘우친다면 天若有悔

마땅히 장수로써 보답하여 宜報以壽

두 가지 소원이 使二者願

어긋남이 없어야 하는데 毋或紕繆

이제는 끝나버렸으니 今亦已矣

하늘을 두드려 그 이유 물을 수 없습니다 天不可扣

망자에게 지각이 있다면 逝者有知

구천에서 서로 만나실 텐데 九原相遘

우리 어머니와의 즐거움이 與吾母樂

이승에서와 같으신지요 如此世否

이처럼 좋은 날을 가려 涓玆吉辰

영구를 옮기려 하는데 將遷靈柩

명정과 운불삽이 동쪽으로 旌翣東指

소내[108]의 언덕을 향해 갑니다 牛川之阜

강물은 길게 흐르고 산은 우뚝한데 河氷嵯峨

싸락눈이 어지러이 날리니 霰雪紛糅

콧물은 긴 바람 같고 涕如長風

눈물은 떨어지는[109] 처마 물 같아 淚如懸溜

108 소내 : 경기도 양주(楊州)의 양수리 부근에 있는 지명으로 이곳에 김석주, 전 부인 이씨(李氏), 후 부인 황씨(黃氏)가 나란히 안장되어 있다.《玉吾齋集 卷14 右議政清城府院君文忠金公神道碑銘 幷序》

109 떨어지는 : 저본(底本)에는 현(縣)으로 되어 있으나 일반적인 용례에 따라 현(懸)으로 수정하여 번역하였다.

제가 저의 슬픔을 쏟아내지만	我洩我哀
마음이 도려내는 듯합니다	心焉如剖
제문 지어 영결을 고하면서	陳詞告訣
이 술잔을 올리니	薦此觴豆
영령께서 저를 버리지 않으시면	靈不我棄
혹시라도 이 술을 흠향하소서	庶歆我酒

금산 군수 권설[110]을 전송하는 서문
送權錦山 卨 序

조정에서는 남쪽 지방에 도적이 일어나자 대신(大臣)이 경연(經筵)에서 임금께 아뢰어 특별히 전 현감 권군(權君)을 천거하여 금산군(錦山郡)을 지키게 하였다. 이보다 앞서 권군은 장수(長水)를 맡아 다스리면서 기묘한 계책으로 흉악한 도적 이기풍(李基豐) 등 70여 명을 사로잡아 모두 죽였다.[111] 조정에서는 이 일로 권군을 크게 쓸 만하다고 여겼고 이때에 이르러 이와 같이 천거하게 된 것이다.

의논하는 사람들은 혹 "남쪽의 도적 무리는 염려할 것이 못 되는데 대신이 어찌 경솔하게 권군을 천거하여 인심을 동요시킨단 말인가."라며 대신을 탓하는 이들이 많다. 나는 의논하는 사람의 말이 맞지 않다고 생각하니 남쪽의 도적은 국가의 깊은 걱정거리이다. 대개 호남(湖南)은 서쪽과 남쪽이 큰 바다와 접해 있고 높은 산과 깊은 골짜기에는 깊은 숲과 우거진 대나무가 그 사이에 펼쳐져 있다. 그 지역은 곡식과 어염(魚鹽)과 죽전(竹箭)의 이로움이 풍부하고 그곳 백성들은 본디

110 권설(權卨) : 저본(底本)에는 금산 군수의 이름이 기록되지 않았으나 장수 현감(長水縣監)을 역임하고 금산 군수에 임명된 권씨는 권설이 유일하므로 보완하여 번역하였다. 권설은 1708년 11월에 금산 군수에 임명되었다. 《承政院日記 肅宗 34年 11月 17日》

111 권군은……죽였다 : 권설은 1699년(숙종25) 5월에 장수 현감에 임명되어 전라도 관찰사 김시걸(金時傑)과 함께 도적의 우두머리 이기풍 등 70여 명을 체포하였다. 《承政院日記 肅宗 25年 5月 2日》, 《肅宗實錄 37年 7月 26日》

교활하고 간사하여 고을 수령의 법을 따르지 않으니 다스리기 어렵기로 알려져 있다. 여러 해 동안 기근과 역병을 겪었고 또 탐관오리의 불법 침탈에 시달리다가 마침내 서로 모여 도적이 되었다. 그 패거리가 날로 번성하여 호남에서부터 호서와 영남에 이르기까지 근거지를 두고 고착화하여 각각 우두머리가 거느리고 있다. 때로는 준마(駿馬)를 타고 일산을 펴서 앞서거니 뒤서거니 하며 호위하여 관리인 척하면서 대낮에 큰길로 다닌다. 혹은 다른 사람의 집을 공격하고 혹은 다른 사람의 처자를 빼앗기도 한다. 심지어는 토포사(討捕使) 군관을 죽여 목을 베어 장대에 걸어서 관아 앞의 거리에 세워놓기도 한다. 현감과 토포사는 조정에서 자신들을 처벌할까 두려워 숨긴 채 감히 보고하지도 않는다. 도적들은 이로 말미암아 더욱 방자하여 기리낌이 없으니 나그네들이 이로 인해 길을 다니지 못할 지경이다.

아, 장각(張角),[112] 갈영(葛榮),[113] 황소(黃巢),[114] 이자성(李自成)[115]의 무리는 처음에 도적떼로 일어났으나 끝내 천하를 망하게 하였

112 장각(張角) : 후한(後漢) 말기의 거록(鉅鹿) 사람으로 부적과 주술(呪術)로 병을 치료하며 태평도(太平道)라 칭하고 신도들을 규합하여 머리에 황색 두건을 두르고 반란을 일으켰다. 당시 이들을 황건적(黃巾賊)이라 지칭하였다. 《後漢書 卷101 皇甫嵩列傳》

113 갈영(葛榮) : 후위(後魏) 때의 역적이다. 수십만 명의 무리를 이끌고 반란을 일으켜 스스로 제(齊)나라 천자가 되었다. 뒤에 이주영(爾朱榮)에 의해 토벌되었다. 《北史 卷4 魏本紀》

114 황소(黃巢) : 당(唐)나라 말기의 역적이다. 소금 장수로 부자가 된 뒤 왕선지(王仙之)의 난(亂)에 가담하여 장안(長安)을 함락하고 제나라 천자가 되었다. 이극용(李克用)과 싸워 패한 뒤 자살하였다. 《唐書 卷225》

115 이자성(李自成) : 1606~1645. 명(明)나라 말기 반란군의 우두머리로서 1631년

다. 지금 도적들 가운데 앞에서 언급한 몇 사람처럼 사납고 오만한 자가 없을 줄을 어찌 알겠는가. 이로 말미암아 보건대 의논하는 사람들의 이른바 "남쪽의 도적은 염려할 것이 못 된다."라고 하는 말은 또한 대단히 사려 깊지 못한 것이다.

또 권군은 남쪽 지방에서 10년 동안 살아 그곳 산천의 험준함, 백성들의 풍속과 도적의 행태, 형세의 이로움과 해로움에 대해 잘 알고 있다. 사람됨 또한 침착하고 계획이 있으며 의기(義氣)를 좋아하고 잘 베풀어 남쪽의 민심을 많이 얻었으니 이곳의 도적을 물리칠 사람을 구하고자 한다면 진실로 권군보다 나은 사람이 없다. 그러나 오히려 군수의 권한으로는 한창 세력을 떨치는 도적을 제압하기에 부족할까 염려스럽다. 대신이 권군을 추천한 것을 또 탓할 수 있겠는가.

나는 권군이 장수(長水)를 다스렸을 때처럼 반드시 적당한 상황을 살펴 기동하고 좋은 때를 엿보아 움직여서 도적들의 기세를 꺾고 도적들의 칼을 부러뜨려 도적들이 성(城)과 읍(邑)을 공격하고 아전과 백성을 해쳐 임금의 걱정거리가 되는 데에 이르지 않게 할 줄을 안다. 비록 그렇지만 옛사람이 도적을 다스리는 데에는 두 가지 방법이 있었다. 분명하게 신의를 보이고 교화로 인도하여 도적으로 하여금 흩어지게 한 것은 공수(龔遂),[116] 장강(張綱),[117] 축량(祝良)[118] 등이 여기에

에 반란을 일으켜 하남(河南)·호북(湖北)을 함락하고 국호를 대순(大順)이라 했다. 뒤에 오삼계(吳三桂)에게 패하여 죽었다.

116 공수(龔遂) : 한(漢)나라 때의 순리(循吏)로 자는 소경(少卿)이다. 선제(宣帝) 때 발해(勃海)에 도적이 일어나자 선제가 공수를 태수로 삼아 이를 진압하게 하였는데, 공수가 부임하여 도적들을 교화시켜 모두 농상(農桑)에 종사하게 하니 드디어 발해가 크게 다스려졌다. 《漢書 卷89 循吏傳 龔遂》

해당한다. 군사(軍師)를 선발하고 무리를 모아 위무(威武)로 두렵게 하고 병력으로 섬멸한 것은 우후(虞詡),[119] 적청(狄靑),[120] 왕수인(王守仁)[121] 등이 여기에 해당한다. 무릇 신의와 교화로써 먼저 하고 고치지 않은 뒤에 군대와 위무로 일을 처리하는 것이 좋으니 권군은 힘쓸지어다.

내가 들으니 권군의 선조(先祖) 판서공(判書公)이 금산군을 다스리면서 임진년(1592, 선조25)[122] 왜구의 침입을 맞아 충의(忠義)로 격려하여 수백 명의 군사를 모집하여 제봉(霽峰) 고경명(高敬命)[123]과

117 장강(張綱) : 후한(後漢) 때의 인물이다. 장영(張嬰)이 광릉(廣陵)에서 반란을 일으켜 조정에서 진압하지 못하자, 대장군 앙기(梁冀)가 이를 빙자하여 중상모략하려는 계략으로 장강을 광릉 태수로 보냈다. 장강이 혼자 수레를 타고 적진 속에 들어가 타일러서 장영과 그 무리의 항복을 받으니 모든 사람이 열복(悅服)하여 남주(南州)가 무사하게 되었다.《後漢書 卷86 張綱列傳》

118 축량(祝良) : 후한 때 인물이다. 만족(蠻族)이 반란을 일으키자, 홀로 말을 타고 적진에 가서 그들을 설득하여 반란을 진압하였다.《後漢書 卷116 南蠻西南夷傳》

119 우후(虞詡) : 후한 때 무평(武平) 사람으로, 자는 승경(升卿)이다. 조가(朝歌)에 주둔한 도적떼 수백 명을 잡았고 무도 태수(武都太守)가 되었을 때 강인(羌人)을 대파한 공이 있다.《後漢書 卷88 虞詡列傳》

120 적청(狄靑) : 송(宋)나라 인종(仁宗) 때 장수로, 자는 한신(漢臣)이다. 평민 출신으로 용맹과 지략을 갖추어 서하(西夏)의 반란을 평정하고 또 농지고(儂智高)를 평정하고 돌아와 추밀사(樞密使)에 제수되었다.《宋史 卷290 狄靑列傳》

121 왕수인(王守仁) : 1472~1528. 명(明)나라 때의 학자이자 정치가로, 자는 백안(伯安), 호는 양명(陽明), 시호는 문성(文成)이다. 복건성(福建省)과 강서성(江西省)의 농민 봉기를 진압하였고 주신호(朱宸濠)의 난을 평정하였다. 저서에 《왕문성전서(王文成全書)》·《전습록(傳習錄)》이 있다.

122 임진년 : 저본(底本)에는 壬戌로 되어 있으나, 고경명과 함께 왜군을 물리쳤다는 내용을 고려할 때 壬辰이 옳으므로 수정하여 번역하였다.

함께 힘을 합쳐 왜적에 맞서 싸우다가 마침내 군중(軍中)에서 전사하였는데, 고을 사람들이 그의 절의를 훌륭하게 여겨 지금까지도 제사를 지낸다고 한다. 권군이 지금 또 이 고을을 다스리게 되어 선조가 왜적과 맞서 싸운 땅을 보면 아마도 반드시 오르내리고 굽어보고 우러러보는 사이에 개연히 눈물을 흘리며 스스로 힘쓰는 바가 다른 고을을 다스릴 때보다 더욱 갑절이 될 것이다. 도적을 다스릴 적에 반드시 신의와 교화로써 먼저하고 군사와 위무를 뒤에 쓸 것이다. 그리하여 소를 휴대하고 송아지를 차고 다니는 백성[124]으로 하여금 모두 남쪽의 농지로 돌아가게 하고 우리 임금의 덕의(德意)를 선포하여 호서 천리의 밖에 사람들마다 스스로 삶을 편안히 여기고 일을 즐거워하여 임금의 교화를 막는 자가 없게 한다면 사람들이 이에 장차 "선조는 충의로 왜적과 맞서 싸웠는데 그의 손자가 또 신의로 도적을 교화시키니 권씨 집안에 대대로 훌륭한 사람이 있다고 할 만하다."라고 칭송할 것이다. 대신의 천거가 또한 마땅하지 않은가. 권군은 힘쓸지어다.

123 고경명(高敬命) : 1533~1592. 본관은 장흥(長興), 자는 이순(而順), 호는 제봉(霽峰)이다. 조선 중기의 문신이자 의병장이다. 1592년 임진왜란이 발발하자 의병을 일으켜 왜군에 맞서 싸웠으나 그해 7월 금산에서 순절하였다.

124 소를……백성 : 도적으로 변한 백성들을 가리킨다. 한 선제(漢宣帝) 때에 공수(龔遂)가 발해 태수(渤海太守)로 부임하여 보니 백성들 중에 도검(刀劍)을 휴대하고 다니는 자들이 있으므로 검(劍)을 팔아 소를 사고 도(刀)를 팔아 송아지를 사게 하면서 말하기를 "어찌하여 소를 휴대하고 송아지를 차고 다니느냐?〔何爲帶牛佩犢〕" 하고 농사를 적극 권장하였다. 그러자 그곳 백성들의 생활이 부유해지고 송사(訟事)가 멈추었다고 한다. 《漢書 卷89 循吏傳 龔遂》

참판 이희무[125]를 제사하는 글

祭李參判 喜茂 文

남을 대신하여 짓다.[126]

아 저와 당신은	嗚呼惟我與君
사귀는 의리가 돈독하여	交義之篤
처음부터 끝까지	由初迄終
백발이 되도록 변함없었습니다	白首無斁
마음이 평탄하여	其中坦易
사람들과 격의가 없었으니	不與物隔
노려보며 해치려는 세상에서	睢盱之世
공은 웃으며 즐겁게 지내셨습니다	公則笑謔
공이 남쪽에서 돌아왔을 때	自公南還
제가 한번 가서 만났는데	我一往覿
병을 어찌할 수 없었으니	疾不可爲
애통하고 안타까웠습니다	慟矣可惜
반열을 바라볼 때마다	每瞻班行
말씀이 어제 같은데	談言如昨

125 이희무(李喜茂) : 1649~1708. 본관은 덕수(德水), 자는 무경(茂卿)이다.《昆侖集 卷18 戶曹參判李公墓碣銘》

126 남을 대신하여 짓다 : 이 글은 이하곤이 다른 사람을 대신하여 지은 것인데, 글 가운데 君과 公을 혼용하여 존비법(尊卑法)을 선택하기 곤란하다. 망자(亡者)를 대상으로 하는 제문임을 감안하여 존칭(尊稱)을 사용하였다.

구천의 아득한 곳으로	九原茫茫
풍모가 마침내 적막하게 사라졌습니다	風儀遂閴
여린 마음과 편안한 지조를	沖懷恬操
이제 어찌 얻을 수 있겠습니까	今何可得
마음은 한없이 길지만 글은 짧으니	情長辭短
영원히 슬플 것입니다	永世之惻

정부인 이씨[127] 애사

貞夫人李氏哀辭

내가 젊었을 때 농암(農巖)[128] 선생의 문하에 출입하였는데 선생의 아들 군산(君山)[129]과 서로 매우 친하여 정의(情誼)가 형제와도 같았다. 군산은 나보다 다섯 살 어린데 키가 크고 얼굴이 희며 눈과 눈썹은 수려했으며 문장을 좋아하고 지기(志氣)는 뛰어났다. 밤이나 낮이나 함께 생활하며 서로 이야기를 나누었으니 비록 자질구레한 집안일이라도 숨기지 않았다.

군산이 일찍이 차분하게 다음과 같이 내게 말하였다.

"우리집이 이처럼 곤궁하지만 아버지께서 도를 즐거워하고 가난을 편안히 여기게 된 데는 또한 우리 어머니의 도움도 있습니다. 기사년(1689, 숙종15)의 재앙[130]을 당해 우리집은 영평(永平) 풍패동(風佩

127 정부인(貞夫人) 이씨(李氏) : 이단상(李端相, 1628~1669)의 둘째 딸로 김창협(金昌協)과 혼인하였다.

128 농암(農巖) : 김창협(1651~1708)으로, 본관은 안동(安東), 자는 중화(仲和), 호는 농암·삼주(三洲), 시호는 문간(文簡)이다.《三淵集 卷27 仲氏農巖先生墓誌銘幷序》

129 군산(君山) : 김숭겸(金崇謙, 1682~1700)으로, 본관은 안동, 자는 군산, 호는 관복암(觀復菴)이다.

130 기사년의 재앙 : 1689년(숙종15)에 후궁 소의(昭儀) 장씨(張氏) 소생을 원자로 정호(定號)하는 문제를 계기로 서인이 축출되고 남인이 정권을 장악한 기사환국(己巳換局)을 말한다. 당시 김창협의 아버지 김수항(金壽恒)이 진도에 유배 되었다가 그곳에서 사사(賜死)되었다.

洞)의 산속으로 피하였습니다. 그곳에는 초가집 몇 칸만 있어서 며칠 동안 밥을 짓지 못하기도 했지만 아버지께서는 날마다 시서(詩書) 읽기를 그만두지 않으셨습니다. 간혹 여러 자녀들과 함께 고금의 치란(治亂)과 흥망, 현인과 지사(志士)의 좋은 말과 착한 행실에 대해 말씀하시면 어머니께서도 옆에서 듣고 기뻐하며 가난을 잊으셨습니다. 일찍이 원망하거나 걱정하는 낯빛을 보여 아버지의 마음을 불편하게 하지 않으셨으니 여기에서 우리 어머니를 볼 수 있습니다."

아, 부귀와 권세와 이익을 부러워하는 것은 부인과 여자들의 일반적인 마음이다. 진실로 맹덕요(孟德曜)[131]나 환소군(桓少君)[132]처럼 우뚝 세속을 벗어난 지조와 세상을 초월한 식견을 지닌 사람이 아니라면 누가 능히 이러한 마음에서 벗어날 수 있겠는가. 그러나 저 덕요와 소군은 일개 가난한 선비의 아내에 불과하다. 따라서 가난과 미천함을 달갑게 여기고 부귀와 권세와 이익을 부러워함이 없는 것은 진실로 그들의 떳떳한 분수이다.

131 맹덕요(孟德曜) : 후한(後漢) 때 양홍(梁鴻)의 아내 맹광(孟光)으로 덕요는 그의 자이다. 본디 부유한 집안 출신이었으나 남편의 뜻에 따라 화려한 의복을 벗고 가시나무로 만든 비녀를 착용하는 등 검소하게 생활하며 함께 패릉산(覇陵山)에 은둔하였다. 남편에게 음식을 올릴 때마다 눈썹을 가지런히 하고 공경하였다는 거안제미(擧案齊眉)의 고사가 있다. 《後漢書 卷113 逸民列傳 梁鴻》

132 환소군(桓少君) : 후한 때 포선(鮑宣)의 아내이자 환씨(桓氏)의 딸로 자는 소군이다. 포선이 일찍이 소군의 아버지에게서 공부하였는데, 소군의 아버지가 포선의 청렴함을 훌륭히 여겨 소군을 그에게 시집보내면서 많은 재물을 주었다. 이에 포선이 소군에게 이런 예물을 감당할 수 없다고 하자 소군은 기꺼이 남편의 뜻에 따라 재물을 모두 돌려보내고 시댁으로 가서 힘든 집안일을 하며 부도(婦道)를 수행하니 온 나라 사람들이 칭송하였다. 《後漢書 卷114 列女傳 鮑宣妻》

그러나 부인은 그렇지 않다. 선생은 재상의 아들로[133] 일찍부터 조정에 알려졌고 문학과 명망으로 당대의 이름난 신하가 되었다. 하루아침에 참혹한 재앙을 만나 스스로 거친 산과 외진 시내 사이로 물러나 당신께서도 거친 음식조차 실컷 드시지 못했으니 처자식은 곤궁함과 고생스러움이 어떠했겠는가. 그런데도 부인께서는 즐거운 마음으로 생활하시며 마치 평소에 익숙한 것처럼 하였으니 이는 더욱 어려운 일이다. 부인의 덕은 진실로 덕요와 소군보다도 뛰어난 점이 있고 군산 또한 어머니를 잘 알았다고 하겠다. 부인의 칭송할 만한 다른 행실이 여기에 그치지 않을 것인데, 불행히도 군산이 갑자기 세상을 떠났으니 내가 어디에서 들을 수 있겠는가. 슬프다.

부인의 성은 이씨(李氏)이다. 연안 이씨(延安李氏)는 그 선조가 당(唐)나라에서 중랑장(中郞將)을 지낸 무(茂)[134]에서 나왔다. 증조(曾祖) 좌의정(左議政) 휘(諱) 정귀(廷龜)[135]와 조부(祖父) 이조 판서(吏曹判書) 휘 명한(明漢)[136]은 대를 이어 문장으로 세상에 이름을 알렸

133 선생은 재상의 아들로 : 김창협의 아버지는 김수항(金壽恒)으로, 1680년 경신대출척(庚申大黜陟)이 일어난 뒤에 영의정에 올랐다.

134 이무(李茂) : 660년 당(唐)나라의 소정방(蘇定方)이 신라의 동맹군으로 백제를 침공할 때 중랑장으로 따라왔다가 신라에 귀화한 것으로 전해지는 인물이다.

135 이정귀(李廷龜) : 1564~1635. 본관은 연안(延安), 자는 성징(聖徵), 호는 월사(月沙)・보만당(保晩堂), 시호는 문충(文忠)이다. 저서에 《월사집(月沙集)》이 있다. 《淸陰集 卷25 議政府左議政月沙李文忠公神道碑銘 幷序》 저본(底本)에는 某로 표현되었으나 사실에 근거하여 보충하였다. 조부와 아버지도 마찬가지이다.

136 이명한(李明漢) : 1595~1645. 본관은 연안, 자는 천장(天章), 호는 백주(白洲), 시호는 문정(文靖)이다. 저서에 《백주집(白洲集)》이 있다. 《淸陰集 卷27 吏曹判書白洲李公神道碑銘 幷序》

다. 아버지 휘 단상(端相)[137]은 벼슬이 부제학(副提學)에 이르렀으나 일찍 그만두고 벼슬하지 않은 채 성리학(性理學)을 깊이 궁구하였으니 학자들이 정관재(靜觀齋) 선생이라고 불렀다. 부인이 현명하고 식견이 있는 것은 대개 유래한 바가 있는 것이다.

아, 내가 군산을 곡하고 나서 선생을 뵐 때면 부인께서 슬픈 오열을 견디지 못하며 말씀하기를 "자네가 왔다는 말을 들으면 죽은 내 아들을 보는 것 같다네."라고 하셨다. 그리고 반드시 음식을 마련하여 나를 먹이셨으니 내가 밥상을 놓고 눈물을 흘리며 부인의 마음을 슬퍼하지 않은 적이 없었다.

작년 여름에 내가 또 선생을 곡하였는데 나는 부인께서 의지할 곳이 없고 그 궁함이 늘그막에 이르기까지 또 이와 같음을 더욱 슬퍼하였다. 겨울이 되자 부인께서도 평소 앓던 중풍 증세로 또 일어나지 못하셨으니 향년 58세이다. 1남 5녀를 두었으니 아들은 바로 군산이고 딸들은 모두 시집갔다. 오씨(吳氏)의 아내가 된 딸과 이씨(李氏)의 아내가 된 딸은 군산과 앞뒤로 죽었다.[138]

처음에 내가 석실서원(石室書院)에서 선생을 뵙고 이제 13, 4년이 되었는데, 선생의 세대가 끊어지는 일을 직접 보았고 이미 그 집에

137 이단상(李端相) : 1628~1669. 본관은 연안, 자는 유능(幼能), 호는 정관재(靜觀齋)·서호(西湖), 시호는 문정(文貞)이다. 저서에 《정관재집(靜觀齋集)》이 있다. 《文谷集 卷19 副提學靜觀李公墓誌銘 幷序》

138 오씨(吳氏)의……죽었다 : 오씨는 김창협의 셋째 사위 오진주(吳晉周)이고 이씨는 둘째 사위 이태진(李台鎭)이다. 김창협의 셋째 딸은 1700년(숙종26) 7월에 죽었고 김숭겸은 같은 해 10월에 죽었고 둘째 딸은 1703년 3월에 죽었다. 《農巖集 卷27 亡女吳氏婦墓誌銘 幷序, 卷28 亡兒墓表, 卷30 祭亡女李氏婦文》

세 번이나 곡하였다. 나는 또 도를 지닌 선생과 아름답고 순한 부인이 모두 복을 받지 못하고 끝내 궁하게 돌아가신 것이 더욱 슬프다. 장사 지내면서 내가 군산에게서 들은 것을 기록하여 애사를 지어 나의 슬픔을 펼치고 인하여 군산의 넋을 위로한다.

사(辭)는 다음과 같다.

궁액을 만나서도 근심하지 않고　夫在窮阨而不戚戚兮
부귀를 부러워하지 않음은　又無艶乎貴富
장부도 어려운 일인데　以丈夫其猶難兮
하물며 부녀자가 그렇게 하겠는가　矧婦嬬而能有
오직 부인만은 이 아름다운 덕 지니셨으니　惟夫人獨抱此懿德兮
예전에 내가 죽은 벗에게서 들었네　昔余聞乎亡友
부군께서 도를 강론함을 기뻐하여　悅夫子之講道兮
가난과 고생을 잊었으니　用以忘其貧窘
아들의 뛰어난 관찰력 아니라면　非此子之善觀兮
누가 이런 어머니의 진면모 알겠는가　孰能知其是母
가만히 이 한 가지 일을 보니　竊覸此一事兮
족히 영원토록 사라지지 않으리라　足以永世而不朽
고결한 행실이 이와 같으니　既潔行之如斯兮
마땅히 하늘의 복을 받아야 하는데　宜受天之所祐
슬프다 차마 들을 수 없는 밤의 곡소리[139]　哀夜哭之不忍聞兮

139 밤의 곡소리 : 정부인 이씨가 아들 김숭겸을 잃었을 당시의 모습을 말한 것이다. 야곡(夜哭)은 자식을 잃은 것을 의미한다.

내 마음을 도려내는 듯하였네	使我心焉如剖
선생이 갑자기 또 돌아가시니	先生奄忽其又逝兮
사문의 재앙[140] 만났네	遘斯文之陽九
미수[141]는 오열하며 흐르지 않고	渼水咽而不流兮
높은 금대산[142]은 무너지려 하네	金臺兀其將踣
산의 누각만 우뚝 홀로 남아	山閣巋然而獨存兮
꽃나무들이 예전처럼 우거졌네	藹花木之如舊
부인의 한 몸으로	以夫人之一身兮
어찌 온갖 재앙을 두루 겪는단 말인가	胡百罹之備具
내가 일찍이 지금 세상을 살펴보니	余嘗觀乎今之世兮
저 자잘한 보통 아녀자들은	彼握促之庸婦
높다랗고 경치 좋은 곳에 살고	居華觀之峩峩兮
또 곱게 수놓은 옷을 입고서	又被服乎絺繡

140 재앙 : 양구(陽九)는 음양도(陰陽道)에서 수리(數理)에 입각하여 추출한 말이다. 4천 5백년 되는 1원(元) 중에 양액(陽厄)이 다섯 번 음액(陰厄)이 네 번 발생한다고 하는데, 1백 6년 되는 해에 양액이 발생하기 때문에 그런 이름이 붙여졌다고 한다. 일반적으로 엄청난 재액(災厄)을 말할 때 쓰는 용어이다. 《漢書 律歷志 上》

141 미수(渼水) : 경기도 남양주시를 흘러가는 물 이름으로 미음(渼陰), 미호(渼湖)라고도 한다. 김상용(金尙容)・김상헌(金尙憲) 형제의 자손들이 대대로 그 주변에 자리 잡고 살았다.

142 금대산(金臺山) : 경기도 남양주시의 와부읍 덕소리와 도곡리 경계에 위치한 산이다. 현재는 금대산(金垈山)으로 표기하고 있다. 《농암집》 권30 〈제망아문(祭亡兒文)〉에 "삼주(三洲) 집 주위의 3, 4리 거리에 있는 서골암(棲鶻巖), 난가대(爛柯臺), 금대산, 판사정(判事亭)은 모두 네가 일찍이 시를 읊으며 경치를 조망하던 곳이다."라고 하였다.

자식들과 오순도순 서로 즐거워하며　　衆雛呴呴以相樂兮
남편과 함께 장수하는데　　偕厥雄而黃耇
저 하늘은 화복이 많이 어긋나니　　而彼蒼禍福之多舛兮
실로 아득하여 알기 어렵네　　實窅冥而難究
이제 부인이 남편과 자식을 따라　　今夫人從夫與子兮
또 속세를 버리고 떠나셨네　　又蟬蛻乎塵垢
죽음이 즐겁고 삶이 기쁘지 않으니　　死則樂而生不足悅兮
교송과 같은 장수[143]를 어찌 부러워하랴　　復何羨乎喬松之壽
이 글을 지어 아름다운 모범 기록하니　　述斯文而紀徽範兮
후손들에게 알려지기 바라노라　　庶幾詔夫來後

143 교송(喬松)과 같은 장수(長壽) : 교송은 불사(不死)의 신선으로 전하는 왕자교(王子喬)와 적송자(赤松子)를 합칭한 것으로, 장수를 의미한다.

임호 홍만적[144]공을 제사하는 글

祭臨湖洪公 萬迪 文

인생 백 년을 살아도	人生百年
마치 한 순간 같은데	如目一瞬
백 년 사는 사람 몇이나 되겠습니까	能至者幾
혹 반백년에 죽기도 합니다	或半途殞
하물며 일찍 죽은 사람 가운데	況其夭椓
어질고 뛰어난 이들 많으니	而多賢俊
지금 공의 운명을	今公之歿
사람들이 더욱 슬퍼합니다	尤世所愍
행실이 순실하고 뜻이 고결하며	純行潔志
아름다운 구슬 같은 자질 지니셨는데	懷握瑜瑾
그 광채를 숨겨	戢其光耀
남들이 알까 두려워하셨지요	恐或我認
문장과 역사서를 곱씹으며	咀嚼文史
가난한 생활 잊었고	忘此貧窘
신선의 계수나무 두 번 베었으니[145]	仙桂再斫

144 홍만적(洪萬迪) : 1660～? 본관은 풍산(豐山), 자는 사길(士吉), 호는 임호(臨湖)이다. 이하곤의 조부 이경억(李慶億)의 막내사위이다.《西溪集 卷12 左議政李公墓碑銘》

145 신선(神仙)의……베었으니 : 홍만적이 1699년(숙종25)과 1705년에 문과에 합격한 것을 말한다. 진 무제(晉武帝) 때 극선(郤詵)의 현량 대책(賢良對策)이 천하제일(天

서릿발 같은 칼을 숫돌에 갈았습니다[146]	礪我霜刃
장차 형통한 길이 숫돌처럼 평탄하여	亨途如砥
멍에 채워 나서니[147]	整駕發軔
홍문관과 이조에서	玉署天官
누가 앞설 수 있었겠습니까	孰先我進
말세의 풍속이 날로 야박해져	末俗日澆
옥의 티를 들춰내도	抉摘瑕璺
사람들은 공은 어진 분이라	衆曰公賢
감히 배척할 수 없다 하였습니다	而莫敢擯
대개 공의 지론은	蓋公持論
구차하지도 않고 준엄하지도 않았으니	不偸不峻
저 호언장담하는 이들 보고	視彼詡詡
공께서는 문득 웃음 지으셨습니다	公則輒哂
거센 물결이 이마까지 넘쳐도	頹波滅頂

下第一)로 뽑혔는데, 무제가 극선에게 "경(卿)은 스스로 어떻게 생각하는가?"라고 하자, 극선이 대답하기를 "신의 현량 대책이 천하제일로 뽑힌 것은 마치 계림의 계수나무 한 가지나 곤륜산의 한 조각 구슬과 같은 것입니다.〔臣擧賢良對策, 爲天下第一, 猶桂林之一枝, 崑山之片玉.〕"라고 하였다. 여기에서 유래하여 계수나무 가지를 꺾는다는 것은 과거에 급제함을 의미하게 되었다. 《晉書 卷52 郤詵列傳》

146 서릿발……갈았습니다 : 홍만적이 과거에 합격하기 위해 각고(刻苦)의 노력을 경주했다는 말이다. 당(唐)나라 시인 가도(賈島)의 〈검객(劍客)〉에 "십 년 동안 한 자루 칼을 갈아서, 서릿발 같은 칼날을 시험해보지 못했는데, 오늘 이 칼을 그대에게 주노니, 누가 부정한 짓을 하겠는가.〔十年磨一劍, 霜刃未曾試. 今日把贈君, 誰有不平事.〕"라고 하였다. 《長江集 卷1》

147 멍에 채워 나서니 : 홍만적이 관직에 진출한 것을 말한 것이다.

변함없이 지조 지켜[148] 莫我淄磷

문 닫고 한가로이 지내며 杜門居閒

시와 술을 가까이 하셨습니다 詩酒與親

제가 일찍이 공에게 가서 我嘗趨公

조용히 문안 드렸는데 從容問訊

집은 호젓하였으며 庭館蕭寂

꽃나무는 향기롭고 윤택했습니다 花木芳潤

안석에 기대어 맑게 앉아 隱几淸坐

술잔을 기울이시다가 壺觴自引

공께서 저를 보고 公嘗顧我

자네는 내 머리털을 보게 汝視余鬢

사람이 세상에 사는 것은 人之處世

비유하자면 아침 버섯과 같다네[149] 譬若朝菌

부귀와 영화는 富貴榮華

만물과 함께 사라지니 與物俱燼

무엇보다 즐거운 마음으로 莫如樂志

148 변함없이 지조 지켜 : 치린(淄磷)은 《논어》 〈양화(陽貨)〉의 "단단하다고 말하지 않겠는가. 갈아도 얇아지지 않는다. 희다고 말하지 않겠는가. 검은 물을 들여도 검어지지 않는다.〔不曰堅乎, 磨而不磷, 不曰白乎, 涅而不緇.〕"라고 한 데서 유래한 말이다. 여기서는 홍만적이 혼탁한 세파에도 지조를 잃지 않았다는 말인데, 그의 행적을 자세히 파악할 수 없어서 정확히 어떤 일을 가리키는지는 미상이다.

149 사람이……같다네 : 인생이 덧없이 흘러감을 말한 것이다. 조균(朝菌)은 아침 버섯으로 짧은 시간을 비유한다. 《장자(莊子)》 〈소요유(逍遙遊)〉에 "아침 버섯은 그믐과 초하루를 알지 못하고 매미는 봄과 가을을 모른다. 이것은 수명이 짧은 것들이다.〔朝菌不知晦朔, 蟪蛄不知春秋, 此小年也.〕"라고 하였다.

천운을 따르는 것이 제일이라네	順彼天運
저 동강[150]을 보시게	瞻言東岡
저리로 가서 내가 은거할 것이네 하셨습니다	逝將吾隱
공의 말씀 듣고	公言入耳
한바탕 웃으며 옳다 여겼는데	一笑而䏚
하의를 만들기도 전에	荷衣未製
유거가 먼저 출발합니다[151]	柳車先靷
고당에서 밤에 곡하니[152]	高堂夜哭
길 가는 사람들도 눈물 떨굽니다	行路涕隕
공은 평생토록	公之平生
하나도 결점이 없었는데	無一可釁
넉넉히 부여하고도 다 쓰지 못하게 하니[153]	豐畀嗇施

150 동강(東岡) : 은거지를 뜻하는 말이다. 후한(後漢) 때 주섭(周燮)이 벼슬길에 나아가지 않자 그의 종족(宗族)이 "선세 이래로 공훈과 총애가 서로 이어졌거늘, 그대는 어찌하여 홀로 동쪽의 언덕만을 지키려 하는가.〔自先代以來, 勳寵相承, 君獨何爲守東岡之陂乎.〕"라고 한 데서 유래하였다. 《後漢書 卷53 周燮列傳》

151 하의(荷衣)를……출발합니다 : 홍만적이 은거하겠다는 계획을 이루지 못한 채 운명하였다는 말이다. 하의는 은자(隱者)가 입는 옷을 말하고 유거(柳車)는 장례식에 사용하는 상거(喪車)를 말한다.

152 고당(高堂)에서 밤에 곡하니 : 야곡(夜哭)은 밤에 곡한다는 말로 경강(敬姜)의 고사에서 유래하여 자식의 죽음에 곡하는 것을 말한다. 홍만적의 부친은 홍주국(洪柱國)이고 어머니는 덕수 이씨(德水李氏)이다. 서종태(徐宗泰)의 기록에 의하면 홍만적의 어머니는 1711년(숙종37) 7월 9일에 운명하였다. 또 그 글에 "막내아들 만적은 지평인데 일찍 죽었다.〔季萬廸持平, 早歿.〕"라고 한 것으로 보아 홍만적이 어머니보다 먼저 운명하였음을 알 수 있다. 《晩靜堂集 第15 淑夫人德水李氏墓誌銘》

153 넉넉히……하니 : 하늘이 홍만적에게 훌륭한 자질을 부여하고도 다 쓰지 못하게

하늘에게 따져 물을 수 없습니다	天不可問
공께서 남기신 글 읽어 보니	讀公遺文
마치 옥을 울리는 것 같습니다	如玉斯振
보존된 것이 이와 같으니	所存如是
공께서 어찌 갑자기 사라지겠습니까[154]	公豈遽泯
이런 말로 구천에 계신 공을 위로하니	用慰九原
공께서 마땅히 한번 웃으실 것입니다	公當一囅
애사를 지어 애통한 마음 고하지만	陳辭告哀
이 마음을 어찌 다하겠습니까	情何可盡
공께서는 저를 저버리지 마시고	公不我棄
저의 술을 받으소서	歆我薄醞
아 애통합니다	嗚呼哀哉
흠향하소서	尙饗

했다는 말이다.

154 보존된……사라지겠습니까 : 홍만적은 고인이 되었지만 그가 남긴 훌륭한 글이 있으니 그의 자취가 후세까지 전해질 것이라는 말이다.

오계직[155] 애사

吳季直哀辭

나는 평소 사람들과 사귀기를 좋아하지 않았다. 다만 오명중(吳明仲)[156]과는 어렸을 때 한 동네에 살아서 다정하고 가깝게 지내며 막역(莫逆)한 벗이 되었다. 명중의 아우 계직(季直)은 나보다 여덟 살 어려서 내가 일찍이 아우처럼 대했다.

명중은 사람됨이 밝고 순수하며 한아하고 고결하였다. 사람들과 대화할 때 진심을 드러냈으며 경계를 두지 않았다. 계직은 사람됨이 진지하고 말수가 적었으며 경솔하게 기뻐하거나 성내지 않았다. 그러나 선(善)을 즐거워하고 의(義)를 숭상하며 독실하게 공부하고 문사(文詞)를 좋아하며 벗들과 신의를 지키는 점에 있어서는 형제가 조금도 다름이 없었다. 세상에서 명중을 아는 사람은 그들 형제를 훌륭한 선비라고 여기지 않는 이가 없었고 더욱이 계직은 그 집안을 크게 빛낼 것이라고 하였다.

계직은 평소 건강하여 병이 없었다. 그런데 지난겨울부터 갑자기 병으로 앓아눕더니 봄에 이르러 일어나지 못하였다. 그의 나이 겨우 스물여섯 살이다.

아, 내가 보건대 근세(近世)의 사우(士友)들 가운데 어질고 재주

155 오계직(吳季直) : 오이주(吳履周, 1684～1709)로, 본관은 해주(海州), 자는 계직이다. 《三淵集 卷30 吳履周墓表》

156 오명중(吳明仲) : 오진주(吳晉周, 1680～?)로, 본관은 해주, 자는 명중, 호는 무위재(無爲齋)이다. 김창협의 사위이다. 《農巖集 卷27 亡女吳氏婦墓誌銘》

있는 이들이 이따금 일찍 죽은 경우가 많다. 계직은 그의 용모로 보나 행실로 볼 때 한 가지도 일찍 죽을 이유가 없었다. 그런데 지금 이처럼 불행하게 된 것은 어째서인가?

한편 계직의 선대부(先大夫) 양곡공(陽谷公)께서는 한 손으로 이륜(彝倫)을 붙들다가 재앙을 만나 운명했지만 끝내 후회하거나 두려워하지 않으셨다.[157] 그분께서 수립한 바가 해와 별처럼 빛나니 마땅히 그 자손이 번창하고 현달하여 보답을 받아야 한다. 그런데 끝내 징험이 없는 것은 또 어째서인가. 나는 대단히 의심하지 않을 수 없다.

장사에 미쳐 명중이 울면서 나에게 말하기를 "내 아우의 뜻과 행실을 오직 그대가 자세히 아니 그대의 한 마디 말을 얻어 죽은 아우의 영혼을 위로하고자 하네."라고 하였다.

나는 계직의 관례(冠禮) 때 일을 아직도 기억한다. 당시 나는 찬자(贊者)[158]를 맡아 갔었다. 계직이 건복(巾服)을 갖추어 입고 헌칠한 키로 옥처럼 서서 빈객에게 답하는 글을 읊었는데 음성이 낭랑하여 들을 만하였다. 그런데 10년 사이에 사람의 일이 이처럼 변했으니 어찌 슬프지 않겠는가. 내가 이에 애사(哀詞)를 지어 그를 슬퍼하노라.

아 선비가 몸에 닦아야 할 것은　　　　嗟呼士之所修乎躬者

157 양곡공(陽谷公)께서는……않으셨다 : 양곡공은 오이주의 아버지 오두인(吳斗寅, 1624~1689)으로, 본관은 해주, 자는 원징(元徵), 호는 양곡이다. 오두인은 인현왕후 민씨의 폐위를 반대하는 상소를 올린 일로 국문을 받고 의주로 유배 도중 파주(坡州)에서 죽었다.《睡谷集 卷16 刑曹判書吳公諡狀》

158 찬자(贊者) : 관례(冠禮)에서 빈(賓)을 보좌하여 행사를 돕는 역할을 하는 사람을 가리킨다.

효성과 우애와 정직이고 孝友正直

하늘에 바랄 것은 而所俟乎天者

오직 귀천궁달과 수명의 짧고 길음인데 唯貴賤窮達與年壽之短長

지금 계직은 이미 몸에는 갖추었지만 今季直旣已得之其躬

얻지 못한 것은 천명이니 어찌 아파하랴 而其所不得者天則庸何傷

화승찬

畫僧讚

가사를 어깨에 걸치고	袈裟披肩
기다란 눈썹은 하얀데	長眉皓然
지팡이 기대고 앉아	倚杖而坐
시냇물 소리 듣누나	俯聽流泉
생각하지도 않고 의논하지도 않으니	不思不議
그 마음 초탈하였네	我心超玄
마른 나무랑 단단한 바위와	枯木頑石
함께 참선할 만하여라	可與參禪

화사에게 주는 편지

與畵師書

보내드리는 초본(綃本)[159] 네 점입니다. 그 가운데 두 점에는 높은 산과 큰 골짜기, 우거진 숲의 늙은 나무, 깎아지른 낭떠러지에서 날리는 폭포를 그리고 빈 곳에 혹 누각이나 절을 채워도 좋겠습니다. 그러나 옛사람들의 죽은 기법을 따르지 말고 모름지기 스스로 가슴속에서 보아 구학(丘壑)을 완성하고, 푸른 산봉우리의 기이한 장관 가운데 별도로 일종의 아름답고 윤기 나며 고아(古雅)한 자태를 갖추어야 진정한 사대부의 그림이라고 할 수 있습니다.

나머지 두 점에는 마음 내키는 대로 나뭇가지 일부를 그리고[160] 그 사이에 혹은 꽃과 열매나 소나무와 대나무를, 혹은 공작과 비취새나 선학(仙鶴)을, 혹은 용과 호랑이나 소와 말을 그려서 색깔이 오묘하게 해주시면 어떻겠습니까.

무릇 그림은 옛사람을 모방하면 필세(筆勢)가 국한되어 천기(天機)가 활발하게 드러나지 못하고 표제(標題)에 제약을 받으면 마음속으로 구상하는 것이 메말라 생기가 떨어지게 됩니다. 그러므로 모름지기 옛사람을 모방하지 말고 표제에 제약을 받지 않은 다음에야 저절로 기운(氣韻)이 생동하고 의태(意態)가 갖추어져서 신묘(神妙)한 경지

159 초본(綃本) : 그림의 바탕이 되는 얇은 흰색 비단을 말한다.

160 나뭇가지 일부를 그리고 : 절지(折枝)는 화초(花草)를 제재로 하는 화법(畫法) 가운데 하나로 전체를 그리지 않고 이어진 가지 부분만을 잘라 그리는 기법이다.

에 도달할 수 있습니다.

초본이 대단히 곱지 못하니 미안합니다.

관음암기

觀音菴記

외관음(外觀音)이라고도 한다.

관음암(觀音菴)은 낙영산(落影山)의 가장 깊숙한 곳에 있었다. 뒤쪽에 석벽(石壁)을 병풍처럼 두르고 있어서 집이 조용하고 밝다. 암자 앞에 가로놓인 바위는 나는 듯한 누각이 되어 칠보산(七寶山)과 두타산(頭陀山)[161] 등 주변의 여러 산들을 내려다보면 마치 손바닥에 놓인 열매 같다. 누각 동쪽으로 스무 걸음 쯤 되는 곳에 바위굴이 있는데, 그 가운데 대사(大士)의 상(像)을 모셔 두었고 그곳의 샘물은 매우 달고 시원하다.

무인년(1698, 숙종24) 봄에 내가 공림사(空林寺)[162]에 있었는데, 절의 승려가 말하기를 "이 산에 관음암이 있는데 경치가 대단히 아름답습니다."라고 하였다. 내가 그 말을 듣고 기뻐서 마침내 찾아갔는데, 설악산에서 온 천응(天應)이라는 노승이 선지(禪旨)를 조금 알고 있어서 이야기를 나눌 만하였으므로 묵게 되었다. 자정이 되기 전에 승려들이 일어나 어떤 이는 불경을 외고 어떤 이는 참선을 하니 지장(紙帳)[163]과 부들방석에 등불이 훤하였다. 때때로 풀에 불어오는 산바람

161 칠보산(七寶山)과 두타산(頭陀山) : 칠보산은 충북 괴산군에 있으며 두타산은 충북 진천군과 괴산군에 걸쳐 있다.

162 공림사(空林寺) : 충청북도 괴산군 청천면 소재의 낙영산에 위치한 절이다.

163 지장(紙帳) : 본래는 등피(藤皮)나 견지(繭紙) 등으로 장식(裝飾)하여 만든 일종의 와구(臥具)를 가리킨다. 여기서는 문에 바른 종이를 가리키는 것으로 보인다.

소리가 들리고 이슬이 처마에서 떨어져 나는 소리가 마치 가을비 소리 같았다. 곧장 창문을 열고 바라보니 달이 막 서남쪽 봉우리 끝에 걸려 하얀 빛이 풀과 나무를 비춰 환하게 반짝이는 모습이 마치 눈과 서리가 내린 듯하였다. 진실로 아름다운 광경이었다.

내가 돌아온 뒤에도 오랫동안 잊지 못하였는데, 작년 큰 홍수에 암자가 무너져 내린 벼랑에 깔려 터조차 알아볼 수 없게 되었다고 한다. 이제부터 낙영산에 아름다운 암자 하나가 줄어든 셈이니 그 때문에 여러 날 동안 탄식하고 안타까워하였다. 12년이 지난 기축년(1709, 숙종35) 여름 5월에 비가 내리는 가운데 기록한다.

큰고모 정경부인[164]을 제사하는 글

祭伯姑貞敬夫人文

임진년(1712, 숙종38) 10월 10일 경신일(庚申日)에 큰고모 정경부인(貞敬夫人) 월성 이씨(月城李氏)의 상여가 서울로부터 진천(鎭川)의 병사(丙舍)에 도착하였다. 6일이 지난 병인일(丙寅日)에 장차 청주(淸州) 대율리(大栗里) 간좌(艮坐)의 등성이로 영원히 돌아가려하므로 하루 전 을축일(乙丑日)에 조카 하곤(夏坤)은 삼가 변변찮은 제물을 마련하여 글을 잡고 다음과 같이 곡한다.

아아 유순함과 정숙함은	嗚呼婉娩貞順
여자의 변함없는 덕목이라	女子恒德
동사[165]에 기록되니	彤史所記
그런 사람은 본받을 만합니다	其人可跡
장부처럼 빼어나고	偉如丈夫
도량도 있고 학식도 갖춘 이를	有量有識
제가 이런 사람 찾아보았지만	我求斯倫
찾을 수 없었습니다	則不可獲

164 큰고모 정경부인(貞敬夫人) : 1645～1712. 이하곤의 조부(祖父) 이경억(李慶億)의 딸로 18세에 최석정(崔錫鼎, 1646～1715)에게 출가하였다. 최창대(崔昌大, 1669～1720)의 어머니이다. 《昆侖集 卷18 先妣貞敬夫人慶州李氏行狀》

165 동사(彤史) : 여자들의 선행을 기록한 글을 말한다. 옛날 여관(女官)이 사관이 쓰는 붉은 붓〔彤管〕으로 왕비와 후궁, 훌륭한 부인의 언행 등을 기록하였다고 한다.

오직 반소[166]와 신씨[167]만이	唯班與辛
우뚝하고 드높아	此其犖犖
마치 우담바라[168]처럼	如曇鉢華
백세에 한 번 볼 수 있는데	百世一矚
오직 우리 고모께서	惟我姑氏
거의 자취를 이으셨습니다	庶可繼躅
지기가 우뚝하여	志氣嶷然
전혀 비루하지 않았으며	絶去齷齪
생각이 깊고 신중하였으니	淵思沈慮
학문의 힘으로 된 것이 아니었습니다	匪資問學
무릇 국가의	凡此家國
치란과 득실로부터	治亂失得
인재의	以逮人材
음양과 선악에 이르기까지	陰陽淑慝
사람들이 의심하고 현혹되어	衆所疑眩

166 반소(班昭) : 반고(班固)의 누이동생이다. 그녀는 부풍(扶風) 사람 조세숙(曹世叔)의 아내로 박학하고 재주가 뛰어났다. 조세숙이 일찍 죽었는데 절행(節行)과 법도(法度)가 있었다. 일찍이 화제(和帝)의 부름을 받고 궁중으로 들어가 황후(皇后)와 귀인(貴人)의 스승이 되었다. 반고가 《한서(漢書)》를 저술하다가 완성하지 못하고 죽자 뒤를 이어 완결하였다. 또 시어머니와 함께 《여계(女誡)》 7편을 지었으며 시문(詩文)에 뛰어나 〈동정부(東征賦)〉 등을 짓기도 하였다. 《後漢書 卷84 列女列傳 曹世叔妻》

167 신씨(辛氏) : 반고처럼 절행이 있는 여인을 말한 것인데 누구인지 미상이다.

168 우담바라 : 담발화(曇鉢華)는 우담발화(優曇鉢華)로 뽕나무과에 딸린 무화과의 일종인데 3천 년 만에 한 번 꽃이 핀다 하여 아주 드물게 있는 일을 비유한다.

논설이 뒤섞이는데 論說棼錯
차분히 살피고 곁에서 들으시면 默觀旁聽
그 맥락을 환히 아셨습니다 洞曉脈絡
천천히 한마디 말씀으로 徐以一言
흑백을 판가름하면 剖判白黑
마치 날카로운 칼로 如用利刃
썩은 대나무를 잘라내는 것 같으셨습니다 截彼朽竹
의리에 맞게 절충하시면 衷乎義理
모두 순서가 있고 조리가 있었으니 俱有倫脊
저 수염이 있는 사내들도 彼鬚眉者
부끄러워 땀을 흘리지 않는 이가 드물었습니다 鮮不汗恧
조정에 계시면서 俾宅廊廟
나랏일을 도모했다면 于以謀國
어찌 훌륭한 계획으로 豈無猷爲
사람들의 눈과 귀를 시원하게 하지 못하셨겠습니까만 發洗耳目
여성[169]이라는 한계 있었으니 局以簪珥
아 안타깝습니다 吁其可惜
제가 그 하신 일을 본 것은 我觀其政
집안에 그쳤지만 止乎閨閫
온갖 법도가 모두 마땅하고 百度咸宜
소리를 치거나 성난 안색을 보이지 않으셨습니다 不大聲色

169 여성 : 잠이(簪珥)는 여인의 장신구인 비녀와 귀고리이므로 여기서는 여성을 상징한다.

비록 미천한 노비들이라도　雖僕婢賤
그들의 허물을 덮어주셨으니　過庸覆匿
누가 감히 헐뜯는 말을 하겠습니까　孰敢囂嚾
산악처럼 우뚝하셨습니다　屹若山嶽
종척들이 구름처럼 많은데　宗戚如雲
입을 벌려 곡식을 기다리면　仰口待粟
또한 품어주고 도와주셨으니[170]　亦有卵翼
어찌 다만 친족뿐이겠습니까　豈惟親族
입은 은혜를 생각하고 칭송하여　懷恩頌惠
사람들이 칭찬해 마지않았습니다　衆舌嘖嘖
마땅히 그 보답으로　宜其受報
하늘의 온갖 복을 받아　荷天百祿
그 부귀의 성대함을　富貴顯隆
세상에 짝할 사람 없었습니다　世莫與敵
어진 남편과 훌륭한 아들이　賢夫佳兒
정승이 되고 관각에 있었는데[171]　台鼎館閣
가득 찼을 때 경계하는 마음이　履滿之戒
늙을수록 더욱 간절하셨습니다　老而采篤

170 입을……도와주셨으니 : 가난한 친척들이 도움을 요청하면 외면하지 않고 도와주었다는 말이다. 난익(卵翼)은 날개로 알을 덮는다는 말이다. 춘추 시대 초(楚)나라 영윤(令尹) 자서(子西)가 "백공승은 새알과 같아 내가 날개로 덮어 기르고 있다.〔勝如卵, 余翼而長之.〕"라고 한 데서 유래하였다.《春秋左氏傳 哀公16年》

171 어진……있었는데 : 정경부인의 남편 최석정은 1699년(숙종25) 좌의정을 거쳐 1701년 영의정이 되었고 아들 최창대는 홍문관과 예문관 등에서 벼슬하였다.

저 동강을 돌아보고　　睠彼東岡
새로 집을 지어[172]　　有新其築
들밥 내고 채소밭에 물주며　　饁畝灌圃
만년을 즐겁게 지내셨습니다　　以娛晩服
소가의 고사[173]를　　疏家故事
가르치고 권하셨으니　　是訓是勖
이상의 몇 가지에서　　蓋此數者
아름다운 법도를 볼 수 있습니다　　足覵懿則
장수하시기를　　胡耇之壽
기원해 마지않았는데　　是用爲祝
어찌하여 한 번 병들어　　云何一疾
치료하지 못했단 말입니까　　莫之救藥
친족들이 모두 그리워하며　　親黨胥慕

172　동강(東岡)을……지어 : 동강은 주섭(周燮)의 고사에서 유래하여 은거지를 의미하는 말로 사용된다. 최창대의 기록에 "또 일찍이 말씀하기를 '녹위가 드러나는 것은 장부가 지극히 바라는 일이다. 그러나 세상이 험난하니 오직 신명 보전을 귀중하게 여겨야 한다.'라고 하셨다. 매번 일을 그만두고 관직에서 물러나 만절을 온전히 하시라고 선친께 권하셨다. 또 나에게 영화로운 벼슬길에 나갈 생각을 접어서 세망을 멀리 피해야 한다고 경계하시고 동쪽 교외에 작은 집을 직접 감독하여 지으셨다.〔又嘗曰, 祿位光顯, 丈夫之至願, 而世途險巇, 惟當以保全身名爲重. 每以謝事休官, 克全晩節, 勖勉於先君. 又戒昌大以息意榮進, 遠於世網, 爲營小築於東郊, 躬自經紀.〕" 한 것으로 보아 교외에 집을 지었던 것으로 보인다.《昆侖集 卷18 先妣貞敬夫人慶州李氏行狀》

173　소가(疏家)의 고사 : 한(漢)나라 난릉(蘭陵) 사람 소광(疏廣)의 고사를 말한다. 그는 선제(宣帝) 때 황태자의 태부(太傅)로 있었는데 5년이 지났을 무렵, 관직과 명성이 높아졌는데도 떠나지 않으면 후회할 일이 생긴다며 소부(少傅)로 있던 조카 소수(疏受)와 함께 고향으로 내려갔다.《漢書 卷71 疏廣傳》

목 놓아 통곡하니	失聲嗥哭
저의 애통함은	小子之慟
더욱 어찌 끝이 있겠습니까	尤何可極
궁벽한 산에서 눈물 흘리며	血泣窮山
몇 해 동안 뵙지 못하다가[174]	閱歲違逖
편찮으시다는 소식 듣고 달려가	聞疾而奔
눈물 흘리며 뵈었습니다	淚眼相覿
제 손을 잡고 말씀하시는데	執手以言
말씀을 잇지 못하셨고	聲不能續
슬픈 마음 고하지도 못했는데	哀衷莫宣
숨을 거두셨습니다[175]	徽音奄閟
아 우리 이씨에	嗟嗟我李
상사가 잇따르니	喪威荐酷
비유하자면 돋아나는 죽순이	譬若萌笋
금세 그 껍질을 벗는 것 같습니다	旋剝其籜
작은고모[176]께서 뒤따라 돌아가신 지가	季姑踵逝
겨우 한 달이니	月纔脁朒
저의 모든 어른들이	凡我尊屬

174 궁벽한……못하다가 : 이하곤의 아버지 이인엽(李寅燁)이 1710년에 운명하였으므로 상중(喪中)의 몸이라 고모를 찾아가 만나지 못했던 것으로 보인다.

175 숨을 거두셨습니다 : 휘음(徽音)은 후비(后妃)의 아름다운 덕을 표현할 때 쓰는 표현인데 여기서는 정경부인의 말소리를 의미한다.

176 작은고모 : 이하곤의 작은고모는 홍만적(洪萬迪)의 부인이다.《西溪先生集 卷12 左議政李公墓碑銘》

날마다 시들어 떨어졌습니다	日就凋落
외로이 남은 인생	煢然餘生
장차 언제 마친단 말입니까	其將焉訖
명정과 운불삽이 남쪽으로 돌아가도	旌翣南歸
또한 옛 집이 있던 곳이고	亦惟舊宅
금담과 옥계[177]는	金潭玉溪
한 굽이에서 물이 갈라졌습니다	分水一曲
제가 예전에 가르침 받을 때	我昔承教
다정히 함께 가기로 약속했는데[178]	惠好有約
산하는 변하지 않고	溪山不改
말씀도 어제 같건만	話言如昨
인생사 돌아보니	俛仰人間
만사가 어긋나	萬事緯繣
지난날 생각하며	追念疇曩
서글피 마음 아파합니다	怛焉心盡
글을 지어 영결을 고함에	陳詞告訣
저의 속내를 쏟아내니	寫我衷膈

177 금담(金潭)과 옥계(玉溪) : 금담은 충청북도 진천군 초평면 용정리에 있었던 연못이다. 《頭陀草 冊2 玉溪汎舟限韻各賦》 옥계는 어디인지 자세하지 않지만 청주(淸州)에 옥계가 있고 정경부인의 장지가 청주인 것으로 보아 장지 주변의 시내로 추정된다.

178 다정히……약속했는데 : 고향에서 지내기로 약속했다는 말로 보인다. 혜호(惠好)는 《시경》 〈북풍(北風)〉의 "북풍이 차갑게 불어오며 함박눈이 펑펑 내리도다. 사랑하여 나를 좋아하는 이와 손잡고 함께 길을 가리라.〔北風其涼, 雨雪其雱. 惠而好我, 攜手同行.〕"라고 한 데서 유래한 말이다.

영령께서는 저를 저버리지 마시고	靈不我棄
바라건대 강림하시어	尙庶來格
아아 흠향하시기 바랍니다	嗚呼尙饗

작은고모[179]를 제사하는 글

祭季姑文

아 예전에 선친께서	嗚呼昔我先君
우리 고모를 칭찬하며	稱我姑氏
오직 이 사람을	惟是可謂
옛날의 여사라 이를 만하다 하셨습니다	古之女士
선친께서는 사람들을	先君於人
쉽게 칭찬하거나 헐뜯지 않으셨으니	不輕譽毁
진실로 아름다운 덕이	苟無懿德
남들보다 빼어나지 않았다면	拔乎倫萃
우리 선친에게서	於我先君
어찌 이런 칭찬 들으셨겠습니까	詎能得是
이 말씀에 힘입어	以此藉手
후대의 사람을 기다릴 수 있으니	來者可俟
비록 백대의 뒤라도	雖百世下
동사[180]에 어찌 부끄러움이 있겠습니까	何媿彤史
제가 세상의	我觀世之
부인과 여자를 살펴보니	婦人女子

179 작은고모 : 이하곤의 조부(祖父) 이경억(李慶億)의 막내딸로, 홍만적(洪萬迪)에게 출가하였다. 《西溪集 卷12 左議政李公墓碑銘》

180 동사(彤史) : 여자들의 선행을 기록한 글을 말한다. 옛날 여관(女官)이 사관이 쓰는 붉은 붓〔彤管〕으로 왕비와 후궁, 훌륭한 부인의 언행 등을 기록하였다고 한다.

그 누가 부귀와 세리를 　　　　　孰不慕悅
좋아하지 않겠습니까만 　　　　　富貴勢利
효성스럽고 우애로우며 상서롭고 순박하며 　　　　　孝友祥順
의리를 밝게 앎이 　　　　　通曉義理
고모와 같은 사람은 　　　　　如姑氏者
대개 하나나 둘도 되지 않았습니다 　　　　　蓋無一二
저들이 실컷 즐긴 것은 　　　　　彼之所飫
좋은 음식과 화려한 옷이었고[181] 　　　　　芻豢繡綺
저들이 누린 것은 　　　　　彼之所享
오랜 장수[182]였습니다 　　　　　黃耇鯢齒
그런데 고모께서는 그렇지 않아 　　　　　唯姑不然
이처럼 선하고 아름다운 자품 지니시고도 　　　　　具此淑美
베옷을 입고 나물을 잡수시며 　　　　　布裳蔬食
양식이 떨어질까 걱정하셨고 　　　　　患其常匱
오십의 향년도 　　　　　五十之年
아 또한 짧기만 하니 　　　　　吁亦短矣

181 좋은……옷이었고 : 추환(芻豢)은 초식(草食) 가축과 잡식(雜食) 가축으로 모두 육류(肉類)를 뜻하고 수기(繡綺)는 비단 옷을 말한다. 여기서는 좋은 음식과 의복을 가리키는 말로 사용되었다.

182 장수(長壽) : 황구(黃耇)와 예치(鯢齒)는 모두 장수를 뜻하는 말이다. 《시경》 〈남산유대(南山有臺)〉에 "즐거운 군자여 어찌 황구하지 않으리오.〔樂只君子, 遐不黃耇.〕"라고 하였는데, 주희(朱熹)의 전(傳)에 "황(黃)은 노인의 머리털이 다시 누렇게 되는 것이요, 구(耇)는 노인의 얼굴이 언 배 빛이어서 때가 끼어 있는 것과 같은 것이다."라고 하였다. 예치는 빠졌다가 다시 난 노인의 치아를 말한다.

어찌하여 하늘은 넉넉히 주시고도	何畀之豐
베푸는 데는 인색하였단 말입니까	而嗇其施
복과 지혜가 모두 온전하기는	福慧之全
옛날에도 쉽지 않았으니	古亦不易
한쪽에 넘치면	旣贏於彼
다른 한쪽에 부족한 것은	必畸于此
천도가 그러한 것이니	天道則然
또 어찌 다르겠습니까	而又何異
선친의 말씀 떠올리니	追惟先教
아직도 귀에 생생한데	尙猶在耳
인간 세상 돌아보니	俯仰人世
상전벽해처럼 변했습니다	如滄桑事
지금 와서 영결을 고하니	今來告訣
눈물이 술잔에 떨어집니다	淚落觴觶
영령께서 아신다면	靈其有知
바라건대 저를 저버리지 마소서	庶我不棄
아 흠향하시기 바랍니다	嗚呼尙饗

군형[183]을 제사하는 글

祭君馨文

아, 군형(君馨)이여. 그대의 총명하여 기억력이 뛰어난 재주와 뜻이 크고 얽매이지 않는 기상과 호방하고 민첩한 조사(藻思)[184]와 기이하고 우뚝한 언론(言論)은 한 향(鄕)이나 한 주(州)는 말할 것도 없고 비록 나라의 도회지(都會地)에 사는 명가(名家)의 자제(子弟)들 가운데 찾아보더라도 견줄 만한 사람이 많지 않다. 그렇다면 하늘이 그대에게 부여해 준 것은 아무런 뜻이 없이 그렇게 한 것이 아니다. 그런데 어찌하여 이른 나이에 기이한 병에 걸리게 하여 가로막고 반평생 곤궁한 생활로 좌절시켜 한갓 술이나 마시면서 답답하고 불평스러운 마음을 달래게 하고, 활쏘기와 말 타기에 억눌리고 무료한 뜻을 붙이게 한 채 끝내 문사(文史)에는 마음을 기울여 정밀히 연구하지 못하게 했단 말인가.

아, 군형이여. 그대가 이처럼 아름다운 재주를 지니고도 붓을 잡고 먹을 묻혀 아름다운 문장을 지어 국가의 성대함을 알리지 못하였으니 진실로 조물주의 행위에 의심을 품지 않을 수 없다. 게다가 보잘것없

183 이군형(李君馨) : 《두타초(頭陀草)》 책2에 〈계미년 1월 14일 밤에 많은 눈이 내렸는데 최효백 형이 용정에서 사담 가로 나를 찾아왔다. 족형 군서, 재종제 여순, 조카 이군형이 함께 있었다.……〔癸未正月十四日夜大雪 崔兄孝伯自龍亭過余于潭上 族兄君瑞再從弟汝順李侄君馨皆在……〕〉라는 작품이 있으므로 이군형이 이하곤의 조카임을 알 수 있으나 인적사항은 미상이다.

184 조사(藻思) : 시문(詩文)을 짓는 재능을 의미한다.

는 말위(韎韋)와 결습(決拾)[185]의 사이에서 용렬한 많은 사람들과 힘을 겨루고 재예를 다투었지만 끝내 또 한 번 쓰이지 못하게 하였다. 이미 간장(干將)을 신을 깁는 데 쓰다가[186] 또 어찌하여 진흙과 모래 사이에 버렸으며 이미 천리마에게 북 실은 수레를 끌게 하다가[187] 또 어찌하여 마구간에 버렸단 말이냐. 많은 사람들이 이러한 점을 들어 탄식하고 애석해하지만 내가 그대를 슬퍼하는 것은 이것 때문만은 아니다.

아, 군형이여. 사람이 죽고 사는 것은 밤과 낮이 반복되는 이치와 같으니 모두 죽어 사라지는 것은 진실로 팽조(彭祖)와 상자(殤子)가 한 가지이다.[188] 그러나 진실로 우뚝하게 후세에 전해지는 이름이 있다

185 말위(韎韋)와 결습(決拾) : 무인(武人)의 복장을 의미한다. 말위는 붉은색 가죽옷이라는 뜻으로 장수의 갑옷을 가리킨다. 결습은 활을 쏠 때에 쓰는 제구이다. 결은 짐승 뼈로 만든 것으로서 오른쪽 엄지손가락에 끼워 활줄을 당기는 깍지이고 습은 가죽으로 된 것인데 왼팔에 걸어 활줄이 옷에 닿는 것을 막는 것이다.

186 간장(干將)을……쓰다가 : 간장은 칼을 잘 만들기로 유명했던 춘추 시대 오(吳)나라 장인(匠人)의 이름인 동시에 그가 만든 명검의 이름이다. 《해록쇄사(海錄碎事)》 권14 〈양전추(兩錢錐)〉에 "간장으로 신을 깁는다면 두 냥짜리 송곳만도 못하다.〔干將補履, 不如兩錢之錐.〕"라고 하였다. 여기서는 이군형이 간장처럼 훌륭한 자질을 지닌 인재였지만 제대로 쓰이지 못한 것을 비유한 말이다.

187 천리마에게……하다가 : 화류(驊騮)는 주 목왕(周穆王)의 팔준마(八駿馬) 가운데 하나로 천리마를 뜻한다. 천리마가 북 실은 수레를 끈다는 것은 뛰어난 재능을 발휘하지 못함을 비유한 말이다.

188 모두……가지이다 : 장수하든 요절하든 죽기는 마찬가지라는 말이다. 팽상(彭殤)은 《장자(莊子)》 〈제물론(齊物論)〉에 "상자보다 오래 산 사람이 없고 팽조보다 일찍 죽은 사람이 없다.〔莫壽於殤子, 而彭祖爲夭.〕"라고 한 내용에 보이는 팽조와 상자의 병칭이다. 팽조는 800살을 살았다고 하며 상자는 성년이 되기 전에 요절한 사람을 가리

면 비록 뼈는 썩더라도 죽지 않는 것이다. 이러므로 예부터 성현들은 대개 훌륭한 이름을 세우지 못하는 것을 걱정하고 좋은 소문이 퍼지지 않는 것을 슬퍼하였다. 그대의 이와 같은 재주와 이와 같은 뜻으로 뒷날을 기다릴 필요가 없는 것이니 내가 어찌 차마 다른 사람들이 그대를 슬퍼하는 것들로 그대를 슬퍼하겠는가.

아, 군형이여. 평소 그대의 진면모를 아는 사람이 나 말고 또 누가 있겠는가. 대개 슬픔과 즐거움, 좋을 때와 나쁠 때가 서로 이어지는 즈음에 소인들의 진실과 거짓을 다 겪어보았지만 오직 그대의 마음은 한결같아서 처음부터 끝까지 진실로 변하지 않았다. 내가 혹독한 재앙에 걸려 고향에 은거할 때 한 시내의 남쪽과 북쪽에 나누어 지냈으므로 다행히 사는 곳이 가까웠는데, 그대는 나를 불쌍히 여기고 가엾게 여겨 날마다 찾아와 살펴주었다. 혹은 기이한 글을 감상하기도 하고 혹은 의심나는 뜻을 토론하기도 하였다. 이른바 남촌(南村)에서 닭을 잡고 기장밥을 짓자는 약속을 거의 100년 동안 지속할 수 있을 것이라고 여겼는데,[189] 하루아침에 신발 벗듯이 나를 버리고 떠날 줄을 어찌

킨다.

189 이른바……여겼는데 : 이군형과 함께 오래도록 교유하며 지낼 것이라고 생각했다는 말이다. 계서(鷄黍)는 닭과 기장밥인데 벗을 찾아가는 약속이나 손님을 후하게 대접함을 의미한다. 한(漢)나라 범식(范式)은 산양(山陽) 사람이고 장소(張卲)는 여남(汝南) 사람인데 평소에 태학(太學)에서 함께 공부하며 우정이 매우 두터웠다. 두 사람이 이별할 때 범식이 장소에게 "2년 뒤 돌아올 때 그대의 집에 들르겠다."라고 하였다. 2년째가 되는 날인 9월 15일에 장소가 닭을 잡고 기장밥을 짓고 범식을 기다리자 그 부모가 웃으며 "산양은 여기서 천 리나 멀리 떨어진 곳인데 그가 어찌 꼭 올 수 있겠느냐?" 하였다. 이에 장소가 "범식은 신의가 있는 선비이니 약속 기한을 어기지 않을 것입니다." 하였는데, 그 말이 채 끝나기도 전에 범식이 당도하였다고 한다. 《後漢

생각이나 했겠는가.

아, 군형이여. 한 나무 관에 거두어졌으니 만사가 이제 끝났구나. 운정(雲亭)[190]에서 눈을 감상하는 밤에 누가 나의 시에 화답할 것이며, 연못가의 절에서 꽃구경하는 날에 누가 나의 술잔을 받을 것인가? 그대를 따라 함께 가지 않은 것은 오직 시냇물 소리와 푸른 산뿐이다. 두타산(頭陀山)[191]의 우뚝한 모습 바라보면 그대의 모습 보는 것 같고, 금계(金溪)[192]의 졸졸 흐르는 물소리를 들으면 그대의 목소리가 귀에 들리는 듯하다. 저 변치 않는 시내와 산은 진실로 영원토록 길이 남아 있을 것이니 나의 슬픔 또한 어느 때고 그칠 때가 없을 것임을 알 수 있다.

아, 군형이여. 그대는 아는가, 알지 못하는가? 아, 슬프다. 바라건대 흠향하소서.

書 卷81 獨行列傳 范式》

190 운정(雲亭) : 《두타초(頭陀草)》 책4 〈초평이십오영(草坪二十五詠)〉에 열운정(悅雲亭)이 있으므로, 이하곤의 고향에 있던 이 정자를 가리키는 것으로 보인다.

191 두타산(頭陀山) : 충청북도 진천군 초평면과 괴산군 도안면 · 증평읍의 경계에 있는 산이다.

192 금계(金溪) : 《두타초》 책1에 〈침우담은 진천현 남쪽 10여 리 쯤에 있다.……금계와 석탄의 물이 대 아래에 합쳐져서 큰 못을 이루는데……〔沈牛潭在鎭川縣南十餘里……金溪石灘之水 合流滙于臺下 成巨潭……〕〉라고 하였으므로 이하곤의 고향에 있는 물 이름임을 알 수 있다.

낙옹 박귀징 애사

朴洛翁 龜徵 哀辭

박낙옹(朴洛翁) 군의 이름은 귀징(龜徵)이고 무안(務安)이 본관이다. 그의 선대는 이산(尼山)[193]에 거주하였다. 군은 어려서 부모님을 여의고 청안(淸安)의 양씨(楊氏)에게 장가들어 그곳에서 살게 되었다. 내가 군을 양씨의 집에서 비로소 알게 되었는데, 말씨가 한아(閑雅)하고 용모는 지조를 지킴이 있는 사람 같았으므로 한번 보고서도 마침내 오래전부터 알던 사람 같았다. 그 뒤에 내가 낙영산(落影山)[194]을 오갈 때 문득 군의 집에 들러 두어 밤을 묵으며 노닐다가 가곤 하였다.

군은 사람됨이 효성스럽고 우애가 있으며 개결(介潔)하였다. 부모님께서 일찍 세상을 떠나셔서 끝까지 봉양하지 못한 것을 항상 애통해 하여 그 일을 말할 때마다 줄줄 눈물을 흘렸으며 제사에는 정성을 다하였다. 사람들과 사귈 때 정의(情義)가 진실하고 독실하여 생사가 갈리거나 어려운 상황을 만나도 전혀 변하지 않았다. 다른 사람의 과실(過失)을 보면 마치 자신이 더럽혀질 것처럼 하여 비록 평소에 친밀하던 사람이라도 관계를 끊고 얼굴을 보지 않기도 하였다.

평소에 꽃과 대나무를 가꾸고 심었으며 방 하나를 깨끗이 정리하고

193 이산(尼山) : 노성(魯城)의 옛 이름으로, 지금의 논산시(論山市) 노성면(魯城面)이다.

194 낙영산(落影山) : 충청북도 괴산군 청천면에 위치한 산이다.

그 가운데 조용히 살아가며 시 읊조리기를 즐겼다. 세상의 물건에는 좋아하는 것이 없어서 비록 부귀(富貴)와 공명(功名)이라도 탐탁하게 여기지 않았다. 남들이 혹 과거(科擧)에 응시하라고 권하면 문득 머리를 가로저어 탐탁해하지 않으며 말하기를 "내가 불행하게도 부모님께서 모두 돌아가셨고 형제도 없어서 홀로 이 한 몸만 외로이 남았을 뿐이다. 어찌 영예와 명예를 추구하겠는가."라고 하였다. 아, 선비가 스스로를 아끼지 않은 지 오래되었다. 진실로 내외와 경중의 나뉨을 분명하게 알지 못한다면 명리(名利)의 밖에서 초연(超然)하게 지내는 사람이 드물다.[195] 그런데 군의 평소 뜻이 이와 같았으니 남들보다 대단히 뛰어났던 것이다.

군은 평소 천연두(天然痘)를 조심했는데, 지난겨울부터 천연두를 앓아 올해 5월에 이르러 끝내 일어나지 못하였으니 나이 겨우 47세이다. 군이 병들었을 때 내가 일찍이 가서 문병하였는데, 군이 마당 가운데 있는 모란꽃을 가리키며 말하기를 "저 꽃이 필 때가 되면 내 병이 혹 나아서 지팡이를 짚고 걸을 수 있을 것이네. 그대가 다시 와서 함께 감상해 주겠는가?"라고 하였다. 내가 "그렇게 하겠네."라고 하였다. 꽃이 필 때 다시 갔더니 꽃은 바야흐로 화사하게 피었는데 군의 병은 더 심해져서 어찌할 수가 없었다. 돌아오고 나서 채 한 달도 안 되어 군이 과연 죽고 말았다. 아, 슬프다.

195 명리(名利)의……드물다 : 이 부분은 저본(底本)에 오류가 있는 것으로 보인다. 저본에는 "명리의 밖에서 초연하게 지내지 못하는 사람이 드물다.〔鮮不超然於名利之外者〕"라고 되어 있다. 그러나 내용의 전개를 고려할 때 "명리의 밖에서 초연하게 지내는 사람이 드물다."라고 하는 것이 옳다.

군이 죽기 하루 전날 그의 자녀와 친지들을 모두 불러 영결하고 자신이 죽은 뒤에 처리할 일들을 조목조목 적어서 아들 이경(履慶)에게 주었는데 당시에도 신기(神氣)가 평소처럼 또렷하여 터럭만큼도 죽음을 슬퍼하는 뜻이 없었다. 여기에서 또한 군이 평소 지키던 지조를 알 수 있다.

장사할 때에 이르러 이경이 애도하는 말을 내게 부탁하였다. 평소 서로 허여함이 깊었던 점을 생각할 때 어찌 죽은 사람을 위로하는 한 마디 말이 없을 수 있겠는가. 게다가 나는 더욱 끝이 없는 감회가 있다. 대개 일찍이 군과 함께 세상 밖의 한가로운 땅에 집을 짓고 아침 저녁으로 오가면서 농사도 짓고 낚시도 하며 연명(淵明)의 남촌(南村)의 즐거움[196]을 따르기로 약속하였다. 하지만 어느덧 20년이 지나는 동안 세상이 변하고 인사(人事)에 휘말려 지난날 손잡고 진지하게 했던 말을 아직도 실천하지 못하였는데 군이 갑자기 일어나지 못하였다. 아, 다른 날 말머리를 동쪽으로 하고 갈 때 혹시라도 군의 문 앞을 경유한다면 나와 더불어 두어 밤 묵을 사람이 누구란 말인가. 혹시라도 하늘의 도움을 받아 비록 산림에 자취를 감추고 살게 되어 그럭저럭 지난날의 바람을 이루게 되더라도 나와 더불어 오갈 사람이 누구란

196 연명(淵明)의 남촌(南村)의 즐거움 : 마음이 맞는 사람과 터놓고 지내는 즐거움을 말한다. 연명은 진(晉)나라의 처사(處士) 도잠(陶潛)의 자이다. 도잠이 팽택 영(彭澤令)을 그만두고 시상(柴桑)의 고향집으로 돌아왔는데, 남촌에 순박한 사람이 많이 산다는 소문을 듣고 그곳으로 이사하여 지은 시에 "예부터 남촌에 살고 싶었으니 좋은 집터 잡으려는 것이 아니었네. 순박한 마음 지닌 이 많다기에 아침저녁 즐겁게 만나려 하였네.〔昔欲居南村, 非爲卜其宅. 聞多素心人, 樂與數晨夕.〕"라고 하였다. 《陶淵明集 卷2 移居》

말인가. 이것이 내가 끝없는 감회를 가진 이유이다. 이에 애오라지 애사(哀辭) 한 통을 지어 이경의 요청에 답하고 또 나의 슬픈 마음을 펼친다. 애사는 다음과 같다.

처음 내가 벗을 구해 스스로를 도우려 할 때　俶余求友以自輔兮
단정하고 선량한 사람 사모했는데　竊有慕乎端良
아 세도의 흐름이 날마다 낮아져　欸世道日趨其汙下兮
올곧은 자세로 방정하게 사는 이 드물었네　鮮秉直而蹈方
누가 그대처럼 순수하고 착할까　夫孰如吾子之粹孅兮
아 안은 온화하고 밖은 엄숙했네　羌內和而外莊
아득히 천 년의 뒤에 태어나　眇然生乎千載之下兮
옛사람의 아름다운 행실에 뜻을 두었으니　志古人之姱行
학문에 힘입은 것이 아니라　匪問學之是資兮
진실로 하늘이 청명한 기질을 주신 것이네　諒天賦之淸明
티끌세상 벗어나 홀로 서서　離塵垢而獨立兮
옥과 눈처럼 밝고 깨끗하게 스스로를 지켰네　瑩玉雪而自將
향기 나는 풀을 모아 옷을 짓고　緝蘭茝以爲服兮
잘랑대는 명월주를 찼으며　佩明月之鏗鏘
맑은 이슬을 마셔 장을 삼고　飮淸露而爲漿兮
향기로운 가을 국화를 먹었네　餌秋菊之芳馨
이미 내면이 이처럼 아름다우니　旣內美之如此兮
진실로 영예와 명리를 탐내는 마음 없었네　固無艷乎榮名
조용히 침묵하며 숨어 지내니　靚泯默而潛處兮
다시 누가 그 그윽한 빛을 보았으랴　復孰覩夫幽光

돌아보건대 나는 졸렬하여 쓸모없으니 顧余蹇拙而無用兮
사람들이 혹 가리켜 미치광이라 했건만 衆或指而爲狂
그대는 나를 비루하게[197] 여기지 않고 君旣不我鄙兮
게다가 속내를 터놓았네 重輸肝而披腸
마치 아교를 옻에 던진 것 같았으며[198] 如用膠而投漆兮
나의 비파 연주에 생황 불어 화음 이루었지 和予瑟其吹簧
시속의 혼탁함 싫어하여 厭時俗之溷濁兮
함께 먼 곳으로 가서 欲竝擧而遐翔
금상의 높은 풍모 경모하고[199] 景禽向之高風兮
아름다운 자취 구양을 따라[200] 躡芳躅於求羊

197 비루하게 : 저본(底本)에는 鄙로 되어 있으나 "우는 아마도 비이다.〔郵疑鄙〕"라는 교정 내용이 있고 의미상으로도 교정 내용이 옳으므로 수정하여 번역하였다.

198 마치……같았으며 : 이하곤과 박귀징의 교분(交分)이 두터웠다는 말이다. 교칠(膠漆)은 아교와 옻칠을 말하는데 벗들의 끈끈한 우정을 비유한다. 고시(古詩)에 "아교를 옻칠 가운데 던져 놓으면, 누가 능히 이것을 분리시키랴.〔以膠投漆中, 誰能別離此.〕"라고 하였다. 《古詩紀 卷20 古詩十九首》

199 금상(禽向)의……경모(景慕)하고 : 명산(名山)과 대천(大川)을 떠돌아다니며 노닐고 싶어 했다는 말이다. 금상은 후한(後漢)의 은사(隱士) 상장(向長)과 금경(禽慶)을 가리킨다. 상장은 《노자(老子)》와 《주역》에 모두 정통했으나 젊어서부터 벼슬하지 않고 은거하면서 일찍이 말하기를 "아들과 딸의 혼사를 마치고 나면 집안일은 끊어버리고 다시 상관하지 않겠다.〔男女嫁娶旣畢, 敕斷家事勿相關.〕"라고 했다. 뒤에 광무제(光武帝) 연간에 아들과 딸의 혼사를 다 마치자, 금경과 함께 오악(五嶽) 등의 명산을 두루 유람하고 끝내 신선이 되러 갔다고 한다. 《後漢書 卷83 逸民列傳 向長》

200 아름다운……따라 : 은거하며 마음에 맞는 사람과 지내려 했다는 말이다. 구양(求羊)은 한(漢)나라 고사(高士)인 구중(求仲)과 양중(羊仲)을 말한다. 한나라 장후(蔣詡)가 향리로 돌아가서 모든 교분을 끊은 채 정원에 오솔길 세 개를 만들어 놓은

자연에 숨어 생활하며　蔭林泉而偃息兮
구름과 달을 따라 거닐려고 했는데　逐雲月而倘佯
어지러이 세상일에 쫓겨　紛世故之驅人兮
티끌세상의 굴레를 벗어나지 못했네　曾未卸乎塵繮
생각건대 그 다짐 정성스러웠으니　惟信誓之丁寧兮
지금까지도 생생하여 잊을 수 없네　耿至今而無忘
일이 종횡으로 수없이 변하여　事緯繣其萬變兮
문득 나를 버리고 먼저 죽었네　奄違我而先亡
훌륭한 덕을 지니고도 베풀지 못했는데　蘊令德而莫宣兮
게다가 향년도 길지 못하네　又年壽之不長
착한 이 복 주고 악한 이 벌하는 이치 어긋나나　福善禍淫之理舛兮
누가 저 하늘에 따질 수 있겠는가　疇能詰乎彼蒼
지난번 절름발이 나귀 몰아 그대에게 갔을 때　昔策蹇而造君兮
기쁜 표정으로 맞이해 주었지　緊色愉而逢迎
책들이 어지러이 책상에 가득하고　圖書紛其盈几兮
꽃나무의 향기 무성한 가운데　藹花木之芬芳
누가 손님이고 누가 주인인지도 잊은 채　而不知孰賓孰主兮
번갈아 읊으며 술잔 기울였지　迭一詠而一觴
오늘 문에 들어오니　迨今日之入門兮
낮에 곡하는 슬픈 소리만 울리네[201]　惟晝哭之哀聲

뒤에 오직 이 두 사람과 어울려 노닐었다는 고사가 전한다. 《三輔決錄 逃名》

201 낮에……울리네 : 박귀징의 아내가 남편의 죽음에 슬피 곡한다는 말이다. 주곡(晝哭)은 낮에 곡한다는 말로 춘추 시대에 경강(敬姜)의 고사에서 유래하여 남편의

깃발이 어찌 높은 집에 걸렸으며	旐何爲乎高堂
널이 어찌하여 마당 가운데 있는가	槥何爲乎中庭
가을바람은 어찌 이리도 참담하며	商飆何其慘慄兮
온갖 풀들은 어찌 저렇게 시들었나	百卉何其凋零
순식간에 묵은 자취 되었으니	曾轉眄而成陳兮
슬프다 내 마음 더욱 아프도다	怛余懷之增傷
그대가 이제 떠나 돌아올 기약 없으니	君今一去而無回期兮
영원히 아득하기만 하리라	歷萬古之茫茫
맑은 눈물 적시며 애사를 지어	漬淸涙以爲辭兮
고인에게 슬픈 마음 고하노라	庸告哀于幽冥

역(歷)은 지(指)로도 쓴다.

상을 당해 곡하는 것을 의미한다.

빙장 옥오재에게 답한 편지

答聘丈玉吾齋書

저는 외진 산속에서 두문불출하며 여러 해 동안 조용히 지냈습니다. 그런데 생각지도 못했던 업연(業緣)[202]이 문득 찾아와 얽힌 것이 마치 똥벌레가 몸에 붙은 것 같습니다. 가는 곳마다 냄새가 나서 사람을 부끄럽고 고민스러우며 괴롭고 번뇌하게 하니 실로 옛사람이 했던 것처럼 담장을 뚫거나 넘어 달아나고 싶습니다.[203] 지금 장황하게 하신 말씀을 받들고 보니 또한 제 마음을 다 알지 못하는 부분이 많았습니다. 저를 사랑하고 저를 잘 아는 장인어른께서도 오히려 이와 같으신데, 저 많은 사람들은 더 말할 것이 있겠습니까.

대개 저는 저 스스로를 잘 알고 있습니다. 몸은 꼿꼿하여 본래 아첨하는 태도가 부족하고 말은 솔직하여 이따금 사람들이 꺼리는 일을 범하기도 하니 진실로 지금의 세상에 용납될 수 없습니다. 게다가 자신이 없다고 했던 칠조개(漆彫開)의 자세[204]를 평생 사모하였고 아울

202 업연(業緣) : 불교 용어로 인과응보(因果應報)를 일으키는 인연을 말한다.

203 옛사람이……싶습니다 : 사람들을 피하고 싶다는 말인데, 글의 전체 내용으로 볼 때 이하곤에게 출사(出仕)를 권하는 사람이 있었고 이하곤은 그럴 마음이 없었던 것으로 보인다. 착배(鑿坏)는 담장을 뚫는다는 말로이다. 노(魯)나라 사람 안합(顔闔)을 재상으로 삼으려고 임금이 사람을 시켜 폐백을 전하게 하자, 안합이 아마도 사자가 잘못 들었을 것이라면서 집 뒤의 담장을 뚫고 도망쳤던 고사가 전한다.《淮南子 齊俗訓》 유원(踰垣)은 담장을 넘는다는 말이다. 전국 시대의 은자였던 단간목(段干木)이 위 문후(魏文侯)의 예방을 피하기 위하여 담을 넘어 도망쳤던 일에 대해 맹자(孟子)가 너무 지나치다고 지적한 말이 있다.《孟子 滕文公下》

러 감당할 수 없다고 했던 숙야(叔夜)의 뜻[205]을 저도 품고 있습니다. 또 재앙이 있은 뒤로 저의 마음은 마른 나무와 불 꺼진 재 같아서[206] 세상의 모든 화려한 영예와 이익을 추구하는 일에 대해서는 전혀 관심이 없습니다. 다만 자연 속에서 생활하며 경서(經書)와 사서(史書)를 즐거이 읽고 구름과 달을 따라다니고 물고기와 새들과 짝하여 여생을 마치고자 합니다.

과거(科擧) 한 가지 일은 비록 완전히 벗어나지 못하였으나 이 또한 아만(阿瞞)의 계륵(鷄肋)[207]과 유사한 것입니다. 지금 만약 생계를 위

204 자신이……자세 : 벼슬에 나가지 않으려는 자세를 말한다. 공자(孔子)께서 제자 칠조개(漆彫開)에게 벼슬하도록 권했을 때 칠조개가 "저는 아직 이것을 감당할 자신이 없습니다.〔吾斯之未能信〕"라고 대답한 일이 있다. 《論語 公冶長》

205 감당할……뜻 : 위와 마찬가지로 벼슬할 생각이 없다는 말이다. 숙야(叔夜)는 진(晉)나라 죽림칠현(竹林七賢)의 한 사람인 혜강(嵇康)의 자이다. 역시 죽림칠현의 한 사람이었던 산도(山濤)가 자신이 맡고 있던 선조랑(選曹郎) 자리의 후임을 정할 때 혜강을 추천하였다. 그러자 혜강이 산도에게 절교(絶交)의 편지를 보내 사양하였다. 그 글에서 혜강은 "반드시 감당하지 못하는 것 일곱 가지와 매우 불가한 것 두 가지가 있다.〔有必不堪者七, 甚不可者二.〕"라고 하여 자신이 관직에 나가지 못하는 점을 열거하였다. 《嵇中散集 卷2 與山巨源絶交書》

206 저의……같아서 : 세상에 대한 관심이 전혀 없다는 말이다. 고목(枯木)은 말라죽은 나무를 말하고 사회(死灰)는 불이 완전히 꺼진 식은 재를 말한다. 《장자(莊子)》 〈제물론(齊物論)〉에 "형체는 진실로 마른 나무와 같이 할 수 있고 마음은 진실로 식은 재와 같이 할 수 있는 것입니까.〔形固可使如枯木, 而心固可使如死灰乎.〕" 하였다.

207 아만(阿瞞)의 계륵(鷄肋) : 아만은 삼국 시대 조조(曹操)의 아명(兒名)이다. 조조가 한중(漢中)을 치러 갔다가 어느 날 밤 군호(軍號)를 계륵으로 정하였다. 다른 사람들은 그것이 무슨 뜻인지 몰랐으나 주부(主簿) 양수(楊修)는 곧장 돌아갈 행장을 꾸렸다. 사람들이 그 까닭을 물으니 양수가 말하기를 "닭의 늑골은 맛이 있어 씹다가 버리기도 아까우나 삼킬 수도 없으니 지금 한중은 아깝지만 버릴 수밖에 없다는 뜻이

하여 또는 처자식을 위하여 고개를 숙이고 기운을 낮추며 모자를 쓰고 띠를 묶고서 사람들을 따라 분주하게 다닌다면 원숭이를 묶은 다음 옷을 입혀 장식한 것과 같으며 기러기의 날개를 꺾은 다음 새장에서 길러 괴롭히는 것과 같습니다. 어찌 미쳐 실성(失性)하는 지경에 이르지 않을 수 있겠습니까.

지금 할 수 있는 도리는 동강(東岡)[208]을 단단히 지켜 분수에 따라 자적함으로써 앞 시대의 소양직(蘇養直)[209]만 훌륭하다는 명성을 독차지하지 않도록 하는 것입니다. 저의 보잘것없는 소신(所信)은 진실로 이미 결정되었습니다. 비록 맹분(孟賁)과 하육(夏育)[210]이 앞에 나타나고 소진(蘇秦)과 장의(張儀)[211]가 다시 살아난다고 해도 끝내 제 뜻을 꺾을 수 없습니다. 그러므로 감히 이처럼 저의 진심을 드러내 장인어른께 말씀드립니다. 삼가 바라건대 애처롭게 여겨 용서해 주십시오.

아닌가."라고 했다는 고사가 전한다.《三國志 卷1 魏書 武帝記注》

208 동강(東岡) : 관직에 나가지 않고 고향에서 은거하는 것을 말한다. 후한(後漢) 때 주섭(周燮)이 벼슬에 나가지 않고 고향에 머물러 있었는데, 종친들이 벼슬하기를 권한 말에서 유래하였다.

209 소양직(蘇養直) :《서사회요(書史會要)》 권6에 "소상의 자는 양직, 호는 후호이다. 원풍 연간에 여산에 은거하며 조정에서 불러도 나가지 않았다.〔蘇庠字養直號後湖, 元豐中居廬山, 召不起.〕"라고 하였다.

210 맹분(孟賁)과 하육(夏育) : 분육(賁育)은 진 무왕(秦武王) 때의 역사(力士)인 맹분과 하육의 병칭이다.

211 소진(蘇秦)과 장의(張儀) : 소장(蘇張)은 전국 시대에 합종책을 주장했던 소진과 연횡책을 주장했던 장의의 병칭이다.

두타초

제14책

잡저 雜著

동유록

東遊錄

〈동유기(東遊記)〉는 아직 끝마치지 못한 글로, 용연(龍淵)과 총석(叢石) 등 여러 기록들의 경우 허술함을 면하지 못하였다. 아마도 이것은 여행하던 때에 전말(顚末)을 대략 서술하여 일록(日錄)을 만들려고 대비한 것인데 미처 완전히 가다듬지도 못하고 충분히 베껴 쓰지도 못했으니 아마도 반드시 후대에 전할 것은 아니다. 만약 전체를 다 없애는 것이 마음에 들지 않는다면 백탑동(百塔洞)과 수미대(須彌臺)와 만폭동(萬瀑洞) 등 세 곳에 대한 기록은 취할 만하다. 그러나 백탑동의 기록은 그 중점이 오르기 힘든 모습에 있고 탑이 있는 곳에서 달을 바라보는 광경은 빠져 있으니, 끝내 모두 없애서 정밀하게 하는 것만 같지 못하다.[1]

갑오년(1714, 숙종40) 3월 19일. 아침밥을 먹고 출발하여 풍악산(楓嶽山)으로 향했다. 이유발(李惟發)과 영수암(靈水菴)[2]의 승려 삼임(三稔)과 청담암(淸潭菴)의 승려 신숙(信淑)이 따라왔다. 도마치(倒馬峙)[3]를 넘어 삼승촌(三升村)을 지났는데, 이곳은 이동상(李東相)이 사는 곳이다. 이동상은 늘 이곳 산수의 아름다움이 금계(金溪)[4]에 뒤

1 동유기(東遊記)는……못하다 : 이하곤이 직접 쓴 글이 아니라 편집자가 산정(刪定)할 때에 쓴 것으로 추정된다.

2 영수암(靈水菴) : 이하곤의 《두타초(頭陀草)》 책4 〈초평이십오영(草坪二十五詠)〉에 등장하는 것으로 보아 현재의 충청북도 진천군 초평면 용정리에 있었던 암자로 추정된다.

3 도마치(倒馬峙) : 충청북도 음성군의 원남면 삼용리 은행나무골에서 맹동면 통동리로 넘어가는 고개로 경사가 심하여 말이 굴렀다는 전설에 따라 말등구리재라고도 한다.

4 금계(金溪) : 《두타초(頭陀草)》 책1에 〈침우담은 진천현 남쪽 10여 리 쯤에 있다.……금계와 석탄의 물이 대 아래에 합쳐져서 큰 못을 이루는데……〔沈牛潭在鎭川縣南十餘里……金溪石灘之水 合流滙于臺下 成巨潭……〕〉라는 시가 실려 있으므로 이하곤

지지 않는다고 하였는데, 내가 보기에는 용정(龍亭)[5]보다 한참 미치지 못하였다. 정오쯤에 음성(陰城)에 도착하였다. 현감(縣監) 이세기(李世機)[6]가 그의 아들 묵(默)을 데리고 찾아왔다. 저녁에 유곡(柳谷)의 별장(別將)으로 있는 아저씨 집에서 묵었다.

20일. 일찍 출발하여 30리를 갔다. 가흥(可興)[7]에 사는 윤학보(尹學甫)를 방문하였는데, 학보가 마침 외출하여 집에 없었다. 그의 아들이 나와 맞이하여 밥을 먹고 가라고 붙잡기에 밥을 먹은 다음 헤어졌다. 청룡진(青龍津)을 건너 판교촌(板橋村)에서 점심을 먹었다. 저녁에 백운산(白雲山) 아래에서 묵었다.

21일. 새벽안개를 무릅쓰고 원주(原州)로 향했는데 50리를 가서야 해가 비로소 나왔다. 말 위에서 치악산(雉嶽山)을 바라보니 형세가 매우 웅장하여 마치 높은 성벽과 큰 성가퀴가 하늘가에 우뚝 솟아 있는 것 같았다. 치악이라는 이름은 어쩌면 이 때문에 지어진 것인가. 병영 아래의 신씨(申氏) 집에서 아침밥을 먹었다.

의 고향에 있는 물 이름임을 알 수 있다.

5 용정(龍亭) : 《두타초》 책4 〈초평이십오영(草坪二十五詠)〉에 등장하는 와룡정(臥龍亭)을 가리키는 것으로 보인다.

6 이세기(李世機) : 1653~? 본관은 여주(驪州), 자는 자장(子張)이다. 1710년 7월에 음성 현감(陰城縣監)에 임명되었다. 《承政院日記 肅宗 36年 7月 6日》

7 가흥(可興) : 충청북도 충주시 가금면 가흥리이다. 조선 시대 남한강변에는 배로 전세(田稅)를 실어 서울에 나르는 조창(漕倉)이 있었다. 《新增東國輿地勝覽 卷14 忠淸道 忠州牧》

고을 사람 윤기하(尹起河)는 20년 전부터 오래도록 알던 사람이다. 맞이하여 만나서 옛 일을 즐겁게 이야기하였는데, 상원암(上元菴)의 경치가 빼어나다고 하니 달려가 보고 싶은 마음이 들었다.

이덕순(李德淳)[8] 성화(聖和)가 마침 이곳에 왔다가 내가 왔다는 소식을 듣고 찾아왔기에 만나 정담을 나누었다. 나란히 말을 타고 누대의 문을 나서서 성화가 기와 굽는 곳에 이르러 또 잠깐 앉아 있었다.

성화와 헤어지고 10여 리를 가니 길가에 시골집이 보였는데 산에 의지하고 시냇가에 자리잡고 있었다. 큰 숲의 오래된 나무들이 어른거려 그림 같았는데 누가 사는지 알 수 없었다.

저녁에 횡성(橫城) 읍에서 묵었다. 주인의 성명은 신인방(申仁方)으로 일찍이 농촌(農村)[9]에서 살았다고 한다. 매우 정성껏 대접해 주었다.

22일. 밥을 먹은 뒤에 10여 리를 가서 벽옥정(碧玉亭)에서 잠시 쉬었다. 다시 20여 리를 가서 창봉역(蒼峯驛)[10]에서 말에게 꼴을 먹였다. 산이 깊고 골짜기가 험하며 토양이 비옥하고 맑은 시내와 고목(古木)이 곳곳에 있었으므로 기분이 좋아 살고 싶은 마음이 들게 하였다.

저녁에 홍천(洪川)에 도착하여 집안 노비인 해생(海生)의 집에서

8 이덕순(李德淳) : 1676~? 본관은 전의(全義), 자는 성화(聖和)이다.

9 농촌(農村) : 《두타초(頭陀草)》 책4 〈초평이십오영(草坪二十五詠)〉에 등장하는 것으로 보아, 이하곤의 고향 가까이에 있던 마을로 추정된다.

10 창봉역(蒼峯驛) : 조선 시대 강원도 횡성현(橫城縣)에서 북쪽으로 40리 떨어진 곳에 있던 역원(驛院)이다. 《新增東國輿地勝覽 卷46 江原道 橫城縣》

유숙하였다. 변자립(卞自立) 등이 내가 왔다는 소식을 듣고 그의 아들과 함께 허겁지겁 찾아오니 손을 맞잡고 눈물을 떨구게 되었다. 내가 이곳을 떠난 지 20년이 지났는데, 중간에 세상일이 변하여 저절로 끝없는 감회가 있었으니 또한 나도 모르게 눈물이 줄줄 흘렀다.

23일. 동이 틀 무렵에 길을 돌아 옛날 살던 집에 들렀다. 둥구나무는 남아 있지 않고 푸른 들판만 멀리까지 바라다보였다. 당시 이웃에 살던 사람들도 모두 흩어졌으니 상전벽해(桑田碧海)의 변화는 참으로 아침저녁 사이의 일일 뿐이었으므로 서글픈 마음이 들었다.

40리를 가서 원창역(原昌驛)[11]에 도착하여 말에게 꼴을 먹였다. 고개 하나를 넘으니 고을 이름이 송성(松星)이라는 곳이었는데, 이곳은 춘천(春川) 지역이었다. 종일토록 깊은 골짜기를 가고 고개를 넘어서야 들녘을 볼 수 있었는데 드넓게 확 트여 좋았다.

10리를 가서 춘천부에 도착하여 초관(哨官) 황유하(黃有河)의 집에서 묵었다. 부사(府使) 민순(閔純)[12]이 소식을 듣고 찾아와 식사를 대접하고 산에 가는 노자(路資)를 조금 보태주었다. 그의 서숙(庶叔) 해도(海棹)도 찾아왔다.

11 원창역(原昌驛) : 조선 시대 강원도 춘천도호부에서 남쪽으로 30리 떨어진 곳에 있던 역원이다. 《新增東國輿地勝覽 卷46 江原道 春川都護府》

12 민순(閔純) : 인적사항은 미상이다. 1713년(숙종39) 12월에 춘천 부사(春川府使)에 임명되었다. 《承政院日記 肅宗 38年 12月 19日》

24일. 부사가 문소각(聞韶閣)[13]에서 식사를 대접하였다. 문소각은 관아 동쪽 담 너머에 있는데 매우 화려하고 깔끔하였다. 아래에는 소양강이 흐르는데 평평하고 멀리까지 트여 있어 좋았다.

부사와 헤어지고 5리를 가서 소양정(昭陽亭)에 올랐다. 강산이 맑고 고우며 안개 낀 숲이 어렴풋하여 영락없이 그림 같았다. 선배들은 한벽루(寒碧樓)보다 훨씬 낫다고 했는데 나는 그곳에 가보지 못했으므로 그 말이 맞는지는 모르겠다. 문득 어렸을 때 재방(載方)[14] 형과 함께 청평(淸平)에 갔던 일이 떠올랐는데 꿈처럼 아득했다.

강을 건너 보통천(普通遷)과 수정천(水晶遷)을 지났는데 모두 대단히 험난했다. 대개 우리나라에서는 잔(棧)을 천(遷)이라고 부른다.

일엄역(一嚴驛)에 도착하여 말에게 꼴을 먹였다. 모진강(母津江)[15]을 건너 마령(馬嶺)을 넘었다. 10리를 가서 오솔길을 따라 서북쪽으로 가니 이곳은 화음(華陰)으로 들어가는 길이었다. 앞쪽에 험한 고개가 있었는데 그 이름은 걸기(桀其)였다. 사탄창(史呑倉) 아래에 도착하여 묵었다.

25일. 호랑이가 나타날까 두려워 일찍 출발하지 못하고 한낮이 되어 화음으로 향했다. 10리를 가서 입천(笠遷)에 도착하였다. 이곳 사람

13 문소각(聞韶閣) : 1646년에 춘천 부사로 부임했던 엄황(嚴愰)이 지금의 강원도청 앞자리에 세운 누각이다. 《東州集 文集 卷3 聞韶閣記》

14 재방(載方) : 이형곤(李衡坤)으로, 본관은 경주(慶州), 자는 재방, 호는 위헌(韋軒)이다. 이하곤의 백부(伯父) 이인소(李寅熽)의 둘째 아들이다.

15 모진강(母津江) : 춘천시와 화천군의 경계 지점부터 시작하여 지금의 삼천동 배터까지의 북한강 일부 구간을 지칭하는 옛 이름이다.

들은 입천이 매우 험하다고 말하지만 수정천(水晶遷)보다는 훨씬 험하지 않았다. 몇 리를 가니 물과 바위가 점점 아름답고 철쭉이 한창 흐드러지게 피어 시내를 따라 죽 늘어져 있었으므로 마치 붉은 비단으로 된 긴 휘장 사이를 가는 것 같았다.

다시 5리를 가니 비탈진 흰 바위 위로 맑은 물이 흘러내려 아래쪽에는 작은 연못을 형성하고 좌우의 봉우리와 절벽은 모두 깎아지른 듯이 천 길이나 솟아 있었다. 주민들에게 물어보니 소보삽(小洑揷)[16]이라고 했다. -곡운(谷雲) 김수증(金壽增)의 구곡(九曲) 가운데 청옥협(靑玉峽)이다.[17] - 시냇물을 거슬러 오르면서 여러 번이나 멋진 경치를 만났다. 시냇물은 이따금 큰 못을 이루었는데 깊고 드넓어 자못 강이나 호수처럼 느껴졌다. 앞으로 1리 쯤 더 가서 대보삽(大洑揷)에 도착하였다. 바위가 큰 대자리처럼 평평하고 빛깔이 엉긴 기름을 잘라 놓은 것 같았다. 시냇물이 바위 가운데를 지나 소용돌이를 일으키며 아래로 떨어지자 바위가 받아내니 마치 턱과 같았다. 물이 세차게 흐르면서 물보라를 일으키는 모습이 마치 만 섬이나 되는 눈꽃이 날아올라 춤추며 이리저리 흩날리는 것 같아 매우 장관이었다. 옆에 큰 바위 서너 개가 펼쳐져 있는데 그 모양이 대단히 기이하여 마치 거북과 용이 구부려 물을 마시는 것 같았다. 다가가 굽어보니 시냇물 속의 물고기를 셀 수 있을

16 소보삽(小洑揷) : 《곡운집(谷雲集)》 권4 〈곡운기(谷雲記)〉에는 소복삽(小幞揷)으로 되어 있다. 마찬가지로 아래의 대보삽(大洑揷)은 대복삽(大幞揷)으로 되어 있다.

17 곡운(谷雲)……청옥협(靑玉峽)이다 : 곡운은 김수증(金壽增, 1624~1701)으로, 본관은 안동(安東), 자는 연지(延之), 호는 곡운이다. 《三淵集 卷30 伯父谷雲先生墓表》 곡운구곡(谷雲九曲)은 강원도 화천군 사내면의 용담리와 삼일리 등에 걸쳐 있는 계곡으로 청옥협은 그중 두 번째 굽이이다.

정도로 맑았지만 솔숲 그늘이 없어 안타까웠다.

다시 2리 쯤 가니 날아갈 듯한 정자가 있었으니 바로 곡운(谷雲) 김공(金公)의 농수정(籠水亭)[18]이었다. 정면에 화악산(華嶽山)을 마주하고 있고 아래에는 와룡담(臥龍潭)이 있어서 매우 맑고 그윽하였다. 정자 앞에는 또 노송(老松) 수십 그루가 푸르고 울창하여 더욱 좋았다. 벽에는 우옹(尤翁)[19]의 시와 공의 시와 기문(記文)이 걸려 있었다. 마당 가운데에는 작은 비석이 세워져 있는데, 우옹이 적어준 주 부자(朱夫子)의 〈와룡담(臥龍潭)〉 시가 새겨져 있으니[20] 공이 예서(隸書)로 썼다.

일찍이 공이 지은 〈화음동지(華陰洞志)〉[21]를 보았는데, 공이 평강(平康)을 다스릴 때[22] 처음 이곳에 왔다고 하였으니 기거하며 오간

18 농수정(籠水亭) : 김수증이 1670년(현종11)에 지금의 강원도 화천군 사내면 영당리 매월대(梅月臺)의 서쪽, 와룡담(臥龍潭) 위에 지은 정자이다. 《宋子大全 卷143 籠水亭記》

19 우옹(尤翁) : 송시열(宋時烈, 1607~1689)로, 본관은 은진(恩津), 자는 영보(英甫), 호는 우암(尤菴)·우옹이다. 《宋子大全 附錄 卷13 墓表》

20 우옹이……있으니 : 송시열은 기문(記文)을 지어달라는 김수증의 부탁에 응하여 〈곡운정사기(谷雲精舍記)〉를 지어 보내면서 "회옹(晦翁)의 와룡암(臥龍菴) 시를 적어 보내니 이후에라도 낙성(落成)하게 되거든 이것을 벽에 걸어 두기 바란다."라고 하였다. 《宋子大全 卷142》 주 부자(朱夫子)의 와룡담(臥龍潭) 시는 주희(朱熹)가 1184년 여산(廬山)에 있을 때 제갈량(諸葛亮)을 흠모하는 마음을 담아 와룡담 위에 와룡암과 무후사(武侯祠)를 세우고 지은 〈와룡암무후사(臥龍菴武侯祠)〉를 가리킨다. 《晦菴集 卷7》

21 화음동지(華陰洞志) : 김수증의 《곡운집(谷雲集)》 권4에 실려 있는 글이다.

22 공이……때 : 김수증은 1662년 평강 현감(平康縣監)에 임명되었는데 당시 39세였다. 《承政院日記 顯宗 3年 4月 1日》

기간이 거의 40년 정도이다. 만년(晚年)에는 또 백운계(白雲溪)에 부지암(不知菴)과 송풍정(松風亭)을 지었는데, 그 정자와 누대의 경치는 여기에 비해 몇 갑절이나 아름다웠다. 농암(農巖)[23]이 일찍이 말하기를 "신선의 집처럼 단장하였으니 한 번 감상할 만하다."라고 하였다. 아, 공의 명성과 지위는 비록 정승을 지낸 두 아우보다는 못하지만[24] 초연히 속세 밖에서 청정(淸淨)한 즐거움을 간직한 것은 또 두 아우가 미칠 수 있는 바가 아니었다. 그 경중(輕重)과 취사(取捨)를 세상 사람들 가운데 구분하는 자가 반드시 있을 것이다.

사인(士人) 방도창(方道昌)이 찾아왔다. 이 사람은 곡운사우(谷雲祠宇)의 재임(齋任)이다. 산과 관련된 고사(故事)를 간략히 말해 주었는데 청한자(淸寒子)[25]가 남긴 자취를 물어보니 내창(內倉)[26]에 있다고 하였다. 방군과 함께 공의 화상(畫像)을 배알하고 돌아와 정자에서 밥을 먹었다. 해가 이미 기울었지만 방군에게 부지암으로 안내해 달라고 부탁하였다. 몇 리를 가기도 전에 푸른 창과 붉은 난간으로

23 농암(農巖) : 김창협(金昌協, 1651~1708)으로, 본관은 안동(安東), 자는 중화(中和), 호는 농암이다. 김수증의 조카이며 이하곤의 스승이다.

24 공의……못하지만 : 두 아우는 김수흥(金壽興, 1626~1690)과 김수항(金壽恒, 1629~1689)을 가리킨다. 김수흥은 1674년과 1688년 두 차례 영의정에 임명되었다. 《顯宗實錄 15年 4月 26日》, 《肅宗實錄 14年 7月 14日》 김수항은 1680년에 영의정에 임명되었다. 《肅宗實錄 6年 4月 3日》

25 청한자(淸寒子) : 김시습(金時習, 1435~1493)으로, 본관은 강릉(江陵), 자는 열경(悅卿), 호는 매월당(梅月堂) · 청한자 · 동봉(東峰)이다.

26 내창(內倉) : 김수증이 곡운정사(谷雲精舍)를 세운 강원도 화천군 사내면(史內面) 지역으로 창고가 있었던 데서 이름이 붙었다. 《新增東國輿地勝覽 卷46 江原道 春川都護府》

된 집이 아스라이 숲 자락에 문득 보이기에 물어보니 바로 송풍정이었다. 큰 바위에 의지해 터를 잡고 간신히 기둥 세 개로 받쳐 놓았는데, 그중 하나는 돌기둥으로 세웠으니 만든 방식이 매우 기묘하였다. 아래에는 너럭바위가 있는데 마치 백옥이 펼쳐진 것 같았고 졸졸 흐르는 샘물소리가 듣기 좋았다. 단풍나무, 향나무, 전나무, 잣나무가 주위에 비쳐 깊은 숲 속이 맑고 빼어나니 돌아갈 것을 잊게 만들었다. 다만 위아래에 연못이나 웅덩이가 전혀 없어서 서운하였다.

냇물 동쪽에 또 인문석(人文石)이 있는데 태극도(太極圖), 하도(河圖), 낙서(洛書), 선후천팔괘(先後天八卦)를 새겨놓았다.[27] 옛날에 들으니 삼일정(三一亭)과 유지당(有知堂)이 모두 그 위에 있다고 하였는데, 전년에 산골물이 갑자기 밀려와 무너짐을 면치 못하였다. 한래왕교(閒來往橋)[28]도 자갈로 고쳐 쌓았는데 전혀 멋지지 않았다. 농암이 신선의 집처럼 단장해 놓았다고 했던 풍광이 반으로 줄어든 것 같았다.

27 인문석(人文石)이……새겨놓았다 : 《곡운집(谷雲集)》 권4 〈화음동지(華陰洞志)〉에 "삼일정 아래에 큰 바위가 널찍하여 수십 칸은 될 만했다. 회옹의 각조산 고사를 본받아 하도, 낙서, 선후천팔괘, 태극도를 새기고 마침내 그 바위를 인문석이라 이름 지었다. 전서로 '하락희문인문석' 일곱 자를 새겼다.〔亭下大石盤陀, 可數十間. 效晦翁閣皁山古事, 刻河圖洛書先後天八卦太極圖, 遂名其石曰人文. 以篆書刻河洛羲文人文石七字.〕"라고 하였다.

28 한래왕교(閒來往橋) : 《곡운집(谷雲集)》 권4 〈화음동지(華陰洞志)〉에 "그 꼭대기에 의지해 긴 다리를 놓아 계곡을 옆으로 지나다니니 길이는 수십여 척은 되고 높이는 몇 길이 넘었다. 마침내 백원옹의 말을 취하여 한래왕교라고 이름 지었다.〔據其頂作長橋, 橫過溪壑, 長可數十餘尺, 高過數丈, 遂取百原翁語, 名曰閒來往橋.〕"라고 하였다.

부지암(不知菴)은 정자에서 서쪽으로 수십 보 떨어진 곳에 있으니 공이 늘 이곳에서 지내셨다고 한다. 별장의 노비 오십동(五十同)이 방안으로 맞이하여 앉히고 청몽루(淸夢樓)를 열어주기에 보관된 책과 그림 상자를 보여 달라고 하였다. 그 안에는 제갈무후(諸葛武侯)와 매월당(梅月堂)의 화상(畫像)이 있었다. 이것들은 일찍이 유지당에서 봉안했던 것들이다.

반수암(伴睡菴)의 승려 승천(勝天)과 일성(一性)이 찾아왔다. 반수암은 화악산 북쪽 기슭에 있다. 정자 뒤쪽으로 길을 잡아 남쪽으로 5리를 가자 암자가 나왔다. 암자의 동쪽에 대(臺)가 있는데 화악산을 바라보기가 매우 좋았다. 이 산은 비록 험준한 자태는 부족하지만 우거진 숲의 큰 나무가 위로 하늘을 찌를 듯하고 안개와 구름이 아침저녁으로 온갖 형태를 만들어내니 또한 하나의 멋진 경치였다.

밤에 방군(方君)과 함께 암자에서 묵었다. 승천이 스스로 말하기를 "일찍이 백운산(白雲山)에 머무를 적에 농암(農巖)의 문하에 출입하였습니다. 농암께서 조계(槽溪)에 가실 때에도 제가 모시고 갔습니다."라고 하였다. 또 군산(君山)[29]이 어렸을 때의 일을 말하였는데 그 말을 들으니 서글펐다.

29 군산(君山) : 김숭겸(金崇謙, 1682~1700)으로, 본관은 안동(安東), 자는 군산, 호는 관복암(觀復菴)이다. 농암(農巖) 김창협(金昌協)의 아들로 벼슬에 뜻을 두지 않고 영평(永平)에서 학문에 몰두하다가 19세로 요절하였다. 산수(山水)를 좋아하여 산천을 두루 유람하였으며 시 수백 편을 남겼다. 저서에 《관복암유고(觀復菴遺稿)》가 있다. 《渼湖集 卷15 先府君墓誌》

26일. 오늘은 칠선동(七仙洞)[30]을 유람하고자 또 방군(方君)에게 안내를 부탁하였다. 아침밥을 먹고 암자에서 1리 벗어나니 그곳에 물과 바위가 제법 아름다웠다. 말에서 내려 잠시 앉아 있다가 지나는 길에 송풍정(松風亭)에 다시 올랐다. 승천(勝天)이 따라오다가 이곳에 이르러 작별을 고했다.

골짜기를 나와 시내를 따라 동쪽으로 몇 리를 가니 밭두둑이 얼기설기 펼쳐지고 뽕나무와 삼나무가 우거져 깊은 골짜기의 기상이 전혀 없었다. 길을 꺾어 북쪽으로 20리를 가서 작은 고개를 넘었다. 또 길을 꺾어 동쪽으로 3리를 가니 한 마을이 산을 등지고 시내굽이를 둘러 그윽한 정취가 있었으니 이곳이 맹남촌(孟男村)이었다. 옛날에 맹남이라는 사람이 여기에 살았기 때문에 이런 이름을 붙였다고 한다. 시냇물은 두 줄기인데, 하나는 학령(鶴嶺) 아래에서 남쪽으로 흐르고 다른 하나는 칠선동에서 동쪽으로 흘러 맹남촌 서쪽에서 합쳐졌다. 넓은 바위 위를 흐르다가 아래에 작은 못을 이루는데, 바위의 무늬가 마치 꿈틀대는 용처럼 발톱과 뿔을 다 갖추고 있으므로 이름을 와룡(臥龍)이라고 하였다. 바위에 걸터앉아 물고기를 구경하고 흐르는 물에 발을 씻으니 기분이 매우 좋았다.

조금 있다가 방군이 마을 사람을 불러 안내하게 하였다. 대개 방군이 일찍이 한 번 와보았지만 근원까지는 가보지 못했고 길도 익숙하지 않다고 하였다.

30 칠선동(七仙洞) : 김수증이 백운산(白雲山) 동쪽 지류를 유람한 뒤에 이름 붙인 곳이다. 계곡이 일곱 굽이로 되어 있고 사위를 포함한 일곱 명이 함께 유람했다는 내용이 《곡운집(谷雲集)》 권3 〈칠선동기(七仙洞記)〉에 실려 있다.

앞으로 수백 걸음을 가다가 문득 보니 푸른 숲 속이 눈빛처럼 하얘서 시선을 사로잡았다. 급히 달려가 바라보니 바위 빛깔이 곱고 깨끗하여 온 시내가 모두 밝아 사람의 혼을 빼놓았다. 내가 곧장 그 위에 다리를 뻗고 앉아 앞으로 나아갈 마음이 없었다. 방군이 나를 재촉하며 다음과 같이 말하였다.

"여기에서 8, 9리 올라가면 삼직(三直)이 있습니다. -산골 사람은 폭포를 직(直)이라고 부른다.- 이 골짜기에서 그곳 경치가 가장 멋진데 어찌 먼저 가서 보지 않으십니까. 하류의 여러 승경(勝景)은 오면서 찬찬히 찾아보십시오. 이처럼 자잘한 물과 바위가 나올 때마다 미적대다가는 시간이 부족할까 걱정입니다."

그러나 나는 오히려 응하지 않다가 여러 번 재촉 당한 뒤에야 출발하였다.

시내 오른쪽에는 돌길이 매우 험하였다. 이따금 길이 끊어지기도 하여 외나무다리로 이어놓았다. 걷기도 하고 말을 타기도 하면서 2리쯤 가니 촌가(村家)가 있었다. 물가에 새로 지었는데 초가집과 소나무 울타리가 대단히 그윽하고 적막하였다. 마을 뒤쪽을 통해 북쪽으로 3리를 가니 허물어진 절터가 나왔다. 말에서 내려 지팡이를 짚고 시내를 따라 가는데 고목과 오래된 등나무가 빼곡하게 얽혀 있어 들어가는 곳을 알지 못하였다. 아래에는 시냇물이 콸콸 흐르며 서글프게 울리니 사람에게 하소연하는 듯했다. 좌우의 푸른 봉우리들은 나그네들이 맞이하고 보내는 것을 보며 모두 뾰족하게 천 길이나 솟아 있었으므로 바라보노라니 오싹하였다.

다시 5리를 가서 비로소 이른바 삼직(三直)에 다다랐다. 바닥이 온전한 바위로 이루어지고 맑은 물이 덮어서 형세에 따라 물주렴을 이루는 것이 세 곳이었다. 길이는 각각 예닐곱 길 정도 되는데, 각각의 아래에 작은 못으로 받아서 푸르고 깨끗하니 수염을 비춰볼 정도였다. 옆에는 노송 서너 그루가 있었다. 크기는 모두 열 아름이나 되고 구불텅하게 우거져서 그림자가 못에까지 드리웠다. 마침 산바람이 시원하게 불어와 못의 물빛과 함께 흔들리니 또한 하나의 멋진 풍경이었다. 굽어보고 올려다보며 감상하다보니 산의 해가 기우는 줄도 알지 못했다. 비로소 돌아가는 길을 찾아 출발했는데 고개를 돌리며 미련이 남아서 마치 마음에 품은 사람과 헤어지는 것 같았다.

시내 가운데로 울퉁불퉁한 돌 사이를 가면서 마음에 드는 곳을 만날 때마다 지팡이를 멈추고 눈여겨보느라 떠나지 못했다. 함께 간 사람들이 이따금 몰래 웃었지만 나는 아랑곳하지 않았으니 이렇게 한 것이 여러 번이었다. 절터에 이르러서야 말을 타고 갔는데 날은 저물고 배가 몹시 고팠다. 촌가(村家)에 들어가니 주인아주머니가 조밥과 당귀나물을 차려주었는데 대단히 맛있었다.

다시 1리를 가서 옥렴천(玉簾泉)[31]에 이르러 잠시 앉아 쉬었다. 대개 온 골짜기의 바위가 모두 맑고 매끈하여 마치 옥을 쪼아 만든 것 같았다. 또 못과 여울이 많아 푸른 빛깔로 맑고 암벽(巖壁)은 기이하며 가파른데 금빛과 푸른빛이 서로 반짝거렸다. 토양도 비옥하고 평평하여 농사를 짓거나 집을 지을 만했다. 농암(農巖)이 일찍이 화음(華陰)보다 낫다고 품평했는데 진실로 그러하였다. 골짜기를 예전에는 묘봉(妙峰)이라고 불렀는데, 곡운(谷雲)께서 지금의 이름으로 고치

31 옥렴천(玉簾泉) : 칠선동(七仙洞)의 다섯 번째 굽이이다.《谷雲集 卷3 重遊七仙洞記》

셨다고 한다.

방군과 헤어지고 북쪽으로 10여 리를 가서 학령(鶴嶺)에 이르렀는데 험난하기가 거의 평생 처음 보는 광경이었다. 꼭대기에 올라 말을 쉬게 하고 고개에서 내려와 고목 사이로 10리를 가다보니 길가에 촌사(村舍)가 있었다. 노비들이 먼저 도착하여 음식을 마련해 놓았기에 간단히 먹었다. 다시 동쪽으로 10리를 가서 잠곡촌(蠶谷村)에 이르렀는데 별이 어느덧 하늘에 가득하였다.

27일. 새벽에 40리를 가서 김화(金化)에 이르러 역리(驛吏)의 집에 숙소를 정했다. 고을 현감 이병연(李秉淵)[32] 일원(一源)에게 알렸더니 일원이 와서 말하기를 "처음에 내가 부임했을 때 사람들이 모두 '여행객을 맞이하는 것이 이 고을의 한 폐단입니다.'라고 하였는데, 고을을 다스린 지 벌써 5년이나 되었지만 이곳에 들른 친구는 김경명(金景明)[33]과 자네뿐이네."라고 하였다. 이 말을 통해 산으로 들어가는 사람이 대단히 적음을 알 수 있었다. 또 말하기를 "산속에 진실로 놓치는 승경이 많으니 구기담(九岐潭)도 그중의 하나라네. 구기담은 원통

32 이병연(李秉淵) : 1671~1751. 본관은 한산(韓山), 자는 일원(一源), 호는 사천(槎川)·백악하(白嶽下)이다. 저서에 《사천시초(槎川詩抄)》가 있다. 1710년 3월에 김화 현감(金化縣監)에 임명되었다. 《承政院日記 肅宗 36年 3月 28日》

33 김경명(金景明) : 《두타초(頭陀草)》 책5 〈외구룡연(外九龍淵)〉의 본문 원주에 "김경명의 유산기에 이르기를 '박연은 풍신 면에서 낫고 용연은 기세 면에서 낫다.〔金景明游山記云朴淵以風神勝, 龍淵以氣勢勝.〕' 하였다."라고 하였는데, 그 구절이 김창흡(金昌翕, 1662~1713)의 《포음집(圃陰集)》 권6 〈동유기(東游記)〉에 보인다. 김창흡의 자는 경명(敬明)인데 이하곤이 경명(景明)이라고 쓴 것은 오기(誤記)인 듯하다. 김창흡은 1712년 8월에 김화를 지나갔다.

암(元通菴)에서 서쪽으로 수십 리 떨어진 곳에 있으며 그 경치가 구룡연(九龍淵)보다 못하지 않은데, 승려들이 잘 알려주지 않기 때문에 찾아가는 사람이 드물다네."라고 하였다.

그리고는 애써 만류하며 칠송정(七松亭)에 가서 물고기를 구경하자고 하였다. 밥을 먹고 함께 출발하여 이요정(二樂亭)에 올랐다. 이곳은 은계(銀溪) 역관(驛館)으로 시야가 탁 트여 있었다. 찰방(察訪)은 마침 서울에 가고 없어서 뜰과 집은 고요하고 배꽃이 마치 흩날리는 눈처럼 쏟아졌다.

대략 2리를 가서 시냇가의 버들 숲에 도착했는데 일원이 갑자기 말에서 내렸다. 내가 일원에게 말하기를 "이른바 칠송정은 어디에 있는가?"라고 하자, 일원이 말하기를 "바로 여기일세."라고 하였다. 내가 웃으며 말하기를 "어찌 이렇게 거짓이 심하단 말인가. 이것은 진실로 한 시대의 풍습이지만 그대 또한 거기에서 벗어나지 못하는가?"라고 하였다. 그러자 일원도 웃었다.

이날 바람은 살랑거리고 햇살은 따스하며 버드나무 그늘에는 꾀꼬리 소리가 맑고 고와서 들을 만했다. 바닥에 자리를 깔고 앉아 서둘러 술을 가져오게 하고 두보(杜甫)의 율시를 차운하여 각각 몇 수의 시를 지었다.[34] 관아 사람이 그물로 민물고기 수백 마리를 잡아 회쳐서 술안주를 삼고 또 생선국밥을 마련했는데 맛이 그리 나쁘지 않았다. 즐겁게 술을 마시고 저녁이 되어서야 자리를 파했다. 자리에 함께한 이들

34 두보(杜甫)의……지었다 : 《두타초》 책5에 〈일원이 칠송정에 가서 물고기를 구경하자고 하므로 두보의 율시에 차운하여 함께 짓다〔一源邀往七松亭觀漁 次杜律韻同賦〕〉가 수록되어 있는데, 이 시가 당시에 지은 것이다.

은 용인(龍仁) 사람으로 성은 이씨(李氏)[35]이고 자(字)는 사겸(士謙)인 사람, 고을 사람 윤 진사(尹進士), 그리고 유배객 정씨(鄭氏)였는데 그들의 이름은 모두 잊어버렸다. 사겸은 월산대군(月山大君)[36]의 먼 후손으로 일원의 아객(衙客)이 되었다고 한다.

고을 남쪽 1리쯤에 유림(柳琳)이 오랑캐를 물리친 백전(柏田)[37]이라는 곳이 있는데, 갈 길이 바빠 미처 가보지 못했다. 근민당(近民堂)[38]은 관아 안에 있는데, 그 앞쪽에 조그만 연못이 있고 연못 가운데에 다섯 개의 석봉(石峰)을 만들었으며 주위에 꽃나무를 심어놓아 자못 그윽하고 깨끗하였다. 동산 뒤에 있는 초가 정자에는 학포(學圃)라는 이름으로 편액이 걸렸는데 또한 좋았다.

28일. 일원(一源 이병연(李秉淵))이 자신이 소장한 그림책을 보여 주었다. 그 가운데 정선(鄭敾)[39]의 산수화가 있었는데, 필법(筆法)이 당

35 이씨(李氏) : 《두타초》 책5 〈관어가(觀漁歌)〉의 주석에 이씨의 이름은 하익(夏益)이라고 하였다.

36 월산대군(月山大君) : 이정(李婷, 1454~1488)으로, 본관은 전주(全州), 자는 자미(子美), 호는 풍월정(風月亭)이다. 저서에 《풍월정집(風月亭集)》이 있다. 성종(成宗)의 형이다.

37 유림(柳琳)이……백전(柏田) : 유림(1581~1643)의 본관은 진주(晉州), 자는 여온(汝溫), 시호는 충장(忠壯)이다. 1636년(인조14) 평안도 병마절도사에 임명되었는데, 그해 겨울 병자호란이 일어나자 순찰사 홍명구(洪命耉)와 함께 적병을 추격하면서 항전하였고 이듬해 1월에 청군을 김화에서 무찔렀다. 《藥泉集 卷17 統制使柳公神道碑銘》

38 근민당(近民堂) : 김화현(金化縣) 관아 안에 있던 건물이다.

39 정선(鄭敾) : 1676~1759. 본관은 광산(光山), 자는 원백(元伯), 호는 겸재(謙

(唐)나라 사람을 모방하여 골기(骨氣)가 부족하고 먹을 쓴 곳도 메말라 윤효언(尹孝彦)[40]보다 훨씬 뒤떨어졌다.

밥을 먹고 일원과 헤어진 뒤 길을 나섰는데 날씨가 매우 나쁘고 기운도 매우 편치 않았다. 40리를 가서 직목역(直木驛)[41]에 도착하여 말에게 꼴을 먹였다. 피금정(披襟亭)[42]에 들러 쉬었는데 맑은 시내와 푸른 숲이 또한 마음에 들었다.

다시 40리를 가서 창도역(昌道驛)[43]에서 묵었다. 주인 주귀영(朱貴英)은 역리(譯吏)인데 나이가 70세쯤 되었다. 나를 위해 풍악산(楓嶽山)의 승경(勝景)을 말해 주었는데, 내 마음이 훨훨 날아 이미 중향성(衆香城)과 만폭동(萬瀑洞) 사이에 있었다. 이날 가랑비가 내리다가 밤이 되어서야 그쳤다.

齋)·겸초(兼艸)·난곡(蘭谷)이다.

40 윤효언(尹孝彦) : 윤두서(尹斗緖, 1668~1715)로, 본관은 해남(海南), 자는 효언, 호는 공재(恭齋)이다. 윤선도(尹善道)의 증손이자 정약용(丁若鏞)의 외증조이다. 진사시에 합격하였으나 벼슬에 나아가지 않았다. 인물과 동물 그림에 뛰어나 정선·심사정(沈師正)과 더불어 조선 후기의 삼재(三齋)로 일컬어졌다.

41 직목역(直木驛) : 현재의 강원도 철원군 지역에 속하며 회양도호부(淮陽都護府) 금성현(金城縣) 북쪽 8리에 있다. 《新增東國輿地勝覽 卷47 江原道》

42 피금정(披襟亭) : 강원도 철원의 김화군(金化郡)에서 금성현으로 가는 남대천(南大川) 가에 있는 정자이다.

43 창도역(昌道驛) : 현재의 강원도 철원군 지역에 속하며 예전 금성현에 속해 있던 창도역을 가리킨다. 예전에는 웅양역(熊壤驛)이라고 하였으며 현의 북쪽 31리에 있었다. 《新增東國輿地勝覽 卷47 江原道》

29일. 창도역에서 20여 리를 가서 맥판(麥阪)[44]에 도착하였다. 양쪽에 산이 우뚝 솟아 있고 큰 시내가 그곳을 관통하는데 물빛이 어둡고 검어 내려다보니 오싹하였다. 물 위로 부교(浮橋)를 놓아 사람이 건너게 하였다. 지역 주민들이 말하기를 "여름과 가을에 홍수로 물이 불어나면 발이 묶이는 여행객이 많습니다. 이 때문에 우리나라에서 더욱 험한 곳으로 유명합니다."라고 하였다.

신안역(新安驛)[45]에 도착하여 회양 부사(淮陽府使) 이징하(李徵夏)[46] 공이 설악산(雪嶽山)에 가서 아직 돌아오지 않았다는 소식을 들었다. 이곳으로부터 곧장 산으로 달려가려고 안내해 줄 마을 사람을 구했다. 10리를 가서 노곡령(蘆谷嶺)을 넘었는데 산과 골짜기가 깊고 우거져 고목이 하늘까지 솟아 있었다. 다시 10여 리를 가서 마흘령(馬齕嶺)과 점방령(占方嶺)을 넘었는데 금강산에서 오는 승려와 일반인이 길에 줄지어 있었다.

표훈사(表訓寺)의 승려 추장(秋藏)은 사람이 참 좋았다. 함께 이교촌(泥橋村)에 도착하여 묵었다. 구기담(九岐潭)의 경치를 물어 보니 나를 위해 아주 자세하게 말해 주었다. 아마 일원(一源)도 추장에게서

44 맥판(麥阪) : 강원도 금성현과 회양부의 경계에 있는 맥판진(麥阪津)으로 송포진(松浦津)이라고도 부른다. 회양의 용연(龍淵) 아래로 흐른다고 한다. 《新增東國輿地勝覽 卷47 江原道》

45 신안역(新安驛) : 강원도 회양도호부(淮陽都護府)에 속한 역 이름으로 부의 남쪽 30리에 있다. 《新增東國輿地勝覽 卷47 江原道》

46 이징하(李徵夏) : 1683~? 본관은 광산(光山), 자는 성중(成仲)이다. 이징하는 1712년(숙종38) 회양 부사(淮陽府使)에 임명되었다. 《承政院日記 肅宗 38年 11月 26日》

들은 것 같았다.[47] 이곳 사람들은 비록 새끼줄로 허리띠를 하고 똥을 짊어지는 사람이라도 금강산의 경치에 대해 말하였으니 산과 가까운 것을 알 수 있었다.

30일. 새벽녘에 길을 나섰다. 10여 리를 가서 묵희령(墨喜嶺)[48]에 도착하였다. 지역 사람들이 말하기를 "고개 꼭대기에서 풍악산의 여러 봉우리를 바라보면 매우 분명하게 보이니 그 경치가 정양사(正陽寺)[49]에서 보는 것 못지않습니다."라고 하였다. 그러나 이날은 마침 안개가 자욱하여 시원하게 보이지 않고 다만 두세 봉우리의 그림자만 구름 속에 희미하였으니 마치 수묵화에 안개가 피어올라 희미하게 대강 구별되는 것과 같을 뿐이었다. 소를 끌고 우거진 나무 아래에 있는 사람이 있었는데 그 모습이 매우 한가로웠다. 나도 그 곁에 말을 멈추고 조금 있다가 고개를 내려왔다. 나무 그늘이 해를 가리고 길 가에 샘물 소리가 들리니 마음이 즐거워 그곳의 험준함을 알지 못하였다.

10리를 가서 철이령(鐵伊嶺)을 넘었다. 골짜기가 널찍한데 남쪽에 푸른 절벽이 깎아지른 듯이 서 있고 시냇물이 그 아래로 콸콸 흘렀다. 위에는 온갖 꽃들이 알록달록 피어 아름다웠다. 한 승려가 숲 속에서 나오다가 우리를 보더니 마치 놀란 사슴 같은 표정을 지었다. 이름을

47 일원(一源)도……같았다 : 27일 기사에 이병연이 구기담에 대해 말한 내용이 있는데, 그 이야기를 추장(秋藏)에게서 들은 것 같다고 한 것이다.

48 묵희령(墨喜嶺) : 금강산에 있는 고개 이름으로 강원도 회양(淮陽)에서 장안사(長安寺)로 가는 길목에 있다. 《頭陀草 冊5 墨喜嶺》

49 정양사(正陽寺) : 금강산 표훈사(表訓寺) 북쪽 산의 정맥(正脈) 고지대에 위치한 절이다. 이 절은 시계(視界)가 확 트여 금강산의 제봉(諸峯)을 모두 볼 수 있다고 한다.

물어보니 표훈사에 사는 쌍훈(雙勳)이라고 하였다. 그로 하여금 길을 안내하게 하였다.

대략 10여 리를 가니 시내를 가로지르는 높은 다리가 있었는데 바로 만천교(萬川橋)였다. 높이가 삼백 척은 되어 굽어보니 아찔하였다. 장안사(長安寺)[50]는 그 서쪽에 있었다. 다리를 건너 산영루(山暎樓)에 올랐다. 먼저 온 사람이 누각에 앉아 있었는데 나를 보더니 일어나 맞이하였다. 그의 성명을 물어보니 보한재(保閒齋)[51]의 8세손 신식(申軾) 경부(敬夫)였다.

절은 두 번이나 불에 타 이제 막 다시 짓고 있었으므로 농암(農巖)께서 "단청이 크고 아름답다."[52]라고 하신 옛 모습은 다시 찾아 볼 수 없었다. 골짜기 입구의 우뚝 솟은 삼나무와 회나무[53] 또한 승려들이 모두 베어버리고 없었다. 동쪽과 북쪽의 여러 봉우리는 과연 우뚝 솟아 빼어났지만 또한 모두 바위산은 아니었다. 그중에 가장 높은 것이 장경봉(長慶峰)이고 나머지는 관음봉(觀音峰)과 지장봉(地藏峰)이었으며 보현봉(普賢峰)은 없었으니 또한 기문과 조금 달랐다.[54] 저녁

50 장안사(長安寺) : 강원도 회양군 장연리 금강산 장경봉(長慶峯) 아래의 절이다.

51 보한재(保閒齋) : 신숙주(申叔舟, 1417~1475)로, 본관은 고령(高靈), 자는 범옹(泛翁), 호는 희현당(希賢堂)·보한재이다.

52 농암(農巖)께서……아름답다 : 농암은 김창협(金昌協, 1651~1708)으로, 본관은 안동(安東), 자는 중화(仲和), 호는 농암·삼주(三洲)이다. 《농암집(農巖集)》 권23 〈동유기(東遊記)〉에 장안사를 묘사하면서 "건물이 크고 화려한 데다 단청이 찬란하였다.〔結構宏麗, 金碧爛然.〕"라고 하였다.

53 골짜기……회나무 : 김창협의 《농암집》 권23 〈동유기〉에 "마치 대로처럼 갑자기 넓어진 길 양옆에 쭉쭉 뻗은 삼나무와 전나무가 줄지어 서 있었다.〔路忽闢若馳, 道左右, 杉檜挺立成行.〕"라고 하였다.

을 먹은 후에 승려들이 큰 나무를 옮기는데 힘쓰는 소리가 산과 골짜기에 진동하였으니 이 또한 하나의 장관이었다.

이날 밤 신군과 함께 잤다. 승려 재회(載會)가 와서 인사하니 이 사람은 곧 김경명(金敬明)이 기문에서 말한 주지(住持) 재회(載會)였다.[55] 사람됨이 매우 순근(淳謹)하였다.

4월 1일. 재회와 백탑동(百塔洞)을 유람하기로 약속하였다. 백탑동은 대장봉(大藏峰) 아래 영원동(靈源洞) 북쪽에 있는데 장안사로부터 40리 쯤 떨어져 있다. 승려들이 가마를 메고 가기가 힘들어 잘 알려 주지 않기 때문에 아는 사람이 없었다. 근래에 낭선군(朗善君) 우(俁)[56]에게 어떤 사람이 알려 주어 그가 일찍이 한번 다녀갔다. 이때부터 조금씩 아는 사람들이 늘어났지만 깊고 험하여 가는 사람들이 매우 드물다. 내가 가보겠다고 하자 승려들이 듣고 만류했지만 나는 듣지 않았다.

54 동쪽과……달랐다 : 김창협의 《농암집》 권23 〈동유기〉에 "오직 동쪽과 북쪽의 몇 봉우리가 우뚝 솟아 사람을 압도하였다. 그 이름을 물었더니 지장봉, 관음봉, 보현봉이라 하였다.〔唯東北數峰, 峻拔聳立, 狀欲壓人, 問其名地藏觀音普賢也.〕"라고 하였는데 보현봉은 없었기에 한 말이다.

55 김경명(金敬明)이……재회(載會)였다 : 김경명은 김창즙(金昌緝, 1662~1713)이다. 《포음집(圃陰集)》 권6 〈동유기(東游記)〉 임진년(1712, 숙종38) 9월 기록에 "화상 재회가 와서 맞이하였는데 함께 이야기할 만하였다. 화상은 곧 한 사찰의 주지를 이른다.〔和尙載會來待, 稍可與語, 和尙卽住持一寺者之號也.〕"라고 하였다.

56 낭선군(朗善君) 우(俁) : 이우(李俁, 1637~1693)로, 자는 석경(碩卿), 호는 관란정(觀瀾亭)이다. 선조(宣祖)의 손자로 낭선군에 봉해졌다. 저본(底本)에는 侃으로 되어 있으나 사실을 근거로 수정하여 번역하였다.

아침을 먹고 신군(申君 신식(申軾))과 함께 걸어서 만천교를 지나 가마를 타고 시내를 거슬러 올라갔다. 시내의 바위는 이따금 앉을 만한 곳이 있었고 빛깔이 모두 푸른데 사이사이에 흰 무리가 있었다. 지장암(地藏菴)을 지나 동북쪽으로 가서 백천동(百川洞)에 들어가니 암벽이 빼어나고 시냇물이 맑아 이미 마음이 설레었다. 3, 4리를 가니 우뚝한 큰 바위가 있었다. 위쪽이 평평하고 넓어 수십 수백 명이 앉을 만하고 노목(老木)이 그늘을 드리웠으니 이곳이 바로 명경대(明鏡臺)였다.

명경대에서 수십 걸음 떨어진 곳에 몇 묘(畝) 넓이의 못이 있는데 모양이 둥글어서 마치 커다란 거울을 펼쳐 놓은 것 같았다. 물빛이 맑고 푸르러 밑바닥이 보였고 옆에는 '옥경담(玉鏡潭)'이라는 세 글자가 새겨져 있었다. 옥경담의 동쪽에 봉우리 하나가 우뚝 솟았는데 그 모습이 마치 칼을 꽂아놓은 듯하여 매우 기이하였다.

신군은 이곳에서 이별을 고하고 표훈사로 향했다. 나는 오랫동안 앉아서 감상하다가 옥경담 오른쪽을 따라 갔다. 무너진 성문이 있는데 매우 낮아 몸을 굽혀야 들어갈 수 있었다. 세상에 전하기를 신라가 망한 후에 왕자가 부끄럽게 여긴 나머지 이곳으로 은둔하여 성을 쌓고 살았다고 하는데 바로 이 성이었다.

남쪽으로 꺾어 몇 리를 가다가 다시 비스듬히 동쪽으로 가니 돌길이 매우 험하고 비탈이 가팔라 거의 발을 디딜 수 없었다. 넌출이 드리워진 큰 나무들이 하늘에 닿을 듯하고 해를 가렸으며 기이한 꽃과 풀들이 여기저기 연달아 자라고 있었다. 그곳은 그윽하고 깊숙하며 기상이 음침하여 성 밖과는 전혀 같지 않았다. 시내를 끼고 있는 바위 봉우리들은 칼과 창을 모아 놓은 것 같고 병풍을 가로로 펼쳐 놓은 것 같았는데, 모두 날고 춤추며 살아 움직이는 것 같았다. 그 끝은 하얘서 눈처럼 흰데 어떤 것은 가늘고 길게 홀로 높고 그 곁에 바위들이 달라붙어 우뚝 솟은 모습이 마치 탑 같았다. 재회가 가리키며 내게 말하기를 "이 골짜기 이름이 저것 때문에 붙여졌습니다."라고 하였다. 내가 웃으며 말하기를 "조물주 어린애가 무슨 복(福)[57]과 이익을 구하려고 이런 재주를 부려서 부처에게 아양을 떨었단 말인가."라고 하였다. 재회는 눈이 휘둥그레져 무슨 말을 하는지 알지 못하였다.

다시 몇 리를 가니 시냇물이 남쪽에서 흘러 들어오는데 이곳이 시왕천(十王川)이다. 이곳으로부터 길이 더욱 험준하였으므로 가마에서 내려 지팡이를 짚고 갔다. 시내를 건너고 바위를 넘어 마치 계단을 오르듯이 전진했는데, 냇물이 깊어 디딜 부위도 없는 곳은 벼랑 끝으로 나무를 잡고 원숭이처럼 옆걸음으로 가다가 벼랑이 막히면 다시 시냇물 길로 갔다. 이와 같이 10여 리를 가니 귀는 물이 된 것 같고 눈은 바위가 된 것 같았으며 터럭과 호흡도 모두 초목과 구름이 되려는 것 같았다.

골짜기 절반을 오는 동안 봉우리는 수백 개나 보았으며 탑은 그것의 반, 폭포도 그것의 반이나 보았는데, 탑은 봉우리보다 빼어나고 폭포는 탑보다 빼어났다. 폭포 가운데 가장 아름다운 것은 바위 절벽이 비스듬하게 수십 길이나 되는데, 폭포물이 그 꼭대기에서 곧바로 쏟아져 내리면 큰 바위가 고개를 들고 막으니 그 모습이 마치 사람이 혀를

57 복(福) : 복전(福田)은 불교 용어로 봄에 씨 뿌리고 가꾸면 가을에 수확할 수 있는 것처럼 공양(供養)하고 보시(布施)하며 선근(善根)을 심으면 그 보답으로 복을 받는다는 의미이다.

쭉 뻗은 것 같았다. 마치 제멋대로 내달리는 폭포물의 기세를 꺾으려는 것 같았는데, 폭포물이 그 바위와 다투다가 한참 뒤에 물러나 양쪽으로 뿜어져 나오는 모습이 마치 날리는 눈발 같았다. 내가 처음 보고는 매우 놀랐는데, 천천히 감상하니 또한 매우 아름답지는 않았다.[58] 그러나 끝내는 환호하고 팔짝팔짝 뛰며 떠나지 못하니 따라온 승려들이 가만히 웃었다. 이 폭포는 예전부터 이름이 없었으니 그 또한 불행히도 명현(明賢)을 만나지 못했기 때문이다. 비로소 분옥(噴玉)이라고 이름을 지어주었다.

폭포의 좌측을 통해 골짜기를 따라 1리 쯤 가다가 다시 오른쪽으로 돌아 비탈 복판으로 수백 보를 가서 한 기슭을 넘자, 갑자기 험준하고 비탈져 지날 수 없을 것 같은 곳에 작은 나무를 엮어 외나무다리처럼 만들어 놓았는데 반쯤 이미 썩어 있었다. 아래쪽은 험한 골짝이라 깊고 어두워 바닥이 보이지 않았다. 나는 눈이 어질어질하고 다리가 후들거려 감히 건널 수 없었으므로 재회와 다른 종자(從者)들을 먼저 건너가게 하였다. 상의와 관과 신발을 벗어 벼랑 가에 두고는 벽에 귀를 붙이고 나무에 발을 디디고 허리를 구부린 채 조금씩 전진했다. 돌이끼가 또 손바닥에 가득하여 부들거리며 안정되지 않았다. 그러다가 문득 원중랑(袁中郞)의 차가운 바위에서 죽는다는 말[59]이 떠올라

58 매우 아름답지는 않았다 : 저본(底本)에는 又未甚으로 되어 있는데, 甚 아래에 奇가 빠진 것 같다는 교정 내용이 있다. 그 내용이 옳은 것 같아 반영하여 번역하였다.

59 원중랑(袁中郞)의……말 : 원중랑은 원굉도(袁宏道, 1568~1610)로, 자는 중랑, 호는 석공(石公)이다. 그의 글에 "몸을 아끼고 목숨이 아깝다면 어떻게 산을 유람하겠는가. 또 그대가 평상에서 죽는 것이 어찌 한 조각 차가운 바위에서 죽는 것과 같겠는가. 〔戀軀惜命, 何用遊山. 且而與其死於牀笫, 孰若死於一片冷石也.〕"라고 하였다. 《文章辨

비로소 용기를 내 건널 수 있었다.

다시 구불구불 고목 가운데로 몇 리를 가다가 문득 보니 가운데가 뻥 뚫린 커다란 옥석이 있고 백 척의 흰 물줄기가 그 가운데에서 아래로 쏟아졌다. 나도 모르게 놀라 소리치며 잰걸음으로 다가가 보았더니 두꺼운 얼음의 가운데가 녹아 뚫리고 폭포수가 쏟아져 내렸다. 참으로 천하의 기이한 경관이었다. 골짜기 입구에서 두견화가 이미 다 떨어진 것을 보았는데, 이곳에는 핀 꽃이 전혀 없으니 산이 높고 춥다는 것을 짐작할 수 있었다.

옆 벼랑을 따라 꼭대기에 오른 뒤 앞으로 백여 걸음을 가니 낭선군(朗善君 이우(李俁))이 제명(題名)한 곳이 있었다. 바위에 다리를 펴고 앉아 남쪽을 바라보니 봉우리 서너 개가 나란히 솟아 아스라이 보이는데, 마치 옥을 다듬어 만든 부도(浮屠)처럼 영롱하여 그 아름다움을 형용할 수 없었다. 재회가 말하기를 "골짜기의 멋진 경치는 이곳에서 다 끝났습니다."라고 하였다. 동쪽과 남쪽 사이에도 은은하게 몇 개의 봉우리가 있어서 높고 빼어난 모습이 사랑스러웠다. 그 아래에도 아마 멋진 곳이 있을 것인데 마침 날은 저물고 너무 피곤하여 다 가보지 못했다.

조금 있다가 왔던 길을 따라 시왕천(十王川)에 도착한 뒤, 다시 가마를 타고 남쪽으로 가서 영원동(靈源洞)으로 들어갔다. 5리를 가서 옥초대(沃焦臺)에 올라가니 시왕봉(十王峯)이 그 앞에 늘어서서 나그네를 보고 마치 읍을 하려는 것 같았다. 또 우두봉(牛頭峯)과 마면봉(馬面峯)이 있었는데 그 모습이 붙여진 이름과 대단히 비슷했다.

體彙選 卷605 開先寺至黃巖寺觀瀑記》

동남쪽으로 비스듬히 1리를 내려가니 영원암(靈源菴)이 있는데 대단히 그윽하였다. 이름이 정심(淨心)이라는 한 승려가 그곳을 지키고 있었는데 승려의 모습은 예스럽고 마음이 고요하였다. 섬돌 아래 풀은 줄기와 잎이 연꽃과 유사하였는데 승려가 그것을 강련(剛蓮)이라고 하였다. 그곳에 유숙(留宿)하고자 하였으나 따라온 사람이 많고 식량도 없어서 그렇게 하지 못하고 드디어 길을 나섰다.

다시 옥경담(玉鏡潭)에 잠시 앉았다가 백천동(百川洞)에 도착하니 장안사(長安寺)의 승려가 횃불을 들고 마중 나왔다. 절에 도착하자 시간이 이미 이경(二更)이었다. 밤에 영광전(靈光殿)에서 자는데 콸콸 흐르는 물소리가 잠자리에 끊이지 않고 들려왔다. 가주(嘉州)의 "밤에 물소리 가운데 자노라."[60]라는 말이 높고 기묘한 줄을 더욱 알게 되었다.

2일. 밤에 단잠이 들어 비가 내리는 줄도 몰랐다. 아침에 일어나 문을 열고 바라보니 앞 봉우리가 짙게 푸르러 방울방울 떨어질 것 같고 자욱한 구름이 어여쁜 자태를 도와 더욱 사랑스러웠다. 마당은 씻어낸 듯 깨끗하고 수목은 푸르렀으며 노송(老松) 사이에서 콸콸 흐르는 시냇물 소리가 들렸다. 땅이 이미 그윽하고 한적하여 마음도 평화롭고 기운도 편안하였는데, 문득 봉우리에 오르고 골짜기를 건너는 것이

60 가주(嘉州)의……자노라 : 가주는 가주 자사(嘉州刺史)를 역임한 성당(盛唐)의 시인 잠삼(岑參, 715~770)으로, 잠가주(岑嘉州)라고도 부른다. 잠삼의 시에 "등불 그림자 앞 시내에 떨어지니, 밤에 물소리 가운데 자노라.〔燈影落前谿, 夜宿水聲中.〕"라고 하였다.《御定全唐詩錄 卷14 秋夜宿仙遊寺南涼堂呈謙道人》

대단히 힘든 줄을 알게 되어 종일토록 승려들과 함께 향불을 피우고 이야기를 들었다.

승려 축탄(祝坦)은 의령(宜寧) 사람으로 그런대로 문자를 알았으며 사람됨이 순박하고 성실하였다. 그의 스승 각원(覺元)은 풍담(楓潭) 의심(義諶)[61]의 제자로 경률(經律)을 정밀히 알아 자징(自澄)[62]과 이름이 나란하였는데 지난여름에 입적하였다고 한다.

고성 군수(高城郡守) 박태원(朴泰遠)[63]이 산에 들어와 사람을 보내 안부를 묻고 생선을 보내 주었다.

3일. 밥을 먹고 장안사를 떠나 표훈사로 향했다. 길 양쪽은 모두 푸른 삼나무와 늙은 회나무이고 철쭉이 막 만발하여 산과 골짜기에 찬란하였다. 비가 내린 뒤의 시냇물 소리는 더욱 영롱하여 들을 만하였다. 미타암(彌陀菴)에 들렀는데 그곳에 사는 승려가 문을 닫고 낮잠을 자려다가 나그네를 보고 나와 맞이하였다. 두건과 신이 희고 깨끗하며 인상이 편안하고 한가하여 사람으로 하여금 문득 속세를 떠나 은거하

61 풍담(楓潭) 의심(義諶) : 1592~1665. 조선 중기의 선승(禪僧)으로 풍담은 법호이고 의심은 법명이다. 14세에 출가하여 묘향산 언기(彦機)의 문하에서 선을 닦아 묘지(妙旨)를 깨치고 법맥을 이었다. 그 뒤 남방으로 내려가 기암(奇巖) 등 여러 고승을 방문하여 선지(禪旨)를 검증받은 뒤에 금강산에 머물며 후학들을 지도하였다. 1665년(현종6) 3월에 금강산 정양사(正陽寺)에서 입적하였다.

62 자징(自澄) : 조선 중기의 고승으로, 서산 대사(西山大師)의 6세손이다.

63 박태원(朴泰遠) : 1660~1722. 본관은 반남(潘南), 자는 경구(景久), 호는 회와(悔窩)·일우(一愚)·송담(松潭)이다. 1714년(숙종40)에 고성 군수(高城郡守)가 되었다. 《近齋集 卷30 曾祖考牧使府君墓誌》

고 싶은 생각이 들게 하였다.

잠시 쉬었다가 암자 서쪽으로 길을 잡아 북쪽으로 꺾어 1리를 가니 돌길이 매우 험난하였다. 여기가 바로 농암(農巖)의 기문에서 말한 가느다란 길이 벼랑에 걸려 있어 지나는 사람이 벌벌 떤다는 곳이었다.[64] 그러나 백탑동(百塔洞)으로 가는 길과 비교하면 큰 길 같았다. 그 아래가 명운담(鳴韻潭)으로 내산(內山)의 여러 골짜기 물이 이곳에서 합류하는데 이 연못이 자물쇠 역할을 하는 것이다. 모양은 구유처럼 길쭉하고 빛깔은 짙고 검어서 마치 신령스런 짐승이 숨어 있는 듯하다. 당시 비가 내린 뒤라 물방울이 눈처럼 뿜어져 내리고 우레가 울리는 듯한 소리가 났으니 더욱 장관이었다. 왼쪽에는 바위 절벽이 깎아지른 듯 솟았는데 또한 크고 웅장하였다. 승려들이 전하는 말에 의하면 옛날 금동(金同)이라는 사람이 외도선(外道禪)[65]을 익힌 다음, 보제(普濟)와 법을 다투다가 이기지 못하였는데 보제가 그를 연못 속으로 밀쳤다. 이때부터 물에서 항상 그윽이 우는 소리가 났는데 마치 사람이 슬피 울부짖는 것과 같아 명운담이라고 일컫게 되었다. 또 금동연(金同淵)이라 부르기도 한다. 대개 보제는 바로 여래(如來)가

64 농암(農巖)의……곳이었다 : 김창협의 《농암집(農巖集)》 권23 〈동유기(東遊記)〉에 장안사(長安寺)에서 표훈사(表訓寺)까지의 여정을 기록하며 "그 왼쪽에는 높은 절벽이 있는데 높이가 천 길이고 아래로는 못 바닥에 뿌리를 박았다. 오른쪽에는 가느다란 길이 벼랑에 걸려 있는데 벼랑이 기울어져 나무로 덧대었지만 겨우 발을 디딜 정도였으므로 지나는 사람들이 벌벌 떨었다.〔其左有峭壁, 高可千仞, 下揷潭底, 右有線路懸崖, 崖傾以木接之, 劣容人足, 過者掉慄.〕"라고 하였다.

65 외도선(外道禪) : 불가에서 사용하는 말로 야호선(野狐禪)이라고도 한다. 실제로 참선을 하지 않고 들여우가 사람을 속이는 것처럼 허위로 하는 것을 말한다.

현화(現化)한 것이고 금동의 전신(前身)은 파순(波旬)[66]이기 때문에 이렇게 보복을 받은 것이라고 하였다. 그 말이 매우 황당무계하였다.

시내를 따라 몇 리를 가서 삼불암(三佛巖)에 들렀는데 바위에 조각한 세 부처가 매우 정교하였다. 다시 수백 보를 가니 백화암(白華菴)이 있었다. 백화암은 평지에 자리 잡아 널찍하였다. 해송(海松) 일만 그루가 울창하게 두르고 있어 도리어 그윽한 정취가 사람을 매혹시키는 것 같았다. 김삼연(金三淵) 어른께서 그 멋진 경치를 사랑하여 지난겨울에 와서 지내다가 봄이 되어서야 떠나셨다고 한다.[67]

백화암에서 지내는 승려 치웅(致雄)[68]은 자징(自澄)의 제자로 몸집이 크고 경전(經典)을 두루 통달하였으며 시도 잘하였으므로 함께 이야기를 나눌 만하였다. 《십지론(十地論)》[69]을 꺼내 보여 주었는데 이것은 천친(天親)이 지은 것이었다. 그러나 갈 길이 바빠 미처 살펴보지 못하였다.

고성 군수 박태원이 옥경담을 구경하고 표훈사로 돌아가다가 들러

66 파순(波旬) : 부처와 그의 제자들의 수도를 방해하는 마왕을 말한다. 마왕은 말라(末羅)라고도 하는데 인명을 해치고 수행(修行)을 방해하는 귀신(鬼神), 곧 욕계(欲界) 제6천(第六天)의 임금이다. 파비야(波卑夜)라고도 한다.

67 김삼연(金三淵)……한다 : 삼연은 김창흡(金昌翕, 1653~1722)으로, 본관은 안동(安東), 자는 자익(子益), 호는 삼연이다. 김창흡은 1713년(숙종39) 5월에 동생 김창즙(金昌緝)을 곡하고 10월에 금강산 백화암(白華菴)에 머물렀다.

68 치웅(致雄) : 백화암에 머물렀던 승려로 법호(法號)는 몽월(夢月)이다. 삼연 김창흡이 시를 주기도 하였다. 《三淵集 卷7 贈致雄上人》

69 십지론(十地論) : 인도 법상종(法相宗)의 개조(開祖)인 무착(無著)의 아우 천친(天親)이 저술한 책이다. 천친은 형 무착의 권유로 대승에 귀의하여 크게 이름을 드날렸다. 《십지론》은 대승교(大乘敎)에 해당되는 것으로 학자들이 중히 여겼다.

잠시 이야기를 나누고 갔다. 그의 아들 필리(弼履)와 사위 이성흥(李聖興), 목천(木川) 사람 이도일(李道一)이 따랐다. 신경부(申敬夫 신식(申軾))는 정양사에서 장안사로 가다가 내가 이곳에 있다는 소식을 듣고 또한 와서 만났다.

점심을 먹고 난 뒤 암자 뒤쪽으로 가서 휴정(休靜)과 여러 명승(名僧)의 사리탑과 비석을 보았는데, 정관재(靜觀齋)가 지은 의심(義諶)의 비문[70]이 매우 볼만하였다.

소나무 숲을 뚫고 표훈사에 이르니 누각이 시내에 걸쳐 있는데 산영(山暎)이라 편액하였다. 유점사(楡岾寺)에도 산영루(山暎樓)가 있다고 들었는데, '산영' 두 글자에 무슨 오묘한 뜻이 있기에 두 절[71]에서 모두 이 이름을 붙였는지 모르겠다. 승려들의 낮은 식견이 이 지경에 이르렀고 게다가 산봉우리와 바위 골짜기를 모두 불서(佛書)나 불호(佛號)로 이름을 붙였으니 이 또한 지겨웠다.

벽에 율곡(栗谷) 선생의 오언장편시가 있었다. 어렸을 때 이 시를 읽어보았는데 산의 승경을 잘 표현하였다. 이것은 선생께서 직접 쓰신 것이 아니라 아마도 후인들이 뒤에 써서 걸어 놓은 것이다.

이 절은 전란을 겪지 않아서 만든 솜씨가 정교하고 단청이 찬란하게

70 정관재(靜觀齋)가……비문 : 정관재는 이단상(李端相, 1628~1669)으로, 본관은 연안(延安), 자는 유능(幼能), 호는 정관재·서호(西湖)이다. 이단상의 문인 김창흡(金昌翕)이 쓴 《정관재집(靜觀齋)》 속집(續集) 권9 〈유사적(遺事績)〉에 "금강산의 승려 일여(一如)와 삼막(三藐)이 와서 그들의 스승 의심의 비문을 부탁하였다."라고 하였다.

71 두 절 : 저본(底本)에는 三寺로 되어 있으나 여기서는 표훈사와 유점사를 말하고 있으므로 二寺의 오기로 보아 수정하여 번역하였다.

보존되었다. 또 나옹(懶翁)[72]의 가사(袈裟)와 동으로 만든 오래된 발우(鉢盂)가 남아 있다. 다만 공양하는 담무갈상(曇無竭像)[73]이 서쪽을 향해 서 있는데 이것은 다른 절과 다른 점이다.

고성 군수 박태원과 다정히 이야기를 나누다가 자정이 되어서야 파했다. 자리에 있던 손님 가운데 장진명(張震明)은 이산(尼山)의 문하[74]에 출입하였는데, 지금 고성 군수의 아객(衙客)이 되었다고 한다.

4일. 아침부터 가랑비가 내리다가 저물녘에 갰다. 고성 군수 박태원은 외산(外山)으로 향하고 나는 송라암(松蘿菴)으로 가기 위해 백화암(白華菴)을 지나 동쪽으로 2리 쯤 가니 산은 더욱 깊고 길은 더욱 험하였다. 괴석(怪石)들이 들쭉날쭉하게 튀어나오고 아름드리 나무들이 늘어섰는데, 넌출이 꼭대기를 덮어 장막을 친 것처럼 그늘이 짙고 그 아래 시냇물 소리가 매우 구슬펐다. 가마를 멘 승려들이 열 걸음

72 나옹(懶翁) : 1320~1376. 고려 말 선종(禪宗)의 고승이며 공민왕(恭愍王) 때의 왕사로 나옹은 법호이고 법명은 혜근(惠勤)이다. 21세 때 출가하여 회암사에서 깨달음을 얻었다. 원나라 연경의 지공 대사를 찾아가 심법(心法)의 정맥(正脈)을 이어받고 1361년(공민왕10)부터 금강산 등을 순력한 뒤 회암사의 주지가 되었는데, 왕명에 의해 밀양 영원사(瑩源寺)로 옮기던 중 여주(驪州) 신륵사(神勒寺)에서 입적하였다. 서예와 그림에도 뛰어났으며 조선조 불교에 큰 영향을 미쳤다.

73 담무갈상(曇無竭像) : 담무갈은 범어(梵語) Dharmodgata의 음역으로 《신화엄경(新華嚴經)》 권45 〈보살주처품(菩薩住處品)〉에 나오는 보살이다. 보통 법기보살(法起菩薩)로 많이 알려져 있다.

74 이산(尼山)의 문하 : 충청남도 노성(魯城)의 이산에 은거하면서 후학을 양성한 윤증(尹拯, 1629~1714)의 제자를 뜻하는 말이다. 윤증의 본관은 파평(坡平), 자는 자인(子仁), 호는 명재(明齋)이다.

을 간 뒤에 한 번씩 교대하고 땀을 비 오듯 흘렸으며 목구멍에서는 톱을 당기는 것 같은 거친 숨소리가 났다. 문득 저들도 사람이라는 생각이 들어 매우 가엽고 불쌍했다. 마침내 가마에서 내려 지팡이를 짚고 갔는데 나는 다섯 걸음에 한 번씩 쉬었다. 시냇물 소리를 따라가 문득 멈춰서 손으로 물을 움켜 마시니 감로수처럼 시원하였다.

다시 몇 리를 올라가자 길에 노목의 뿌리가 돌 틈으로 솟아 나와 웅크린 용처럼 구불텅하였다. 거기에 걸터앉아 사방을 둘러보니 원근의 봉우리들이 마치 높이 날고 춤을 추는 것 같고 솟아오르고 뛰어오르는 것 같으며 공수하고 읍하는 것 같았다. 비가 내린 뒤라 푸르고 싱그러워 더욱 사람을 매혹시켰다.

조금 앞에 무너진 성이 있었는데 또한 신라 왕자가 지은 것이었다. 성에서 북쪽으로 꺾어 가니 오솔길이 갑자기 끊기고 나무를 엮어 허공에 걸쳐놓았는데 아래로 깊은 골짜기가 보이고 밟으면 삐걱삐걱 소리가 나서 사람을 아찔하고 두렵게 하였다. 옆쪽의 벽에 매달려 발을 모로 디디며 겨우 건널 수 있었다.

조금 더 북쪽으로 가자 송라암이 나왔다. 방은 비고 승려는 없는데 배꽃이 뜰에 가득 피었고 홈통에서 샘물이 졸졸 흘러 그윽하고 조용하니 인간세상이 아닌 것 같았다.

이곳에서 망고대(望高臺)는 멀지 않았는데 비가 내린 뒤라 바위가 미끄러워 가지 못했다. 다시 왔던 길을 따라 무너진 성에 도착하였다. 다시 남쪽으로 5리를 가니 한 암자가 있었는데 매우 깨끗하였다. 뒤쪽으로 큰 바위 절벽을 등지고 있는데 바위 위에는 다시 한 개의 바위 봉우리가 수 천 장(丈)이나 우뚝 솟아 마치 굽어보며 사람을 내리누르는 것 같았다. 승려가 말하기를 "여기가 삼일암(三日菴)입니다. 옛날 어떤 고승(高僧)이 암자에 살았는데 삼일 만에 도를 깨우쳤으므로 이런 이름이 붙었습니다."라고 하였다.

다시 채 1리를 못 가서 안양암(安養菴)이 나왔다. 앞쪽에 한 봉우리를 마주하였는데 높고 빼어나 사랑스러웠다. 이름을 천관암(天官菴)이라고 하는데 이것 때문에 운치가 조금 있었다. 벽에는 선친(先親)의 제명(題名)이 있었다. 선친께서는 신미년(1691, 숙종17) 8월에 최효백(崔孝伯)[75]과 함께 유람하였고 이듬해 봄에 또 유람하였는데 이것은 처음 유람할 때 쓰신 것이다. 그것을 바라보니 슬픈 마음이 들었다.

동쪽으로 불전(佛殿)이 있고 바위에 불상을 새겼는데 대단히 정교하고 세밀하였으며 기와지붕으로 덮어 또한 볼만하였다.

가마를 타고 암자 앞쪽으로 비스듬히 내려가니 문득 물소리가 우레처럼 들리고 날리는 물방울이 가마 안으로 튀었다. 놀라서 살펴보니 이미 명운담(鳴韻潭)에 도착하였는데 보이는 것이 명운담의 오른쪽과 비교할 때 더욱 기이하고 장관임을 알았다. 또 앉아서 감상하고 쉬다가 서쪽으로 1리를 가서 신림암(神琳菴)으로 들어갔는데 또한 승려가 없어서 매우 황량했다. 마당 가운데에 작은 탑이 있는데 돌 색깔은 검고 윤기가 있어 남포(藍浦)의 연석(硯石)[76]과 비슷하였다. 탑면(塔面)에 기문(記文)이 새겨져 있는데 그 기문은 황통(皇統) 2년(1140)에 승려 회정(懷正)[77]이 지은 것으로 문장이 매우 볼만하였다. 승려의

75 최효백(崔孝伯) : 최창대(崔昌大, 1669~1720)로, 본관은 전주(全州), 자는 효백, 호는 곤륜(昆侖)이다. 《西堂私載 卷10 弘文館副提學崔公墓誌銘 幷序》

76 남포(藍浦)의 연석(硯石) : 남포는 충남 보령시(保寧市) 남포면(藍浦面)을 말하는데, 오래전부터 돌을 가공하는 기술이 발달하였다. 특히 오석(烏石)이라고 하는 검은색 돌은 단단하고 조직이 치밀하여 비석과 벼루, 상석(床石) 등의 재료로 널리 쓰였다.

말에 의하면 탑 속에 일찍이 세존(世尊)의 사리를 보관하였는데 행각승(行脚僧)이 탑을 헐고 훔쳐갔으며 절도 이로 인해 황폐해졌다고 한다.

잠시 쉬었다가 드디어 백화암으로 돌아왔다. 밤에 치웅 선사(致雄禪師)의 방에서 자다가 문득 소나무 끝으로 올라온 달이 어여쁜 것을 보고 기뻐서 일어나 길을 나섰다. 부도대(浮屠臺)에 이르자 삼나무가 우거지고 빗돌과 탑이 서로 마주하여 마치 사람이 서 있는 것 같았으니 또한 하나의 멋진 광경이었다.

나주(羅州)의 승려 재총(載聰)은 작년에 삼연(三淵) 선생을 따라 암자에 왔다가[78] 치웅을 스승으로 삼고 떠나지 않았는데 사람됨이 매우 영민하였다. 선암(船菴)과 수미대(須彌臺)의 승경에 대해 대단히 칭찬하며 권하기에 내일 찾아가기로 약속하였다.

5일. 승려가 해가 나왔다고 하므로 서둘러 가마를 타고 재총으로 하여금 앞장서게 하여 표훈사(表訓寺)에 이르렀다.[79] 다시 시냇물을 따라

77 회정(懷正) : 고려 말의 명승으로 금강산의 장안사(長安寺), 보덕암(普德菴) 등을 중건했다고 전해진다. 《林下筆記 卷37 蓬萊秘書》

78 나주(羅州)의……왔다가 : 김창흡의 《삼연집(三淵集)》 권11 〈재총상인에게 주다〔贈載聰上人〕〉에 "금강산은 나에게 큰 인연 있으니, 여섯 번 유람하며 90일이나 노닐었네. 그대는 호남에서 와 백연에서 알게 되었고, 여기서 만나니 하늘이 그렇게 한 것이네.〔金剛於我, 有大因緣, 六度來游, 九旬留連, 爾自南至, 識面百淵, 萍合于此, 所驅者天.〕"라는 내용이 있다.

79 표훈사(表訓寺)에 이르렀다 : 저본(底本)에는 至表訓雙勳으로 되어 있으나 雙勳寺라는 절은 없다. 《두타초》에 쌍훈 상인(雙勳上人)이 보이기는 하지만 내용상 맞지 않는다. 아마도 雙勳은 연문(衍文)으로 보이므로 삭제하여 번역하였다.

북쪽으로 갔다. 시내 가운데에 커다란 돌들이 울퉁불퉁하게 서로 의지해 솟아나고 물이 그 사이로 흘러 넘실거리며 부딪쳐서 빙빙 도는 것은 바퀴가 되고 끌리는 것은 비단이 되고 흩날리는 것은 눈이 되었다. 소리가 우레처럼 울려 산과 골짜기를 뒤흔드니 마음과 눈이 모두 놀랐다.

수십 보를 더 전진하자 양쪽에 쇠를 쌓은 것처럼 절벽이 솟았는데 만 길은 되었다. 어둑어둑하고 아득하여 마치 용도(甬道 양쪽에 담을 쌓은 길)를 지나가는 것 같았다. 올려다보니 오직 하늘 빛깔만 보이는데 좁다란 푸른빛이 마치 한 올의 실과도 같았다. 재총이 절벽 아래의 작은 연못을 가리키며 말하기를 "이것이 청룡담(靑龍潭)입니다."라고 하였다. 내가 농담으로 말하기를 "이른바 만폭동(萬瀑洞)이라는 것이 과연 이 정도일 뿐이란 말인가?"라고 하였다. 재총이 대답하여 말하기를 "내일 벽하담(碧霞潭) 위에 올라가 바라보고서도 당신께서 이렇게 말씀하실까요?"라고 하였다. 그리고는 서로 바라보며 크게 소리 내어 웃었다.

길을 꺾어 서쪽으로 원통동(圓通洞)에 들어갔다. 골짜기 입구에 커다랗고 평평한 바위가 있어서 수백 명이 앉을 수 있었다. 그 위에는 양사언(楊士彦)[80]의 '봉래풍악원화동천(蓬萊楓嶽元化洞天)'이라는 여덟 글자가 크게 새겨져 있었는데 용으로 변해 날아갈 것 같았다. 왼쪽은 금강대(金剛臺)인데 우뚝하고 뾰족하게 하늘로 솟아 있었다.

80 양사언(楊士彦) : 1517~1584. 본관은 청주(淸州), 자는 응빙(應聘), 호는 봉래(蓬萊)·완구(完邱)·창해(滄海)·해객(海客)이다.《龍洲遺稿 卷15 府使蓬萊楊公墓碣銘 幷序》

예전에는 푸른 학이 그 꼭대기에 둥지를 틀고 있었는데 학은 떠나고 빈 둥지만 남아 있었다. 승려가 그곳을 가리키며 사람들에게 자랑하였다. 시냇물이 그 자락을 따라 흘러 내려가다가 높은 벼랑을 만나 횡으로 쏟아지며 폭포를 이루었다. 그 아래에는 큰 바위가 있어 물줄기를 받았는데 가운데가 움푹 패여 말구유처럼 연못을 이루었다.

오른쪽에 돌길이 있는데 대단히 험난했다. 이곳을 지나자 점점 평탄해졌다. 무성한 나무들이 시냇물을 끼고 화살촉처럼 솟았는데 가마를 타고 녹음(綠陰) 가운데로 천천히 가노라니 꽃향기에 취하게 되고 꾀꼬리 소리가 귀를 간지럽혔다. 자첨(子瞻)의 "빈산에 사람 없는데 시내는 흘러가고 꽃은 피었네."[81]라는 말을 외우노라니 영락없이 실제의 풍경과 들어맞았다.

얼마 지나지 않아 원통암(圓通菴)에 도착하였다. 일찍이 광릉(光陵 세조(世祖))께서 행차하셨던 곳이라 붉은 용마루와 화려한 기둥이 예전의 제도대로 보존되어 있었다. 다시 동북쪽으로 2리를 가서 외나무다리 하나를 건넜다. 가마에서 내려 천천히 걷다가 바위를 만나면 앉아 쉬고 샘물을 만나면 입을 헹궜다. 따라온 승려가 재미 삼아 산의 꽃을 따서 시냇물에 흩뿌렸는데 웅덩이를 이룬 곳에 이르러 빙빙 돌며 춤을 추고 흘러가지 않았으므로 웃으며 즐거워하였다.

3, 4리 쯤 가서 다시 산자락을 돌아 구불구불 갔는데 높이 올라갈수록 더욱 높아졌다. 지나온 길을 돌아보니 한줄기 푸른 이내만 보였다.

81 자첨(子瞻)의……피었네 : 자첨은 소식(蘇軾, 1037~1101)의 자이다. 이하곤이 인용한 구는 《동파전집(東坡全集)》 권98 〈십팔대아라한송(十八大阿羅漢頌)〉의 일부이다.

비탈에 난 오솔길이 문득 끊어지고 나무 하나가 허공에 가로놓여 있었지만 험한 곳에 익숙해져서 두려운 마음이 없었으므로 용감하게 건넜다.

벼랑 사이를 바라보니 마치 석경(石磬)을 매단 것 같은 작은 집이 있었다. 승려에게 물어보니 그곳이 바로 선암(船菴)이었다. 조금 더 앞으로 가자 어떤 승려가 가사(袈裟)를 입고 나와 맞이했는데 그 모습이 신념이 있는 것 같았다. 그 사람은 바로 주지승 신보(神普)였다. 그를 따라 선암에 도착하자, 솔잎차를 내어 주므로 목을 축였다. 그와 이야기를 나누노라니 말이 다 한가롭고 담박하여 사람의 부질없는 생각을 완전히 씻어내 주었다. 앞쪽 기둥으로 나가니 그 아래로는 모두 천 길이나 되는 커다란 회나무들이 있었는데, 어린 대순이 처음 싹을 틔운 것처럼 뾰족뾰족한 꼭대기만 보일 뿐이었다.

암자 서쪽을 통해 1리 쯤 가자 높은 절벽이 나타났는데 홀로 우뚝하게 곧장 솟아 있었다. 올라갈 길이 끊어져 함께 간 사람들이 모두 물러났는데, 심훈(心勳)이 겨우겨우 절벽 사이의 틈으로 먼저 올라가 끈을 내려 주므로 잡고 올라갔다. 따라온 사람들이 다 생선 꿰미처럼 줄지어 올라갔다. 꼭대기에 올라서야 비로소 손가락을 깨물며 서로 경계하였다.[82]

오른쪽으로 돌아 1리를 가서 수미암(須彌菴)에 도착하였다. 초가를

82 손가락을……경계하였다 : 높고 험한 곳에 올라간 것에 대해 후회하며 다시는 오르지 않겠다고 경계했다는 말이다. 당(唐)나라 한유(韓愈)가 일찍이 화산(華山) 정상에 올랐다가 발광하여 통곡한 적이 있었는데, 뒤에 제자인 장철(張徹)에게 준 시에서 "미치광이 짓을 이미 손 깨물며 후회하노니, 경계하는 편지 쓰고 명으로 새겼노라.〔悔狂已咋指, 垂誡仍鐫銘.〕"라고 하였다. 《東雅堂韓昌黎集註 卷2 答張徹》

새로 지어서 엉성한 모습이 사랑스러웠다. 푸른 절벽이 사방을 빙 둘렀고 사이사이에 그윽한 꽃들이 이어져 있었다. 앞쪽의 한 봉우리는 그 모습이 마치 엎어놓은 종처럼 생겼는데 더욱 우뚝 솟아 높고 아름다웠다. 그 빼어난 경치는 이 산의 미우(眉宇)가 될 만하였다. 암자에 사는 승려는 마침 출타하여 없었으므로 마당과 집의 분위기가 쓸쓸하여 더욱 정취가 있었다. 붓을 적셔서 성명을 쓰고 또 "천하제일의 명산이며 산속 제일의 암자로다.〔天下第一名山, 山中第一菴子.〕"라고 적었다. 다 쓰고 나자 재총이 국과 밥을 내왔다.

밥을 먹고 나서 수미대(須彌臺)에 올랐다. 수미대는 영랑고개〔永郎岾〕와 정면으로 마주하고 있었는데, 수많은 바위가 무더기로 솟아 서리 빛깔 칼과 눈빛 칼날 같았으니 경연광(景延廣)의 십만횡마검(十萬橫磨劍)[83]에 못지않았다. 그 아래에는 또 자연적으로 이루어진 석탑(石塔) 네댓 개가 있었는데, 모두 땅에 박힌 상태로 생겨나서 마치 은반지를 겹쳐 놓은 것처럼 밝은 빛이 찬란하여 그 광기(光氣)가 사방을 비췄다. 백탑(百塔)과 같은 것은 그 아래에 머리를 조아리고 절을 할 정도의 수준이었다. 바위가 이처럼 아름다우니 조물주도 대단히 교묘하다.

실컷 구경하고 내려오니 조금 피곤하여 방에 누웠다. 어떤 사람이 골짜기 아래에서 승려를 불렀는데, 그 소리가 골짜기에 메아리쳐서

83 경연광(景延廣)의 십만횡마검(十萬橫磨劍) : 경연광은 오대(五代) 때 석씨 진나라〔石晉〕의 대신이다. 횡마검은 길고 날카로운 칼을 말한다. 《구오대사(舊五代史)》 권88 〈진서(晉書) 경연광열전(景延廣列傳)〉에 "진나라에는 십만 개의 횡마검이 있으니 옹은 싸우고 싶으면 빨리 오라.〔晉朝有十萬口橫磨劍, 翁若要戰則早來.〕"라고 하였다.

도리어 암자 뒤쪽에서 맴돌아 나왔으니 마치 봉우리 정상에서 들리는 것 같았다. 서둘러 문을 열고 내다보니 이도일(李道一) 군이었다. 내가 웃으면서 말하기를 "이곳에 복사꽃 떠가는 시냇물이 없는데 어떻게 어부를 이끌어 왔단 말입니까?"[84]라고 하자, 이도일이 대답하여 말하기를 "마하연(摩訶衍)의 노승(老僧)이 미진(迷津)의 자항(慈航)[85]처럼 이 사람의 두 눈이 되어 주었으니 늙은이의 다리가 끊어질 뻔하였다."라고 하였다. 이군은 60세인데, 남해(南海)에서 말을 타고 산에 들어와 깊고 험한 것을 마다하지 않고 모두 돌아다녔으니 늙어서의 용기가 대단하였다. 이군이 재총에게 탑이 있는 곳을 묻자 재총이 장난삼아 앞쪽 봉우리를 가리키며 "이곳이 바로 그곳입니다."라고 하니 이군이 믿지 못하는 기색이었다. 내가 길을 가리키자 이군이 재총과 함께 갔다가 얼마 뒤에 돌아와 마침내 함께 가게 되었다. 암자 앞쪽으로 구불구불 내려가서 넌출이 드리워진 고목(古木) 가운데를 지나고 시내를 건너 서쪽으로 가서 진불암(眞佛菴)에 들어갔다. 썩은 기와와 부러진 서까래가 무성한 풀 사이에 여기저기 흩어져 있었으니 사람 마음을 대단히 실망스럽게 하였다. 다만 마당 가의 세 바위만 우뚝 솟아서 마치 사람이 손가락을 세운 것 같았으니 그런대로 미소를 지을 만하였다. 다시 남쪽으로 길을 꺾어 갔는데 샘이나 바위를 만날 때마다 앉아서 감상하고 저물녘에 원통암으로 돌아왔다. -여기부터 아래로는

84 이곳에……말입니까 : 도잠(陶潛)의 〈도화원기(桃花源記)〉를 염두에 둔 말로 자신이 있는 곳을 별천지(別天地)처럼 여긴 것이다.

85 미진(迷津)의 자항(慈航) : 미진은 미망(迷妄)한 경계를 말하고 자항은 부처와 보살이 대중(大衆)을 제도하여 생사(生死)의 고해(苦海)로부터 벗어나게 하는 것이 마치 배로 사람을 태워 물을 건너게 해 주는 것과 같다고 하여 이르는 말이다.

글이 빠졌다.-

여기부터는 글이 탈고되지 않았다. 난잡한 초고 가운데에서 베꼈기 때문에 글이 빠지고 생략된 부분이 많다.

6일. 식사를 마친 뒤에 승려들과 걸어서 5리를 갔다. 천덕암(天德菴)의 옛 터를 지나 1리를 가서 보현점(普賢岾)을 넘었다. 원통암으로부터 이곳까지는 모두 늙은 단풍나무와 오래된 삼나무 가운데를 통과하게 되어 하늘의 해가 보이지 않았고 기후도 청량하여 깊은 가을과 진배없었다.

오른쪽으로 꺾어 오솔길로 2리 쯤 가서 안심대(安心臺)에 도착하여 조금 쉬었다. 개심대(開心臺)에 올라 중향성(衆香城)을 바라보니 뿌연 이내 기운 가운데 가려 마치 푸른 비단 휘장을 사이에 두고 옥박산(玉博山)[86]을 보는 것 같았다. 이 또한 하나의 기이한 광경이었다.

개심암(開心菴)과 정심암(淨心菴)을 지나 3리 쯤 가서 정양사(正陽寺)에 도착하였다. 곧바로 이른바 팔각전(八角殿)으로 갔는데 만든 솜씨가 대단히 정교하였다. 벽에는 모두 불화(佛畫)가 그려져 있었다. 세상에서는 오도자(吳道子)[87]의 솜씨라고 하지만 사실이 아니다. 요

86 옥박산(玉博山) : 향로 이름이다. 《향승(香乘)》 권26 〈녹옥박산로(綠玉博山爐)〉에 "손 총감이 천금을 주고 녹옥 한 덩이를 샀는데 우뚝한 것이 마치 산과 같았다. 옥공에게 다듬게 하여 박산로를 만들었는데 정상의 구멍에서 향불 연기가 나왔다. 이것을 불이산이라 불렀다.〔孫總監千金市綠玉一塊, 嵯峨如山, 命工治之, 作博山爐, 頂上暗出香煙, 名不二山.〕"라고 하였다.

87 오도자(吳道子) : 당(唐)나라 현종(玄宗) 때의 화가 오도현(吳道玄)이다. 어렸을 때의 이름이 도자(道子)인데 현종이 도현이라 고쳐 주었다고 한다. 특히 불화(佛畫)에 뛰어났다.

컨대 또한 신라 시대 이후 사람의 솜씨도 아니다. 연전(年前)에 그림이 벗겨진 것을 걱정한 승려들이 평범한 화공(畫工)을 데려다가 다시 채색하여 다시 옛 모습을 볼 수 없었다. 그 무식함이 이런 지경에 이르렀으니 진실로 통탄스러웠다.

불전의 천판(天板) 위에 대장경(大藏經)이 보관되어 있었다. 승려들에게 가져오게 하였더니 모두 예전에 듣지 못한 것들이었다. 고려 문종(文宗) 때 국(局)을 설치하고 목판을 새겨 각각 1본(本)을 인쇄해 명산(名山)에 보관하였는데 이것도 그 가운데 하나였다. 이러한 경문(經文)은 모두 육조 시대의 문사(文士)와 저명한 승려들이 거짓으로 부처의 이름에 의탁하여 이설(異說)을 만들어 오도(吾道)를 어지럽히고 사람들의 마음을 미혹시킨 것이다. 그런데 인군(人君)과 세주(世主)가 미혹되어 깨닫지 못하고 마치 공벽(拱璧)과 대패(大貝)[88]처럼 보배로 여긴 나머지 많은 재물을 허비하면서까지 배나무와 대추나무에 새겨 영원히 사라지지 않게 하려고 하였으니 어찌 개탄스럽지 않겠는가.

점심을 먹은 뒤에 헐성루(歇惺樓)로 걸어 나갔다가 마침내 천일대(天逸臺)에 도착하였다. 저녁 이내가 비로소 걷히고 석양이 비추니 중향성(衆香城) 일대가 마치 은으로 만든 성과 옥으로 된 절벽처럼 찬란하게 빛나 눈길을 사로잡아 나도 모르게 심취하였다. 계찰(季札)이 음악을 구경하는 것을[89] 비록 다시 이곳에 펼쳐 놓는 사람이 있더라

88 공벽(拱璧)과 대패(大貝) : 공벽은 두 손으로 맞잡아야 할 만큼 큰 옥을 말하고 대패는 바닷조개 중 가장 크다는 거거(車渠)와 흡사한 조개의 일종인데 상고 시대에 보물로 여겼던 것들이다. 여기서는 모두 대단한 보물이라는 의미로 사용되었다.

도 또한 보고 싶지 않을 것 같았다.

개익 상인(開益上人)에게 선(禪)의 이치에 대해 대략 설명해 달라고 요청하였다. 치웅(致雄)이 백화암(白華菴)에서 와서 이날 밤 함께 잤다.

7일. 일찍 길을 나서서 삼일암(三日菴)에 들렀다. -이곳은 개익 선사가 머무는 곳이다.- 표훈사(表訓寺) 해장전(海藏殿)에 들어가 경판(經板)을 살펴보고 만폭동(萬瀑洞)으로 들어갔다. 청룡담(靑龍潭)과 흑룡담(黑龍潭)을 지나 몇 리를 더 가서 진주담(眞珠潭)에 도착하였다. 진주담은 보덕굴(普德窟) 아래에 있었는데, 평평한 바위가 가로로 걸쳐 층계를 이루고 있었으며 시냇물이 그 위를 덮고 흐르다 떨어지니 그 모습이 마치 구슬 같았으므로 진주담이라고 이름을 지었다.

시내의 왼쪽으로 오솔길을 따라서 보덕굴로 올라갔다. 돌길이 수백 보나 얽혀져 있었는데 돌길이 끝나자 이번에는 돌계단이 나타났다. 계단을 따라 다시 수십 보를 내려가자 비로소 보덕굴이 나타났다. 굴 안에는 사대사상(沙大士像)을 안치하고 그 위는 이층의 지붕으로 덮어서 마치 제비 둥지 같았다. 앞쪽의 기둥은 아래쪽 허공을 향하고 있어서 수십 척의 구리 기둥으로 받치고 다시 쇠사슬을 이용하여 잡아맸다. 그곳의 승려 혜관(慧觀)이 마룻바닥의 판자를 제거한 다음 나를

89 계찰(季札)이……것을 : 계찰은 춘추 시대 오(吳)나라의 왕자로서 왕위도 마다하고 중원의 각국을 돌아다니며 당대의 어진 사람들과 사귄 인물이다. 계찰이 노(魯)나라에 가서 주(周)나라 음악을 듣고 열국(列國)의 치란(治亂)과 흥망(興亡)을 정확히 알아맞혔다고 한다. 《史記 卷31 吳太伯世家》

이끌어 내려다보게 하였는데 아찔하여 오래 볼 수 없었다.

서북쪽으로 비스듬히 내려가서 다시 진주담 가에 이르러 한참동안 앉아 구경하였다. 다시 100여 보를 가서 벽하담(碧霞潭)에 도착했는데 다른 연못들과 비교해 볼 때 더욱 크고 아름다웠다. 옆에는 바위들이 평평하게 펼쳐져 마치 자리를 펼쳐 놓은 것 같았다. 그 앞쪽은 낭떠러지였는데 물이 위에서 아래로 떨어져 폭포를 이루니 그 길이가 7, 8장(丈)은 되었고 옥룡(玉龍)이 거꾸로 걸린 것처럼 꿈틀대며 공중에 날렸다. 산바람이 때때로 불어오면 날리는 물방울이 사방으로 흩어져 뿌연 눈발이 골짜기에 가득하였다. -원문 빠짐-

다시 수십 보를 가자 구담(龜潭)이 나왔다. 구담은 바위 모양이 거북이를 닮았다고 하여 이런 이름이 붙었다. 또 선담(船潭)과 화룡담(火龍潭)이 있었는데, 선담은 그 모양이 배와 유사한 데서 이름을 취하였고 화룡담은 물빛이 검어서 신령스러운 용이 숨어 있는 것 같았기 때문에 이런 이름을 얻은 것이다.

대개 이 만폭동은 금강산의 가장 아름다운 곳인데 직접 보니 다른 사람들에게 들은 것보다는 조금 미치지 못하였다. 연못의 형태는 모두가 기울고 삐뚤어져 거울처럼 둥글지 못했고 바위 빛깔도 대단히 선명하고 깨끗하지는 않았으니 용유동(龍游洞)이나 선유동(仙遊洞)[90] 등에 한참 미치지 못했다. 다만 벽하담이 있는 한 굽이는 가장 빼어나고 아름다웠는데 또한 파곶(巴串)[91]보다 훨씬 뛰어난 정도는 아니었다.

90 용유동(龍游洞)이나 선유동(仙遊洞) : 모두 속리산(俗離山)에 있다.

91 파곶(巴串) : 속리산의 화양동(華陽洞)에 있는 화양구곡(華陽九曲)의 아홉 번째이다.

듣자니 마하연(摩訶衍)에 놀러오는 사람이 가득하여 발 디딜 틈이 없다고 하였다. 그곳으로 가려고 백운대(白雲臺)로 올라가서 그윽하고 깨끗한 암자를 골라 유숙하였다. 드디어 가마를 타고 마하암(摩訶菴)과 만회암(萬灰菴)을 지난 다음 비로소 가마에서 내려 작은 고개를 넘고 오른쪽으로 길을 꺾어 1리를 갔더니 험하고 높은 길에 나무를 묶어 사다리를 만들어 놓았다. 그 양쪽에 등라 줄기를 묶어 아래로 드리워 놓았으므로 줄기를 잡고 발을 모로 디디면서 올라가니 곧 하백운암(下白雲菴)의 뒤쪽 기슭이었다. 좌우에는 바위 절벽이 깎아지른 듯이 솟았는데 모두 천 길이나 되었다. 그 가운데로 좁다란 길이 나 있는데 마치 칼등 같았다. 바라보기만 해도 겁이 나서 오를 수가 없었다. 북쪽으로 꺾어 가서 중백운암(中白雲菴)에 도착하여 잠시 휴식을 취하고 암자 뒤쪽으로 1리쯤 가서 상백운암(上白雲菴)에 도착하였다. 암자는 중향성 아래에 있었다. 빼어나고 아름다운 봉우리가 여기저기 늘어서 있고 뾰족뾰족하여 마치 군옥부(群玉府)[92]에 들어온 것처럼 찬란하게 빛나니 이름을 짓거나 형용할 수 없었다. 정양사(正陽寺)에서 본 모습과 비교해 보면 더욱 빼어났으니 대개 멀리서 바라보는 것과 가까이서 보는 것은 색태(色態)가 같지 않기 때문이었다. 이 금강산의 빼어난 경치는 마땅히 이 암자가 제일이었다. 다음 날 비로봉(毗盧峯)에 오르고자 하였으므로 유숙할 수 없었으니 한스러웠다. 저녁에 돌아와 중백운암에서 묵었다.

92 군옥부(群玉府) : 군옥산(群玉山)으로 서왕모(西王母)가 살았다는 전설상의 선산(仙山)이다. 《穆天子傳 卷2 註》

8일. 아침 식사를 마치고 만회암(萬灰菴)으로 갔다. 가마를 메는 승려들이 이미 와서 기다리고 있었다. 드디어 마하연으로 가서 잠시 쉬었다. 이도일(李道一) 군은 이곳에서 외산(外山)으로 가게 되었으므로 작별하고 비로봉으로 향했다. 만폭동 상류를 경유하여 2리 쯤 가자 바위가 우뚝 솟았는데 거기에 부처를 새겨서 대단히 장엄하였다. 시냇물을 따라 가니 숲 그늘이 짙고 철쭉이 활짝 피어 비단 같았다. 산새들의 울음소리도 황홀하여 듣기 좋았으며 마치 산음(山陰)의 길을 가는 것 같았으니 진실로 여기저기 둘러보느라 겨를이 없다는 생각이 들게 하였다.[93]

북쪽으로 꺾어 오솔길을 통해 깊은 골짜기로 몇 -원문 빠짐- 리를 가면서 한 시내를 여러 번 건너 원적암(圓寂菴) 옛 터에 도착하였다. 한 기슭을 넘으니 이곳부터는 지세(地勢)가 차츰 높아져서 원근의 봉우리들을 분명하게 볼 수 있었다. 몇 리를 가서 봉우리 밑에 도착했을 뿐인데도 오히려 혈망봉(穴望峯) 등 여러 봉우리가 내려다보여 어린 아이의 머리를 쓰다듬는 것 같았다.

시냇가에서 밥을 먹고 100보쯤 가자 길이 점점 높고 가팔라져서 넌출을 잡고 올라갔다. 하석등(下石磴)에 도착하니 어지럽게 바위들이 쌓여 층을 이루고 있으니 마치 사다리를 올라가는 것 같아서 10보를 가는데 아홉 번은 쉬게 되었다. 겨우겨우 2리쯤 기어오르자 돌길이

93 마치……하였다 : 주변의 경치가 대단히 아름다워 다 둘러보지 못할 정도였다는 말이다. 중국 회계(會稽)의 산음(山陰)은 경치가 아름답기로 유명한 곳이다. 진(晉)나라 왕휘지(王徽之)가 벗 대규(戴逵)를 찾아 늘 산음 길을 다녔는데 "산음 길을 따라 걷노라면 산천의 경치가 절로 어우러져 사람으로 하여금 구경하느라 겨를이 없게 만든다.〔從山陰道上行, 山川自相映發, 使人應接不暇.〕"라고 하였다. 《世說新語 言語》

비로소 끝났다. 남쪽으로 꺾어서 구불구불 100보쯤 가자 중석등(中石磴)이었다. 하석등에 비하면 험준하기가 조금 덜하였다. 다시 1리쯤 가자 돌길이 끝났다. 측백나무 숲으로 수십 보를 가서 상석등(上石磴)에 도착했는데, 하석등보다 열 배는 더 험준하고 가팔라 한 걸음을 갈 때마다 한 번씩 쉬어야 했으니 곧장 하늘로 올라가는 것 같았다. 이런 상태로 2리쯤 가다가 봉우리 북쪽의 조금 낮은 곳을 따라 남쪽으로 가서 비로소 봉우리 정상에 도착하였다.

대개 봉우리의 모양은 성가퀴를 둘러놓은 것 같았으므로 그 위를 걷노라니 마치 성 위를 걸어가는 것 같았다. 초목은 모두 구불구불하게 땅에 붙어 자랐으니 또한 바람이 거칠고 차갑다는 것을 알 수 있었다. 승려의 말에 의하면 바다도 보인다는데 이날은 마침 안개가 짙어서 하늘과 바다가 맞닿아 멀리까지 흐릿하였다. 다만 서남쪽의 여러 산들이 즐비하게 늘어서 있는 모습이 보였는데 마치 파도가 일렁이는 것 같을 뿐 또한 무슨 산인지 알 수 없었다.

저녁을 먹은 뒤에 비로소 내려왔는데 몇 리를 걸으니 배가 몹시 고파 시냇가에서 또 밥을 먹었다. 견여(肩輿)를 타고 15리를 가서 마하연에 돌아와 묵었다. 날이 어두워진 뒤에 회양 부사(淮陽府使) 이징하(李徵夏)가 편지를 보내 안부를 묻고 여비를 조금 보태 주었다.

9일. 하루 종일 피곤하여 문을 닫고 정신없이 잤다. 날이 저문 뒤에 재총(載聰)과 함께 벽하담(碧霞潭)에 가서 한참동안 앉아 감상하다가 바람이 심해져서 돌아와 선담(船潭)에 도착하였다. 치웅 선사(致雄禪師)가 뒤따라 도착하였으므로 드디어 함께 마하연으로 갔다. 종들이 구룡연(九龍淵)에서 돌아와 그곳의 험난한 모습을 말해 주었다. 겁이

나서 서둘러 유점사(楡岾寺)로 가려고 했는데 치웅 선사가 말하기를 "내산(內山)은 이미 다 돌아보았고 남은 곳은 오직 이곳뿐입니다. 어찌 험난한 것을 꺼려서 이곳의 한 멋진 경치[94]를 놓치려 한단 말입니까."라고 하였다. 내가 드디어 마음을 결정하고 내일 가서 구경하기로 약속하였다.

표훈사(表訓寺)의 승려 삼언(三彦)이 찾아왔다. 이 승려는 선친(先親)께서 금강산에 오셨을 때 선친을 모시고 다니던 사람인데 됨됨이가 순후하고 조심스러워 마음에 들었다. 효백(孝伯 최창대(崔昌大))이 그에게 준 시가 있다.

10일. 아침 식사를 마치고 구룡연으로 출발하였다. 20리를 가서 영랑점(永郎岾)에 도착하였다. 가마에서 내려 도보로 5리쯤 가서 비로소 고개 아래로 내려왔다. 다시 5리쯤 가서 사자항(獅子項)에 도착하였는데, 깎아지른 절벽이 만 길은 되고 이따금 길이 끊어진 곳에는 나무를 묶어 사다리를 만들어 놓았으니 목숨을 걸어야 건널 수 있었다. 시냇물을 따라 가노라니 기이한 봉우리들이 번갈아 나오고 평평하게 펼쳐진 하얀 바위 위로 물이 흘러갔는데, 혹은 흩어서 주름비단 무늬를 형성하고 혹은 떨어지면서 구슬주렴을 만들어 사람을 기쁘게 하니 험난함조차 잊게 되었다.

94 멋진 경치 : 청채(淸債)는 좋은 경관을 보면 좋은 시를 지어 보답해야 하는 빚을 의미하는데 여기서는 구룡연의 승경으로 풀이하였다. 소식(蘇軾)의 시에 "새 시로써 이번 유람 기념하지 않는다면, 산속에 청정한 빚을 지게 될까 두렵구나.〔不將新句紀玆游, 恐負山中淸淨債.〕"라고 하였다. 《蘇東坡詩集 卷19 與胡祠部游法華山》

5리를 가서 비로소 초연(初淵)에 도착하였다. 커다란 바위가 높이 솟아 절벽을 이루고 폭포가 매달려 아래로 물이 떨어졌다. 연못의 모양은 둥글어서 솥과 같았고, 물빛은 깊고 푸르렀다. 주변의 절벽들은 모두 깎아지른 듯하여 발을 붙일 수 없었다. 다만 연못의 왼쪽은 그런대로 끌어당기며 올라갈 수 있었다. 승려들로 하여금 -이 아래로는 원문 빠짐- 수백 보를 가니 나무가 널찍하게 구부러져 있었다. 그 나무를 잡고 내려다보니 마치 커다란 항아리를 갈라놓은 것 같은 곳에 물이 위에서부터 줄줄 흘러 들어가는데, 색깔은 검어서 그 밑을 볼 수 없었으니 그곳이 바로 두 번째 연못이었다. 모습은 초연과 비슷하면서 조금 못하고 색깔은 두 번째 연못과 비슷하면서 조금 맑은 것이 세 번째 연못이었다. 이곳에서부디 모든 여러 연못까지는 길이 더욱 험하여 갈 수 없었다. 승려가 말하기를 "동사자봉(東獅子峰)에 올라가면 아홉 번째 연못을 내려다볼 수 있습니다."라고 하였다. 드디어 돌아와서 첫 번째 연못에서 동사자봉 꼭대기에 올랐다. 꼭대기에는 커다란 바위가 갓처럼 올려 있었다. 바위에 기대 내려다보니 구름이 뭉게뭉게 일어서 분명하지 않았다. 다만 수백 장(丈)이나 되는 흰 비단이 허공을 가로질러 아래로 드리워진 모습이 보였으니 참으로 장관이었다. 저녁 식사를 마친 뒤에 돌아왔다.

영랑점에 오르니 흰 구름이 드넓게 깔려서 마치 큰 바다와도 같았다. 원근의 봉우리들은 반쪽만 드러나고 혹은 몇 개의 뾰족한 부분만 나타나 그 모습이 마치 바다 가운데의 섬과 같았다.

11일. 일찍 일어나서 유점사(楡岾寺)로 출발하였다. 이허대(李許臺)[95]에 들러 잠시 쉬고 20리를 가서 내수점(內水岾)에 도착하니 유점사의 승려가 이미 나와서 기다리고 있었다. 내수점의 동쪽으로는 산들이 다 완만하게 펼쳐져 우뚝 솟은 모습이 전혀 없었으니 이것이 내산(內山)과 외산(外山)의 다른 점이었다.

몇 리를 가서 칠보대(七寶臺)에 도착하여 대 아래에서 밥을 먹었다. 다시 몇 리를 가서 은선대(隱仙臺)에 도착하였는데 돌길이 대단히 험준하였다. 승려들이 굵은 밧줄로 가마를 묶어 끌어 준 덕분에 드디어 꼭대기에 도착하였다. 북쪽으로는 열두 개의 폭포를 마주하고 있었는데 그 모습이 마치 띠를 드리운 것 같았다. 동쪽으로 보이는 큰 바다가 마치 신발 아래에 있는 것 같았다. 이 또한 장관이었다.

대에서 내려와 10리를 가니 대적암(大寂菴)이 나왔다. 대적암은 대단히 화려하게 정비되어 있었는데 승려가 머물지 않은 지 오래되었다. 동쪽으로 꺾어 수백 보를 가니 쌍언(雙彦)[96]·의심(義諶)[97]·나백(懶白)[98] 등 여러 명승(名僧)들의 빗돌이 있었으므로 지팡이를 짚고

95 이허대(李許臺) : 《백헌집(白軒集)》 권10 〈풍악록(楓嶽錄)〉에 "벼랑의 바위에 이허대라고 새겨져 있었다. 대개 이명준 공이 강릉 부사가 되고 허계 공이 고성 군수가 되었을 때 함께 유람하면서 새긴 것이라고 한다.〔岸上巖石, 刻曰李許臺, 蓋李公命俊爲江陵, 許公啓爲高城時, 同遊刻之云.〕"라고 하였으므로 그 유래를 알 수 있다.

96 쌍언(雙彦) : 1591~1658. 평안남도 안주(安州) 출신의 승려로, 속성(俗姓)은 최씨(崔氏), 호는 춘파(春坡)이다. 일곱 살에 묘향산으로 가서 서산 대사(西山大師)의 제자가 되었다.

97 의심(義諶) : 1592~1665. 경기도 김포 출신의 승려로, 속성은 유씨(柳氏), 호는 풍담(楓潭)이다. 14세에 출가하여 묘향산 성순(性淳)의 문하에서 시봉(侍奉)하다가 득도하여 구족계(具足戒)를 받았다.

98 나백(懶白) : 1604~1681. 쌍언의 제자로 속성은 이씨(李氏), 자는 응현(應玄), 호는 허곡(虛谷)이다.

읽어 보았다.

드디어 가서 유점사에 도착하여 곧장 산영루(山暎樓)에 올랐다. 산영루는 예전에 큰 시냇물 위에 걸쳐 있어서 대단히 웅장하고 아름다웠는데, 승려들이 풍수가의 말에 현혹된 나머지 옮겨 지어서 고작 작은 시내만 그 아래로 흘러나오고 누대도 기울어져 다시 옛 모습을 찾아볼 수 없었다. 신사년(1701, 숙종27)에 절이 불타서 불전(佛殿)을 새로 지었는데 단청이 찬란하였다. 향목(香木)으로 가산(假山)을 만들어 영취산(靈鷲山)[99]을 본뜨고 53불(佛)을 안치했는데, 불상들은 대소(大小)와 장단(長短)이 제각각이었고 모습이 영락없이 살아 움직이는 것 같았으니 만든 솜씨가 매우 정교하였다. 바다에 떠서 동쪽으로 왔다는 말[100]은 진실로 헛된 소리이니 아마도 신라 시대의 솜씨 좋은 장인이 주조한 것이다.

절의 승려가 관음(觀音)의 친필(親筆)이라는 패엽경(貝葉經)[101]과 지공(指空)이 썼다는 불경을 보여 주었다. 또 은으로 쓴 《미타경(彌陀經)》도 있었는데, 이것은 인목왕비(仁穆王妃)[102]께서 서궁(西宮)에

99 영취산(靈鷲山) : 인도 마게타국(摩揭陀國)에 있는 산으로 석가모니가 일찍이 이곳에 거주하여 다년간 설법하였으므로 불교의 성지(聖地)로 일컬어진다.

100 바다에……말 : 신라 남해왕 때 53불(佛)이 월지국(月氏國)으로부터 쇠 종을 타고 와 안창포(安昌浦)에 정박하였다는 전설을 말한다. 《林下筆記 卷37 蓬萊祕書》

101 패엽경(貝葉經) : 인도에서 패다라수(貝多羅樹)의 잎에 불경을 썼기 때문에 불경을 패엽경이라 부른다.

102 인목왕비(仁穆王妃) : 1584~1632. 선조(宣祖)의 계비(繼妃)로 영돈녕부사 김제남(金悌男)의 딸이다. 휘호는 광숙장정(光淑莊定)이고 능은 양주에 있는 목릉(穆陵)이다. 선조의 사후에 광해군이 즉위하여 대북정권이 들어섰는데 선조의 첫째 왕자 임해군(臨海君)을 제거하고 영창대군을 폐서인시킨 뒤 살해하였으며 김제남을 사사(賜死)

계실 때 이 불경을 손수 써서 부모님의 명복을 빌었다. 책의 끝에 짧은 발문(跋文)이 있는데 말의 뜻이 대단히 서글펐다.

12일. 오늘은 구연동(九淵洞) 가운데 있는 내원(內院)을 찾아가 구경하려고 했는데 다리가 아파서 가지 못했다. 저녁을 먹은 뒤에 간성군수(杆城郡守) 이숙겸(李叔謙)이 아들을 데리고 산으로 들어왔다. 객지에서 만나니 대단히 놀랍고 기뻤다.

13일. 숙겸은 내산(內山)으로 출발하고 나는 선담(船潭)으로 향했는데 묘언(妙彦)이 뒤따랐다. -곧 이 절의 승려이다.- 3리를 가서 남쪽으로 꺾어 깊은 골짜기로 들어서니 물과 바위가 맑고 아름다운 줄을 느낄 수 있었다. 이곳은 선담의 하류였다. 앞으로 수백 보를 가자 커다란 바위가 둥그스름한데 가운데가 움푹 패이고 -원문 빠짐- 샘물이 흘러들어와 연못을 형성하였다. 물 색깔이 대단히 맑았지만 만폭동의 선담과 비교하면 비록 몇 배를 더하더라도 그 모습이 배를 쏙 빼닮은 것에는 턱없이 부족하였다. 농암(農巖)의 기문 가운데 "물이 배의 네 귀퉁이와 수평을 이룬 뒤에 아래로 떨어진다."[103]라고 한 것도 또한 그렇지 않았다.

선담에서 위쪽으로 연못과 폭포가 매우 많았으며 또한 아름다운 곳이 있었다. 묘언이 말하기를 "만폭동과 더불어 백중(伯仲)이 될 만

하고 인목왕후를 폐비시켜 서궁(西宮)에 유폐한 사실이 있다.

103 농암(農巖)의……떨어진다 : 김창협(金昌協)의 《농암집(農巖集)》 권23 〈동유기(東遊記)〉에 보인다.

합니다."라고 하였다. 내가 말하기를 "골짜기가 활짝 열린 것이 미치지 못하고 산들이 환하게 둘러진 것이 그곳만 못하니 고작 종의 수준 밖에는 되지 않는다."라고 하였다. 그러나 묘언은 절대 그렇지 않다고 생각하였다. 다리가 아파 일일이 다 구경하지 못하고 잠시 뒤에 곧바로 돌아왔다.

지안(智眼)이라는 사람이 속리(俗離)로부터 왔는데, 이 사람은 설제(雪霽)[104]의 고제(高弟)이다. 경전(經傳)을 두루 잘 알아서 남방의 큰 종장(宗匠)이 되었다. 그를 불러 함께 이야기를 나누어 보니 언론이 제법 해박했지만 허망한 문제점이 조금 있었다.

14일. 비바람이 크게 일어 홀로 앉아 있으려니 무료하였다. 지안을 불러 선(禪)에 대해 이야기하였다. 저녁을 먹은 뒤에 날이 조금 갰으므로 걸어서 묘언 상인(妙彦上人)의 방에 들렀다.

15일. 비가 완전히 개지 않았으므로 마침내 비를 무릅쓰고 길을 나섰다. 절의 북쪽을 통해 고개 하나를 넘어 15리를 가서 불정대(佛頂臺)에 올랐다. 높은 바위가 솟아나 대(臺)를 만들었는데 서쪽으로 12폭포가 보이고 동쪽으로는 바다가 보여 은선대(隱仙臺)와 우열을 다툴 만했다.

잠시 뒤에 불정대에서 내려와 1리 쯤을 가니 원통사(圓通寺)의 승려들이 가마를 가지고 와서 기다리고 있었다. 드디어 몇 리를 가서

104 설제(雪霽) : 1632~1704. 조선의 승려로 속성은 김씨(金氏), 호는 월담(月潭)이다. 13세에 설악산으로 출가하여 숭읍(崇揖)의 제자가 되었다.

박달곶(博達串)에 도착했는데 돌길의 험난함이 영랑점(永郎岾) 못지 않았다. 가마에서 내려 도보로 7, 8리쯤 가니 한 시내가 나왔다. 이곳이 어디인지 물으니 바로 성문동(聲聞洞)이었다. 비록 판판한 바위와 맑은 연못 등의 승경(勝景)은 없었지만 바위 빛깔이 하얘서 마치 눈 같았으니 절로 마음에 들었다.

시내를 건너 남쪽으로 꺾어 1리를 가니 송림굴(松林窟)이 나왔다. 송림굴 안에는 500나한(羅漢)이 안치되어 있었고 동쪽에는 송림암(松林菴)이 있었는데 대단히 깨끗하여 사랑스러웠다. 외산(外山)에서는 오직 이 암자가 가장 아름답다고 한다. 참선하는 승려 7, 8명이 있었다. 지금 묘향산에 기거하는 승려 밀기(密機)는 마하연(摩訶衍)에 있을 때 처음으로 나를 만나 함께 백운대(白雲臺)에 갔었다. 내가 유점사(楡岾寺)에 도착했을 때 밀기가 나를 기다려 며칠 묵었었다. 그런데 오늘 또 나와 함께 송림암에 왔으니 대개 이곳에서 결하(結夏)하려는 것이었다. 그의 뜻이 가상한 점이 있었으므로 시를 지어 주고[105] 이별하였다.

오시(午時)에 원통암(圓通菴)에 도착하였다. 밥을 먹은 다음 가마를 놓아두고 말을 타고서 1리쯤 가자, 길 오른쪽에 있는 맑은 연못이 대단히 아름다웠다. 말에서 내려 잠시 쉬었는데 해가 저물어서 오래 머물 수 없었다.

10여 리를 가서 칠송정(七松亭)에 도착하였다. 곧장 쌍벽천(雙碧川) 가로 달려가니 이곳은 남강(南江)의 상류로 물 색깔이 대단히

105 시를 지어 주고 : 《두타초》 책5의 〈밀기에게 주다〔贈密機〕〉가 이때 지은 작품이다.

맑고 푸르렀다. 위에 바위 낚시터가 있는데 수십 명이 앉을 수 있었고 커다란 소나무가 덮어서 대단히 깨끗하고 그윽하였다. 강가 일대는 백사장이 눈처럼 펼쳐지고 해당화가 화사하게 피었으니 또한 멋진 경치를 이루었다.

주인 권구(權絿)가 나와 만났는데 어려서부터 이산(尼山)의 문하에 출입한 사람으로 또한 멋진 선비였다. 잠시 이야기를 나누고 이별한 뒤 10리를 갔다. 고성(高城) 동쪽문을 거쳐 해산정(海山亭)에 도착하니 고성 군수의 사위 이성흥(李聲興) 중린(仲麟)이 기녀들과 정자 위에서 즐기고 있었다. 내가 농담 삼아 말하기를 "그대가 사위가 되어 감히 이런 풍류를 즐기는가?"라고 하자 이성흥이 웃으며 대답하지 않았다. -이 아래로는 원문 빠짐-

16일. 아침에 대호정(帶湖亭)[106]에서 배를 띄워 적벽(赤壁)을 보려고 바다 어귀로 나갔다. 칠성암(七星巖)에 올라보고 군옥대(群玉臺)를 지나 해금강(海金剛)을 유람하고 저물녘에 돌아왔다. 날이 저물어 삼일포(三日浦)를 유람하지는 못했다.

17일. 밤부터 비바람이 크게 몰아치다가 날이 저문 뒤에 비로소 개려는 조짐이 있었다. 발연(鉢淵)을 구경하려고 서문을 나섰는데 강물이 많이 불어나 건널 수 없었다. 강물을 따라 10여 리를 올라가 화전(花田)에 도착했는데, 그곳도 시냇물이 불어서 옷을 걷어 올린 뒤에야

106 대호정(帶湖亭) : 강원도 고성에 있던 정자이다.《新增東國輿地勝覽 卷45 江原道》

겨우 건널 수 있었다.

다시 10여 리를 가서 발연에 도착하였는데 폭포의 빼어난 경치가 선담에 못지않았다. 그러나 물이 깊어서 여러 곳을 다 둘러보지는 못했다. 폭포암(瀑布菴)으로 들어가 자징(自澄)과 잠시 이야기를 나누었다. 발연사(鉢淵寺)에서 점심을 먹었는데 발연사는 너무 누추하여 머물 수가 없었다. 절 뒤에 작은 빗돌이 있었는데 오랜 세월에 희미해져서 비문을 읽을 수 없었다.

10여 리를 가서 신계사(新溪寺)에 도착하였다. 신계사는 외구룡연(外九龍淵)의 하류에 있는데 터가 대단히 넓고 앞쪽의 봉우리와 절벽이 푸르고 윤기가 나서 사랑스러웠으니 정양사(正陽寺)와 매우 비슷하였다. 다만 낡아서 바야흐로 새로 지었는데 요사채를 모두 초가로 이었다.

18일. 오늘 외구룡연을 구경하려고 하였는데 비가 내린 뒤라 바위가 미끄러워 가지 못했다. 먼저 총석(叢石)을 구경하려고 통천(通川)을 향해 출발하였다. 20여 리를 가서 옹천(甕遷)을 지나게 되었는데 높은 벼랑이 깎아지른 듯이 솟아 거의 백여 장(丈)이나 되었다. 위에는 좁다란 길이 있는데 겨우 사람과 말이 지날 수 있었다. 아래로는 파도가 부딪쳐 출렁이니 마치 수백 개의 뇌고(雷鼓)가 울리는 것 같아 사람을 대단히 두렵게 하였다.

옹천을 지나 30리를 가서 운암역(雲巖驛)에서 점심밥을 지었다. 이도일 군이 통천에서 고성으로 돌아오다가 길에서 만나게 되니 대단히 반가웠다. 저녁에 통천 읍내에서 묵었다.

19일. 통천 군수(通川郡守) 이시징(李蓍徵)[107]이 사람을 보내 먼저 안부를 묻고 드디어 직접 찾아와 만났다. 그의 아들 이관제(李寬齊)도 뒤따라 도착하였다. 한번 보고서도 예전부터 알던 사람 같았으며 말에 꾸밈이 없었으니 매우 마음에 드는 사람이었다. 총석에 가기로 약속하고 밥을 먹은 뒤에 함께 출발하였다.

환선정(喚仙亭)에 올라 잠시 앉았다가 걸어서 총석정에 도착했는데 바람이 거세어 오래 머물 수 없었다. 아래쪽으로 매향비(埋香碑)가 보였다. 등성이 위의 조금 안온한 곳을 가려 한참 대화를 나누다가 돌아와 포구 가의 바위 위에 앉아 점심을 먹은 뒤에 드디어 돌아왔다.

오늘 금란굴(金爛窟)과 천도(穿島)를 유람하려고 했는데 바람과 파도가 심하여 배를 띄울 수 없었으니 한스러웠다.

20일. 가랑비가 내렸다. 밥을 먹은 뒤에 출발하여 다시 운암역에 도착하여 점심을 먹었다. 저녁에 신계사(新溪寺)에 도착했는데 이도일이 또 와서 기다리고 있었다. 대개 나와 함께 용추(龍湫)에 가려는 것이었다.

21일. 비가 완전히 개지 않았다. 용추로 가려고 하니 승려들이 모두 힘껏 만류하였지만 나는 듣지 않았다. 이도일 군, 그리고 승려 십여 명과 함께 드디어 길을 나섰다. 선담(船潭)을 지나 고개 하나를 넘어

107 이시징(李蓍徵) : 1650~? 본관은 전주(全州), 자는 명로(明老), 호는 둔곡(遁谷)이다. 1713년에 통천 군수(通川郡守)로 임명되었다. 《承政院日記 肅宗 39年 8月 19日》

견여(肩輿)를 타고 10여 리를 갔다. 옥류동(玉溜洞)에 도착하기도 전에 길이 험하여 가마에서 내려 지팡이를 짚고 걸어갔다. 길 가의 석옥(石屋)에서 잠시 쉬었는데 그곳의 널찍한 바위가 평평하고 넓으며 깨끗하여 벽하담(碧霞潭)보다 열 배는 더 좋았다. 다만 물이 폭포로부터 흘러와서 벽하담처럼 곧장 쏟아져 내리지는 못하였다.

앉아서 한참 동안 감상하다가 시내 사이로 길을 잡아 서쪽으로 꺾어 높은 벼랑 위로 몇 리를 올라갔다. 길이 가파르고 끊어져서 줄에 매달려 내려갔는데 이와 같이 세 번을 한 뒤에 용추에 도착하였다. 그 웅장하고 기이함은 사자봉(獅子峯)에서 보았을 때와 비교하면 백배도 더 뛰어났으니 진실로 천하의 장관이었다. 향로봉(香爐峯)과 안탕산(鴈宕山)의 폭포[108]가 이곳과 비교해 볼 때 어떠할지 모르겠다.

나는 상백운(上白雲)의 봉우리와 외구룡(外九龍)의 수석(水石)이 이 산의 가장 아름다운 곳이라고 생각하는데, 이런 경치는 우리나라에 또 없을 뿐만 아니라 비록 중국이라도 짝할 만한 곳이 없을 것 같았다.
-이 아래로는 원문 빠짐-

22일. 고성 읍내로 돌아와 해산정(海山亭)에서 묵었다. -이 아래로는 원문 빠짐-

108 향로봉(香爐峯)과 안탕산(鴈宕山)의 폭포 : 향로봉은 중국 강서성(江西省) 여산(廬山)의 봉우리 이름이다. 이백(李白)의 〈망여산폭포(望廬山瀑布)〉가 유명하다. 안탕산은 중국 절강성(浙江省)에 있는 산으로 안탕산(鴈蕩山)이라고도 하며 절벽과 폭포가 많아 절경으로 유명하다.

이일원[109]이 소장한 정선[110] 원백의 〈망천저도〉[111] 뒤에 쓰다
題李一源所藏鄭敾元伯輞川渚圖後

이 화첩은 원백(元伯)의 솜씨가 잘 발휘된 작품이다. 형산(衡山)[112]과 화정(華亭)[113]의 의취(意趣)가 많이 담겨 있으니 해악(海嶽)[114]의 여러 그림과 견주어도 더욱 뛰어나다.

최근의 시와 그림은 과연 삼연(三淵)[115]과 정보(正甫)[116]가 말한 바와

109 이일원(李一源) : 이병연(李秉淵, 1671~1751)으로, 본관은 한산(韓山), 자는 일원, 호는 사천(槎川)・백악하(白嶽下)이다. 김창흡(金昌翕)의 문인이다.

110 정선(鄭敾) : 1676~1759. 본관은 광산(光山), 자는 원백(元伯), 호는 겸재(謙齋)이다. 조선 중기의 화가이다.

111 망천저도(輞川渚圖) : 망천은 당(唐)나라 왕유(王維)의 별장으로 유명하며 왕유가 〈망천도(輞川圖)〉를 그리기도 하였다. 〈망천저도〉는 망천의 모습을 상상하여 그린 것으로 추정된다.

112 형산(衡山) : 명(明)나라의 문인화가인 문징명(文徵明, 1470~1559)으로, 자는 징중(徵仲), 호는 형산이다.

113 화정(華亭) : 명나라 말기의 문인화가인 동기창(董其昌, 1555~1636)으로, 자는 현상(玄常), 호는 사백(思白)・화정이다.

114 해악(海嶽) : 북송(北宋)의 서예가인 미불(米芾, 1051~1107)로, 자는 원장(元章), 호는 남궁(南宮)・해악이다.

115 삼연(三淵) : 김창흡(金昌翕, 1653~1722)으로, 본관은 안동(安東), 자는 자익(子益), 호는 삼연, 시호는 문강(文康)이다. 《三淵集拾遺 卷32 行狀》

116 정보(正甫) : 신정하(申靖夏, 1680~1715)로, 본관은 평산(平山), 자는 정보, 호는 서암(恕菴)이다. 《屛溪集 卷54 校理申公墓誌銘》

같이 선배(先輩)들보다 뛰어난 점이 있다. 다만 너무 지나치게 꾸며서 도리어 선배들의 진솔하고 질박한 맛이 부족하다. 이 뜻을 정보와 원백은 알아야 한다.

정보의 발문(跋文)에 "일원은 그림을 알지 못하니 이 화첩(畫帖)을 소유하기에 적합하지 않다."[117]라고 하였는데 그의 이 한 마디 말은 지극히 오묘하다. 나와 정보는 그림을 잘 알면서도 소장할 줄을 알지 못하니 진정 어진 사람은 부유하지 않다[118]는 말과 같다. 일원이 나의 이 글을 보면 아마도 다시 웃다가 쓰러질 것이다.

을미년(1715, 숙종41) 중하(仲夏)에 비가 내리는 가운데 담헌(澹軒)이 원지당(遠志堂)에서 쓴다.

붙임 정보의 글

일원이 화강(花江)을 다스릴 때[119] 두 가지 좋은 인연을 맺었으니 금강산의 진면목을 본 것이 첫 번째이고 정군(鄭君)의 이 화첩을 얻은

117 정보의……않다 : 신정하의 《서암집(恕菴集)》 권12 〈이일원소장정생선망천십이경도첩발(李一源所藏鄭生敾輞川十二景圖帖跋)〉에 보인다.

118 어진……않다 : 《맹자》 〈등문공 상(滕文公上)〉에 "부자가 되려면 인하지 못하고 인을 하려면 부자가 되지 못한다.〔爲富, 不仁矣, 爲仁, 不富矣.〕"라고 한 양호(陽虎)의 말을 인용한 것이다.

119 일원이……때 : 화강(花江)은 김화(金化)의 옛 이름이다. 《회와집(悔窩集)》 권1 〈화강현감서(花江縣感書)〉의 원주(原註)에 "화강은 김화의 고호이다.〔花江, 金化古號.〕"라고 하였다. 이병연은 1710년 3월에 김화 현감으로 임명되었다. 《承政院日記 肅宗 36年 3月 28日》

것이 두 번째이다. 일원이 관리가 되어 하는 일마다 속되지 않은 것이 이와 같다.[120]

붙임 정보의 글

김삼연(金三淵)이 말하기를 "요즈음 시를 잘하는 사람이 많으니 지난날의 선배들보다 훨씬 뛰어나다."라고 하였다. 내가 생각하기에 화가도 또한 그러하다. 정군(鄭君)의 이 화첩(畫帖)과 같은 솜씨는 나옹(懶翁)[121]이나 허주(虛舟)[122] 같은 사람들이 어찌 꿈에선들 보았겠는가.

붙임 정보의 글

나는 어려서부터 그림을 좋아하는 병이 있어서 다른 사람이 소장한 것을 반드시 내가 가져야만 진정되었다. 근래에는 그렇지 않아서 좋아하는 마음이 줄었다고 생각하였다. 그런데 지금 이 화첩을 보자 대단히 갖고 싶은 마음이 드니 앞에서 말한 "그렇지 않았다."라는 것은 세상에 좋은 그림이 없기 때문이지 내 병이 나은 것이 아님을 비로소 알았다.

120 일원이……같다 : 이 내용은 신정하의 《서암집(恕菴集)》 권12 〈이일원소장정생선망천십이경도첩발(李一源所藏鄭生敾輞川十二景圖帖跋)〉의 일부를 옮긴 것이다.

121 나옹(懶翁) : 이정(李楨, ?~1607)으로, 본관은 전주(全州), 자는 공간(公幹), 호는 나옹이다. 증조부 때부터 화가의 집안으로 10세에 이미 이름이 알려졌고 13세에 장안사(長安寺)의 벽화를 그려 절찬을 받았다. 《惺所覆瓿藁 卷15 李楨哀辭》

122 허주(虛舟) : 조선 중기의 화가 이징(李澄, 1581~?)으로, 본관은 전주, 자는 자함(子涵), 호는 허주이다. 16세기를 대표하는 문인화가인 이경윤(李慶胤)의 서자(庶子)이다.

붙임 정보의 글

내가 이 화첩을 보건대 그 붓놀림이 전혀 속되지 않으니 마땅히 보배로 간직해야 한다. 일원은 그림을 알지 못하므로 이 화첩을 간직하기에 적합하지 않지만 그의 시가 아름다워 이 그림과 짝할 만하다.

내가 정보(正甫)와 원백(元伯)이 정말로 꾸미는 문제점을 가지고 있다고 생각하는 것이 아니라 근일(近日)의 습성(習性)이 대체로 이와 같기에 두 사람으로 하여금 이 점을 더욱 눈여겨보게 하고자 하는 것이다.

우리집 완위각(宛委閣)[123]에는 고작 수십 점의 오래된 그림이 있을 뿐 근래 여러 사람의 작품은 전혀 없다. 내가 모은 그림이 많지 않고 그림을 구하는 데 인색했음을 알 수 있다. 그런데 정보는 지금 많으면서도 더욱 탐낸다며 나를 조롱하고 또 그림을 아끼는 일원의 마음이 줄어서 어부지리(漁父之利)의 성과를 거두고자 기대한다. 일원이 삼척동자(三尺童子)도 아닌데 어떻게 운무(雲霧) 속에 떨어뜨리겠는가. 정보는 옛날 병이 과연 다시 도졌구나. 한바탕 웃노라.

재대(載大)가 또 쓴다.

붙임 정보의 글

재대(載大 이하곤의 자(字))의 이른바 "선배들의 진솔하고 질박한 기운

123 완위각(宛委閣) : 충청북도 진천군 초평면 용정리에 있었던 이하곤의 장서각(藏書閣)으로 만권루(萬卷樓)라고도 불렀다.

이 부족하다."라는 말은 진실로 좋다. 그러나 이것은 다만 꾸미는 문제가 있는 것일 뿐만 아니라 참으로 그의 안목이 대단히 정밀하고 평가 기준이 너무 잘 갖추어져서 도리어 진솔한 기운에 누를 끼친 것이다.

"어진 사람은 부유하지 않다."라고 한 재대의 말에 나도 모르게 배를 잡고 웃었다. 나는 서화(書畫)에 있어서 진실로 가난하고 검소한 사람이다. 재대가 소장한 것은 어찌 일찍이 많지 않았던가. 상산(常山)[124]으로 돌아갈 때 서화를 실은 우마차가 꼬리에 꼬리를 물어 길에서 끊어지지 않았다. 도적들이 귀한 재물로 여겨 훔치려고 하였으므로 지키느라 며칠씩 잠을 자지 못하는 상황에 이르렀다. 집안사람들이 화가 나 욕하면서 말하기를 "이것이 무슨 물건이기에 아무 쓸모도 없이 우리들을 이렇게 두렵게 하는가."라고 하며 아궁이에 던지려 히였다. 재대가 힘들게 다투어 겨우겨우 재가 되는 것을 면했으니 이 일은 서울에까지 널리 알려졌다. 그런데도 지금 이 화첩을 보고 불쑥 갖고 싶은 마음이 생겼으니 이것은 참으로 부유한데도 더욱 탐하는 격이라 자기 스스로 말한 것과도 같지 않다.

일원이 훗날 이 화첩에 대한 사랑이 식는다면 진실로 나처럼 가난하고 검소한 사람에게 주는 것이 마땅하지 경솔히 재대에게 주어서 그 넉넉함을 이어주어서는 안 된다. 이와 같이 하여야 어진 사람의 일이니 일원이 어떻게 생각하는지 모르겠다.

정보가 또 쓴다.

124 상산(常山) : 충청북도 진천(鎭川)의 옛 이름이다.

일원[125]이 소장한 〈해악전신첩〉[126]에 쓰다

題一源所藏海嶽傳神帖

금성의 피금정 金城披襟亭

풍악산(楓嶽山)은 삽사궁(馺娑宮)과 건장궁(建章宮)[127] 등 여러 큰 궁관(宮觀)과 같고 피금정(披襟亭)은 바로 금마문(金馬門)의 공거(公車)와 같은 역할을 한다.[128] 원백(元伯)[129]이 제일 처음으로 그리기 시작한 곳은 마땅히 여기일 것이다.

통구[130]의 저녁 비 通溝暮雨

안개비가 자욱한데 조각배가 강을 가로질러 가니 비록 산을 찾아가는 행색은 아니지만 이 또한 그릴 만하다. 전년(前年)에 창도역(昌道

125 일원(一源) : 이병연(李秉淵, 1671~1751)으로, 본관은 한산(韓山), 자는 일원, 호는 사천(槎川)·백악하(白嶽下)이다. 김창흡(金昌翕)의 문인이다.

126 해악전신첩(海嶽傳神帖) : 정선(鄭敾)이 1712년에 이병연과 함께 금강산을 유람하면서 그린 그림과 각각의 그림에 붙인 화제(畫題)를 엮은 것이다.

127 삽사궁(馺娑宮)과 건장궁(建章宮) : 한(漢)나라 때의 궁실(宮室)이다. 《漢書 卷87 揚雄傳》

128 피금정(披襟亭)은……한다 : 금강산에 들어가는 입구 역할을 한다는 말이다. 금마문(金馬門)은 한 무제(漢武帝)가 대완(大宛)의 말을 얻은 기념으로 동상을 만들어 노반문(魯班門) 밖에 세우고 그 문을 금마문이라 불렀다. 공거(公車)는 궁궐 외문의 경비를 맡았던 관서이다.

129 원백(元伯) : 정선(鄭敾, 1676~1759)으로, 본관은 광산(光山), 자는 원백, 호는 겸재(謙齋)이다.

130 통구(通溝) : 강원도 김화군의 옛 지명이다.

驛)[131]에 들렀는데 경치가 서로 매우 비슷하였다. 다만 일원의 시와 원백의 그림으로 기록하지 못하였다.

단발령 斷髮嶺

사람들이 말하기를 묵희령[132]에서	人言墨喜嶺
또렷이 풍악산을 볼 수 있으니	了了見楓嶽
풍악에 가야 풍악을 볼 수 있는 게 아니고	楓嶽非楓嶽
묵희령에서 보는 것이 산의 진면목이니	嶺是山面目
하필 산속에 들어간 뒤에야	何必入山中
마음이 흡족하겠는가 하네	然後乃快意
내가 처음 이 말을 듣고	我初聞此言
제법 일리가 있다 여겼으니	此言頗有理
비유하자면 물 마시는 사람이	譬如飮水者
배부르면 그만두는 것과 같네	滿腹便卽止
산을 유람하면서 진면모 본다면	游山見眞面
이밖에 다시 무엇을 바라랴	此外復安希
자유는 진정 나의 스승이니	子猷眞吾師
흥취 식으면 마땅히 돌아가야지[133]	興盡當返歸

131 창도역(昌道驛) : 현재의 강원도 철원군 지역에 속하며 예전 금성현(金城縣)에 있던 역이다.

132 묵희령(墨喜嶺) : 저본(底本)에는 墨喜領으로 되어 있으나 본래의 지명을 감안하여 바로잡았다. 묵희령은 금강산에 있는 고개 이름으로 강원도 회양(淮陽)에서 장안사(長安寺)로 가는 길목에 있다.

133 자유(子猷)는……돌아가야지 : 자유는 진(晉)나라 왕휘지(王徽之)의 자이다.

내가 이 고개에 올라보니　及我登玆嶺
눈이 유리 속에 들어간 것 같네　眼如合琉璃
사방 둘러봐도 보이는 것 없으니　四顧了無見
어찌 산의 자태를 알겠는가　焉卞山容姿
사람들의 말 허망하다 하지 않겠는가　得非言者妄
나로 하여금 놀라고 의심하게 하네　令我怳驚疑

이 글은 내가 묵희령에서 지은 시이다.[134] 전에 내가 이 화첩 가운데 묘사된 것을 보았다면 이 반쯤 희고 반쯤 검은 수많은 터럭을 아마도 몽땅 다 뽑아버렸을 것이다. 한 번 웃는다.

장안사 長安寺

산영루(山映樓) 앞에는 단지 두세 봉우리가 우뚝 솟아 사랑스러우니 이 그림에서 겹겹이 솟아 있는 것과는 같지 않다. 어쩌면 원백(元伯)이 흥취가 일었을 때 손 가는 대로 붓을 내둘러서 그 정취(情趣)만 추구하고 실제 모습과 같기를 추구하지는 않았던 것이 아니겠는가. 이것이 바로 화가가 말을 관찰하는 방법이다. 말의 빛깔과 암수는 생략한들 무슨 문제가 되겠는가.[135]

왕휘지가 산음(山陰)에 살면서 눈 내리는 밤에 불현듯 섬계(剡溪)에 있는 벗 대규(戴逵)가 생각나 작은 배를 타고 찾아갔다가 정작 그곳에 도착해서는 문 앞에서 다시 돌아왔다. 그 까닭을 물었더니 "내가 본래 흥에 겨워 왔다가 흥이 다하여 돌아가는 것이니 대안도를 보아 뭐하겠는가."라고 하였다. 《世說新語 任誕》

134 이 글은……시이다 : 《두타초》 책5에 〈묵희령〉이라는 제목으로 실려 있다.

135 화가가……되겠는가 : 춘추 시대 때 진 목공(秦穆公)이 좋은 말을 구하려 하자

정양사 正陽寺

산하(山河)와 대지(大地)는 본래 하나의 빈 세계일뿐이다. 원백(元伯)의 이 그림은 이숭(李嵩)의 해골 그림[136]과 같으니 본래의 면모를 깊이 깨달았다. 혹 얼굴 앞에 일만 이천 봉우리가 드러나지 않는다고 싫어한다면 바보 앞에서 꿈을 이야기하기 어려운 격이다.[137]

만폭동 萬瀑洞

벽하담(碧霞潭)의 맑고 웅장함과 비로봉(毗鏽峯)의 가파르고 빼어남을 필력(筆力)으로 우열을 가리고자 하였으니 원백(元伯)은 진실로

말을 잘 알아보는 백락(伯樂)이 구방고(九方皐)라는 사람을 추천하였다. 목공이 구방고에게 천리마를 구해 오도록 했더니 3개월 만에 천리마를 구해 왔다. 목공이 어떤 말인지를 묻자 구방고가 누런 암놈이라고 답하였는데, 다른 사람을 시켜 가서 보게 했더니 시커먼 수놈이었다. 이에 목공이 실망하여 백락을 불러 말의 암수와 색깔도 구분하지 못한다고 책망하자, 백락이 말하기를 "구방고가 본 것은 천기(天機)이니 정(精)한 것만 얻고 추(麤)한 것은 잊은 것이며 내면을 중시하고 외면은 잊은 것입니다." 라고 하였는데, 말을 데려와서 보니 과연 천하의 명마였다고 한다. 《列子 說符》

136 이숭(李嵩)의 해골 그림 : 이숭은 남송(南宋)의 궁정화가로 해골을 그린 〈고루환희도(骷髏幻戲圖)〉가 있다.

137 바보……격이다 : 당나라 고종(高宗) 연간에 승가가 장강과 회하 사이의 지방을 유람하며 아주 기이한 행적을 남겼는데, 어떤 이가 그에게 묻기를 "네 성이 무엇이냐?〔汝姓何〕"라고 하자, "성이 무엇이다.〔姓何〕"라고 대답하였다. 또 묻기를 "어느 나라 사람이냐?〔何國人〕"라고 하자, 대답하기를 "어느 나라 사람이다.〔何國人〕"라고 하였다. 뒤에 문인 이옹은 비문을 지으면서 이상의 주고받은 말들을 잘못 이해하여 전기에 쓰기를 "대사의 성은 하이고 하국 사람이다.〔大師姓何, 何國人.〕"라고 하였다. 이것이 이른바 "어리석은 사람에게 꿈을 이야기한 격이라는 것이다.〔對癡人說夢耳〕"라고 하였다. 《冷齋夜話 卷9 癡人說夢夢中說夢》

평범하지 않다. 운림(雲林)[138]과 석전(石田)[139]의 무리가 이 그림을 그렸다면 별도로 일종의 담박(澹泊)하고 호일(豪逸)한 풍치를 갖추었을 것이고 이렇게 빼곡하게 채우지 않았을 것이다.

내산총도 內山總圖

나는 평생 원백과 한 번도 만나지 않았지만 지금 이 화첩을 통해 그의 화법(畫法)을 알았을 뿐만 아니라 그의 됨됨이까지 알게 되었다. 경치를 그리고 색을 칠하는 솜씨가 진실로 마음에 드니 생략하고 부각시키기를 자유자재로 한 것은 진정 따라가기 어렵다.

정양사(正陽寺) 앞에 일만 이천 봉우리를 배치하였다면 한 폭의 화분 그림에 지나지 않았을 것이다. 그러므로 안개와 구름이 자욱한 모습을 그려 저 공계(空界)의 진면목으로 돌려놓았다. 그리고는 다만 이 부분에 구상을 펼쳐서 무한한 옥부용(玉芙蓉)을 화려하게 그려냄으로써 웅장하고 빼어난 필치를 드러냈다. 이것이 바로 원백이 생략하고 부각시키기를 자유자재로 한 곳이니 이는 오직 아는 사람만 알아볼 것이다.

나는 임문중(任文仲)의 "붉은 비단 병풍"[140]이라는 말을 가장 좋아하

138 운림(雲林) : 원(元)나라 말기의 산수화가인 예찬(倪瓚, 1301~1374)으로, 자는 원진(元鎭), 호는 운림이다.

139 석전(石田) : 명(明)나라의 화가인 심주(沈周, 1427~1509)로, 자는 계남(啓南), 호는 석전이다. 문징명(文徵明), 당인(唐寅), 구영(仇英)과 함께 오문사가(吳門四家)로 불린다.

140 임문중(任文仲)의……병풍 : 임문중은 임규(任奎, 1620~1687)로, 본관은 풍천(豐川), 자는 문중, 호는 석문(石門)이다. 임규는 김창협이 1671년(현종12) 금강산을

는데 다만 이러한 광경이 부족하니 원백이 다시 나를 위해 그려 줄 것인가.

불정대 佛頂臺

내가 불정대에 올라 지은 시에 "다만 고개 돌려야 서쪽 폭포 볼 수 있으니, 이것은 은선대에 양보해야 하리.〔只將側面看西瀑, 此着應須讓隱仙.〕"[141]라고 하였다. 은선대의 장점은 바로 정면에서 폭포를 바라볼 수 있다는 점이니 불정대는 진실로 한 수 양보해야 한다. 은선대는 단지 한 산기슭으로 대(臺)의 형태를 이루지 못했고 또한 높고 가팔라서 사람으로 하여금 즐겁게 하지 못한다.

불정대는 그렇지 않으니 기이한 바위가 우뚝 솟아 대가 된 데다 외나무다리가 대단히 운치가 있으니 이는 은선대가 다시 한 수 아래이다. 온전한 아름다움을 사물에 주지 않았으니 이는 조화옹(造化翁)이 장난친 곳이다. 어찌하겠는가.

유람할 무렵에 회양 부사(淮陽府使)로 재직 중이었는데, 김창협에게 천일대(天一臺)의 경치를 말하면서 "내가 홀연히 눈을 들어 올려다보니 백옥 같은 수천 수만의 봉우리 아래에 붉은 비단 병풍이 휘황찬란하게 펼쳐진 모습에 잠시도 눈을 뗄 수 없었다.〔余忽擧目仰視, 則萬千白玉峰下, 施紅錦步障, 璀璨炫晃, 奪人目睛.〕"라고 언급하였다.《農巖集 卷13 東遊記》 홍금보장(紅錦步障)은 옛날에 신분이 귀하고 높은 사람이 외출할 때 바람과 먼지를 가리기 위해 길 좌우에 치던 휘장이다. 진(晉)나라의 석숭(石崇)은 사치를 좋아하여 50리 길에 황금 보장을 펼쳤다고 한 데서 유래하였다.

141 다만……하리 :《두타초》 책5의 〈불정대(佛頂臺)〉에 보이는 내용이다.

출산도 出山圖

상백운대(上白雲臺)의 봉우리와 외구룡연(外九龍淵)의 폭포는 금강산의 얼굴일 뿐만이 아니라 천하의 빼어나고 특별한 경관이다. 그런데 원백(元伯)의 좋은 솜씨로 그려내지 못했으니 대단히 흠이 되는 일이다. 혹시 호사가(好事家)가 원백을 데려고 다시 동쪽으로 가서 그리게 한다면 그때에는 이 종이를 불태워도 괜찮을 것이다.

해산정 海山亭

해산정의 아름다움은 바다를 보는 데에 있고 대호정(帶湖亭)의 아름다움은 산을 바라보는 데에 있다. 해산정은 넓고 커서 기상이 뛰어나고 대호정은 수려하여 분위기가 좋다. 두 정자를 대체로 비교해 보면 우열을 가리기가 쉽지 않다. 그러나 세상 사람들은 해산정에 많이 가고 대호정은 차가운 눈길로 간과해 버린다. 아, 이름나고 멋진 곳도 행(幸)과 불행(不幸)이 있는 것인가. 원백의 그림에도 누르고 드날린 점이 조금 보이니 아마도 또한 이름에 압도당한 듯하다.

삼일호 三日湖

삼일호는 아주 빼어난 미인 같으니 의태(意態)를 골고루 갖추었다. 부족한 점은 백사장 일대이니 또한 태진(太眞 양귀비(楊貴妃))의 살짝 보이는 살갗 같은 곳이다. 만약 향산(香山)과 설당(雪堂)의 무리가 누대와 꽃나무로 서자호(西子湖)를 치장한 것[142]처럼 한다면 또한 부

142 향산(香山)과……것 : 향산은 당(唐)나라 백거이(白居易, 772~846)로, 자는 낙천(樂天), 호는 취음선생(醉吟先生)·향산거사(香山居士)이다. 설당(雪堂)은 송(宋)

족한 부분을 메울 수 있을 것이다.

문암에서 일출을 보다 門巖觀日出

문암은 삼일호(三日湖) 동쪽에 있다.

20년 전에 열산(烈山)[143]으로 가는 길에 해가 뜨는 것을 보았다. 넓은 바다는 갑자기 붉은 비단을 깔아놓은 세상이 되고 한 화산(火山)이 그 속에서 솟아나오니 참으로 천하의 멋진 볼거리였다. 문암에서 보는 모습은 여기와 비교해 어떨지 모르겠다. 가을날 날씨가 맑아진 뒤에 비로봉(毗盧峯) 꼭대기에 올라서 바라보면 아마도 더욱 상쾌할 것이다.

옹천 瓮遷

옹천은 그려도 좋고 그리지 않아도 좋다. 다만 구름 엉긴 바위 잔도(棧道)와 하늘에 닿을 듯한 은빛 파도는 화첩을 펼치면 문득 이 장면이 보이니 비로소 뛰어난 화가의 고심(苦心)이 바로 눈동자 속에 있음을 알겠다.[144]

나라 소식(蘇軾, 1037~1101)으로, 자는 자첨(子瞻), 호는 동파(東坡)·설당이다. 서자호(西子湖)는 중국 절강성(浙江省) 항주(杭州)에 있는 서호(西湖)이다. 백거이는 항주에 태수로 부임하여 서호의 제방을 손질하고 여러 개의 누각을 지었으며 소식 또한 항주에 부임하여 제방을 쌓은 뒤에 꽃과 나무를 심었다.

143 열산(烈山) : 현재의 강원도 고성군 지역의 옛 지명이다.

144 비로소……알겠다 : 대상물의 핵심 요소를 잘 드러내는 것이 중요함을 알겠다는 말이다. 진(晉)나라의 화가 고개지(顧愷之)가 초상화를 그리면서 몇 년 동안 눈동자를 찍지 않았다. 그 이유를 묻자 "그림 속에 정신을 전해 살아나게 하는 것은 바로 눈동자

통천의 문암 通川門巖

문암은 내산(內山)에 있는데 진실로 기이한 경물이다. 문득 바닷가의 평평한 백사장에서 볼 수 있어 더욱 기이하다. 내가 시에서 "총석정 멀었으니 과연 어떨까. 문암도 내 눈을 휘둥그레지게 하네.〔叢石未到果何似, 門巖亦足豁吾眸.〕"[145]라고 하였으니 내가 이 어른을 대접함이 또한 야박하지 않았다.

총석 叢石

내가 총석을 유람하던 날, 바람과 파도가 크게 일어 그 아래에 배를 대고 아름다운 형세를 우러러보지 못했으니 대단히 한스러웠다. 그러나 언덕에 붙어 있는 점은 끝내 총석의 단점이다. 어찌하면 거령신(巨靈神)[146]에게 바다 가운데 던지게 하여 칠성석(七星石)[147]과 같게 할 수 있을까.

시중호 侍中湖

시중호에 사는 게는 우리나라에서 맛이 제일 좋다. 주인(主人)은 바로 조의중(趙毅

속에 있기 때문에 그렇다.〔傳神寫照, 正在阿堵中.〕"라고 대답한 고사가 전하는데, 아도(阿堵)는 아도(阿睹)라고도 한다.《世說新語 巧藝》

145 총석정……하네 :《두타초》 책5의 〈문암으로 가는 길에〔門巖途中〕〉에 보인다.

146 거령신(巨靈神) : 황하(黃河)의 신 이름이다. 황하의 물줄기가 화산에 가로막혀 휘돌아 갈 수밖에 없자, 거령이 손을 들어 산의 머리를 쳐서 둘로 쪼갠 다음에 그 사이로 직진하여 흘러가게 했다는 거령비희(巨靈贔屓)의 전설이 후한(後漢) 장형(張衡)의 〈서경부(西京賦)〉 주(註)에 나온다.

147 칠성석(七星石) : 해산정 동쪽에 있는 칠성암(七星巖)을 가리킨다.

仲)[148]으로 시를 잘한다는 명성이 있다.

산수(山水)를 바라보는 것은 미인을 보는 것과 같아서 본 것이 비록 많더라도 혹 이름만 듣고 그 얼굴을 보지 못했다면 여린 마음의 끌리는 바가 바로 다시 여기에 있게 된다. 이것은 실로 사람 마음의 우스운 곳이다.

지난해 내가 동쪽을 유람할 때 비로봉(毗盧峯)에 오르고 용연(龍淵)을 찾아갔으며 삼일호(三日湖)에 배를 대고 총석정(叢石亭)에서 가슴을 펼쳤으니 천하의 장관을 다 돌아보았다고 할 만하다. 돌아온 뒤에 그리웠던 곳은 단지 시중호(侍中湖) 한 굽이였다. 늙은 내가 이에 또한 바보 신세를 면치 못했으니 진정 한 번 웃을 만하다. 또 큰 게를 잡아 안주로 삼고 주인의 멋진 시를 듣는 것은 매우 즐거운 일인데 모두 다 놓쳤으니 이 또한 한스러울 뿐이다.

용공사[149] 龍貢寺

통천(通川)에 있다.

나는 일찍이 마힐(摩詰)의 다음 시[150]를 좋아하였다.

148 조의중(趙毅仲) : 조유수(趙裕壽, 1663~1741)로, 본관은 풍양(豐壤), 자는 의중, 호는 후계(後溪)이다. 1713년에 흡곡 현령(歙谷縣令)에 임명되었다. 《承政院日記 肅宗 39年 1月 28日》 흡곡은 강원도 통천(通川) 지역의 옛 이름이다.

149 용공사(龍貢寺) : 강원도 통천군 백양면 백운암리 추지령(楸池嶺)에 있는 절 이름이다.

150 마힐(摩詰)의 다음 시 : 마힐은 당(唐)나라 시인 왕유(王維)의 자이다. 저서에 《왕우승집(王右丞集)》이 있다. 이하곤이 인용한 시는 《왕우승집》 권7의 〈과향적사(過香積寺)〉이다.

향적사가 어딘 줄도 모르면서 不知香積寺
구름 낀 봉우리로 몇 리를 들어가네 數里入雲峰
고목 사이에 오솔길도 없는데 古木無人逕
깊은 산 어디선가 종소리 울린다 深山何處鍾

원백(元伯)의 이 그림은 이 시와 매우 흡사하다. 예부터 시를 잘 짓는 사람은 그림을 잘 그리는 경우가 많은데, 대개 시정(詩情)과 화의(畫意)가 서로 통하여 품격이 자연스레 맑고 높아지는 것이다. 아마 원백도 시를 잘하는 사람이 아닐까.

화적연 禾積淵

철원(鐵原)에 있다.

무릇 그림은 정신을 전하는 것이 어려우니 7, 8분 정도 형태를 비슷하게 그릴 수 있다면 또한 고수(高手)이다. 원백(元伯)의 〈해악전신첩(海嶽傳神帖)〉에 담긴 그림들 가운데 잘 된 것은 정신을 전하는 데에 가깝고 보통의 것도 모두 형태를 닮게 그려냈다. 내가 본 그림이 이미 이러하니 미처 보지 못한 것을 절로 짐작할 수 있다. 훗날 이 화첩을 가지고 동쪽으로 가면 화적연이 낯설게 보이는 나그네 신세는 면할 것이다.

삼부연 三釜淵

삼부연은 매우 기이한 곳인데 일원의 이 시는 삼부연보다도 더욱 기이하다. 시는 다음과 같다.

윗 가마의 물이 가운데 가마로 떨어지고 上釜落中釜
물결이 아래 가마에 걸렸네 波濤下釜懸
올려다보면 모두가 하나의 벽인데 仰看全一壁
누가 세 개의 연못 뚫었나 誰得竅三淵
태초에 용이 할퀸 것인가 太始思龍攫
천 년 동안 물이 뚫은 것인가 千年驗溜穿
조물주에게 물을 길 없어 無由問造化
지팡이 짚고 있으니 홀로 멍멍해지네 倚杖獨茫然

반복하여 읊조려 보면 절벽이 하늘에 걸려 있고 날리는 물줄기가 뿜어져 나오는 모습이 의젓하게 눈에 아른거리니 문득 비단 화폭에 채색하는 그림은 하나의 군더더기임을 느끼게 된다.

입산도 入山圖

화첩의 끝에 그렸다.

흰 구름과 붉게 물든 숲으로 가을 경치가 한창 아름다우니 나귀 타고 산에 들어가기에 진정 좋다. 하물며 색동옷과 푸른 이내가 서로 비치고 훈지(壎篪) 소리와 샘물 소리가 번갈아 울리니 일원의 이번 여행이 어찌 양주(楊州)의 학[151]보다 못하겠는가.

151 양주(楊州)의 학 : 옛날에 네 사람이 각자 자기의 소원을 말하는 가운데 한 사람은 양주 자사(楊州刺史)가 되고 싶다고 하고 한 사람은 많은 재물을 얻기를 원하고 한 사람은 학을 타고 하늘로 오르고 싶다고 하였다. 이 말을 들은 한 사람이 "나는 허리에 10만 관의 돈을 두르고 학을 타고 양주로 날아가고 싶다.〔腰纏十萬貫, 騎鶴上楊州.〕"라고 하였다. 《事文類聚 後集 卷42》

근민당[152] 近民堂

김화(金化)에 있다.

내가 근민당에서 하루 묵었는데 맑은 연못과 오래된 버드나무가 매우 그윽한 운치를 만들었다. 며칠 머무르지 못해 한스러운데 모르겠지만 일원은 무슨 복이 있어서 6년이나 한가로이 누워 지낸단 말인가. 연못 가운데에 있는 주먹만 한 돌 다섯 개[153]는 모두 망치로 부숴 원백(元伯)의 붓 끝을 더럽히지 말아야 한다.

백전 柏田

김화(金化)에 있으니 이곳은 순찰사(巡察使) 홍명구(洪命耈)가 전사한 곳이다.[154]

백전은 하나의 거친 언덕에 지나지 않으니 과연 의중(毅仲 조유수(趙裕壽))의 말과 같다. 옛날 ▨룡(▨龍)의 문생(門生)이 위(魏)나라 동문(東門)의 일을 기록했는데 관문을 지키는 노인 한 명일 뿐이었다.[155]

152 근민당(近民堂) : 강원도 김화현(金化縣) 관아 안에 있던 건물이다. 《두타초》 책14 〈동유록(東遊錄)〉에 "27일 새벽에 40리를 가서 김화관 역리의 집에 도착하였다. 고을 현감 이병연 일원에게 알리니……근민당은 관아 안에 있다."라고 하였다.

153 연못……다섯 개 : 《두타초》 책14 〈동유록〉에 "근민당은 관아 안에 있다. 앞에 작은 연못이 있는데 가운데에 바위 봉우리 다섯 개를 만들어 놓았고 둘레에 꽃나무를 심어 자못 그윽하고 깔끔했다."라고 하였다.

154 순찰사(巡察使)……곳이다 : 홍명구(洪命耈, 1596~1637)의 본관은 남양(南陽), 자는 원로(元老), 호는 나재(懶齋), 시호는 충렬(忠烈)이다. 1635년 12월에 평안감사(平安監司)에 임명되었고 병자호란이 일어나 남하하던 중에 김화에서 청병(淸兵)과 싸우다가 전사하였다. 《澤堂集 別集 卷9 平安道觀察使贈吏曹判書洪公行狀》

155 동문(東門)의……뿐이었다 : 위나라의 귀공자로 명망이 높던 신릉군(信陵君) 공자 무기(公子無忌)가 70세가 넘도록 위나라 동문의 문지기로 있던 후영이 어질다는 소문을 듣고 몸소 찾아가 예의를 깍듯이 차리고 마침내 상객(上客)으로 대우하였다.

돌아보건대 이 빽빽하고 푸른 잣나무 숲 속에 아직도 충성스럽고 굳센 혼백이 서성거리며 떠나지 못하니 그것을 그릴 수 있겠는가, 그릴 수 없겠는가.

이일원(李一源)이 김화(金化)를 다스릴 때 정선(鄭敾) 원백(元伯)을 데리고 동쪽을 유람했는데, 바다와 산의 멋진 곳을 만날 때마다 붓을 잡고 그려서 모두 30여 폭을 만들었다. 이미 김자익(金子益)[156] 어른과 사군 조의중(趙毅仲 조유수(趙裕壽))에게 요청하여 단락마다 발문을 지었다. 또 내게 이어서 짓게 했는데 사양하지 못하여 마침내 이 글을 써서 종이를 채운다.

재대(載大 이하곤의 자)가 쓴다.

가슴 속에 모름지기 금강산을 간직하여 마음속에 들쭉날쭉한 것들이 모두 구름과 이내, 나무와 바위가 된 뒤에야 금강산을 제대로 보았다고 이를 만하다. 그렇다면 이러한 그림과 글들은 모두 사족(蛇足)에 속한다. 일원이 제대로 보는 사람이 되고자 한다면 모름지기 이 화첩을 나에게 주어야 한다. 한바탕 웃노라.

담헌거사(澹軒居士 이하곤의 호)가 또 농담 삼아 쓴다.

나중에 신릉군이 진(秦)나라의 공격을 받아 위급해진 조(趙)나라를 구원하기 위해 아무런 대책도 없이 갈 적에 후영이 계책을 올려 위나라 안리왕(安釐王)의 병부(兵符)를 훔쳐내어 위나라 장군 진비(晉鄙) 대신 신릉군이 직접 대군을 거느리고 진격하여 조나라를 구원하게 하였다.

156 김자익(金子益) : 김창흡(金昌翕, 1653~1722)으로, 본관은 안동(安東), 자는 자익, 호는 삼연(三淵), 시호는 문강(文康)이다. 《三淵集拾遺 卷32 行狀》

하중소[157]의 화권 뒤에 쓰다

題夏仲昭畫卷後

중국 사람의 그림에서 따라가기 어려운 점은 연초록빛인 것 같으면서도 실제로는 푸르고 묽은 듯 하면서도 실제로는 짙다는 데에 있다. 중소(仲昭)의 그림 또한 이러한 분위기가 많으니 우리나라 사람의 그림이 한결같이 속박되어 필묵(筆墨)의 자취 이외에 남은 운치를 볼 수 없는 것과는 같지 않다.

157 하중소(夏仲昭) : 저본(底本)에는 項仲昭로 되어 있으나 화가 가운데 항씨(項氏)이면서 자가 중소인 사람은 없는 듯하다. 아마도 夏仲昭의 오기로 보이므로 바로잡아 번역하였다. 중소는 명(明)나라 화가 하창(夏昶, 1388~1470)으로, 호는 자재거사(自在居士)・옥봉(玉峰)이다. 시서화(詩書畫)에 모두 능한 문인화가인데 특히 서예로 관직을 얻었을 만큼 뛰어났다. 그림은 묵죽(墨竹)을 가장 잘 그려 원명(元明) 시대 묵죽화가 가운데 최고라는 평을 들었다. 《明史列傳 第174 文苑》

북막의 막료로 가는 신정보[158]를 전송하는 서문

送申正甫佐北幙序

신정보(申正甫) 군이 교리(校理)로 있다가 외직으로 나가 북평사(北評事)가 되니 사대부들이 모두 돌아보며 말하기를 "정보와 같은 사람은 한림원(翰林院)과 홍문관(弘文館)에서 어찌 하루라도 그 사람이 없을 수 있겠는가. 그런데 지금 임금을 가까이에서 모시는 반열에서 그만두게 하고 멀리 가서 북병사(北兵使)의 막좌(幕佐)가 되게 하니 마음속에 걱정스러움이 없겠는가."라고 하였다. 또 말하기를 "정보는 평소에 수천 리나 되는 먼 곳으로 임명된 적이 없는데, 갑자기 하루아침에 처자식과 친애하는 사람들을 떠나 바람이 거세고 서리가 차가운 변방으로 힘겹게 달려가게 되었으니 마음속에 걱정스러움이 없겠는가."라고 하였다. 이에 모두들 같은 말로 그가 떠나는 것을 안타까워하는 것이 이와 같았다. 내가 생각하기에 이런 말은 보통 사람에게는 할 수 있지만 정보에게 할 수 없을 것 같다. 그런 말을 정보에게 하는 사람은 정보에 대하여 잘 모르는 것이다.

정보가 평소 좋아한 것은 문장과 산수(山水) 뿐이다. 그러므로 평소 책을 읽고 시를 짓는 일 말고는 어느 한 가지 일에도 스스로 얽매이지 않았다. 혹 흥이 나면 나귀를 타고 석호정사(石湖精舍)[159]로 나아가

158 신정보(申正甫) : 신정하(申靖夏, 1680~1715)로, 본관은 평산(平山), 자는 정보, 호는 서암(恕菴)이다. 신정하는 1715년(숙종41) 6월에 북도병마평사(北道兵馬評事)에 임명되었는데, 이 글은 당시에 그를 전송하며 지은 것으로 보인다. 《圃巖集 卷22 弘文館副校理恕菴申公行狀》

산꼭대기와 물가를 거닐며 휘파람을 불고 시를 읊조렸다. 그렇게 열흘이나 한 달이 지나도 돌아오지 않았다.

사람을 만날 때에는 얼굴 표정이 차갑고 말은 적어서 마치 서로 아무 관련이 없는 사람 같았지만 문장과 산수를 논하는 데 이르러서는 문득 미간이 치켜 올라가고 말이 줄줄 이어져 거의 침식(寢食)을 잊을 정도였다. 비록 부귀와 이록(利祿)이라도 절대 그 즐거움을 빼앗을 수 없었다.

작년에 사명(使命)을 받들고 영남(嶺南)에도 가고 호서(湖西)에도 갔었는데,[160] 공무의 여가에 그곳의 이름난 산수를 유람하고 가는 곳마다 노래와 시를 지어 기록하였다. 돌아와서 사람들과 말할 때마다 멋진 유람을 자랑할 뿐 여정의 고단하고 힘들었던 상황에 대해서는 한마디도 언급하지 않았다. 이것이 바로 정보의 정보다운 모습이다.

그러나 정보는 항상 자신이 관동(關東)과 관북(關北) 지역을 두루 가보지 못한 것을 한스러워하여 무릇 말과 글이 관동과 관북에 관한 내용이 아닌 것이 없었다. 정보가 관동과 관북의 산수를 그리워하는 것이 이와 같으니 또한 관동과 관북의 산수가 정보에게 기대하는 것이 없지 않음을 어찌 알았겠는가. 지금 이후에 정보는 비로소 관동과 관북의 산수와 만나 아직 갚지 못한 빚을 갚을 수 있을 것이다. 또 문장으

159 석호정사(石湖精舍) : 석호(石湖)는 경기도 광주와 남양주 사이 경안천(慶安川)이 한강과 만나 넓어지는 곳을 이르던 말이다. 신정하는 선대로부터 물려받은 석호정(石湖亭)을 중수하였고 이곳에서 책을 읽고 산수를 즐기며 생활하기도 하였다. 《恕菴集 卷11 記湖亭》

160 작년에……갔었는데 : 신정하는 1714년(숙종40) 가을, 경차관(敬差官) 및 충청좌도(忠淸左道) 경시관(京試官)에 임명되었다. 《承政院日記 肅宗 40年 8月 17日》

로써 깊은 못과 높은 산의 사이에서 승부를 겨루고 우열을 다투어 자미(子美)와 자후(子厚)의 기주(夔州)와 영주(永州) 이후의 시문(詩文)[161]과 같이 할 것이다. 그렇다면 정보가 이번에 가는 것은 새가 새장을 벗어나고 물고기가 큰물을 만난 것과 같은 줄을 나는 안다. 바야흐로 경성(鏡城)과 회령(會寧)을 방으로 삼고 마천령(磨天嶺)과 마운령(磨雲嶺)을 문지방으로 삼을 것이며 모진 바람과 사나운 눈발을 차와 밥처럼 여길 것이다. 그러니 어찌 마음속에 걱정스러움이 있겠는가.

가령 정보가 지금 세속에서 일컫는 명사(名士)들처럼 모자를 쓰고 띠를 두르고서 의기양양하게 관각(館閣) 사이를 출입하며 스스로 할 수 있는 일을 이미 마쳤다고 여길 뿐, 문장과 산수가 무엇인지도 알지 못하거나 혹은 수백 리 멀리로 임무를 띠고 가게 되면 퇴지(退之)가 말한 것처럼 맥없이 가엾은 안색을 띤다고[162] 해보자. 그렇다면 정보를 보는 사람들은 지금의 명사에 지나지 않는다고 할 것이다. 누가 기꺼이 정보를 정보로 여기겠는가. 이를 가지고 말한다면 지난번 정보를 안타까워한 사람들은 정보를 깊이 안다고 할 수 없을 것이다. 아, 정보

161 자미(子美)와……시문(詩文) : 자미는 당나라 시인 두보(杜甫, 712~770)의 자이다. 두보는 54세에 귀향할 뜻으로 기주(夔州)의 협곡에 이르러 2년 동안 체류하고 유랑하며 작품을 지었다. 자후(子厚)는 당나라 문장가 유종원(柳宗元, 773~819)의 자이다. 유종원은 영주 사마(永州司馬)로 좌천된 후에 서산(西山)과 영주 땅의 여덟 군데 산수를 유람하며 〈영주팔기(永州八記)〉를 지었다.

162 퇴지(退之)가……띤다고 : 퇴지는 당나라의 문장가 한유(韓愈, 768~824)의 자이다. 한유의 글에 "지금 사람들은 수백 리를 가려고 해도 문을 나서면 망연자실하여 이별의 가련한 기색이 있다.〔今人適數百里, 出門惘惘, 有離別可憐之色.〕"라고 하였다. 《東雅堂昌黎集註 卷21 送殷員外序》

는 갈지어다.

정보가 예전에 나와 자우(子雨)[163]의 집에서 만났는데, 풍악산의 여러 승경을 말하는 나의 말을 듣고 마음속으로 기뻐하였다. 당시에 준 시에 "오늘 아침 후한 선물을 받은 줄 아노니, 마땅히 산설이라고 그대에게 이름 붙이리.〔多覺今朝爲賜厚, 合將山舌與君名.〕"라고 하였다. 그가 나를 부러워한 것이 이와 같았다. 그런데 지금 용연(龍淵)과 비로봉(毘盧峯)이 이미 정보의 지팡이와 신발 아래의 물건이 되었다. 또 학포(鶴浦)와 칠보(七寶)[164] 등 여러 명승지도 나보다 먼저 가 보게 되었으니 내가 이에 정보를 부러워하는 마음이 또 어떠하겠는가. 훗날 정보가 돌아올 때를 기다렸다가 그의 괴헌(槐軒)에 들러 말린 물고기를 굽고 술을 마시며 정보에게서 산수의 이야기를 들을 것이다. 그때 내가 다시 산설(山舌)이라는 이름을 정보에게 돌려주는 것이 좋을 것이다.

163 자우(子雨) : 이유(李濡, 1645~1721)로, 본관은 전주(全州), 자는 자우, 호는 녹천(鹿川)이다.

164 학포(鶴浦)와 칠보(七寶) : 학포는 함경도 안변도호부에 속하는 현(縣) 이름이다. 칠보는 어디를 가리키는지 분명하지 않다. 다음에 나오는 〈여정보별지(與正甫別紙)〉에 금강산의 칠보탑(七寶塔)과 칠보대(七寶臺)를 언급하고 있지만 이곳은 이하곤이 다녀온 곳이므로 함경도 명천현(明川縣)에 있는 칠보산을 가리키는 것으로 추정된다.

정보[165]에게 주는 별지

與正甫別紙

백탑동(百塔洞)은 장안사(長安寺) 동쪽 40리에 있다네. 백천동(百川洞)에서 남쪽으로 꺾어 폐허가 된 성문으로 들어가고 다시 동쪽으로 꺾어 가면 좌우의 봉우리와 절벽이 모두 깎아지른 듯이 높아 탑의 모양을 이룬다네. 폭포에도 종종 아름다운 곳이 많은데, 승려들이 길이 험하다는 이유로 잘 알려주지 않아 낭선군(朗善君)[166]이 제명(題名)한 곳에 이르면 바로 멈추므로 근원까지 다 살펴볼 수 없다네. 그 위에 칠보탑(七寶塔)이 있는데 더욱 아름답다고 하네. 어떤 사람은 "영원암(靈源菴)에서 동쪽 기슭으로 가는 것이 매우 빠른 지름길이다."라고 말하기도 한다네.

원통암(圓通菴)에서 북쪽으로 10리를 가면 진불암(眞佛菴)이라는 암자가 나온다네. 앞쪽으로 수미봉(須彌峰)과 마주하고 뜰 가운데에 세 개의 바위가 나란히 서있는데 높이가 각각 몇 길 쯤 된다네. 아래위로 살펴보면 사람과 비슷해 매우 특이하고 아름다운데, 다만 암자가 황폐하고 승려가 없으니 오래 머물 수 없다네.

165 정보(正甫) : 신정하(申靖夏, 1680~1715)로, 본관은 평산(平山), 자는 정보, 호는 서암(恕菴)이다. 《圃巖集 卷22 弘文館副校理恕菴申公行狀》

166 낭선군(朗善君) : 이우(李俁, 1637~1693)로, 자는 석경(碩卿), 호는 관란정(觀瀾亭)이다. 선조(宣祖)의 손자로서 낭선군에 봉해졌다.

다시 진불암에서 동쪽으로 꺾어 시내를 건너면 바로 수미봉 아래에 도착할 수 있고 그곳에 수미암(須彌菴)이 있다네. 기이한 바위가 사방을 병풍처럼 둘렀는데, 앞쪽의 한 봉우리가 탑처럼 우뚝하여 바라보면 매우 기이하다네. 암자도 새로 짓고 흰 띠로 지붕을 이었으니 소박한 모습이 사랑스럽다네.

수미대(須彌臺)는 수미암에서 북쪽으로 수백 걸음 떨어진 곳에 있다네. 동쪽은 바로 영랑점(永郎岾)인데 여러 봉우리가 어지러이 솟아서 마치 서릿발 같은 창을 세워놓은 것 같다네. 그 아래에는 자연적으로 만들어진 석탑 네댓 개가 있는데 모양이 매우 특이하다네. 다만 위에서 내려다보기 때문에 그 아스라한 형세를 다 볼 수는 없다네. 사람들의 말을 들어보니 진불암에서 북쪽으로 가면 탑 아래에 도달할 수 있지만 계곡이 깊고 어두운데다 우거진 숲과 큰 나무가 많아서 들어갈 수 없다고 하였네.

중향성(衆香城) 아래에 상백운암(上白雲菴)과 중백운암(中白雲菴)이 있는데 중백운암은 볼 것이 없다네. 상백운암도 오래 전에 황폐해졌는데 근래에 유람하는 승려가 초가를 짓고 산다네. 기이한 바위가 사방을 빙 둘러 솟았고 영롱하게 움푹 파여 그 모습이 태호(太湖)와 비슷하다네. 바위의 아름다움이 금강산에서 최고인데 승려들이 알려주지 않아 그곳에 가는 사람이 매우 드물다네.

내수점(內水岾)에서 서쪽으로 5리를 가면 칠보대(七寶臺)가 있으니 이곳 또한 하나의 바위숲이라네. 기이한 봉우리가 둘러쳐져서 마치 연꽃이 꽃잎을 펼친 것 같고 칠보대는 화심(花心) 같다네. 위에 암자가 있었는데 지금은 폐허가 되었다네. 그곳의 승경이 백운암에 버금간다네.

구기담(九岐潭)은 웅호봉(熊虎峰)에 있는데 서쪽으로 진불암과는 30리 떨어져 있다네. 이야기를 전하는 사람이 혹 말하기를 "빼어난 경치가 구룡연(九龍淵)보다 훨씬 좋다."라고 하는데, 삼언(三彦)이라는 승려가 일찍이 한번 가보고 나에게 말하기를 "이 말은 옳지 않습니다."라고 하였다네. 대개 커다란 바위의 가운데가 움푹 파여 연못을 이루었는데 넓이는 몇 묘(畝)나 되고 물빛은 검다네. 그 앞에 바위 하나가 가로막고 있는데 마치 깃발 같다네. 연못가에 황보(皇甫)라는 두 글자가 새겨져 있는데 나머지는 흐릿하여 분별할 수 없다고 하네.

풍악산의 여러 봉우리 가운데 비로봉(毗盧峯)이 가장 높고 험준하다네. 구정봉(九鼎峰)이 그 서북쪽에 있어 기세등등하게 우열을 다투려는 분위기가 있는데 가파르기는 비로봉보다 더하다네. 봉우리 정상은 각기 샘물이 있는데 모양이 솥처럼 둥글다네. 세상에 전하는 말에 의하면 아홉 마리 용이 유점사(楡岾寺)의 50불(佛)에게 쫓겨나 이곳으로 옮겨와 살다가 뒤에 다시 비로봉 아래로 옮겼는데 이것이 바로 지금의 구룡연이라고 한다네.

중내원(中內院)은 태장봉(太藏峰) 아래에 있다네. 외산(外山)의 여러 암자 가운데 가장 깊고 외져서 유람하러 오는 사람이 드물다네. 승려가 말하기를 "큰 바다를 굽어보는 곳이라 일출을 볼 수 있다."라고 하였네.

명곡[167] 최 선생 애사

明谷崔先生哀辭

명곡(明谷) 최 선생(崔先生)이 운명한 지 한 달 뒤에 그 아들 효백(孝伯)[168]이 두타산(頭陀山)[169]으로 편지를 보내서 나에게 고하기를 "우리 선친의 장례 날짜를 이미 정하였으니 그대가 한마디 말로써 상여 끈을 잡은 사람을 돕지 않겠는가."라고 하였다. 그러니 내가 감히 글을 잘 짓지 못한다는 이유로 거절할 수 없었다.

가만히 스스로 생각건대 나 같은 사람의 말이 어찌 선생에 대한 평가에 영향을 미칠 수 있겠는가. 선생께서는 맑은 덕과 전아한 도량, 높은 문장과 깊은 학문으로 나라에 기둥이 되고 사림(士林)의 으뜸이 되신 지 거의 40여 년이다. 정사(政事)에 시행되고 언어(言語)에 드러난 것이 해와 별처럼 밝으니 비록 외진 변방과 먼 시골 사람이라도 그 풍모를 따르고 그 이름을 존모하여 태산(泰山)과 북두(北斗)처럼 우러르지 않는 사람이 없다. 그러니 나 같은 사람의 말이 어찌 선생에 대한 평가에 영향을 미칠 수 있겠는가.

167 명곡(明谷) : 최석정(崔錫鼎, 1646~1715)으로, 본관은 전주(全州)이다. 초명(初名)은 석만(錫滿), 자는 여시(汝時)였는데 뒤에 이름을 석정, 자를 여화(汝和)로 고쳤다. 호는 존와(存窩)·명곡이다. 《昆侖集 卷19 先考議政府領議政府君行狀》

168 효백(孝伯) : 최창대(崔昌大, 1669~1720)로, 본관은 전주, 자는 효백, 호는 곤륜(昆侖)이다. 《西堂私載 卷10 弘文館副提學崔公墓誌銘 幷序》

169 두타산(頭陀山) : 충청북도 진천군 초평면과 괴산군 도안면·증평읍의 경계에 있는 산으로 이하곤이 거주했던 곳이다.

그러나 선생께서는 큰일을 담당하고 큰 변고를 만나 능히 기미를 밝게 살펴 건곤(乾坤)의 뜻을 돌려 종사(宗社)로 하여금 끊임없이 이어지는 복을 받게 하셨다. 그 고심(苦心)과 충정(衷情)은 금석(金石)을 꿰뚫고 신명(神明)에게 질정(質正)할 만한데 세상 사람들이 다 알지 못한다. 그리고 불행하게도 한두 명의 간사하고 바르지 못한 무리들이 그 사이에서 재앙을 만들어 수컷이 울면 암컷이 화답하였다. 또 이것으로 선생에게 앙갚음하려고 하였으니 이것은 밝히지 않을 수 없다.

아, 신사년(1701, 숙종27) 무고(巫蠱)의 옥사[170]를 만나 임금이 위엄을 떨치시니 사람들이 모두 의심하고 두려워하였다. 말하기 어려운 근심과 끝이 없는 재앙이 눈앞에 닥쳐왔는데, 조정에 있는 신료들은 서로 바라보며 우물쭈물하기만 할 뿐 한 마디도 바른 말을 하지 못했다. 선생께서는 수보(首輔 영의정(領議政))의 지위에 있으면서 혈심(血心)을 다하다가 나라를 위해 목숨을 바치기로 하고 비록 온갖 형벌 도구들이 앞에 있어도 두려워하거나 주저하지 않으셨다. 이에 세 번의 소차(疏箚)를 올려 그 뿌리와 밑동까지 다 드러내지 말아야 한다고 요청하여 아득히 어두운 가운데에서 자라는 재앙의 싹을 끊고자 하셨다.[171] 그 일은 호관(壺關)의 상서(上書)[172]보다도 어려운 점이 있었고

170 무고(巫蠱)의 옥사 : 1701년에 인현왕후(仁顯王后, 1667~1701)가 원인 모를 병으로 운명하였는데, 당시 희빈(禧嬪) 장씨(張氏)가 왕후를 무고했다고 하여 벌어진 옥사를 말한다. 이 일로 희빈 장씨는 사사(賜死)되었다.

171 세 번의……하셨다 : 최석정의 《명곡집(明谷集)》 권17에 〈청굴법전은차(請屈法全恩箚)〉 3편이 수록되어 있는데, 최석정은 희빈 장씨가 훗날 경종(景宗)이 되는 왕세자(王世子)의 생모(生母)이므로 그의 죄를 용서하여 왕세자가 상처받는 일이 없도록

그 정성은 청포(靑蒲)에 엎드려 울면서 간했던 일[173]보다 더욱 간절하였다.

이때에 선생을 잘 알지 못하는 사람들은 경솔하게 말하여 용맹을 상하게 되었다고[174] 의심하였다. 그리고 소인들의 비방과 무함(誣陷)이 어디인들 이르지 않았으랴만 선생께서 서둘러 서울을 떠나셨기 때문에 더 이상 해코지[175]할 겨를이 없었다. 뒷날 경전(經典)의 뜻을 훼손하고 성인(聖人)의 가르침을 등졌다는 논의를 주장한 사람[176]은

해야 한다고 주장하였다.

172 호관(壺關)의 상서(上書) : 한 무제(漢武帝) 때 여 태자(戾太子)가 죄를 짓자, 그 죄를 벗겨주기 위해 호관이 글을 올린 일이 있다. 《漢書 卷63 武五子傳 戾太子》

173 청포(靑蒲)에……일 : 청포는 임금의 침실에 까는 푸른 털자리라는 설과 침실에 그어 놓은 푸른색의 한계선이라는 설이 있는데, 왕후가 아니면 그 안에 들어갈 수 없다고 한다. 한 원제(漢元帝)가 병이 들었을 때 소의(昭儀) 부씨(傅氏)와 그 소생인 정도왕(定陶王)은 늘 좌우에서 모시고 황후와 태자는 가끔 찾아뵙자, 원제가 태자를 폐위하고 정도왕을 태자로 책봉하려 하였다. 이에 사단(史丹)이 곧장 임금의 침실로 들어가 청포에 엎드려 울면서 태자를 폐하고 다른 사람을 세우는 것은 옳지 않다고 간한 일이 있다. 《漢書 卷82 史丹傳》

174 용맹을 상하게 되었다고 : 지나친 용기를 냈다는 말이다. 《맹자》 〈이루 하(離婁下)〉에 "얼핏 보면 죽을 만하고 자세히 보면 죽지 말아야 할 경우에 죽으면 용맹을 손상한다.〔可以死, 可以無死, 死傷勇.〕"라고 하였다.

175 해코지 : 하석(下石)은 돌을 떨어뜨린다는 말로 곤경에 처했을 때 도움을 주기는 커녕 더 크게 훼방하는 것을 말한다. 한유(韓愈)의 〈유자후묘지명(柳子厚墓誌銘)〉에 "어느 날 갑자기 털끝만큼이라도 작은 이해에 관련이 되면 언제 보았느냐는 듯 눈길을 돌리고 함정에 빠졌어도 손 한 번 내밀어 구해 주려고 하기보다는 오히려 뒤로 밀치면서 돌멩이를 던지기까지 한다.〔一旦臨小利害, 僅如毛髮比, 反眼若不相識, 落陷穽, 不一引手救, 反擠之, 又下石焉.〕"라고 하였다.

176 경전(經典)의……사람 : 《승정원일기》 숙종 36년 3월 13일 기사에 최석정의 삭탈

곧 공이 올린 세 번의 소차를 헐뜯었던 사람이다. 시약(侍藥)할 때 정성을 다하지 않았다는 죄[177]를 날조한 이들도 공이 올린 세 번의 소차를 헐뜯었던 사람들이었다. 세 번의 소차를 올리기 전에는 선생께서 진실로 이들에게 죄를 얻은 것이 없었는데, 세 번 소차를 올린 뒤에 이들이 반드시 선생에게 죄를 더하고자 한 것이 이와 같았으니 진실로 무슨 이유 때문인지 알지 못하겠다. 비록 그렇지만 끝내 나라의 형세를 반석처럼 편안한 데 올려놓아 지금까지 아무런 탈이 없게 한 것은 세 번 올린 소차의 힘이 아니면 또 누구의 힘이었겠는가.

아, 선생의 고심(苦心)과 충정(衷情)을 여기에서 거의 볼 수 있다. 대개 그 뜻은 만연(蔓延)한 뒤에 도모하기 보다는 차라리 장차 싹이 트려는 초기에 막는 것이 더 나으며, 무너지고 터진 나머지에서 구제하기 보다는 차라리 드러나기 전에 막는 것이 더 낫다고 여기셨던 것이다. 그리하여 급급하게 오직 임금의 마음을 바로잡고 나라를 이롭게 하는 것으로 자신의 책임을 삼았을 뿐 자신의 이해(利害)와 영욕(榮辱)에 대해서는 생각할 겨를이 없으셨던 것이다. 증자(曾子)가 말하기를 "제후국의 명(命)을 부탁할 만하고 육 척의 어린 군주를 맡길

관직(削奪官職)을 요청하는 합계(合啓)가 수록되어 있는데, 그 내용 가운데 "최석정이 주제넘게 예서(禮書)를 만들고 함부로 《대학》과 《중용》을 고쳐서 장구(章句)를 훼손하고 경지(經旨)를 어지럽혔으니 이는 사문(斯文)의 대변(大變)이며 성문(聖門)의 죄인입니다."라는 내용이 있다.

177 시약(侍藥)할……죄 : 당시 최석정은 내의원 제조(內醫院提調)를 겸하고 있었다. 최창대의 글에 의하면 숙종이 병을 앓을 때 최석정이 누이의 상(喪)을 당했기 때문에 숙직이 없는 날 가서 곡하였다. 상가에 출입하는 것은 종기를 앓는 경우에 꺼리는 일인데도 최석정이 조문을 다녀온 뒤에 숙종을 진찰하였다는 이유로 양사(兩司)에서 합계하여 처벌할 것을 주장했다고 한다.《昆侖集 卷19 先考議政府領議政府君行狀》

만하며 큰 절의에 임하여 그 절개를 빼앗을 수 없다면 군자다운 사람이겠는가? 군자다운 사람이다."[178]라고 하였다. 또 맹자(孟子)께서 말씀하기를 "등용한 인물을 군주와 더불어 일일이 다 허물할 수 없으며 잘못된 정사를 일일이 다 흠잡을 수 없다. 오직 대인만이 임금의 그릇된 마음을 바로잡을 수 있다."[179]라고 하였다. 이러한 말들은 선생과 같은 분을 두고 한 말이 아니겠는가. 내가 그러므로 말하기를 "소인들이 선생에게 앙심을 품은 것도 여기에 있고 군자들이 선생의 진면모를 알게 된 것도 여기에 있다. 저들의 왕성한 세력이 비록 선생의 한 몸을 힘들게 할 수는 있었지만 천백세의 뒤에도 공의(公義)를 빼앗을 수는 없다."라고 하는 것이다. 그러니 반드시 선생의 고심(苦心)과 충정(衷情)을 헤아리고 또한 이 말이 거짓이 아님을 아는 사람이 있을 것이다. 다시 어찌 많은 말로 변석(辨釋)할 필요가 있겠는가.

그러나 내가 또 가슴에 감회가 있다. 선생께서 다시 나랏일을 맡으셨을 때 한 마음으로 힘을 다하여 왕실을 도운 사람은 오직 우리 선친 한 분 뿐이었다. 그러므로 선생을 흔들려고 했던 여러 간사한 사람들은 우리 집에 칼을 들이대지 않은 이가 없었고 우리 집을 물어뜯으려고 했던 사람들은 또 선생에게 그물을 치지 않는 이가 없었다. 그리하여 단 하루도 조정에서 편안히 있으면서 뜻을 펴서 그 사이에 계획을 시행할 수 없었다. 아, 예부터 소인들 가운데 나라를 망친 자들은 매번 군자를 공격하여 쫓아내는 데 급급했을 뿐 나라가 먼저 그 피해를

178 증자(曾子)가……사람이다 : 《논어》 〈태백(泰伯)〉에 보이는 말인데 말의 순서가 조금 다르다.

179 맹자(孟子)께서……있다 : 《맹자》 〈이루 상(離婁上)〉에 보이는 말이다.

입게 된다는 점에 대해서는 염려하지 않았다. 저 소인들은 도대체 어떤 마음이란 말인가.

선생께서는 올해 연세가 70세이시다. 나라의 전례에 따라 또 기로소(耆老所)에 들어가셨는데, 효백이 나에게 축복(祝福)하는 글을 지어달라고 여러 번 부탁하였다. 그러나 나는 병든 몸으로 외진 산에서 지내는 중이었으므로 글을 지을 마음이 없어서 오랫동안 실행하지 못했는데, 사람의 일이 이렇게 될 줄은 또한 짐작도 못하였다. 지금 효백이 간절히 부탁하기를 또 이와 같이 하니 내가 어찌 거듭 외면할 수 있겠는가. 드디어 선생께서 장수하시기를 바라던 마음을 미루어 이 글을 지어 돌려보내니 또한 서글프지 않겠는가. 애사(哀辭)는 다음과 같다.

곤륜산의 기운이 온순하고 상서로워 昆侖之氣順以祥
그 기운 모여 위인 내어 우리 임금 도우셨네 鍾出異人佐我王
신령한 기린과 상서로운 봉황처럼 문장 찬란하고 靈麟瑞鳳燦文章
정밀한 금과 좋은 옥처럼 온화하고 강직하셨지 精鏐渾璞溫且剛
풍부하게 섭취하고 소박하게 표현하여 연배 중에 뛰어났으니 呑林吐朴絶輩行
옛 신동 유안과 양억[180]의 짝이 되셨네 配古神童晏與楊

180 유안(劉晏)과 양억(楊億) : 유안의 자는 사안(士安)이며 조주(曹州) 남화(南華) 사람으로 7세에 신동으로 천거되어 비서성 정자(祕書省正字)에 임명되었다. 《舊唐書 卷123 劉晏列傳》 양억의 자는 대년(大年)이며 건주(建州) 포성(浦城) 사람이다. 7세에 글을 지을 줄 알았고 11세에 문명(文名)이 알려져 송 태종(宋太宗)이 조정으로 불러 시험한 뒤 비서성 정자에 임명하였다. 《宋史 卷305 楊億列傳》

《주역》의 오묘한 이치와 예법[181] 자세히 알고	彖系幽眇雜服詳
《춘추》의 미완[182]함은 모두 발명하셨네	春秋微婉盡發皇
글을 지어 삼광[183]의 빛 드러내니	抒爲文詞抉三光
경거와 옥패가 쟁그랑 울렸네[184]	瓊琚玉佩鳴鏗鏘
관직에 나아가 일찍부터 활약했으니	致身青雲夙翶翔
예문관을 거쳐 홍문관에 오르셨네	歷踏金門上玉堂
바른 말과 당당한 논의 풍상의 기운 담았지만[185]	正言硡議挾風霜
다가가면 온화하여 봄볕 같으셨지	卽之溫然如春陽
쇠귀를 잡아 문단을 주도하고[186]	乃執牛耳主詞場

181 예법(禮法) : 잡복(雜服)은 고대의 예법에 규정된 여러 가지 복식 제도(服飾制度)로, 《예기》 〈학기(學記)〉에 "여러 가지 복장을 배우지 않으면 능히 예의에 편안하지 못하다.〔不學雜服, 不能安禮.〕"라고 하였다.

182 미완(微婉) : 은미하고 완곡하게 한다는 뜻이다. 《춘추좌씨전》 소공(昭公) 31년 기사에 "《춘추》에서 칭한 것을 보면 은미하면서도 밝게 드러나게 하고 완곡하면서도 분명히 구별되게 한다.〔春秋之稱, 微而顯, 婉而辯.〕"라고 하였다.

183 삼광(三光) : 해와 달과 별을 가리킨다.

184 경거(瓊琚)와……울렸네 : 최석정의 문장이 훌륭했음을 읊은 것이다. 경거와 옥패(玉佩)는 모두 진귀한 옥으로 문장의 아름다움을 비유할 때 사용하는 말이다.

185 바른……담았지만 : 최석정의 언론(言論)이 준엄했다는 말이다. 한나라의 회남왕(淮南王) 유안(劉安)이 《홍렬(鴻烈)》 21편을 지은 다음 스스로 말하기를 "글자마다 모두 풍상의 기운을 담고 있다.〔字中皆挾風霜〕"라고 자부하였다. 《西京雜記 卷3》

186 쇠귀를……주도하고 : 집우이(執牛耳)는 본래 회맹(會盟)할 때 소의 귀를 잡고 피를 받아 삽혈(歃血)하는 등 맹주(盟主)의 역할을 수행하는 것을 의미하는데, 여기서는 문단의 종장(宗匠), 즉 대제학(大提學)의 역할을 수행하는 것을 의미한다. 최석정은 1696년(숙종22) 5월에 병조 판서(兵曹判書)에 임명되었고 양관대제학(兩館大提學)을 겸하였다. 《昆侖集 卷19 先考議政府領議政府君行狀》

염매를 조율하며 의정부에 계셨네[187] 乃調鹽梅居巖廊

좋은 계획 올려 날마다 보필하며 陳厥嘉猷日贊襄

한 손으로 무너진 기강을 만회하려 하셨지 欲以隻手挽頹綱

미친 물결이 하늘에 닿아 아득히 일렁이는데 狂瀾稽天浩渺茫

공께서는 우뚝하게 큰 제방이 되셨네 公則屹然作巨防

저 참소하는 말들이 생황처럼 교묘하여[188] 彼讒之口巧如簧

곧은 도를 용납하지 않았지만 어찌 상심하랴 道直不容庸何傷

자연으로 돌아가 마음껏 소요하니 歸歟林皐恣相羊

푸른 얼굴과 흰머리로 건강하셨는데 蒼顏白髮體康强

공은 혼탁한 세상을 쭉정이처럼 보아 公視濁世如粃糠

바람 타고 번개 채찍질해 상제 곁으로 돌아가셨네 駕風鞭霆歸帝旁

높은 숲과 큰 연못에 용과 호랑이 사라지자 穹林大澤龍虎亡

온갖 괴물들이 흘겨보며 어지러이 날뛰었네 百怪睢盱紛跳梁

물이 땅속에 있는 것처럼 신이 충만하여[189] 如水在地神洋洋

187 염매(鹽梅)를……계셨네 : 최석정이 영의정(領議政)의 지위에 올라 국정을 주도하며 임금을 도왔다는 말이다. 염매는 소금과 매실이다. 《서경》 〈열명 하(說命下)〉에 은나라 무정(武丁)이 재상인 부열(傅說)에게 "만약 간을 맞춘 국을 만들거든 그대가 소금과 매실이 되어야 한다.〔若作和羹, 爾惟鹽梅.〕"라고 하였다.

188 저……교묘하여 : 최석정을 비방하는 사람들의 참소가 대단히 교묘했다는 말이다. 《시경》 〈교언(巧言)〉에 "생황과 같은 공교로운 말은 얼굴이 두껍기 때문이다.〔巧言如簧, 顏之厚矣.〕"라고 하였다.

189 물이……충만하여 : 최석정의 넋이 시공(時空)의 제약을 받지 않고 충만하게 유행함을 이른 것이다. 물이 땅속에 있는 것과 같다는 말은 소식(蘇軾)의 "공의 정신이 천하에 있는 것은 물이 땅속에 있어서 어디를 가든 있지 않음이 없는 것과 같다.〔公之神

서로는 유사에 동으로는 부상에 이르시겠지[190] 西屆流沙東扶桑
잊지 못해 아래를 보고 옛 나라를 생각하며 睠然下顧懷舊邦
저 기미성[191]에 올라 환하게 비추시네 乘彼箕尾照煌煌
아 우리 공을 잊을 수 없으니 嗚呼我公不可忘
두타산 높고 옥계 길구나[192] 頭陀山高玉溪長

在天下者, 如水之在地中, 無所往而不在也.]"라고 한 데서 유래한 말이다.《東坡全集 卷86 潮州韓文公廟碑》 신이 충만하다는 것은 공자(孔子)께서 "귀신의 덕 됨이 성하구나.……천하의 사람들로 하여금 재계하고 깨끗이 하며 의복을 성대히 하여 제사를 받들게 하고는 충만하게 그 위에 있는 듯하며 그 좌우에 있는 듯하다.[鬼神之爲德, 其盛矣乎.……使天下之人, 齊明盛服, 以承祭祀, 洋洋乎如在其上, 如在其左右.]"라고 한 데서 유래하였다.《中庸章句 第16章》

190 서로는……이르시겠지 : 최석정의 넋이 어디든 자유롭게 갈 것이라는 말이다. 유사(流沙)는 중국 서역(西域)의 사막지대이다. 《서경》〈우공(禹貢)〉에 "동쪽으로 바다에 무젖고 서쪽으로 유사에 입혀졌다.[東漸于海, 西被于流沙.]"라고 하였다. 여기서는 서쪽 끝을 의미하는 말로 사용되었다. 부상(扶桑)은 동해 속에 있다는 신목(神木)으로 해가 뜰 때 이 나뭇가지를 떨치고 솟구쳐 올라온다고 한다. 여기서는 동쪽 끝을 의미하는 말로 사용되었다.

191 기미성(箕尾星) : 기성(箕星)과 미성(尾星)을 병칭한 말이다. 부열(傅說)은 은(殷)나라 고종(高宗)의 재상인데 죽은 뒤에 하늘로 올라가 기성과 미성 사이에 응결되었다는 고사가 전한다.《莊子 大宗師》

192 두타산(頭陀山)……길구나 : 두타산은 이하곤이 거주했던 진천에 있는 산인데 최석정 역시 진천에 거주한 바 있다. 옥계(玉溪)는 동일한 이름을 가진 시내가 많아 특정하기 어렵다. 다만 최석정의 장지가 청주(淸州)이고 청주에 옥계가 있는 것으로 보아 청주의 옥계를 가리키는 것으로 보인다. 여기서는 최석정과 관련 있는 산과 물을 들어서 그것들을 볼 때마다 최석정이 떠오를 것이라고 한 것이다.

명곡[193] 최 선생을 제사하는 글

祭明谷崔先生文

아 공의 부인[194]을	嗚呼公之夫人
제가 고모라 부르니	我呼曰姑
제가 공을 알고 존모한 것은	我知慕公
어릴 때부터였습니다	自其髫趨
서쪽 성곽의 북쪽은	西郭之陰
우리 이가가 사는 곳이라	我李攸止
공께서 오셔서	公來省我
저의 조모 윤씨[195]를 뵈면	王母尹氏
어른과 아이가 모두 신을 거꾸로 신고 달려 나가	長幼倒屣
공을 오른쪽으로 인도하고	延公于右
많은 사람들이 눈도 깜박이지 않은 채	衆目不瞬
모두 공의 입을 주시했습니다	咸屬公口
공께서 한 마디 말씀을 하시면	公出一言
누군들 흐뭇해하지 않았겠습니까	孰不解頤

193 명곡(明谷) : 최석정(崔錫鼎, 1646~1715)으로, 본관은 전주(全州), 자는 여화(汝和), 호는 존와(存窩)·명곡이다. 《昆侖集 卷19 先考議政府領議政府君行狀》

194 공의 부인 : 최석정의 부인은 이하곤의 조부(祖父) 이경억(李慶億)의 딸로 18세에 최석정에게 출가하였다. 《昆侖集 卷18 先妣貞敬夫人慶州李氏行狀》

195 조모(祖母) 윤씨(尹氏) : 이하곤의 조모는 해평 윤씨(海平尹氏)로 윤원지(尹元之)의 딸이다. 《西溪集 卷12 左議政李公墓碑銘》

제가 관례를 치를 때	我弁于顚
공을 빈사로 모셨는데	拜公爲師
제가 어리석어	閔我顓蒙
아는 것이 없음을 불쌍히 여겨	無所曉知
그 남은 물결을 미루어	推其餘波
적셔주셨으니	以沾潤之
비유하자면 저 갓 돋아난 싹이	譬彼萌甲
제때 내리는 비에 번성함과 같았습니다	若時雨滋
가을에 남산 유람할 때	秋游南山
시를 올렸더니	來獻以詩
공께서 가르칠 만하다 하시고	公曰可敎
기쁨이 수염과 눈썹 사이에 넘쳤습니다	喜溢鬚麋
공에게 이런 칭찬 받았으니	得此于公
천금을 준들 바꾸겠습니까	千金可易
저는 공을 우러러	余則仰公
높고 큰 산처럼 여겼고	隓山鉅嶽
공께서는 저를 덮어 주고 감싸 주셨으니	公我覆幬
큰 집과도 같았습니다	有如廈屋
신사년 겨울에	辛巳之冬
공께서 상산으로 유배되시니[196]	公謫常山

196 신사년……유배되시니 : 상산(常山)은 충청북도 진천(鎭川)의 다른 이름이다. 1701년(숙종27) 희빈(禧嬪) 장씨(張氏)의 무고옥(巫蠱獄)이 발생했는데 당시 최석정은 희빈의 처벌을 반대하는 입장을 강력히 견지하다가 진천으로 유배되었다. 《昆侖集

당시 저의 선친께서도	時吾先子
물러나 한가롭게 지내기를 바라셨습니다	亦乞屛閒
옥계와 금담[197]은	玉溪金潭
한 물 사이에 떨어져 있어	隔一水間
달이 밝은 밤과	朗月之夕
흰 눈이 내리는 날이면	素雪之天
가벼운 배와 못난 나귀 타고	輕舠蹇衛
가볍게 왕래하셨으니	來往翩然
푸른 안색과 백발의 모습은	蒼顔白髮
바라보면 신선 같았습니다	望之若仙
비록 날름대는 혀는 있었지만	縱有岐舌
어찌 임천의 즐거움을 빼앗겠습니까	詎奪林泉
이런 즐거움을	謂言此樂
평생 지속할 줄 알았는데	庶可百年
만남과 이별 슬픔과 기쁨	離合悲歡
모든 일이 구름처럼 변하고	萬事如雲
외롭게 남은 인생도	殘生煢然
백발이 이미 희끗희끗해졌습니다[198]	秋髮已紛

卷19 先考議政府領議政府君行狀》

197 옥계(玉溪)와 금담(金潭) : 금담은 충청북도 진천군 초평면 용정리에 있었던 연못이다.《頭陀草 冊2 玉溪汎舟限韻各賦》옥계는 자세하지 않지만 청주(淸州)의 시내 이름으로 보인다.

198 만남과……희끗희끗해졌습니다 : 이하곤의 어머니가 1704년에 운명하고 아버지 이인엽이 1710년에 운명하는 등 여러 변화가 있었고 외로운 신세가 된 자신도 머리가

공께서 또 돌아가시니 公又大歸
저는 누구에게 의지한단 말입니까 我其焉託
세상은 상전벽해처럼 人世滄桑
손바닥 뒤집듯 변해 在手反覆
정자와 누대 쓸쓸하고 亭臺蕭瑟
시내와 산도 적막하니 溪山寂寞
샘물처럼 눈물 떨구며 有隕如泉
이 묵은 자취를 씻어냅니다 灑此陳跡
공의 평생을 평가해 보면 槪公平生
우뚝 높고 혁혁하게 빛나십니다 巍巍赫赫
천리를 통하는 학문과 通天之學
고금을 꿰뚫는 식견으로 貫古之識
문장을 지어내면 發爲文章
옥처럼 깨끗하고 해처럼 빛났습니다 玉潔日光
또한 위대한 공렬 있으니 亦有偉烈
우리 종실을 복되게 하셨습니다 福我宗祊
인생이 이와 같았으니 人生如是
공은 어찌 서운함 있으시겠습니까만 在公奚憾
그러나 살아있는 사람은 然後死者
만감이 남았습니다 抱有萬感
큰 집이 장차 무너지려는데 巨廈將頹
또 그 기둥이 사라졌으니[199] 又去其棟

세기 시작했다는 말로 보인다.

공을 슬퍼하지 않으면	而不悲公
누구를 슬퍼한단 말입니까	其誰之慟
저의 말이 비록 짧지만	我辭雖短
저의 감회만은 끝이 없습니다	我懷則長
공의 영령께서 멀리 가시지 않았다면	公靈不遠
저의 술잔을 저버리지 마소서	毋棄我觴
아 흠향하시기 바랍니다	嗚呼尙饗

199 큰……사라졌으니 : 나라가 어려운 상황에 놓인 가운데 최석정과 같은 인물이 운명한 것을 비유한 말이다.

명곡 최 선생을 제사하는 글

祭明谷崔先生文

재중(載中)을 대신하여 짓다.

아 선생이여	嗚呼先生
덕도 있고 말도 있으며[200]	有德有言
전후로 나랏일에 고심하였으니	前後苦心
진실로 문충공[201]의 후손이십니다	眞文忠孫
백세의 뒤에도	百世之下
정해진 의론을 기다릴 수 있으니	可俟定論
우뚝한 그 이름을	卓然者名
누가 구원에 묻겠습니까	孰閟九原
두타산은 우뚝 높고	陀山矗矗
옥계는 넘실넘실 흘러[202]	玉溪沄沄
공의 풍채 떠오르니	想像風儀
영원히 함께 간직할 것입니다	終古與存

200 덕(德)도……있으며 : 《논어》 〈헌문(憲問)〉에 "덕이 있는 자는 반드시 훌륭한 말이 있다.〔有德者, 必有言.〕"라고 하였다.

201 문충공(文忠公) : 최석정의 조부 최명길(崔鳴吉, 1586~1647)로, 본관은 전주(全州), 자는 자겸(子謙), 호는 지천(遲川)・창랑(滄浪), 시호는 문충이다. 《藥泉集 卷17 領議政文忠崔公神道碑銘》

202 두타산(頭陀山)은……흘러 : 두타산과 옥계는 최석정과 관련된 산과 시내이다. 이 두 곳을 들어 최석정의 인품을 기리고 영원히 잊지 못하는 마음을 말한 것이다.

명곡[203] 최 선생을 제사하는 글

祭明谷崔先生文

박백형(朴伯亨)[204]을 대신하여 짓다.

덕행을 세우고 언론도 세움을	立德立言
모두 가진 사람 드무니	兼有者鮮
어찌 말세에만 그렇겠습니까	豈惟叔世
대개 예부터 그러하였습니다	蓋自古然
공께서는 이 두 가지에	公於二者
부끄러움 없으십니다	則無愧焉
육경의 도가	六經之道
하늘처럼 크고	其大如天
다양한 주석이 나와	箋註紛挐
무수히 천착하였는데	千鑿百穿
공께서 그 가운데 들어가	公入其中
은미하고 현묘한 뜻을 밝히셨습니다	鉤微抉玄
이미 갈고 또 김맸으며	旣耕而耨
또 거슬러 올라가셨습니다	又泝而沿

203 명곡(明谷) : 최석정(崔錫鼎, 1646~1715)으로, 본관은 전주(全州), 자는 여화(汝和), 호는 존와(存窩)・명곡이다. 《昆侖集 卷19 先考議政府領議政府君行狀》

204 박백형(朴伯亨) : 박종양(朴宗陽, ?~1725)으로, 본관은 함양(咸陽)이다. 사옹원 봉사(司饔院奉事)를 지냈으며 이하곤이 광주 분원(分院)에 갔을 때 함께 지내며 시를 주고받은 일이 있다. 《頭陀草 冊3 得村人菊花數枝……》

펼쳐서 글을 지으시니 抒以爲辭
용솟음쳐 나오고 한없이 깊어 混混淵淵
사문을 도우시니 羽翼斯文
백세토록 전해질 것입니다 百世可傳
그 실마리를 표출하여 出其緖餘
어진 인재를 기르시니 以育材賢
찾아오는 이들이 구름처럼 많아 有來如雲
모두가 가르침을 받았습니다 咸被陶甄
그러나 공에게 있어서는 然在公者
한 쪽의 일일 뿐입니다 爲其一偏
우뚝하게 높은 공렬 있으니 卓有偉烈
건곤의 뜻을 돌리고 轉坤回乾
이 위태한 국세[205]를 만회하여 挽此綴旒
반석처럼 안전하게 하셨습니다 磐石之全
한나라의 장량[206]과 당나라의 이필[207]에게 漢良唐泌

205 위태한 국세(國勢) : 철류(綴旒)는 바람 따라 깃술이 흔들흔들 흔들리는 것처럼 임금이 권위를 잃고 신하에게 끌려다니는 것을 말한다.

206 장량(張良) : 한(漢)나라의 개국 공신이자 정치인으로 자는 자방(子房)이다. 한 고조(漢高祖)를 도와 개국에 혁혁한 공을 세웠으며 유후(留侯)에 봉해졌으나 병을 핑계로 은거하였다.

207 이필(李泌) : 당(唐)나라의 명신(名臣)으로 자는 장원(長源)이다. 현종(玄宗) 때 한림(翰林)의 직에 있으면서 태자에게 매우 두터운 예우를 받았는데, 후에 양국충(楊國忠)에게 미움을 받고 물러나 영양(穎陽)에 은거하였다. 숙종(肅宗)이 즉위하자 스스로 진알(進謁)하고 천하의 성패에 관해 말하니 숙종이 기뻐하여 벼슬을 주고자 하였으나 끝내 사양하고 빈객(賓客)의 신분으로 국사(國事)를 의논할 때 참여하였다.

비견될 만합니다　　庶可比肩
저 시끄럽게 떠드는 이들이　　彼囂囂者
어찌 우리를 괴롭힌단 말입니까　　寧爲我瘨
넉넉히 한가로움을 주어　　畀以優閒
십 년 동안 임천에 머무시다가　　十載林泉
호연히 돌아가셨으니　　浩然乘化
그 돌아가심 훨훨 날 듯 하였습니다　　其歸翩翩
해를 몰고 별을 타며　　日馭星騎
상제의 주변에 계십니다　　在帝後先
혼탁한 세상 하찮게 여기며　　唾涕塵濁
구름과 안개를 마시고 내뱉으십니다　　歃歆雲煙
공께서는 이 세상에　　公之於世
어찌 미련이 있으시겠습니까만　　奚足戀牽
동량이 부러지니　　棟梁之折
큰 집이 무너집니다[208]　　大廈其顚
사사로운 감정 때문에 곡하는 것이 아니라　　匪哭我私
눈물이 저절로 줄줄 흐릅니다　　有涕則漣
구원에서 일으킬 수 있다면　　九原如作
백 번이라도 대신 죽을 수 있습니다[209]　　百身可捐

후에 업후(鄴侯)에 봉해졌다.《唐書 卷130 李泌列傳》

208 동량(棟梁)이……무너집니다 : 최석정을 동량에, 나라를 대하(大廈)에 비유하여 최석정이 운명함으로써 나라가 위태롭게 되었다는 표현이다.

209 구원(九原)에서……있습니다 : 최석정을 살릴 수 있다면 대신이라도 죽겠다는

공께서 하늘에 계시면서	公在于天
조화의 권병을 도우시어	參贊化權
우리 동쪽 백성들을 복되게 하여	福我東民
천 년 만 년 이어지게 하소서	於千萬年

말이다. 백신(百身)은 《시경》 〈황조(黃鳥)〉의 "저 푸른 하늘이여, 우리 훌륭한 사람을 죽이도다. 만약 바꿀 수 있다면 사람마다 그 몸을 백 번이라도 바치리라.〔彼蒼者天, 殲我良人. 如可贖兮, 人百其身.〕"라고 한 데서 유래하였다.

사담[210]의 신에게 제사하는 글

祭沙潭神文

모년 모월에 계림(鷄林) 이모(李某)는 삼가 사담의 신에게 다음과 같이 고합니다.

제가 이곳에 집을 지으려고 한 것이 이제 20년이 되었습니다. 그러나 아직도 한 줌 띠풀을 얹어 유람하는 사람들을 덮어 주어 사담의 멋진 경치를 세상에 더욱 널리 알리지 못하였습니다. 이것은 저만의 부끄러움이 아니라 또한 신의 부끄러움입니다.

사담 가에 큰 바위가 널려 있어 비록 초석(礎石)을 놓고 기둥을 세우려 해도 할 수가 없습니다. 이것은 신에게 사마귀가 매달리고 혹이 붙은 것입니다. 신께서 또한 어찌 그것을 없애는 방법에 마음이 없으시겠습니까. 지금 이것을 깎아 내는 일은 진실로 신을 위해 그 사마귀를 제거하고 그 혹을 없애는 것이니 신께서 저를 고맙게 여기고 탓하지 않으실 것이 분명합니다.

그러나 신께서는 주인이시고 저는 손님입니다. 손님이 장차 일을 하려고 하면서 주인에게 고하지 않는다면 업신여김에 가깝습니다. 이것이 제가 글을 갖추어 아뢰는 이유입니다. 신께서는 이러한 마음을 살펴 주십시오.

210 사담(沙潭) : 현재의 충청북도 괴산군 청천면 사담리 일대를 가리키는 것으로 보인다. 《두타초(頭陀草)》 책1 〈홍군여관……(洪君汝寬……)〉에 "사담의 눈 속 봉우리 떠오른다.〔遙憶沙潭雪裏峯〕" 하였는데, 그 아래에 "사담은 소금산 아래에 있다. 이곳에 우리 별업이 있다.〔沙潭在小金山下, 是吾家別業.〕"라는 소주(小注)가 있다.

검단산에 제사하는 글

祭儉丹山文

모년 모월 모일에 계림(鷄林) 이모(李某)는 삼가 검단산의 신에게 다음과 같이 고합니다.

이 산의 신령하고 빼어남은 실로 속리산(俗離山)과 우열을 다툽니다. 또 검단사(儉丹師) 최고운(崔孤雲)의 유적[211]이 있으니 이곳은 유인(幽人)과 일사(逸士)들이 살기에 좋은 곳입니다. 그러나 고운이 돌아간 뒤로 지금까지 수천 년이 지났지만 누구 한 사람 오가며 살았다는 말을 듣지 못했습니다. 이것은 진실로 신령하고 빼어난 곳을 하늘이 아끼고 땅이 감추어 함부로 속된 사람에게 허락하지 않은 것입니다. 또한 세속을 멀리 떠나 은거하는 사람이 세상에 없기 때문에 그렇게 된 것입니다.

저는 비록 감히 유인이나 일사라는 이름을 감당할 수 없지만 일찍이 이 산의 빼어난 경치를 사랑했고 또 단사(丹師) 고운의 풍모를 존모하여 작은 집을 짓고 살고자 계획한 것이 20여 년이나 되었습니다. 그러나 세상일에 떠밀려 오래도록 실행하지 못했으니 산의 경치를 보며 부끄러워하고 시냇물 소리를 들으며 한숨 쉬지 않은 적이 없습니다.

지금 다행히 신의 영험함에 힘입어 아무 일 없이 몸이 한가하니

211 검단사(儉丹師) 최고운(崔孤雲)의 유적 : 최고운은 최치원(崔致遠)을 가리키는데, 최치원과 검단산의 관계는 자세하지 않다. 최치원과 검단산이 관계가 있기 때문에 그를 검단사라고 호칭한 것으로 보인다.

재목을 모으고 돌을 마련하여 토공(土功)을 시작합니다. 저는 지금부터 신을 저버리지 않으려고 합니다. 오직 신께서도 보이지 않는 가운데 도우시어 이 일이 이루어지게 하여 저로 하여금 산에서 사는 즐거움을 이루고 한가롭게 늙도록 해 주십시오. 그렇게 해 주신다면 이것은 신께서 처음부터 끝까지 돌봐 주시는 은혜일 것입니다.

식영정 상량문
息影亭上梁文

자벌레가 몸을 굽히고 용이 숨는 것은 곧 군자가 몸을 온전히 보호하는 좋은 꾀이고　蠖屈龍蟄乃君子全身之良圖
산에 살며 냇물을 보는 것은 또한 유인이 세상을 벗어난 높은 흥취라네　巖居川觀亦幽人出塵之高致
이러므로 상령에 영지 먹는 즐거움을 노래한 나그네 있었고[212]　是以商嶺有高歌茹芝之客
녹문에 가족을 데리고 가서 약초를 캔 사람 있었네[213]　鹿門有盡室採藥之人
오직 더 깊은 산으로 들어가지 못할까 걱정해야　唯恐入山之不深
세상 피해 살면서 근심 없다[214] 이를 만하네　可謂遯世而無悶
천 년을 거슬러 올라가 그 여운 따르고　遡千載而仰挹餘韻

212 상령(商嶺)에……있었고 : 상령은 중국의 상산(商山)을 가리킨다. 진(秦)나라 말기에 난리를 피하여 상산에 은거한 네 노인, 즉 동원공(東園公)·기리계(綺里季)·하황공(夏黃公)·녹리선생(甪里先生)을 상산사호(商山四皓)라고 하는데, 이들은 자줏빛 영지버섯을 캐 먹으며 〈자지가(紫芝歌)〉를 지어 불렀다고 한다. 《高士傳 卷上 四皓》

213 녹문(鹿門)에……있었네 : 후한(後漢)의 방덕공(龐德公) 고사를 인용한 것이다. 방덕공은 본래 남군(南郡)의 양양(襄陽)에 살았는데, 형주 자사(荊州刺史) 유표(劉表)가 초빙하자 나아가지 않고 가족과 함께 녹문산(鹿門山)에 들어가 약초를 캐면서 다시는 세상에 나오지 않았다는 고사가 전한다. 《後漢書 卷83 逸民列傳 龐公》

214 세상……없다 : 《주역》 〈건괘(乾卦) 문언(文言)〉에 보이는 말을 원용하였다.

구원에서 일으켜 함께 돌아가고자 하노라　起九原而願與同歸

담헌거사[215]는　澹軒居士

연하를 사랑하는 병이 깊을 뿐　疾痼煙霞

벼슬살이의 꿈 추호도 없다네　夢斷軒冕

성정이 대단히 졸렬하니 사람들은 두보처럼 어리숙하다 비웃고

性情甚拙人笑杜甫之迂踈

몸뚱이 가증스러우니 누가 우번[216]처럼 꼿꼿함을 가엾게 여길까

骨體可憎誰憐虞翻之骯髒

하택거를 타고 조랑말을 몰겠다던 소유의 평소 말을 음미하고[217]

乘下澤御款段味少游平生之言

순채국을 끓이고 농어회를 먹겠다던 계응의 통달한 식견에 감탄하네[218]　羹蓴絲膾鱸魚嘆季鷹通達之識

215 담헌거사(澹軒居士) : 이하곤의 호이다.

216 우번(虞翻) : 삼국 시대 오(吳)나라 사람이다. 그는 기절(氣節)을 숭상한 나머지 직간(直諫)을 하다가 손권(孫權)에게 미움을 받아 지방으로 쫓겨났다.《三國志 卷57 吳書 虞翻傳》

217 하택거(下澤車)를……음미하고 : 소유(少游)는 후한(後漢) 마원(馬援)의 종제(從弟) 마소유(馬少游)를 가리킨다. 하택거는 질퍽거리는 습지도 통과할 수 있는 가벼운 수레이다. 마원이 고생스럽게 남방을 정벌하다가 관속(官屬)에게 종제 마소유가 한 말을 들려주며 한탄한 일이 있는데, 그 말에 "선비가 한 세상에 태어나 입고 먹을 것을 취할 수 있으면 충분하다. 하택거를 타고 조랑말을 몰며 고을의 하급 관리가 되어 선영을 지키면서 향리의 사람들이 좋은 사람이라고 말해 준다면 그만이다.〔士生一世, 但取衣食裁足, 乘下澤車, 御款段馬, 爲郡掾吏守墳墓, 鄕里稱善人, 斯可矣.〕"라고 하였다.《後漢書 卷54 馬援列傳》

218 순채국을……감탄하네 : 계응(季鷹)은 후한(後漢) 오군(吳郡) 사람 장한(張翰)의 자이다. 장한이 일찍이 낙양(洛陽)에 들어가 동조연(東曹掾)으로 있다가 어느 날

밭을 사고 집을 마련하여[219] 붉은 먼지 이는 도성의 거리에서 옷을 털고 求田問舍欲拂衣紅塵紫陌之中

돌로 양치질하고 시내를 베고[220] 푸른 산과 푸른 물 밖에서 수레 멈추리라 漱石枕流將息駕靑山綠水之外

돌아보건대 이곳 사담[221] 한 굽이는 睠玆沙潭一曲

진실로 충청의 깊숙한 곳으로 實是左湖奧區

물은 세 물줄기의 근원에서 흘러오고 水自三派之淵源

산은 높다란 구봉산과 이어졌네 山連九峰之秀峭

다벽천과 송영담이 좌우에서 비추고 多碧川松影潭則映帶於左右

가을바람이 불어오자 자기 고향인 강동(江東) 오중(吳中)의 순채국과 농어회를 생각하면서 "인생은 자기 뜻에 맞게 사는 게 귀중한 것인데, 어찌 수천 리 타관에서 벼슬하며 명예와 벼슬을 구할 것이 있겠는가.〔人生貴得適志, 何能羈宦數千里, 以要名爵乎.〕"라고 하고 고향으로 돌아갔다는 고사가 전한다.《晉書 卷92 文苑列傳 張翰》

219 밭을……마련하여 : 구전문사(求田問舍)는 삼국 시대 위(魏)나라 허사(許汜)가 일찍이 유비(劉備)와 함께 이야기를 나누다가 자기가 한번은 진등(陳登)을 찾아갔더니 진등이 손님 대접을 제대로 하지 않더라고 말하자, 유비가 말하기를 "그대는 전답이나 집을 구하려고 다니는 사람이라, 그대의 말에서 채택할 만한 것이 없기 때문이다.〔君求田問舍, 言無可采.〕"라고 한 데서 유래하여 은거의 계책을 의미하는 말로 사용되었다.《三國志 卷7 魏書 陳登傳》

220 돌로……베고 : 진(晉)나라 손초(孫楚)가 장차 은거하려고 하면서 "돌을 베개 삼고 흐르는 물에 양치질하련다.〔枕石漱流〕"라고 말할 것을 "물을 베고 돌로 양치질하련다.〔枕流漱石〕"라고 잘못 말했다. 왕제(王濟)가 그 말을 듣고 지적하자, 손초가 "물을 베는 것은 속진에 찌든 귀를 씻어 내기 위함이고 돌로 양치질하는 것은 치아의 때를 갈아서 없애기 위함이다.〔所以枕流, 欲洗其耳, 所以漱石, 欲礪其齒.〕"라고 대답한 고사가 있으므로 이를 원용한 표현이다.《世說新語 排調》

221 사담(沙潭) : 현재의 충청북도 괴산군 청천면 사담리 일대를 가리키는 것으로 보인다.

소금산과 비래봉이 동남쪽에 아스라이 펼쳐졌네

小金山飛來峰則縹緲於東南

여덟아홉 집이 가축 기르고 상마를 가꾸니 영락없는 무릉도원의 경치이고[222] 八九家鷄犬桑麻依然桃源之景致

삼십 리에 수죽과 숲이 이어졌으니 완연한 난정의 풍광이네[223]

三十里水竹林木宛是蘭亭之風光

눈과 서리처럼 흰 것은 누림의 기암괴석과 같고[224]

皓若雪霜樓林之奇巖詭石

황금처럼 벽옥처럼 말끔함은 목피령의 가파른 절벽과 같네[225]

潤聚金碧木皮之絶壁峭崖

긴 구유로 샘물 통하여 백 묘의 기름진 밭에 물을 대고

長槽通泉漑腴田者百畝

222 여덟아홉……경치이고 : 도잠(陶潛)의 〈도화원기(桃花源記)〉에 "좋은 밭과 아름다운 연못과 뽕나무와 대나무가 있고 밭 사이의 길이 사방으로 통하며 개와 닭들의 울음소리가 여기저기서 들렸다.〔有良田美池桑竹之屬, 阡陌交通, 鷄犬相聞.〕"라고 하였다.

223 삼십……풍광이네 : 난정(蘭亭)은 회계산(會稽山)에 있는 정자 이름이다. 왕희지(王羲之)의 〈난정기(蘭亭記)〉에 "이곳에는 높은 산, 험준한 봉우리와 무성한 숲, 길게 자란 대나무가 있다.〔此地有崇山峻嶺茂林脩竹〕"라고 하였다.

224 눈과……같고 : 후위(後魏) 사람 역도원(酈道元)이 편찬한 《수경주(水經註)》에 "시내 바닥에는 흰모래와 조약돌이 마치 서리와 눈처럼 희고 물과 나무가 서로 비추어 천석이 매우 아름다우니 그곳을 누림이라고 부른다.〔澗下白沙細石, 狀若霜雪, 水木相映, 泉石爭暉, 名曰樓林.〕"라고 하였다. 《水經註 卷40 漸江水》

225 황금처럼……같네 : 목피(木皮)는 중국 감숙성(甘肅省) 성현(成縣)의 동쪽에 있는 목피령(木皮嶺)을 가리킨다. 두보(杜甫)의 〈목피령〉에 "금벽의 기운이 말끔할 뿐 모래흙의 흔적 전혀 없네.〔潤聚金碧氣, 淸無沙土痕.〕"라고 하였다.

외로운 바위 낚시터가 여울에 꽂혀 삼층의 높은 바위 우뚝 솟았네
孤磯揷瀨竦危臺之三成

이미 깊숙한데 널찍하고 판판하며 旣邃阻而曠夷

또 깨끗한데다 시원스레 툭 트여 又瀟洒而爽塏

여러 승경이 모이고 群勝會萃

많은 아름다움 아울렀네 衆美兼幷

더구나 고운의 검단산 자취[226] 남았고 而況孤雲儉丹之遺躅未湮

화양동과 선유동[227]의 신령한 경치 이어졌네 華陽仙游之靈境相接

세속 선비들의 방문 절로 끊어지니 自絶俗士之軌跡

진실로 은자가 노닐기에 제격이네 允合隱者之盤旋

위공의 평천장이 전해진 지 이미 삼세가 지났고[228]
傳衛公平泉之莊已過三世

226 고운(孤雲)의 검단산(儉丹山) 자취 : 고운은 최치원(崔致遠)을 가리키는데 최치원과 검단산의 관계는 자세하지 않다.

227 화양동과 선유동 : 모두 속리산(俗離山)에 있는 계곡 이름이다.

228 위공(衛公)의……지났고 : 위공은 당(唐)나라 경종(敬宗)과 무종(武宗) 때 재상을 지낸 이덕유(李德裕)를 가리킨다. 이덕유가 평천(平泉)에 별장을 지었는데 그 둘레가 40리나 되었으며 많은 정자와 누대는 물론 기화이초(奇花異草)와 기암괴석(奇巖怪石)이 있어서 선경(仙境)과 같았다고 한다.《劇談錄 李德裕》이하곤의 증조(曾祖) 이시발의 행장(行狀)을 남구만(南九萬)이 지었는데, 그 글에 "일찍이 청주 후영리에 집을 지었는데, 그곳의 산수를 좋아하여 자호를 후영어은이라 하였다.〔嘗卜築於淸州後穎里, 樂其山水, 自號後穎漁隱.〕"라고 하였다.《藥泉集 卷23 刑曹判書李公請諡行狀》 한편《두타초》책1〈홍군여관……(洪君汝寬……)〉의 소주(小註)에 "사담은 소금산 아래에 있다. 이곳에 우리 집의 별업이 있다.〔沙潭在小金山下, 是吾家別業.〕"라고 하였다. 후영리와 사담은 모두 충청북도 괴산군 청천면에 있는데, 이러한 점으로 볼 때 이시발이 마련한 별업(別業)이 이미 3대 동안 전해졌다고 말한 것으로 보인다.

회암의 노봉 집처럼 경영한 지도 거의 이십 년이 되었네[229]

營晦菴蘆峰之築殆近卄年

이에 마음속의 경륜을 운영하여 茲運心中之經綸

드디어 눈앞에 우뚝한 것을 보게 되었네 遂見眼前之突兀

묵은 꿈이 과연 이루어지니 식영은 칠원의 책에 드러나고[230]

宿夢果驗息影著漆園之書

잊지 않겠다고 길이 맹세하니 고반에서 시인의 뜻을 취하였네[231]

永矢不諼考槃取風人之旨

걸어서 정자의 새 이름으로 삼아 揭爲亭上之新號

산중의 기이한 들음에 대비하노라 庸備山中之異聞

시냇가에 그윽한 집을 지어 갈매기와 약속하고 해오라기와 친하게 지내며 臨澗而開幽軒盟鷗狎鷺

229 회암(晦菴)의……되었네 : 회암은 주희(朱熹)의 호이다. 노봉(蘆峰)은 복건성(福建省) 건양현(建陽縣)에 있는 산이다. 주희가 노봉에 회암초당(晦菴草堂)을 짓고 거처한 사실이 있다. 여기서는 이하곤의 선친(先親) 이인엽(李寅燁)이 별업의 주위에 집을 지은 지 20년이 되었다는 말로 보이는데 고증할 수 없다. 다만 앞의 〈제명곡최선생문(祭明谷崔先生文)〉을 보면 1701년(숙종27) 최석정이 진천으로 유배되었을 때 이인엽도 금계(金溪)에 머물며 왕래했다는 내용이 있으므로 이인엽 역시 진천에 집이 있었던 것으로 추정된다.

230 식영(息影)은……드러나고 : 칠원(漆園)은 칠원의 벼슬아치가 되었던 장주(莊周)를 가리킨다. 《장자(莊子)》 〈어부(漁父)〉에 "그늘에 처하여 그림자를 쉬게 하고 고요하게 살면서 행적을 숨길 줄 모르니 어리석음이 또한 심하다.〔不知處陰以休影, 處靜以息迹, 愚亦甚矣.〕"라고 하였다.

231 잊지……취하였네 : 《시경》 〈고반(考槃)〉에 "은거하는 집이 시냇가에 있으니 큰 사람의 마음이 넉넉하도다. 홀로 자고 깨어 말하나 길이 잊지 않기로 맹세하도다.〔考槃在澗, 碩人之寬. 獨寐寤言, 永矢不諼.〕"라고 하였다.

푸른 산에 높은 정자 세워 달빛 받고 바람 불러오네

鑿翠而抗危榭納月招風

그런대로 모았고 그런대로 갖추었으니[232] 거처하기에 매우 적합하고

苟合苟完居處甚適

사치스럽지도 궁색하지도 않으니 규모가 적당하네

不侈不儉體制得中

과수원이 뒤에 있고 채소밭이 앞에 있으니 중장이 논한 것을 다 갖추었고[233] 果園後而場圃前仲長之所論者靡不畢備

좋은 나무 늘어서고 기이한 바위 나타나니 자후가 기록한 것이 여기 다 있도다[234] 嘉木列而奇石顯子厚之所記者於焉具存

232 그런대로……갖추었으니 : 《논어》 〈자로(子路)〉에 "공자께서 위나라의 공자 형을 다음과 같이 논평하셨다. '그는 집에 거처하기를 잘하였다. 처음 집을 소유했을 때는 「그런대로 모아졌다.」 하였고, 다소 갖추어졌을 때는 「그런대로 갖추어졌다.」 하였고, 많이 소유하고 있을 때는 「그런대로 아름답다.」 하였다.'라고 하셨다.〔子謂衛公子荊, 善居室, 始有曰, 苟合矣, 少有曰, 苟完矣, 富有曰, 苟美矣.〕"라고 한 말을 원용한 것이다.

233 과수원이……갖추었고 : 중장(仲長)은 후한(後漢) 중장통(仲長統)으로 자는 공리(公理)이다. 그의 〈낙지론(樂志論)〉에 "거주하는 곳에 좋은 토지와 넓은 집이 산을 등지고 물가에 임하여 도랑과 연못이 빙 둘러 있고 대나무와 나무들이 두루 벌여 있으며 채소밭이 앞에 마련되어 있고 과원이 뒤에 심겨 있다.〔使居有良田廣宅, 背山臨流, 溝池環匝, 竹木周布, 場圃築前, 果園樹後.〕"라고 하였다. 《古文眞寶 後集 卷1》

234 좋은……있도다 : 자후(子厚)는 당(唐)나라 유종원(柳宗元)의 자이다. 그의 글에 "곧바로 연장을 가져다가 잡초를 베고 악목을 제거하여 불을 놓아 태웠더니, 좋은 나무가 우뚝 서고 아름다운 대가 나타났으며 기이한 바위가 드러났다.〔卽更取器用剷刈穢草, 伐去惡木, 烈火而焚之, 嘉木立, 美竹露, 奇石顯.〕"라고 하였다. 《柳河東集 卷29 鈷鉧潭西小丘記》

대자리 편안하니 은궤헌과 수월루에 편히 앉고

筦簟取便則宴坐於隱几軒水月樓

지팡이와 신으로 흥취 일면 포금대와 송풍석에 가리라

杖屨乘興則縱步於抱琴臺松風石

그윽한 샘이 대숲 너머에 있어 옥패 울리는 듯한 맑은 소리 보내 주고

幽泉隔竹送風佩之泠泠

먼 봉우리 풍광이 주렴으로 들어와 뚝뚝 떨어지는 푸른 남기 잡을 수 있네

遙峰入簾挹嵐翠之滴滴

탁계의 청도라는 홍경의 말[235]에 부끄럽지 않고

無愧弘景濁界淸都之稱

낙천의 여부초당[236] 승경보다 훨씬 낫구나

遠過樂天廬阜草堂之勝

다시 골짜기를 넓히려고 欲復恢拓洞壑

우거진 잡목 베어내니 芟除榛蕪

235 탁계(濁界)의……말 : 홍경(弘景)은 양(梁)나라 도홍경(陶弘景)을 가리킨다. 도홍경의 〈답사중서서(答謝中書書)〉에 "산천의 아름다움은 예부터 모두 말해 왔습니다. 높은 봉우리는 구름 속으로 들어가고 맑은 시냇물은 바닥이 보이며 양쪽 석벽은 오색이 빛나고……진실로 욕계의 선도입니다.〔山川之美, 古來共談, 高峰入雲, 淸流見底, 兩岸石壁, 五色交輝,……實是欲界之仙都.〕"라고 하였다. 《梁文紀 卷9》 여기서 욕계(欲界)는 불교에서 말하는 삼계(三界) 가운데 하나로 탐욕이 가득한 세상을 말하는데 이하곤은 이를 탁계라고 수정하고 선도(仙都)는 신선들이 사는 세상인데 이하곤은 이를 상제가 사는 청도(淸都)로 수정한 듯하다.

236 낙천(樂天)의 여부초당(廬阜草堂) : 낙천은 당(唐)나라 백거이(白居易)의 자이다. 여부는 여산(廬山)을 가리킨다. 백거이는 여산의 아름다운 경관에 심취하여 그곳에 여산초당(廬山草堂)을 짓고 고승들과 교유하며 지냈다. 《白氏長慶集 卷43 草堂記》

당정과 어대[237]의 표제에 비교되고　擬議乎唐亭峿臺之標題

죽리관과 문행관[238]의 규모와 방불하네　倣像乎竹裏文杏之規制

영연정과 금산각은 진실로 이미 자리잡아 짓기 시작했고

泠然之亭金山之閣固已位置而經營

이화관과 부용장도 장차 차례대로 지으리라

梨花之館芙蓉之莊亦將次第而修擧

그렇게 하면 망천[239]만 어찌 홀로 아름답겠는가　然則輞川豈獨專美

오계는 아래에 둘 수 있네　浯溪堪置下風

눈 속 달과 바람 속 꽃을 한없이 감상하며　雪月風花之娛賞無窮

어두울 때나 밝을 때나 시원할 때나 따뜻할 때나 머물리라

晦明涼燠之居止有所

237　당정(唐亭)과 어대(峿臺) : 오계(浯溪)에 있는 누관(樓觀)이다. 《호광통지(湖廣通志)》 권11 〈산천지(山川志)〉 영주부(永州府) 기양현(祁陽縣) 기사에 "오계는 현의 남쪽 5리에 있다. 당나라 원결이 도주 자사가 되었다가 그곳의 산수를 좋아하여 거주하게 되었다.……어대와 당정이 있다.〔浯溪在縣南五里, 唐元結刺道州, 愛其山水, 因家焉.……有峿臺唐亭.〕"라고 하였고 양만리(楊萬里)의 〈오계부(浯溪賦)〉에도 "당정이 남쪽에 있고 어대가 북쪽에 있네.〔唐亭在南, 峿臺在北.〕"라고 하였다.

238　죽리관(竹裏館)과 문행관(文杏館) : 망천(輞川)에 있는 건물이다. 왕유(王維)의 글에 "나의 별업이 망천의 산곡에 있는데, 돌아볼 곳은 맹성요, 화자강, 문행관,……북택, 죽리관,……등이다.〔余別業在輞川山谷, 其遊止有孟城坳華子岡文杏館……北垞竹里館……等.〕"라고 하였다. 《王右丞集箋注 卷13 輞川集 幷序》

239　망천 : 중국 섬서성(陝西省) 남전현(藍田縣) 남쪽에 있는 계곡이다. 승경(勝景)으로 유명하여 당(唐)나라 시인 왕유가 이곳에 별장을 짓고 그곳의 이십승경(二十勝景)을 화폭에 담아 〈망천도(輞川圖)〉를 제작하였다.

나무와 바위를 짝하고 사슴을 벗 삼아 분수대로 구름 가에서 늙어 가고 侶木石而友麋鹿已分終老於雲邊

꽃과 대나무 심고 새와 물고기 기르며 숲 아래에서 자적할 것을 길이 기약하노라 栽花竹而養禽魚永期自適於林下

인간세상 뜻밖의 화란 멀어지니 人間之駭機遠矣

내 삶의 즐거운 일 다 누리리라 吾生之樂事畢焉

마땅히 영근[240]을 멈추고 宜輟郢斤

파창[241]을 들어 볼지어다 試聽巴唱

어기여차 들보를 동쪽으로 던지니 兒郎偉抛梁東

그윽한 넌출 고요하고 작은 시내 흐르는구나 幽蘿窈窕小溪通

한가한 꽃과 작은 풀이 모래톱 옆 길에 자라니 閒花細艸沙邊路

끝없는 봄빛이 오가는 가운데 있구나 無限春光杖屨中

어기여차 들보를 남쪽으로 던지니 兒郎偉抛梁南

백 척 높은 바위에 소나무 의지했네 危臺百尺倚松柟

문득 한 줄기 먹구름 피어나니 忽看黑雲生一縷

늙은 용이 비 내리려고 앞 연못에서 일어났구나 老龍行雨起前潭

240 영근(郢斤) : 본래는 영 지방 사람의 도끼라는 말로 《장자(莊子)》 〈서무귀(徐无鬼)〉에 등장하는 고사로 인해 글을 잘 고친다는 의미로 사용된다. 그러나 여기서는 목수의 솜씨 좋은 도끼질을 가리키는 말로 사용되었다.

241 파창(巴唱) : 초(楚)나라 민간에서 부르던 노래를 말하는데 보통 세속적인 노래를 의미한다.

어기여차 들보를 서쪽으로 던지니	兒郎偉抛梁西
눈앞의 가을 벼 누런 구름처럼 펼쳐졌네	望中秋稼黃雲迷
석양에 시냇가 길로 호미 메고 가노라니	夕陽溪路荷鋤去
물 너머 마을 닭이 우는구나	隔水村鷄時一啼
어기여차 들보를 북쪽으로 던지니	兒郎偉抛梁北
짙푸른 고목에 구름과 눈 덮였구나	古木蒼蒼雲雪色
공림사 어디인가 보이지 않는데	不見空林寺在處
종과 풍경 소리 바람 타고 들려오네	時聞鍾磬風中落
어기여차 들보를 위로 던지니	兒郎偉抛梁上
온 하늘에 별과 달이 밝기도 하구나	一天星月光昭朗
누대 앞에서 주렴 걷고 앉으니	更向樓頭捲簾坐
여기에서 누가 속세 생각 하겠는가	此間誰敢着塵想
어기여차 들보를 아래로 던지니	兒郎偉抛梁下
바위 사이 쏟아지는 영롱한 물소리 누워 듣노라	臥聽琮琤石間瀉
알겠다 소리 없는 소리 본래 여기 있나니	始識希音元在此
어지러운 악기 소리는 무엇인가	紛紛絲竹何爲者
삼가 바라건대 상량한 뒤에	伏願上梁之後
푸른 산에 아무런 탈이 없고	青山無恙
흰 구름과 절로 친해지기를	白雲自親

시내에서 낚시하고 산에서 약초 캐며 자연의 정취를 길이 누리고

釣水採山永享丘壑之趣

솔잎 먹고 백출 복용하여 미천한 수명 양생하기를

餌松服朮且養草木之年

사슴이랑 송아지와 함께 한가롭고 共麛犢而幽閒

이웃들과 즐겁게 지내며 竝隣曲而歡讌

형상 밖의 건곤처럼 늙지 않고 象外之乾坤不老

호리병 속의 일월[242]처럼 오래도록 새롭기를 壺中之日月長新

242 호리병 속의 일월 : 신선 세계의 세월을 말한다. 옛날 호공(壺公)이라는 신선이 저잣거리에서 약을 팔았는데, 모두들 그저 평범한 사람인 줄로만 알았다. 하루는 비장방(費長房)이라는 사람이 호공이 천장에 걸어 둔 병 속으로 들어가는 것을 보고는 비범한 인물인 줄 알고 매일같이 정성껏 그를 시봉하였다. 그러자 어느 날 호공이 그를 데리고 병 속으로 들어갔는데, 그 병 속은 별천지로 해와 달이 있고 선궁(仙宮)이 있었다고 한다. 《神仙傳 卷9 壺公》

장인어른[243]께 올리는 편지

上聘丈書

하곤(夏坤)은 두 번 절하고 말씀드립니다. 지난번에 홍세태(洪世泰)[244]의 일을 말씀드렸는데 자못 못마땅해 하는 뜻이 있으시기에 감히 말씀을 다 드리지 못하고 물러났습니다. 가만히 스스로 생각하기를 "인재를 사랑하는 마음을 지닌 장인어른께서 바야흐로 사람을 등용하는 권한을 잡으셨고 나는 또 그 사람이 아까운 인재라는 사실을 잘 알고 있다. 그 사람은 또 가난하고 굶주려 죽어 가고 있는데, 장인어른을 번거롭게 할 수도 있다는 이유로 꺼려서 그를 위해 한 번 입을 열어 인재를 사랑하는 마음과 공도(公道)를 넓히는 정사를 돕지 않는다면 이는 내가 스스로 장인어른을 외면하는 것이며 또한 장인어른께서 내게 바라는 것도 아닐 것이다."라고 하였습니다. 이에 번거롭고 외람됨을 피하지 않고 다시 이렇게 말씀드립니다.

세태는 올해 나이가 60여 세입니다. 또 아들은 없고 딸만 둘을 두었는데 전년에 하나를 잃었습니다.[245] 백발의 나이에 외롭게 지내니 진실

243 장인어른 : 이하곤의 장인은 송상기(宋相琦, 1657~1723)로, 본관은 은진(恩津), 자는 옥여(玉汝), 호는 옥오재(玉吾齋), 시호는 문정(文貞)이다. 《陶谷集 卷9 吏曹判書玉吾齋宋公神道碑銘幷序》

244 홍세태(洪世泰) : 1653~1725. 본관은 남양(南陽), 자는 도장(道長), 호는 창랑(滄浪)·유하(柳下)이다. 중인 신분으로 시문(詩文)에 뛰어났으며 김창흡(金昌翕) 등 사대부와 절친하게 지냈다. 위항시선집인 《해동유주(海東遺珠)》를 간행하였고 저서에 《유하집(柳下集)》이 있다. 《浣巖集 卷4 滄浪洪公墓誌銘》

로 걱정스럽습니다. 또 평소 성격이 졸렬하여 집안 살림을 돌보지 않았고 또한 남에게 자신의 가난한 형편을 말하지도 않았습니다. 이러므로 사람들은 그의 집이 궁핍하여 혹 며칠 동안 밥을 짓지 못할 정도인 줄을 알지 못했습니다.

일전에 그의 집 북쪽 기슭을 지났는데, 그가 사는 몇 칸의 집은 여기저기 부서지고 뜰에는 쑥대가 가득했습니다. 손님과 주인 두 사람이 쓸쓸히 마주하여 서가의 책을 빼어 보고 때때로 한 번씩 읊조렸습니다. 날이 조금 저물자 어린 계집종이 아욱죽 두 사발을 가지고 와서 각각의 앞에 차려놓았는데 이것 말고는 소반에 다른 반찬은 없었습니다. 제가 사발을 들어 입에 대어 보았지만 맛이 없어서 차마 삼킬 수가 없었습니다. 그런데 세태는 마치 엿처럼 맛있게 먹었습니다. 제가 묻기를 "도장(道長)께서 평소 드시는 음식이 과연 이러할 뿐입니까?"라고 하였습니다. 세태가 웃으며 말하기를 "이것도 손님을 위해 특별히 별미(別味)를 마련한 것이네. 평소에는 감히 점심을 먹지 못한다네."라고 하였습니다. 그 말을 듣고 저도 모르게 가엾다는 생각이 들었습니다.

예부터 시인은 으레 궁핍한 경우가 많았으니 맹교(孟郊)[246]・가도(賈島)[247]・매성유(梅聖兪)[248]・진무기(陳無己)[249]와 같은 이들을 어

245 딸만……잃었습니다 : 1714년(숙종40) 4월 홍세태는 62세의 나이에 둘째 딸을 잃었고 4년 뒤에는 맏딸마저 세상을 떠났다.《柳下集 卷10 亡女趙氏婦初朞祭文, 祭亡女李氏婦文》

246 맹교(孟郊) : 751~814. 당(唐)나라 사람으로 자는 동야(東野)이다. 한유(韓愈)와 친하게 지냈다. 가정적으로 불우했고 가난하게 살다가 죽었다.《新唐書 卷176 韓愈列傳 孟郊》

찌 다 손꼽을 수 있겠습니까. 그런데 맹교는 율양위(溧陽尉)가 되었고[250] 가도는 장사감(長沙監)이 되었으며[251] 매성유와 진무기의 관직 또한 낮지 않았습니다. 그러나 세태는 그렇지 못하여 반평생 동안 곤궁하고 위축된 채 지내며 여러 번 거의 죽을 뻔했습니다. 늙어서 다행히 한 역원의 찰방(察訪)이 되었는데 여러 공들이 힘써 막아서 끝내 세태가 한번 즐겁게 살도록 하지 못하였으니 저 여러 공들은 과연 무슨 마음이란 말입니까. 여러 공들이 본래 인재를 아끼고 선비에게 자신을 낮추는 마음이 없음은 진실로 말할 것도 못됩니다. 장인어른께서는 본래 여러 공들의 행위를 잘못으로 여기셨는데, 지금 구렁텅이에서 건져주어 끝까지 은혜를 베풀어 주지 않아서 그로 하여금 한을 품고 죽게 한다면 훗날 혹시라도 세태가 장인어른께 올린 편지를 읽는 자가 어찌 천 년 뒤에 강개하고 슬퍼하며 인재를 아끼는 장인어른의

247 가도(賈島) : 779~843. 당나라 사람으로 자는 낭선(浪仙)이다. 837년에 간신히 관직을 얻었고 병으로 세상을 떠났다. 《新唐書 卷176 韓愈列傳 賈島》

248 매성유(梅聖俞) : 북송(北宋)의 시인 매요신(梅堯臣, 1002~1060)으로, 자는 성유, 호는 완릉(宛陵)이다. 50여 세가 되어서야 진사가 되었고 벼슬은 상서도관원외랑(尙書都官員外郎)을 지냈다. 《宋史 卷443 文苑列傳 梅堯臣》

249 진무기(陳無己) : 북송의 진사도(陳師道, 1053~1101)로, 자는 무기, 호는 후산거사(後山居士)이다. 곤궁하게 살며 추위와 병에 시달리다 죽었다. 《宋史 卷444 文苑列傳 陳師道》

250 맹교는 율양위(溧陽尉)가 되었고 : 맹교는 50세의 나이에 진사시에 합격하여 율양위가 되었으나 곧 사직하였다. 《新唐書 卷176 韓愈列傳 孟郊》 율양위가 되어 부임하는 맹교를 위해 한유(韓愈)가 지은 〈송맹동야서(送孟東野序)〉가 유명하다. 《韓昌黎集 卷19》

251 가도는 장사감(長沙監)이 되었으며 : 가도가 당 문종(唐文宗) 때에 장강현(長江縣)의 주부(主簿)가 되어 관직에 나아간 기록이 그의 열전에 보인다.

도에 대해 의논하지 않겠습니까.

또 오늘날 관직에 오른 자가 수천 명이나 되지만 세태와 비견될 만한 문사(文辭)를 지닌 이가 몇 명이나 되겠습니까. 그중에 또 먼 지방의 사람으로 가문이 지극히 미천한데도 고을을 맡아 다스리는 자가 많으니 이는 다른 이유가 없습니다. 그들이 사는 곳이 후미지고 멀어서 그 실상이 쉽게 가려졌기 때문에 요행히 여기에 이른 것입니다. 세태는 다만 서울에서 태어나 자랐고 또 명성이 있었기 때문에 사람들이 온갖 방법으로 헐뜯었고 또 반드시 구덩이 속으로 떠민 뒤에야 그만두려고 합니다. 아, 어찌 매우 원통하지 않겠습니까.

일찍이 들으니 그가 부(部)의 관직을 맡았을 때[252] 일처리가 꼼꼼하고 분명하며 공평하고 너그러워 부에서 일했던 사람들이 지금까지도 칭송한다고 합니다. 이런 점으로 볼 때 이 사람은 또 한갓 시만 잘하고 일머리는 밝지 못한 사람이 아닙니다. 또 그가 바라는 것은 조금도 분수에 지나친 것이 없고 조금의 녹을 받아 처자식을 살리려는 데에 지나지 않으니 진정 이른바 인의(引儀)[253]도 괜찮고 주부(主簿)도 괜찮습니다. 이번 인사에는 이 관직들이 비어서 대단히 비좁은 상황까지 이르지는 않았으니 손쓸 여지가 있는 것 같다고 합니다. 삼가 바라건대 신경 써서 이끌어 주어 세태로 하여금 굶어 죽지 않도록 하신다면 이는 세태에게 다행일 뿐만 아니라 또한 장인어른의 인재를 사랑하는

252 부(部)의……때 : 홍세태는 1713년 윤5월에 서부 주부(西部主簿)에 임명되었다. 《承政院日記 肅宗 39年 閏5月 23日》

253 인의(引儀) : 조선 시대 통례원(通禮院)의 종6품 벼슬로 국가의 의례에서 식순에 따라 홀기(笏記)를 크게 읽어 구령하는 일을 맡았다. 홍세태는 1710년 7월에 통례원 인의에 임명되었다. 《承政院日記 肅宗 36年 7月 6日》

덕과 공도를 넓히는 정사를 빛나게 할 것입니다.

옛날 한 문공(韓文公)이 후희(侯喜)를 천거한 일[254]과 소자첨(蘇子瞻)이 동전(董傳)을 천거한 일[255]은 오늘날까지도 미담으로 전해지고 있습니다. 저는 두 공에게 전혀 미치지 못하는 사람이니 그 말이 진실로 채택할 만한 것이 없습니다. 그러나 남의 부탁을 받아 유세하는 사람과 비교한다면 또한 차이가 있습니다. 바라건대 거칠고 어리석은 점을 용서하고 들어주십시오.

254 한 문공(韓文公)이……일 : 한 문공은 당(唐)나라의 한유(韓愈, 768~824)로, 자는 퇴지(退之)이다. 한유가 여주 자사(汝州刺史) 노건(盧虔)에게 후희(侯喜)를 천거한 일이 있다. 《韓昌黎集 卷37 與汝州盧郎中論薦侯喜狀》

255 소자첨(蘇子瞻)이……일 : 소자첨은 송(宋)나라의 소식(蘇軾, 1037~1101)으로, 자는 자첨, 호는 동파(東坡)이다. 동전(董傳)의 자는 지화(至和)이다. 소식이 동전을 천거해 주었다는 사실은 그의 〈상한위공걸장동전서(上韓魏公乞葬董傳書)〉에 보인다. 《東坡全集 卷72》

장모를 제사하는 글

祭嶽母文

모년 모월 모일에 고(故) 정부인(貞夫人) 칠원 윤씨(漆原尹氏)[256]의 상여가 서울에서 출발하여 천안(天安)에 머무르게 되었다. 사위 계림(鷄林) 이하곤이 진천(鎭川)으로부터 와서 맞이하여 곡할 때 간단히 술과 과일을 마련하여 거칠게나마 제문을 지어 다음과 같이 고합니다.

아 지난가을 남쪽으로 돌아올 때	嗚呼去秋南歸
부인께 찾아가 하직인사를 드렸는데	往辭夫人
부인께서 제게 하신 말씀이	夫人告我
슬프고 괴로운 내용이 많았습니다	語多悲辛
말씀하시기를 내 딸과 헤어진 지	曰違我女
어느덧 두 해가 되었네	艸木再春
시월에	孟冬之月
날씨가 몹시 춥지는 않으니	天未甚寒
자네는 가족을 모두 데리고	君其盡室
북쪽으로 돌아와서	迨此北還
우리 모녀로 하여금	俾我母女

256 칠원 윤씨(漆原尹氏) : 윤선적(尹宣積, 1641~?)의 딸로, 송상기(宋相琦)와 혼인하였다. 1남 5녀를 낳았는데 이하곤이 그 맏사위이다. 《陶谷集 卷9 吏曹判書玉吾齋宋公神道碑銘 幷序》

단란히 지내도록 해 주게 하셨습니다 獲遂團欒
제가 절하며 알았다고 하였으니 余拜而諾
그 말씀에 감동이 있었습니다 有感其言
여기에서 자애로운 어머니는 此見慈母
지극한 정이 있음을 알 수 있는데 至情之存
제가 홀로 어떤 사람이기에 余獨何人
이 은정을 알지 못하겠습니까 不識斯恩
그러나 돌아와서는 병에 걸려 歸則病作
북쪽으로 가지 못했는데 未北其轅
누가 생각이나 했겠습니까 하루아침에 孰謂一旦
갑자기 편찮으시다는 소식 듣게 될 줄을 遽以疾聞
제 처자식과 함께 同我婦子
밤낮으로 달려갔으나 晨夜馳奔
도중에 부음을 받게 되니 承訃于途
놀라 울부짖으며 말에서 떨어졌습니다 驚嗥墜鞍
문에 들어가도 入門不見
부인의 웃는 얼굴을 뵙지 못하고 夫人笑顔
흰 장막과 붉은 명정만 素帷丹旌
엄숙하게 펼쳐져 있었습니다 陳設儼然
옛날 부인을 생각해 보니 念昔夫人
자식들이 앞에 가득하여 兒女滿前
기뻐하고 웃으며 봄처럼 화목함이 歡笑爲春
집안에 넘쳤는데 溢于門闌
다만 제 아내가 獨念吾妻

외진 산에 떨어져 사는 것을 염려하여	淪落窮山
생이별의 한으로	生離之恨
자나 깨나 탄식하셨습니다	寤寐爲歎
어머니의 마음으로	以母之思
미루어 돌이켜 보면	推而反觀
또한 그 딸도	亦知其女
마음이 같았을 것임을 알 수 있습니다	情則一般
손을 잡고 헤어졌다가	執手之別
돌아와서 관을 어루만지니	歸而撫棺
제 아내의 이 애통함은	吾妻此慟
구천까지 사무칠 것입니다	貫乎九原
사람의 일이 이렇게 된 것은	人事至此
제게 실로 잘못이 있습니다	我實有愆
굽어보고 우러러보며 후회하고 부끄러워한들	俯仰悔怍
다시 어찌하겠습니까	尙復何云
상차에서 맞이하여 곡하며	迎哭于次
글로 슬픔을 고하니	告哀以文
다만 흐르는 눈물이	但有涕淚
술잔에 떨어집니다	沾落斝樽
아 흠향하시기 바랍니다	嗚呼尙饗

아첨하는 여우에 관한 설

媚狐說

여우는 아첨하는 짐승이다. 항상 호랑이에게 아첨하는데, 호랑이는 그 아첨을 기뻐하여 자기가 먹다 남은 것을 먹게 하고 여우는 그 먹이를 탐내서 호랑이에게 더욱 아첨하였다. 어느 날 호랑이에게 말하기를 "호랑이님을 모두들 산중의 왕이라고 합니다. 왕은 진실로 높은 자리이지만 왕의 위에는 또 황제가 있으니 그보다 높은 존재는 없습니다. 호랑이님은 어찌 황제라 칭하여 온갖 짐승들보다 높음을 보이지 않으십니까?"라고 하였다. 호랑이가 말하기를 "그만두어라. 기린은 나보다 어진데 황제라고 부른다는 말을 듣지 못했고 사자는 나보다 용맹하지만 또한 황제라고 부른다는 말을 듣지 못했다. 왕이라 불리는 것이 내게는 충분하니 무슨 덕이 있어서 황제라는 이름을 감당하겠는가."라고 하였다.

여우가 또 말하기를 "기린이 비록 어질다고 하지만 용맹함은 우리 호랑이님에게 미치지 못하고 사자가 비록 용맹하다고 하지만 어짊은 우리 호랑이님에게 미치지 못합니다. 어짊과 용맹함을 우리 호랑이님께서 모두 갖추셨습니다. 그러니 저 두 짐승이 어찌 우리 호랑이님을 바라볼 수 있겠습니까. 온전한 덕을 갖춘 우리 호랑이님을 황제로 부르지 않는다면 누구를 황제라 부르겠습니까."라고 하였다. 호랑이가 이에 기뻐서 마침내 산중의 황제라 칭하였다. 온갖 짐승들이 이 소식을 듣고 모두 찾아와 경하하니 호랑이는 이에 여우가 자신을 아끼고 존경한다고 더욱 생각하여 또 여우를 산중의 재상이라고 칭하였으며 먹을 것이 생길 때마다 먹지 않고 모두 여우에게 먹였다.

여우가 호랑이에게 아첨한 것은 호랑이의 먹이를 탐냈기 때문일 뿐인데, 호랑이로 하여금 자신을 아끼고 존경한다고 여기게 했으니 여우는 아첨을 잘했다고 말할 만하다.

견산헌의 기문

見山軒記

재청(載靑) 아우가 생곡리(生谷里)에 초가집 몇 칸을 새로 지어 글 읽고 휴식하는 곳으로 삼고 나에게 이름을 지어 달라고 부탁하기에 내가 견산헌(見山軒)이라 이름 지었다. 재청이 내게 묻기를 "저의 집이 비록 번화가에 자리했지만 맑은 냇물이 뒤쪽을 둘렀고 긴 숲이 앞쪽을 감쌌습니다. 서쪽에는 난암(鸞巖) 절벽이 있고 동쪽에는 광평(廣坪) 들판이 있으니 이름 지을 만한 소재가 많은데, 형님께서 유독 견산(見山)이라고 이름 붙인 것은 어째서입니까?"라고 하였다. 내가 다음과 같이 답하였다.

"두타산(頭陀山)은 우리 고을의 유명한 산인데 사인봉(舍人峰)은 또 가장 빼어난 곳이네. 내가 일찍이 집에 올라 바라보니 많은 집들이 눈앞에 비늘처럼 촘촘하여 이른바 맑은 냇물과 긴 숲, 절벽과 들판을 볼 수 없었네. 다만 남쪽의 산기슭 하나가 울타리와 숲 위로 살짝 솟아 나와 띠처럼 둘러 있었네. 봉우리가 또 그 위로 우뚝 솟아 곧장 집을 굽어보고 있으니 마치 훤칠한 어른이 두건을 젖혀 쓰고 상에 걸터앉아 있다가 손님을 맞아 읍하는 것 같았네. 또 안개구름이 산꼭대기에 피어났다가 사라지고 뭉쳤다가 퍼지는 모습이 아침저녁으로 연이어 처마 밑에서 생겨나는 것 같았네. 아, 이 집을 멋들어지게 하는 것은 무엇이겠는가. 바로 봉우리일세. 이름 짓는 사람이 그 실상을 따라 이름 붙이지 않는다면 어찌 그 멋진 것을 잃는 것이 아니겠는가. 재청 아우가 나를 위해 집 앞의 작은 땅을 다듬어 국화꽃[257]을 두루 심었다가 가을이 깊고 낙엽이 질 때에 이르러 맑은 날에 상락주(桑落酒)[258]를 거르고 이슬 젖은 국화꽃을 주워 술잔에 띄워서 이 집에서 따라 마시면서 둥둥 병을 두드려 도연명(陶淵明)의 견남산(見南山) 시[259]를 노래한다면 또 이 집의 한 멋진 풍치가 되지 않겠는가."

재청이 기뻐하며 웃더니 기록해 달라고 청하기에 내가 마침내 그 말을 차례대로 엮어 견산헌의 기문으로 삼는다.

257 국화꽃 : 도가화(陶家花)는 도잠(陶潛)의 집에 심은 꽃이라는 말로 국화를 가리킨다.

258 상락주(桑落酒) : 뽕잎이 떨어질 무렵에 빚은 술을 말한다. 두보(杜甫)의 시 〈구일양봉선회백수최명부(九日楊奉先會白水崔明府)〉에 "앉아서 상락주를 마시고, 와서 국화 가지를 어루만지네.〔坐開桑落酒, 來把菊花枝.〕"라고 하였다. 《杜少陵詩集 卷4》

259 도연명(陶淵明)의 견남산(見南山) 시 : 진(晉)나라 도잠의 시 〈음주(飮酒)〉의 다섯 번째 수에 "동쪽 울타리 아래에서 국화꽃을 따다가, 유연히 남쪽 산을 바라보노라.〔采菊東籬下, 悠然見南山.〕"라는 구절이 있다. 《陶淵明集 卷3》

담헌의 기문
澹軒記

우리 할아버지 화곡(華谷) 선생[260]은 효묘(孝廟)와 현묘(顯廟)를 섬기셨고 벼슬은 좌의정(左議政)에 이르렀다. 조정에 계셨던 30여 년 동안 몸가짐은 청렴결백하였고 가는 곳마다 일에 얽매이지 않으셨으나 처리되지 않는 일이 없었다. 또 과격한 행동으로 당대의 명성을 구하려고도 하지 않았으며 본분을 지키고 참되게 사셨으니 겉과 속이 순수하여 한결같았다. 이러므로 사대부들마다 존중하여 본보기로 삼았다.

어떤 사람이 남구만(南九萬)[261] 공의 말을 들어 말하기를 "오직 정밀〔精〕하여야 천하의 일을 이룰 수 있다."라고 하였다. 선생께서 듣고 웃으며 말씀하기를 "정밀하여야 천하의 일을 이룰 수 있는 것이 아니라 오직 담박〔澹〕하여야 천하의 일을 이룰 수 있다."라고 하셨다. 내가 어려서부터 집에서 이 말을 들어서 마음속으로 좋아하였으므로 사는 집에 담헌(澹軒)이라고 편액을 걸었다. 가만히 그 뜻을 미루어 다음과 같이 논하여 말한다.

아, 뜻이 깊도다. 선생의 말씀이여! 오묘한 도에 가만히 들어맞았다고 이를 만하도다. 자연을 따라 생각하는 것이 없고 작위(作爲)하는 것이 없음을 담(澹)이라고 한다. 천하의 사물은 모두 저마다 자연의

260 화곡(華谷) 선생 : 이경억(李慶億, 1620~1673)으로, 본관은 경주(慶州), 자는 석이(錫爾), 호는 화곡, 시호는 문익(文翼)이다. 《西溪集 卷12 左議政李公墓碑銘》

261 남구만(南九萬) : 1629~1711. 본관은 의령(宜寧), 자는 운로(雲路), 호는 약천(藥泉), 시호는 문충(文忠)이다. 《昆侖集 卷17 領議政藥泉南公墓誌銘》

이치를 지니고 있으니 다스리는 사람이 그 자연의 이치를 따라 다스릴 수는 있지만 한 터럭만큼이라도 사사로운 지혜로 그 사이에 천착(穿鑿)해서는 안 된다. 만약 그 사이에서 사사로운 지혜로 천착하여 자연의 이치를 따르지 않는다면 천하의 사물은 뒤죽박죽 어긋나고 어지럽게 될 것이니 그 해로움은 이루 다 말할 수가 없다. 그러므로 요순(堯舜)이 천하를 다스린 것과 우(禹) 임금이 홍수를 다스린 것과 기(夔)가 음악을 만든 것과 주공(周公)이 예(禮)를 제정한 것은 모두 한결같이 자연의 이치를 따른 것이지 사사로운 지혜를 쓰지 않았다. 비록 하늘과 땅이 사시(四時)를 운행하고 만물을 기르는 것이라 하더라도 또한 이와 같은 데에 지나지 않는다. 그렇다면 천하의 일을 이루려고 하는 사람이 이것을 버리고 무엇으로 하겠는가.

비록 그렇지만 저 이른바 정(精)이라는 것도 또한 사물을 속속들이 파헤쳐서 자세히 밝히는 근본이니 홀로 천하의 일을 이룰 수 없는 것이겠는가. 그런데도 선생께서 오직 담박하여야 능히 할 수 있고 정밀함으로는 할 수 없다고 하신 것은 무엇 때문인가. 아, 이것은 선생께서 오묘한 도에 가만히 들어맞은 것이므로 다른 사람들이 미칠 수 있는 바가 아니다. 대개 정은 일의 사이에 뜻을 두어 총명함과 지혜로움으로 꼼꼼히 일마다 다스리고 물건마다 재단하고자 하여 자연의 이치에 맡긴 채 간여함이 없지 못한 것이다. 이러므로 자신의 정신과 사고가 진실로 이미 노곤하게 사물의 부림을 받게 되어 뒤죽박죽 자신의 앞에 어지러운 것을 두루두루 응하고 구석구석 마땅하게 하여 각각 그 이치를 다할 수 없는 것이다. 그러나 담박한 사람은 그렇지 않다. 오직 생각함도 없고 작위함도 없기 때문에 항상 사물의 밖에서 초연하여 사물에 구속되지 않는다. 비록 닥쳐온 일이 지극히 번거롭고 대단히 많아서 어지러이 수없이 변해도 자신이 그것에 대처하는 것은 지극히 간단하고 대단히 용이하니 자연의 이치에 따라 일로써 일을 처리하고 물건으로 물건에 응하는 데에 지나지 않는다. 자기 자신은 담박하게 그 사이에 간여하는 바가 없지만 일은 그 이치를 얻지 못하는 것이 없고 물건은 제 자리를 얻지 못하는 것이 없다. 이것이 바로 담박함이 천하의 일을 이루는 이유이고 정밀함이 할 수 있는 바가 아닌 것이다.

무릇 의도가 없는 것〔無意〕과 의도가 있는 것〔有意〕의 사이는 서로의 거리가 이처럼 먼 것이다. 그러므로 맹자(孟子)의 이른바 "일삼은 바가 없음을 행하면 그 지혜가 또한 클 것이다."[262]라고 한 것과 대전(大傳)의 이른바 "생각하는 것이 없고 작위하는 것이 없다가 감응하여 마침내 천하의 일에 통한다."[263]라고 한 것은 오직 담박함이 감당할 수 있는 것이다. 이로 말미암아 보건대 선생의 말씀은 또한 맹자와 대전의 뜻과 서로 부합하니 선생의 높은 뜻과 원대한 식견을 또한 이것을 통해 짐작할 수 있다.

나는 불초(不肖)하여 진실로 선생의 지업(志業)을 계승할 수 없고 또 천하의 담박하지 못한 사람 가운데 나보다 지나친 사람이 없다. 이것〔澹〕으로 한 글자의 부절(符節)[264]을 삼아 죽을 때까지 가슴에 새겨 잘못을 경계하고 훗날 일에 임할 때에 혼미하거나 실수하는 데에

262 일삼은……것이다 : 《맹자》 〈이루 하(離婁下)〉에 보이는 말이다.

263 생각하는……통한다 : 《주역》 〈계사전 상(繫辭傳上)〉에 "역은 생각이 없고 함이 없어 조용히 동하지 않다가 감동하여 마침내 천하의 원인을 통한다.〔易, 无思也, 无爲也. 寂然不動, 感而遂通天下之故.〕"라고 하였다.

264 한 글자의 부절(符節) : 일자부(一字符)는 한 글자로 된 부절이라는 말로 한 글자로 된 학문의 요결(要訣)을 뜻한다.

이르지 않아 선생의 말씀에 부끄러움이 없고자 하는 것이 나의 뜻이다. 나의 글재주가 부족하여 비록 선생의 언외지지(言外之旨)를 드러내지는 못하지만 그런대로 집에 이름을 붙인 뜻을 기록하여 아침저녁으로 보면서 스스로를 성찰하려고 한다.

열운정기

悅雲亭記

진천현(鎭川縣)에서 동쪽으로 15리 정도에 산이 우뚝하여 여러 산들 위로 특히 빼어난 것이 두타산(頭陀山)[265]이다. 금계(金溪)의 물이 두타산 동북쪽에서 흘러나와 남쪽으로 흘러 반탄(磻灘)으로 들어가는데, 높은 숲의 고목 가운데를 지나고 산자락을 따라 구불구불 흘러가며 종종 맑은 물굽이와 얕은 물가를 형성한다. 주민 수백 명이 모두 물가에 집을 짓고 살아가니 바라보면 마치 한 폭의 그림 같다.

지난 임오년(1702년, 숙종28)에 선친께서 휴가를 청해 남쪽으로 돌아와 산수의 아름다운 모습을 두루 돌아보셨다. 이에 감탄하며 말씀하기를 "이곳은 참으로 우리 선조들의 의관을 묻을 만한 곳이다. 또 내가 어렸을 때 놀던 곳이기도 하다. 내가 이제 늙었으니 장차 이곳에 돌아와 쉬리라."라고 하셨다. 이에 시냇가에 정자를 지어 두타산의 여러 봉우리를 바라보았으니 그 경치가 이 고을에서 가장 아름다웠다고 한다.

정자를 처음에는 쌍오(雙梧)라고 명명하였다. 그 뒤에 선친께서 강화도에서 돌아와[266] 도은거(陶隱居)의 시어(詩語)[267]에서 깨달음이 있

265 두타산(頭陀山) : 충청북도 진천군 초평면과 괴산군 도안면·증평읍의 경계에 있는 산으로 이하곤이 은거했던 곳이다.

266 선친께서 강화도에서 돌아와 : 이하곤의 아버지 이인엽(李寅燁, 1656~1710)은 1704년(숙종30) 2월에 강화 유수(江華留守)로 임명되었다.

267 도은거(陶隱居)의 시어(詩語) : 은거(隱居)는 남조(南朝)의 양(梁)나라 학자

어 지금의 이름으로 고치셨으니 바로 열운(悅雲)이다. 아, 정자에 명명한 것으로 살펴보면 선친께서 도은거를 사모하신 것이 있었음을 알 수 있고 도은거를 사모하신 것으로 살펴보면 선친의 고아한 뜻을 또 알 수 있다.

대개 도은거는 세상의 어지러움을 싫어하여 속세 밖에 마음을 두었으므로 신호문(神虎門)에 조복(朝服)을 걸어 두고 홀가분하게 멀리 가서 화양(華陽)과 구곡(句曲)의 사이에서 살며 소요하였다.[268] 그가 아침저녁으로 기쁘게 여긴 것은 오직 고갯마루의 흰 구름뿐이었고 인간세상의 높은 벼슬에 오르는 영광은 공중의 한 티끌처럼 여길 뿐만이 아니었다. 선친께서 도은거를 사모하신 것은 대개 이 때문이다.

비록 그렇지만 산속의 사계절 풍경으로 말하자면 바람과 꽃과 눈과 달이 만들어 내는 경치, 그리고 원숭이와 새가 우는 소리가 모두 눈을 기쁘게 하고 귀를 즐겁게 하는 것들이다. 그런데 도은거는 유독 고갯마루의 흰 구름만 매우 좋아하여 "감히 임금님께 드리지 못합니다."라고까지 한 것은 대체 어째서인가.

아, 저 바람과 꽃과 눈과 달, 그리고 새와 원숭이 울음소리는 부귀하고 권세 있는 자들도 취하여 즐길 거리로 삼을 수 있으니 이것은 산림

도홍경(陶弘景, 456~536)으로, 자는 통명(通明), 호는 은거이다. 도홍경의 시에 "산속에는 무엇이 있냐고요. 고갯마루에 흰 구름이 많습니다. 그저 저 혼자 즐기며 좋아할 뿐 임금님께 보내드릴 수 없습니다.〔山中何所有, 嶺上多白雲. 只可自怡悅, 不堪持寄君.〕"라고 하였다. 《古詩紀 卷99 詔問山中何所有賦詩以答》

268 도은거는……소요하였다 : 도홍경은 표(表)를 올려 관직을 그만둔 뒤에 구용(句容)의 구곡산(句曲山)에 들어가 집을 짓고 살았는데, 구곡산의 아래에 화양동(華陽洞)이 있었으므로 화양은거(華陽隱居)라고 자호하였다. 《梁書 卷51 處士列傳 陶弘景》

(山林)에 사는 선비가 독차지할 수 있는 것은 아니다. 그렇지만 구름은 아득히 동쪽 봉우리 위에서 피어나 서쪽 산의 가운데로 들어가니 오고감에 자취가 없고 뭉쳤다 펴졌다 하는 것도 무심히 이루어진다. 갑자기 변화하여 아침저녁으로 천태만상(千態萬象)을 이루는데, 구름 스스로도 무엇 때문에 오가고 뭉쳤다 펴졌다 하는지 알지 못한다. 그러니 이런 점은 또한 군자가 진퇴(進退)와 출처(出處)의 즈음에 아무런 뜻이 없어서 자신이 좋아하는 것을 좋아하는 것[269]과 유사하지 아니한가. 이는 오직 고상한 행동과 심원한 자취로 만물의 밖에 초연히 벗어난 사람만이 그 한가롭고 고상하며 그윽하고 담박한 정취를 깊이 알아 자신의 즐거움으로 삼을 수 있는 것이지 부귀를 즐기는 사람이 가질 수 있는 것이 아니다. 그러므로 도은거는 구름이 즐길 만한 것임을 진정으로 알아 즐거워한 사람이고 선친께서도 도은거의 뜻을 깊이 알아 그가 즐거워한 것을 즐거워하신 것이다. 그러니 그 흥취를 붙인 심원함은 선친과 도은거가 진실로 애초에 같지 않음이 없다.

그러나 선친께서는 다만 임금의 은혜가 크고 두터우며 나랏일에 어려움이 많아 두리번거리고 머뭇거리며 차마 곧바로 결단하지 못하여 끝내 이 정자로 돌아와 누워서 도은거가 했던 것처럼 고갯마루의 구름을 바라보며 스스로 즐거워하지 못하셨다. 그러니 또 숨고 나온

269 자신이……것 : 자기의 취향대로 살아가는 것을 말한다. 《장자(莊子)》〈대종사(大宗師)〉에 "이런 사람은 다른 사람이 할 일을 대신하고 다른 사람의 즐거움을 자신의 즐거움으로 여겨 자기의 즐거움을 스스로 즐거워하지 못하는 자들이다.〔是役人之役, 適人之適, 而不自適其適者也.〕"라고 하였다.

자취의 면에서는 선친과 도은거가 조금 다른 점이 없지 못하다. 아, 이것이 어찌 선친의 뜻이었겠는가. 그러므로 언사(言辭)에 드러나고 음영(吟詠)한 시에 드러난 것들이 자못 구공(歐公)이 영주(穎州)를 그리워한 것[270]보다 심하셨는데, 불행히도 하늘이 보살펴 주지 않아 갑자기 돌아가셨다. 아, 슬프도다.

못난 자식들이 식솔들을 모두 데리고 남쪽으로 돌아온 것도 또한 당시 선친의 유지를 따른 것이다. 때때로 노송 사이에 지팡이를 끌고 나가서 앞산에 구름이 일어나는 것을 보노라면 주르륵 눈물이 흐르지 않은 적이 없었다. 선친의 고상한 뜻과 심원한 운치는 도은거에게 부끄러울 것이 없는데, 향년과 한가함은 도리어 도은거보다 한참 미치지 못하였으니 어찌 슬프지 않겠는가. 이에 정자에 명명한 뜻을 대략 기록하고 벽 사이에 걸어서 못난 자식들의 끝없는 그리움을 부치고 이곳에 찾아오는 사람들로 하여금 선친의 고상한 뜻이 이와 같았음을 알게 한다.

불초한 아들 하곤은 눈물을 닦으며 쓴다.

270 구공(歐公)이……것 : 구공은 송(宋)나라 구양수(歐陽脩, 1007~1072)로, 자는 영숙(永叔), 호는 취옹(醉翁)·육일거사(六一居士)이다. 구양수는 영주(穎州)의 산천을 매우 좋아하여 영주를 그리워한 내용의 시가 많고 벼슬에서 물러난 뒤에는 마침내 그곳으로 돌아가 여생을 마쳤다고 한다. 《宋史 卷319 歐陽脩列傳》

신불해와 한비자가 노자에게서 나왔다는 논
申韓出於老子論

아, 사람들은 자신이 존모하는 것을 높이고 좋아하는 것을 추앙한다. 이미 높이고 추앙한다면 감히 경솔하게 헐뜯거나 비방하지 않는 것이 인지상정(人之常情)이다. 그럼에도 불구하고 그 도를 높이고 그 학술을 좋아하여 죽을 때까지 존모하면서도 또 감히 실없는 말과 가식적인 말을 통해 드러내놓고 기롱과 배척의 태도를 보인다면 과연 인정(人情)에 어긋나는 것이 아니겠는가. 이와 같이 하는 사람은 반드시 미워하고 싫어하는 바가 있어 장차 그 마음을 감추고 그 행적을 숨기려고 어쩔 수 없이 실없는 말과 가식적인 말로 기롱하고 배척하는 뜻을 보이는 것이다. 그리하여 겉으로 세상 사람들의 귀와 눈을 가려 천하의 사람들로 하여금 의심하지 못하게 하려는 것일 뿐이다.

그러나 숨겨진 곳보다 드러남이 없으며 드러나지 않은 작은 일보다 나타남이 없다.[271] 가령 나에게 이런 마음이 없다면 괜찮지만 이런 마음이 있다면 사람마다 다 알게 되고, 가령 나에게 이런 일이 없다면 괜찮겠지만 이런 일이 있다면 사람마다 다 보게 된다. 따라서 감춘 것이 더욱 드러나고 숨긴 것이 더욱 나타나니 비록 평범한 남자와 평범한 여자라도 나의 얕고 깊음을 엿볼 수 있다.

이러므로 군자가 사람을 논할 때에는 높일 만한 사람은 높이고 배척할 만한 사람은 배척한다. 이는 마치 화가(畫家)가 사실 그대로 그려

271 숨겨진……없다 : 《중용장구》 제1장에 보이는 말이다.

서 아름다움과 추함, 늙음과 젊음, 길고 짧음, 뚱뚱함과 야윔을 각각 그 사람의 모습대로 따라 그릴 뿐, 자기 마음대로 더하거나 빼서 바꾸지 않는 것과 같다. 만약 자기 마음대로 더하거나 빼서 바꾼다면 대상 인물의 진면모를 잃을 뿐만 아니라 또한 장차 내가 사람을 논하는 도까지 잃게 된다.

신불해(申不害)와 한비자(韓非子)가 노자(老子)와 같은 무리가 아니라는 점은 비록 삼척동자라도 아는 사실이다. 그런데 사마천(司馬遷)이 《사기(史記)》를 지을 때 이 세 사람을 묶어서 전(傳)을 기술하였고, 그 글의 끝에 또 단정하여 말하기를 "참혹하고 각박하여 은혜가 적은 것은 모두 《도덕(道德)》의 뜻에서 기인한 것이다."[272]라고 하였다. 만약 사마천이 지식이 없었다면 어리석어서 감히 알지 못했겠지만, 만약 사마천이 조금이라도 지식이 있었다면 삼척동자도 쉽게 아는 사실을 사마천이 어찌 모를 이치가 있겠는가. 그런데도 사마천이 감히 이런 말을 하여 노자를 배척한 것은 또한 그의 마음에 미워하고 싫어하는 바가 있어서 그 마음을 감추고 그 자취를 숨기려고 하는 데서 나와서 실없는 말과 꾸미는 말로 배척하고 기롱하는 뜻을 보였을 따름이다. 어떻게 그러한 점을 알 수 있겠는가.

사마천의 부친 담(談)[273]은 일찍이 황생(黃生)[274]에게 도론(道論)을

272 사마천(司馬遷)이……것이다 : 《사기(史記)》 권63 〈노장신한열전(老莊申韓列傳)〉에 노자(老子)와 장자(莊子)와 신불해(申不害)와 한비자(韓非子)를 함께 묶어 열전을 기술하였다. 이하곤이 인용한 말은 〈노장신한열전〉의 사마천 사평(史評)에 보인다. 여기서 도덕(道德)은 노자의 《도덕경(道德經)》을 가리킨다.

273 사마담(司馬談) : 사마천의 부친으로 자는 백달(伯達)이다. 양하(楊何)에게 《주역》을 배우고 황생(黃生)에게 도론(道論)을 익혔다. 제가의 학문에 두루 통하였고 한나

익혀 오로지 노자를 으뜸으로 여겼다. 육가(六家)의 요지(要旨)를 논하고 백가(百家)의 학설을 모두 물리쳐서 사람들로 하여금 모조리 노자의 학설을 따르게 하려고 했으니 그가 노자를 높인 것이 지극하다고 할 만하다.

사마천 가문의 사승(師承) 연원은 대개 이와 같다. 그러므로 사마천이 〈자서(自序)〉에서 그 아버지의 말을 자세히 서술하여[275] 누누이 반복한 것도 모두 노자를 높이고 유학을 배척하는 의도에서 나온 것이다. 이것이 이른바 그 도를 높이고 그 학술을 기뻐하여 종신토록 존모한다는 것이 아니겠는가. 이러므로 반고(班固)는 황로(黃老)를 우선시하고 유학을 배척한 점으로 사마천의 잘못을 지적하였다.[276] 이로 말미암아 보건대 노자를 배척한 것이 어찌 사마천의 본의(本意)였겠는가. 대개 또한 어쩔 수 없는 점이 있었을 것이다.

라 초기 황로지학(黃老之學)을 추앙했다.

274 황생(黃生) : 황자(黃子)로도 불리는 전한(前漢) 때의 사람이다. 황로술(黃老術)을 좋아하였다. 사마담이 그에게 도론(道論)을 배운 것으로 전해진다.

275 사마천이……서술하여 : 사마천의 《사기(史記)》 권130에 〈태사공자서(太史公自序)〉가 있는데, 이 글에서 사마천은 자기 집안의 내력을 서술하고 부친 사마담의 사승(師承) 관계와 부친의 학술 요지를 기록하였다.

276 반고(班固)는……지적하였다 : 반고(32~92)는 동한(東漢)의 문학가로 자는 맹견(孟堅)이다. 반고가 사마천의 《사기》에 대해 "또 그 시비가 자못 어긋나 성인의 대도를 논할 때 황로를 우선시하고 육경을 후순위로 하였으며, 유협을 차서할 때 처사를 뒤로 물리고 간웅을 앞으로 전진시켰으며, 화식을 서술할 때 세리가 있는 사람을 높이고 빈천한 사람을 부끄럽게 여겼으니 이것이 그 막힌 점이다.〔又其是非頗謬, 於聖人論大道, 則先黃老而後六經, 序游俠, 則退處士而進姦雄, 述貨殖則崇勢利而羞貧賤, 此其所蔽也.〕"라고 지적한 내용이 〈사기집해서(史記集解序)〉 등에 보인다.

무제(武帝)는 시기가 많고 잔인하며 명예를 좋아하는 군주로서 오로지 유학을 숭상하여 이것으로 천하의 선비를 등용하거나 물리쳤다. 이에 천하의 모든 사람들이 휩쓸리듯 따라, 위로는 경대부(卿大夫)로부터 아래로는 여염(閭閻)의 일반 백성에 이르기까지 공자(孔子)의 말을 외우고 그 도를 본받으며 육예(六藝)를 익혀 임금의 마음에 들려고 하지 않는 사람이 없었다.

장탕(張湯)[277]은 간사한 관리였고 복식(卜式)[278]은 목축(牧畜)하는 사람이었다. 그런데도 옥사를 아뢰고 말을 올릴 때 또한 반드시 경술(經術)로 아름답게 꾸몄으니 저들이 어찌 유학이 귀중하다는 것을 다 알았겠는가. 대개 위에서 좋아하는 것이 있으면 아래에 반드시 그보다 심한 사람이 있는 것이다.[279]

한 시대의 풍속(風俗)과 습상(習尙)이 진실로 이와 같았으니 당시에 사마천이 만약 자신의 견해를 고수하였다면 장차 임금에게 용납되어 천하에 스스로 설 수 없었을 것이다. 그 형세가 어쩔 수 없이 자신의 마음을 감추고 그 자취를 숨긴 채 실없는 말과 가식적인 말로 기롱하고

277 장탕(張湯) : 한나라 무제(武帝) 때 율령을 만들었고 벼슬은 어사대부(御史大夫)를 지냈다. 옥사를 처리할 때 법조문을 매우 각박하게 적용했던 인물이다.

278 복식(卜式) : 한나라 무제 때 하남(河南) 사람이다. 그는 농사와 목축을 생업으로 삼다가 당시 흉노(匈奴)와의 전쟁이 발생하자 자진하여 집안 재물의 반을 내어 변방의 군비(軍備)를 돕겠다고 하였다. 당시 부호들은 모두 재산을 은닉했는데, 복식은 자진하여 재산을 헌납했으므로 무제가 그를 중랑(中郞)에 제수하고 좌서장(左庶長)의 작위를 내리는 한편, 이 사실을 천하에 포고하여 백성들로 하여금 본받게 하였다. 《漢書 卷58 卜式傳》

279 위에서……것이다 : 《맹자》 〈등문공 상(滕文公上)〉에 "위에서 무엇을 좋아하면 아래에는 반드시 그보다 더 심함이 있다.〔上有好者, 下必有甚焉者矣.〕"라고 하였다.

배척하는 뜻을 보일 수밖에 없었던 것이다.

그러나 사마천의 잘못은 신불해와 한비자가 노자에게서 나온 것이 아님을 분명하게 알면서도 억지로 묶어서 함께 전(傳)을 기술하여 기롱하고 배척하는 자료로 삼았다는 점에 있다. 전에서 말하기를 "어떤 사람을 비교할 때는 반드시 비슷한 사람으로 해야 한다."[280]라고 하였으니, 이는 비슷한 무리가 아닌 사람을 다른 사람과 비교할 수 없다는 점을 말한 것이다. 저 신불해와 한비자의 경우 그 사람으로 말하자면 노자의 무리가 아니고, 그 학문으로 말하자면 노자의 도가 아니다. 그런데도 사마천은 이들을 이끌어 비교하였으니 사람을 비슷한 무리와 비교하여 군자가 사람을 논하는 도를 잃지 않았다고 말할 수 있겠는가.

아, 노자가 비록 청정(淸淨)과 허무(虛無)를 종지(宗旨)로 삼고 자연을 따르는 것으로 용(用)을 삼았지만 그 도는 현묘(玄妙)하고 심원(深遠)하여 우뚝하니 제자(諸子)들이 미칠 수 있는 바가 아니다. 그러므로 공자께서 주(周)나라에 갔을 때에 일찍이 예를 물으셨고 〈증자문(曾子問)〉[281]에서 노담(老聃)을 일컬은 것이 한두 번이 아니며, 맹자께서 이단을 시원하게 물리쳤으나 노자에 대해서는 일찍이 한 마디도 배척하는 말이 있지 않았다.

또한 장주(莊周)와 열어구(列禦寇)[282]는 그 도를 배운 사람들인데,

280 전에서……한다 : 《예기》 〈곡례 하(曲禮下)〉에 보이는 말이다.

281 증자문(曾子問) : 《예기》의 편명이다.

282 장주(莊周)와 열어구(列禦寇) : 장주는 장자(莊子), 열어구는 열자(列子)를 말하는데, 모두 춘추전국 시대(春秋戰國時代)의 사상가(思想家)이다.

모두 마음을 비우며〔沖虛〕 안정되고 담박함으로〔恬漠〕 여유롭고 자유롭게 행동하여 사물에 급급해하지 않는 것으로 고상함을 삼았다. 한 문제(漢文帝)와 조참(曹參)[283]에 이르러서는 또 그 대강만을 얻은 사람들인데도, 혹은 현묵(玄默)과 무위(無爲)를, 혹은 청정(淸淨)과 자정(自定)을 중시하여 천하에 형벌을 시행하지 않아도 되게 되었고[284] 제(齊)나라가 크게 다스려졌다.

이 몇 가지 경우를 본다면 노자의 학문을 대략 알 수 있다. 이것이 어찌 사정(事情)을 엄격히 따지고 법제(法制)를 숭상하며 형명(刑名)에 얽매이고 공리(功利)에 급급한 신불해나 한비자와 한 터럭만큼이라도 근사한 점이 있겠는가. 그런데 지금 장주(莊周)와 열어구(列禦寇)와 조참의 무리로써 비교하여 논하지 않고 다만 참혹하고 각박했던 신불해와 한비자를 끌어다가 노자의 적전(嫡傳)으로 삼았다. 이것은 사마천의 생각에 노자를 배척하는 것이 자신의 본의는 아니지만 여기에서 깊이 배척하지 않는다면 혹시라도 사람들이 그 그릇된 마음을 의심할까 두려웠던 것이다. 그러므로 이렇게 하여 노자를 깊이 배척하는 뜻을 드러내고자 한 것이다.

283 조참(曹參) : 소하(蕭何)와 함께 유방(劉邦)을 도와 한나라를 세운 개국 공신으로, 자는 경백(敬伯)이다. 조참이 제(齊)나라 재상으로 있을 때 황로학(黃老學)에 뛰어난 교서(膠西)의 합공(蓋公)을 불러 정치하는 방법을 물었는데 "정치의 도는 청정함을 귀하게 여겨야 백성들이 스스로 안정된다.〔治道貴淸靜而民自定〕"라고 말한 고사가 전한다. 《史記 卷54 曹相國世家》

284 천하에……되었고 : 《전한기(前漢紀)》 권23 〈효원 3(孝元三)〉에 "효문황제는 사욕을 이겨 예를 회복하였으며 몸소 현묵을 행하여 마침내 승평한 시대에 이르러 형벌을 거의 시행하지 않게 되었다.〔孝文皇帝, 克己復禮, 躬行玄默, 遂至昇平而刑罰幾措.〕"라고 하였다.

그가 노자를 깊이 배척한 것은 노자를 높이고 유학을 배척한 자취를 숨기려는 것이고, 노자를 높이고 유학을 배척한 자취를 숨긴 것은 무제(武帝)의 마음에 맞추려고 한 것이다. 노자를 배척한 것은 비록 어쩔 수 없는 상황에서 나왔다지만 신불해와 한비자의 무리를 이끌어 배척한 것은 또한 어찌 어쩔 수 없는 것이었겠는가. 그러므로 사마천은 그만둘 수 있는 것으로 그만둘 수 없는 것에 시행하려 한 것이다. 그렇기 때문에 내가 "사마천은 이에 사람을 비슷한 부류가 아닌 데에 비교하여 군자가 사람을 논하는 도리를 잃었다."라고 하는 것이다.

아, 가령 사마천이 진정 신불해와 한비자는 노자의 무리이고 도덕(道德)이 유전(流傳)되어 형명(刑名)이 된 것이라고 알았더라도 그의 아버지가 저와 같이 높이고 믿었으니 비록 그대로 두고 말하지 않아도 진실로 의리에 해가 되지 않는다. 그런데도 사마천은 무제의 마음에 맞추는 데 급급하여 지금 속으로는 흠모하면서 겉으로는 배척하였으니 스스로를 속이고 남을 속인 것이다. 그러나 그의 진정한 마음과 실제적 자취가 여기에 이르러 여지없이 환하게 드러났으니 비록 가리고자 해도 가릴 수 없는 점이 있다. 이른바 교묘하게 하려다가 도리어 졸렬하게 되었다는 말과 같은 경우가 아니겠는가.

애석하다. 사마천이 과연 노자를 배척하고자 했다면 어찌 근거로 제시할 말이 없음을 근심하겠는가. 노자는 도덕을 숭상하고 인의(仁義)를 비하(卑下)한 인물이다. 끝내 성인의 중정(中正)한 도에 어긋났으니 이러한 점을 잡아 배척하였다면 그 누가 옳지 않다고 하겠는가. 어찌 반드시 새롭고 교묘하며 근거 없는 말을 만들어 비교할 바가 아닌 무리에게 비교하고 기롱할 바가 아닌 것으로써 기롱하여 사람들의 의심을 초래했단 말인가.

어떤 사람이 말하기를 "한비자가 〈해로(解老)〉나 〈유로(喩老)〉 등의 글을 지었으니 그가 노자의 뜻을 조술(祖述)하였음을 여기에서 볼 수 있다."라고 한다. 그러나 이것은 그렇지 않다. 이사(李斯)는 순경(荀卿)에게 배웠고 순경은 한비 자궁(馯臂子弓)[285]에게 배웠으며 한비 자궁은 또한 부자(夫子 공자(孔子))에게 배웠다. 그렇다면 이사는 과연 우리 부자를 조술한 사람이라고 할 수 있겠는가. 또 묵적(墨翟)의 겸애(兼愛)는 인(仁)에 근원을 둔 것이며 양주(楊朱)의 위아(爲我)는 의(義)에 근원을 둔 것이라고 하는데, 그렇다면 양주와 묵적도 인의(仁義)를 배운 사람이라고 할 수 있겠는가.

또 말하기를 "정자(程子)와 동파(東坡)도 일찍이 사마천의 말을 옳다고 여겼는데 어찌하여 그대는 깊이 탓하는가?"라고 한다. 동파가 말한 것은 장주(莊周)가 제멋대로 근거 없는 말로 천하의 사람들을 부추겨서 아버지를 경시하고 임금을 멸시하는 습관이 참혹하고 각박하며 은혜가 적은 학술에 도달하였다는 것이다.[286] 이것은 참으로 사마천의 여론(餘論)을 답습한 것이니 더 이상 말할 것이 없다. 정자는 "만약 취하고자 한다면 반드시 먼저 주어야 한다."라는 한 마디 말로 소진(蘇秦)과 장의(張儀)의 패합(捭闔)하는 술수의 시조가 된다고 여겼다.[287] 이는 혹 정자의 말과 같은 점이 있지만 전국 시대의 책사들

285 한비 자궁(馯臂子弓) : 자궁(子弓)은 한비의 자이다. 《사기(史記)》 권67 〈중니제자열전(仲尼弟子列傳)〉에 "공자께서 《주역》을 상구에게 전수하시고 상구가 초나라 사람 한비 자궁에게 전수하였다.〔孔子傳易於瞿, 瞿傳楚人馯臂子弓.〕"라고 하였다.

286 동파가……것이다 : 《동파전집(東坡全集)》 권43에 수록된 〈한비론(韓非論)〉의 요지를 정리한 것이다.

287 정자(程子)는……여겼다 : 《도덕경(道德經)》 제26장에 "장차 빼앗으려고 한다면

도 그 일단을 엿보아 구실거리로 삼은 사람이 없지 않다. 사마천은 이러한 점을 이끌어 노자를 배척할 줄은 알지 못하고 여기에 저들을 이끌어다 썼으니 사마천의 거칠고 잘못된 문제점을 볼 수 있다.

반드시 주어야 한다.〔將欲奪之, 必固與之.〕"라고 하였는데, 이하곤이 "만약 취하고자 한다면 반드시 주어야 한다.〔若欲取之, 必姑與之.〕"라고 한 것은 잘못 인용한 것이거나 그 취지만을 인용한 것이다. 《이정유서(二程遺書)》 권11 〈사훈(師訓)〉에 "노자의 말은 열고 닫기를 반복하여 장난한 것이다.〔老子之言, 竊弄闔闢者也.〕"라고 하였는데, 《성리대전서(性理大全書)》 권57 〈제자 1(諸子一) 노자(老子)〉에서 정자의 이 말의 뜻을 묻자, 《도덕경》의 위의 구절을 들어 설명한 내용이 보인다. 패합(捭闔)은 개폐(開閉)와 같은 뜻으로 전국 시대 귀곡자(鬼谷子)가 맨 처음 주장하여 유행한 변론술(辯論術)이다.

공명이 죽지 않았다면 예악을 일으켰으리라는 논
孔明不死 禮樂可興論

아, 예악(禮樂)이 일찍이 천하에서 없어지지 않았지만 천하의 사람들이 예악을 없앤 지 오래되었다. 어째서인가? 그 실제가 없어졌기 때문이다. 무엇이 실제가 되는가? 명분이 바르고 말이 순(順)한 것이 이것이다. 그러므로 공자(孔子)께서 "명분이 바르지 못하면 말이 순하지 못하고 말이 순하지 못하면 예악이 일어나지 못한다."[288]라고 하셨다. 그렇다면 명분이 바르고 말이 순한 뒤에 예악이 일어날 수 있는 것이다. 명분이 바르지 못하고 말이 순하지 못하면 비록 예악을 일으키고자 해도 그 형세가 일으킬 수 없는 점이 있다. 이러므로 삼대(三代)의 이전에 예악이 항상 일어난 것은 명분이 바르고 말이 순했기 때문이고, 삼대의 뒤에 예악이 항상 무너진 것은 명분이 바르지 못하고 말이 순하지 못했기 때문이다.

왕통(王通)이 홀로 제갈량(諸葛亮)을 칭찬하여 "공명(孔明)이 죽지 않았다면 예악을 일으켰을 것이다."[289]라고 하였다. 공명이 비록 뛰어난 사람이기는 하지만 예악을 제정(制定)하는 것은 본래 성인의 일이다. 성인이 아니면 할 수 없는데 왕통이 갑자기 이런 말로 공명을 칭찬하였으니 어찌 의심하지 않겠는가.

288 명분이……못한다 : 《논어》 〈자로(子路)〉에 보이는 말이다.

289 왕통(王通)이……것이다 : 왕통은 수(隋)나라 용문(龍門) 사람으로, 자는 중엄(仲淹), 호는 문중자(文中子)이다. 이하곤이 인용한 왕통의 말은 《성리대전서(性理大全書》 등에 널리 보인다.

그러나 정자(程子)와 같은 큰 선비도 왕통의 말을 옳다고 여기셨으니[290] 또한 어째서인가? 아, 이것은 왕통이 공명을 깊이 이해한 것이고 정자가 왕통의 견해를 인정한 것이다. 공명이 평소 일을 행할 때에 명분이 바르고 말이 순하였으니 대개 삼대(三代) 이후 일인자이다. 비록 예악을 하나하나 따르지는 않았지만 예악의 실제를 공명이 진실로 이미 알았던 것이다.

조조(曹操)는 한(漢)나라의 역적(逆賊)이다. 천자를 끼고 제후를 호령하였는데, 천하의 사람들이 어리석게도 그가 한나라의 역적임을 알지 못하였다. 순욱(荀彧)[291]과 진군(陳群)[292]과 화흠(華歆)[293] 등은 모두 당대의 중망(重望)을 지닌 인물이었지만 또한 달가운 마음으로 복종하고 섬겨 조조의 심복(心腹)과 조아(爪牙)가 되었다. 그러나 공명은 홀로 말하기를 "조조는 한나라의 역적이니 조조를 토벌하지 않을 수 없다." 하였다. 이에 천하의 명분이 비로소 바르게 되었다.

조비(曹丕)[294]가 한(漢)나라를 찬탈하여 왕위에 올랐을 때 세상 사

290 정자(程子)와……여기셨으니 : 《이정유서(二程遺書)》 권24 〈추덕구본(鄒德久本)〉과 《근사록(近思錄)》 권14에 "공명은 예악을 일으켰을 것이다.〔孔明庶幾禮樂〕"라고 하였다.

291 순욱(荀彧) : 163~212. 삼국 시대 북위(北魏)의 관리이자 책략가로 자는 문약(文若)이다. 조조가 북방을 통일할 때 큰 공을 세웠다.

292 진군(陳群) : ?~237. 진기(陳紀)의 아들로, 자는 장문(長文)이다. 유비(劉備)가 발탁하였으나 뒤에 조조에게 귀의하였다.

293 화흠(華歆) : 157~231. 후한 말에 효렴(孝廉)으로 천거되어 벼슬길에 올랐으며 예장 태수(豫章太守) 등을 지낸 인물로, 자는 자어(子魚)이다. 뒤에 조조에게 귀의하였다.

294 조비(曹丕) : 조조(曹操)의 맏아들로, 자는 자환(子桓)이다. 위(魏)나라의 초대

람들이 둘러서서 보았지만 누구도 감히 북쪽을 향해 한 발의 화살을 쏘지 못하였다. 공명이 홀로 말하기를 "조비를 토벌하지 않으면 대의(大義)를 펼 수 없고 조비를 죽이지 않으면 왕실이 일어날 수 없다. 앉아서 망하기를 기다리기 보다는 무엇이 대의에 의거하여 토벌하는 것만 같겠는가."라고 하였다. 이에 천하의 말이 비로소 순(順)하게 되었다. 삼대(三代)의 뒤에 이처럼 명분이 바르고 말이 순한 경우가 어찌 있었겠는가.

이로 말미암아 말하건대 탕무(湯武 탕왕(湯王)과 무왕(武王))가 탕무가 될 수 있는 것은 명분이 바르고 말이 순했던 것에 지나지 않고, 공명이 공명이 될 수 있는 것도 또한 명분이 바르고 말이 순했던 것에 불과하다. 따라서 공명이 탕무의 시대에 태어났다면 탕무와 같은 사람이 될 수 있었고, 탕무가 공명의 시대에 태어났다면 또 공명과 같은 사람이 되는 데 지나지 않았을 것이다. 그렇다면 삼대의 뒤에 예악을 일으킬 수 있었던 사람은 공명 말고 또 누가 있었겠는가. 그러나 공명의 시대에 예악을 끝내 일으키지 못한 것은 공명의 잘못이 아니라 다만 그의 수명에 제약을 받은 것이다. 어찌 애석하지 않겠는가.

아, 만약 공명이 조금 더 살았더라면 조예(曹叡)[295]를 죽일 수 있었을 것이고 손오(孫吳)를 병탄(倂呑)할 수 있었을 것이며, 한나라 왕실을 중흥(重興)시킬 수 있었을 것이고 천하를 크게 안정시킬 수 있었을 것이다. 공명은 반드시 전쟁을 그치게 하고 문덕(文德)을 닦았을 것이며 치도(治道)를 강론하여 삼대(三代)의 대유(大猷)의 정치[296]를 회복

황제가 되었으며 시호는 문제(文帝)이다.

295 조예(曹叡) : 조비의 아들로, 위나라 2대 황제에 올랐으며 자는 원중(元仲)이다.

했을 것이다. 하찮은 면최(綿蕞)의 의식[297]이나 〈방중(房中)〉과 〈안세(安世)〉[298]의 번잡하고 음란한 소리는 진실로 모조리 쓸어버렸을 것이다. 이와 같이 하고서도 인문(人文)의 성대함을 절충하고 천지의 조화를 이끌어 삼대의 옛 모습을 회복하지 못하였겠는가.

아, 탕무(湯武)에게 비록 예악의 실제가 있었지만 또한 모두 건강하게 오래 살아서 깊은 어짊과 두터운 은택이 백성들의 마음에 젖어든 뒤에야 예악의 융성함이 당우(唐虞 요순(堯舜))에 비견될 수 있었다. 가령 탕무가 불행히 공명처럼 중도에 운명하셨다면 예악의 흥성을 또 기약할 수 있었겠는가. 그렇다면 공명이 중도에 죽은 것은 하늘이 이 백성들로 하여금 삼대의 예악을 다시 보지 못하게 하려고 한 것이다. 하늘은 어찌하여 삼대의 사람들은 후하게 대우하고 후세의 사람들에게는 야박하게 대우한단 말인가.

비록 그렇지만 모든 천하의 일은 이미 그 실제를 얻으면 비록 문(文)이 간략하더라도 진실로 해가 없다. 공명의 평생 사업이 예악의 실제로부터 나오지 않은 것이 없으니, 그가 회복하지 못한 것은 다만 그

296 대유(大猷)의 정치 : 대도(大道)의 정치를 말한다. 《서경》 〈주관(周官)〉에 "옛날 대도의 세상에는 혼란하지 않을 때에 다스림을 만들고 위태롭지 않을 때에 나라를 보존하였다.〔若昔大猷, 制治于未亂, 保邦于未危.〕"라고 하였다.

297 면최(綿蕞)의 의식 : 면최는 띠풀을 묶어 세운 것을 이르는 말이다. 한(漢)나라 초기에 숙손통(叔孫通)이 조정의 의례(儀禮)를 제정하기 위해 노나라의 유생(儒生) 30여 명을 불러들여 그들과 함께 야외(野外)에서 띠풀을 묶어 세워 존비(尊卑)의 차례를 표시해 놓고 예(禮)를 강론한 일이 있었다. 《史記 卷99 叔孫通列傳》

298 방중(房中)과 안세(安世) : 한 고조(漢高祖) 유방(劉邦)의 후궁 당산부인(唐山夫人)이 지었다는 악부의 이름이다.

의문(儀文)과 성용(聲容)의 말단일 뿐이다. 비록 예악이 공명에 의해 일어나지 못했지만 나는 반드시 공명이 예악을 일으킨 지 이미 오래되었다고 할 것이다.

좋구나, 주자(朱子)가 말하기를 "공명은 저절로 예악 가운데의 사람이다."[299]라고 하였으니 이 말씀은 더욱 공명을 깊이 이해한 것이라고 할 수 있다.

299 공명은……사람이다 : 《주자어류(朱子語類)》 권136 〈역대 삼(歷代三)〉에 보이는 말이다.

자유 이희함[300]을 제사하는 글

祭子有 喜涵 文

벗은 사람에게	朋友于人
한 몸과 같아서	則猶一身
가려움과 아픔을	凡有痾癢
함께 느낀다네	無不與均
옛 도는 이와 같아서	古道則然
오륜에 들었는데	參乎五倫
세대가 내려오면서	世趨之下
이 의리가 날로 사라졌네	斯義日湮
벗이 되고도 얼굴을 보지 못한 경우가	友而不面
몇 사람이나 있겠는가	能有幾人
오직 내가 그대를 안 것은	惟我知君
옛 일이 아니라 최근이었지	非舊卽新
내면에 간직한 것을 보고	窺所存者
마음이 먼저 친해졌지	意先貌親
그대가 관직을 잃은 뒤에	君之失官
서울로 돌아가지 않고	不歸都闉
처자를 데리고 와서 살게 되니	挈孥來寓

300 이희함(李喜涵) : 1673~1716. 본관은 덕수(德水), 자는 자유(子有)이다. 저본(底本)에는 이름이 빠져 있는데 사실에 근거하여 보충하였다.

이곳의 봄이었지[301]　　此地之春
객지에서 만난 즐거움이　　萍水之歡
은거하는 내게 위로가 되었지　　慰我隱淪
서로 격의가 없어서　　肝肺不隔
속내를 다 털어놓았고　　倒其廩囷
서로 만나 담소하며　　交臂談笑
세월 가는 줄을 잊었지　　殆忘昏晨
오직 백수[302]와 중화[303]는　　惟修及和
책상과 자리를 함께하고　　共接床茵
술을 실컷 즐기며　　尊酒跌宕
산수에서 노닐었지　　湖山之濱
위로 숲 속의 꾀꼬리 소리 듣고　　仰聆林鸎
아래로 부들 속 물고기 감상하며　　俯玩藻鱗
맑은 시를 주고받는 가운데　　淸詩互酬
한가롭게 세속 잊었지　　蕭然絶塵
나의 금계[304]를 나누어　　分我金溪

301 그대가……봄이었지 : 이 글의 다음에 수록된 애사(哀辭)에 의하면 이희함은 1715년(숙종41) 옥천 군수(沃川郡守)에 임명되었다가 채 1년도 지나지 않아 파직되었으며, 서울로 돌아가려고 하였으나 날이 춥고 아내가 병을 앓았기 때문에 1716년 1월에 진천(鎭川)으로 와서 우거(寓居)하게 되었다고 하였다.

302 백수(伯修) : 윤유(尹游, 1674~1737)로, 본관은 해평(海平), 자는 백수, 호는 만하(晩夏)이다.

303 중화(仲和) : 윤순(尹淳, 1680~1741)으로, 본관은 해평, 자는 중화, 호는 백하(白下)·학음(鶴陰)이다.《白下集 附錄 行狀》

함께 이웃이 되어	與欲卜隣
백발이 되도록	期以皓首
변치 않기를[305] 기약했는데	無相淄磷
누가 알았으랴 하루아침에	孰謂一旦
재앙이 거듭 이를 줄을	凶禍荐臻
부부가 연달아 운명하여	夫妻繼殞
열흘 차이도 나지 않으니[306]	曾未及旬
그 소식 듣는 이마다 놀라 부르짖으며	聞者驚叫
가슴 아파하지 않는 사람 없었네	莫不酸辛
하물며 친구인 나는	況我朋儔
애통한 마음을 어찌 다 말하랴	慟懷曷陳
내가 사담에 갔을 때에	我往沙潭
그대가 병들어 신음했으니	君病而呻
돌아온 뒤에도 그 소식 듣고	歸而後聞
미간 찌푸리며 걱정했지	念之蹙嚬
나의 변변찮은 의술을 다 동원해	殫我瞽術

304 금계(金溪) : 진천에 있는 물 이름으로 이하곤이 거주했던 곳의 주변에 있었다.

305 변치 않기를 : 공자(孔子)께서 "단단하다고 말하지 않겠는가. 갈아도 얇아지지 않는다. 희다고 말하지 않겠는가. 검은 물을 들여도 검어지지 않는다.〔不曰堅乎, 磨而不磷. 不曰白乎, 涅而不緇.〕"라고 하셨다. 치린(淄磷)은 여기에서 유래한 말이다. 《論語 陽貨》

306 부부가……않으니 : 이 글의 뒤에 수록된 애사(哀辭)에 "얼마 지나지 않아 역병에 걸려 그의 아내가 먼저 죽고 또 사흘 만에 자유 또한 일어나지 못했다.〔未幾遘癘, 其妻先歿, 又三日子有亦不起.〕"라고 하였다.

분주하게 오갔으니 往復紛繽
생사가 달린 즈음에 死生之際
어찌 머뭇거릴 수 있었겠는가 豈敢逡巡
흙탕물이 크게 넘쳐 潢潦澔漫
건너려 해도 나루가 없었으니[307] 欲涉無津
영원히 어겼어라 손을 잡고 永違執手
고복하는 날을[308] 皐復之辰
임종할 때 부탁한 내용이 臨絶之託
하나같이 어찌 그리도 간곡하였는가 一何諄諄
그대는 나를 비루하다 여기지 않았는데 君不我鄙
나는 어질지 못했으니 我則不仁
돌아간 그대가 지각 있다면 逝者有知
어찌 나를 꾸짖지 않겠는가 寧不我嗔
이런 부끄러움과 후회 남았으니 抱此慙悔
죽을 때까지 펴기 어려우리 沒世難伸
반계의 물[309] 넘실대고 磻水沄沄

307 흙탕물이……없었으니 : 이 글의 뒤에 수록된 애사(哀辭)에 의하면 이하곤은 당시 이희함의 병을 치료하기 위해 그의 집을 오갔는데, 이희함의 병세가 위급하여 인삼을 가지고 오라는 연락을 받았지만 홍수로 물이 넘쳐 갈 수 없었으므로 수영에 능숙한 사람을 사서 대신 보냈다는 내용이 보인다.

308 영원히……날을 : 이희함이 운명할 때 임종(臨終)하지 못했다는 말이다. 고복(皐復)은 상을 당하였을 때 죽은 이의 이름을 부르며 초혼(招魂)하는 것이다.

309 반계(磻溪)의 물 : 현재의 충북 진천군 초평면 연담리 침우담(沈牛潭) 근처의 시내 이름이다.

두타산 우뚝한데	陀山嶙峋
지난날 노닐던 일 꿈만 같아	舊游如夢
눈물이 수건에 가득하네	有淚盈巾
맑은 목소리와 여윈 모습을	淸言臞貌
보고 싶어도 볼 수 없지만	欲接莫因
눈 속의 소나무와 서리 속의 달빛에는	雪松霜月
아직도 그대의 기상 떠오르네	尙想精神
한 술잔으로 슬픔 고하니	單斝告哀
나의 진실한 마음을 살펴주시게	鑑我情眞
아 슬프도다	嗚呼慟哉
흠향하기 바랍니다	尙饗

자유 이희함[310] 애사

李子有 喜涵 哀辭

나와 자유(子有)는 늦게 사귀게 되었다. 일찍이 사우(士友)들에게서 자유의 이름을 익숙하도록 들었지만 오랫동안 얼굴을 알지 못하였다. 그러다가 경인년(1710, 숙종36)에 양주(楊州)의 여사(旅舍)에서 만나 간단하게 몇 마디 말을 나누고 헤어졌다. 그 뒤에 내가 선대부(先大夫)의 상사(喪事)[311]를 만났는데, 자유가 임소(任所) 평강(平康)[312]에서 편지를 보내 위로해 주고 부의(賻儀)도 하였다. 내가 그 성의에 진실로 감사하였다. 그 뒤로 내가 남쪽 진천(鎭川)으로 내려와 금계(金溪)[313]의 옛 집에서 살게 되었으므로 4, 5년 동안 자유와 소식을 주고받지 못하였다.

을미년(1715)에 내가 소갈병(消渴病)을 앓아 치료를 위해 도성으로 들어갔다. 내가 왔다는 소식을 듣고 자유가 나의 거처에 들러 차분하게 긴 시간 동안 이야기를 나누고 돌아갔다. 내가 이에 그의 후의(厚

310 이희함(李喜涵) : 1673~1716. 본관은 덕수(德水), 자는 자유(子有)이다.

311 선대부(先大夫)의 상사(喪事) : 이하곤의 부친 이인엽(李寅燁)은 1710년(숙종36) 7월 23일에 향년 55세로 운명하였다. 《嘉梧藁略 冊16 戶曹判書李公墓碣銘》

312 임소(任所) 평강(平康) : 이희함은 1710년 평강 현감(平康縣監)에 임명되었다. 《承政院日記 肅宗 36年 4月 28日》

313 금계(金溪) : 《두타초(頭陀草)》 책1에 〈침우담은 진천현 남쪽 10여 리 쯤에 있다.……금계와 석탄의 물이 대 아래에 합쳐져서 큰 못을 이루는데……〔沈牛潭在鎭川縣南十餘里……金溪石灘之水 合流滙于臺下 成巨潭……〕〉라고 하였으므로 이하곤의 고향에 있는 물 이름임을 알 수 있다.

意)에 더욱 감동하게 되었고 비로소 자유가 이처럼 우의(友誼)에 돈독함을 알게 되었다.

그해 가을에 자유가 공부랑(工部郎)으로 있다가 옥천 군수(沃川郡守)로 나갔다.[314] 그런데 겨우 1년 만에 잘못도 없이 말하는 사람의 무고(誣告)를 받아 끝내 관직을 잃고[315] 북쪽으로 돌아가고자 하였지만 당시 날은 춥고 그의 아내도 병을 앓아 돌아가지 못했다.

올해 정월에 드디어 진천으로 와서 살게 되었는데 진천 현감(鎭川縣監)은 윤백수(尹伯修)[316]였다. 윤백수의 아우 중화(仲和)[317]도 그를 따라 관아에 머물고 있었는데 이들은 모두 자유와 평소 친한 사이였다. 이에 네 사람이 날마다 모여 담소를 나누고 틈이 나면 산과 시내로 나가 놀았으며 가는 곳마다 술을 마시고 시를 지으며 즐겼다. 사흘만 만나지 못해도 문득 편지를 보내 불렀는데 몸이 아프거나 다급한 일이 있는 경우가 아니라면 달려가지 않은 적이 없었다. 혹은 한 침상에서 촛불을 자르며 이틀 밤을 놀다가 파하기도 하였다.

내가 귀향(歸鄕)한 뒤로 문을 닫고 쓸쓸하게 지내며 어울리는 사람

314 그해……나갔다 : 이희함은 1713년 8월 12일에 공조 정랑(工曹正郎)으로 임명되었고 1715년 8월 24일에는 옥천 군수(沃川郡守)로 임명되었다. 《承政院日記 肅宗 39年 8月 12日, 41年 8月 24日》

315 잘못도……잃고 : 이희함은 화양서원(華陽書院) 제관으로 뽑혔으나 병을 핑계로 나아가지 않았다는 이유로 파직되었다. 《承政院日記 肅宗 42年 12月 10日》

316 윤백수(尹伯修) : 윤유(尹游, 1674~1737)로, 본관은 해평(海平), 자는 백수, 호는 만하(晩霞)이다. 1715년 4월 3일에 진천 현감(鎭川縣監)으로 임명되었다. 《承政院日記 肅宗 41年 4月 3日》

317 중화(仲和) : 윤순(尹淳, 1680~1741)으로, 본관은 해평, 자는 중화, 호는 백하(白下)·학음(鶴陰)·나계(蘿溪)이다. 《白下集 附錄 行狀》

이 없었는데, 대개 이때에 이르러 벗들과 어울려 글을 짓고 술을 마시는 즐거움이 극에 달하여 곤궁하고 적막한 신세를 거의 잊을 수 있었다. 내가 자유에게 권하여 서둘러 돌아가지 말고 반계(磻溪)의 사이에 밭을 사고 집을 지어 서로 의지하고 오가며 연명(淵明)이 남촌(南村)에서 했던 일[318]을 따르자고 하였더니 자유도 그럴 마음이 없지 않았다. 그런데 얼마 뒤에 역병에 걸려 그의 아내가 먼저 세상을 떠나고 사흘 뒤에 자유도 일어나지 못하였다. 아, 자유가 우리들과 어울려 즐겁게 지낸 세월이 5개월 밖에 되지 않는데 재앙의 혹독함이 이런 지경에 이르렀으니 서글프지 않겠는가.

자유는 됨됨이가 고결하고 올곧아서 다른 사람의 잘못을 보면 마치 자기를 더럽힐 것처럼 하였으며 음양(陰陽)과 선악(善惡)의 구분에 더욱 엄격하였다. 매번 술을 마시면 손뼉을 치면서 강개해져서 논의가 바람처럼 일어났는데 듣는 사람이 오싹하였다. 벗들과 사귈 때 신의(信義)가 있었으며 혹 잘못이 있으면 면전에서 나무라서 조금도 사정을 봐주지 않았지만, 허물을 고치면 다시 처음처럼 대하였으므로 사람들마다 두려워하면서도 사랑하였다.

어려서 부모를 여의고 집이 가난하였지만 공부에 힘을 기울여 일찍

318 연명(淵明)이……일 : 연명은 진(晉)나라의 처사(處士) 도잠(陶潛)의 자이다. 도잠이 팽택 영(彭澤令)을 그만두고 시상(柴桑)의 고향집으로 돌아왔는데, 남촌에 순박한 사람이 많이 산다는 소문을 듣고 그곳으로 이사하여 지은 시에 "예부터 남촌에 살고 싶었으니 좋은 집터 잡으려는 것이 아니었네. 순박한 마음 지닌 이 많다기에 아침저녁 즐겁게 만나려 하였네.……기이한 문장을 함께 감상하고 의심스러운 뜻을 함께 분석하네.〔昔欲居南村, 非爲卜其宅, 聞多素心人, 樂與數晨夕.……奇文共欣賞, 疑義相與析.〕"라고 하였다.《陶淵明集 卷2 移居》

진사(進士)가 되었고[319] 곧바로 음직(蔭職)으로 보임되었다. 전후로 두 고을을 맡아 다스렸는데 모두 청렴한 관리로 일컬어졌다. 세상을 떠났을 때 염할 옷조차 없었으니 그의 청렴함을 알 수 있다.

자유가 병을 앓을 때 내가 낙영산(落影山)[320]에 갔다가 돌아와 소식을 듣고 시 한 수를 지어 안부를 물었다. 자유가 직접 편지를 보내 답하기를 "내가 나흘 동안 앓다가 땀을 흘리더니 지금은 이미 완쾌되었네."라고 하였다. 그러므로 내가 그의 병이 빨리 나은 것을 기쁘게 생각하였다.

이틀 뒤에 중화(仲和)가 편지를 보내 "자유의 병이 도졌다."라고 하였다. 곧바로 현(縣)으로 달려갔는데 증세를 논하고 약을 처방하면서 글로 주고받을 뿐 끝내 직접 살피지 못하였다. 며칠 밤을 머문 뒤에 일이 있어 집으로 돌아왔는데, 다음 날 중화가 또 편지를 보내 "자유가 글을 지어 영결을 고하고 병세는 더욱 손쓸 수가 없으니 서둘러 인삼을 가지고 오게."라고 하였다. 그런데 마침 비가 많이 내려 시냇물이 불어났으므로 갈 수 없었다. 이에 수영을 잘하는 사람을 수소문해 인삼을 가지고 가게 했지만 마음이 뒤숭숭하여 안정되지 않았다. 저녁에 이르러 인삼을 가지고 갔던 사람이 돌아와 말하기를 "자유가 운명하였습니다."라고 하므로 나도 모르게 목놓아 울었다.

이튿날 서둘러 백수에게 가서 그의 글을 달라고 하여 살펴보니 바로 자유가 직접 쓴 것이었다. 세 사람에게 영결을 고하고 또 자신이 죽은

319 진사(進士)가 되었고 : 이희함은 1699년(숙종25) 증광시(增廣試)에 합격하였다.

320 낙영산(落影山) : 충청북도 괴산군 청천면에 있는 산 이름이다.

뒤의 일을 부탁하였는데 그 말이 서글퍼서 차마 다시 읽을 수 없었다.

아, 벗을 사귀는 도는 일찍 만났느냐 늦게 만났느냐에 달려 있는 것이 아니라 기절(氣節)과 의리(義理)를 허여함이 어떠한가를 볼 뿐이다. 자유가 생사의 기로에서 부탁한 것이 이와 같았으니 나를 아우처럼 여긴 것이다. 그런데 내가 자유를 대한 것은 자유가 나를 대한 것처럼 하지 못하였으니 내가 자유를 저버린 것이 많다. 가령 자유가 지각이 있어 안다면 내가 어찌 부끄럽지 않겠는가.

지금 그를 장사 지내는데 내가 차마 말이 없을 수 없으므로 애사(哀辭)를 지어 나의 슬프고 후회되는 마음을 대략 서술했지만 저승에서 다시 살려낼 수 없으니 과연 무슨 소용이겠는가. 아, 슬프도다. 애사(哀辭)는 다음과 같다.

세상이 기개 없고 우유부단함을 슬퍼하니	竊悲世之骫骳而媕婀兮
강직한 자를 한번 보고 싶구나	願一睹夫剛者
공자께서도 만나기 어렵다 탄식하셨는데[321]	自孔聖已歎其難遻兮
하물며 저속한 말세에서 만날 수 있겠는가	矧叔代之汚下
오직 부자께서는 강직하여	唯夫子之耿介兮
속진을 벗어나 깨끗하였으니	蛻塵垢而瀟洒
좋은 옥을 쪼아 껍데기 벗겼으며	琢良玉而離璞兮
정밀한 금을 단련하여 불무에서 나온 듯하였네	鍊精鏐而出冶
진실로 타고난 본연의 자질이 그러했으니	諒天賦之本然兮

321 공자(孔子)께서도……탄식하셨는데 : 《논어》 〈공야장(公冶長)〉에 "나는 아직 강한 자를 보지 못했다.〔吾未見剛者〕"라고 한 공자의 말씀이 보인다.

속은 무르면서 거짓으로 꾸민 것이 아니었네	匪內荏而飾假
일찍 그 명성 듣고 존모하다가	夙聞名而傾慕兮
만년의 사귐 의탁해 어울렸네	託晚契而追遊
속내[322]를 털어놓아 숨김 없었으니	罄廩囷而無隱兮
침개가 투합하는 것과 같았네[323]	比針芥之相投
지조와 행실이 바르고 고결함을 보니	覸操履之端潔兮
겉과 속이 한결같았네	表與襮其若一
곧은 도를 품어 활시위와 같았고	懷直道而如絃兮
흉금이 얼음과 눈처럼 밝았네	烱襟期乎氷雪
비록 온갖 형벌이 눈앞에 있어도	雖刀鉅鼎鑊之在前兮
진실로 의가 아니면 어찌 굽히랴	苟非義焉莫屈
흑백이 뒤섞인 세속에 분노하여	憒時俗白黑之錯糅兮
주먹 쥐고 개탄하였네	羌扼掔而慨慷
청탁[324]을 구별하여 섞이지 않으니	別涇渭而不淆兮
서릿발처럼 그 언론 늠름했지	凜言議之挾霜
이마에는 해치관[325]을 쓰고	俾冠顚以豸角兮

322 속내 : 늠균(廩囷)은 사각형으로 지은 창고〔廩〕와 원형으로 지은 창고〔囷〕를 지칭한다. 여기서는 서로의 진심을 비유하는 말로 사용되었다.

323 침개(針芥)가……같았네 : 이하곤과 이희함이 격의 없이 의기투합하는 사이였다는 말이다. 침개는 자석에 잘 붙는 바늘과 호박(琥珀)에 잘 붙는 먼지를 병칭하는 말로 두 사람이 의기투합하는 것을 비유한다.

324 청탁(淸濁) : 경위(涇渭)는 본래 경수(涇水)와 위수(渭水)를 합하여 부르는 말인데, 경수는 탁하고 위수는 맑기 때문에 시비(是非)와 청탁을 의미하게 되었다.

325 해치관(獬豸冠) : 해치는 뿔이 하나인 전설상의 동물로 사람의 정사(正邪)와 곡

대궐에서 큰 소리로 말하게 했다면 立殿陛而飂言
그 풍채 볼만했으리니 庶風采之可觀兮
어찌 임금 등지고 은혜 저버렸겠는가 詎負君而辜恩
끝내 낮은 관직에 머물렀고 卒沈困於下僚兮
게다가 중년을 넘기지 못해[326] 又限之以中身
아름다운 절개 지니고도 성취하지 못했으니 修姱節而莫售兮
저 하늘은 어찌 이리 어질지 못한가 何彼蒼之不仁
용렬한 이들이 청자 빛깔의 옷[327]을 입고 被闒茸其青紫兮
완악한 이들이 장수[328]한 것은 畀黃馘于頑嚚
대개 예부터 그러하였으니 蓋自古而則然兮

직(曲直)을 분변할 줄 알아 사람들이 다투면 그중 그릇되고 사악한 자를 뿔로 들이받는다고 한다. 고대에 어사대부(御史大夫) 등 집법관(執法官)이 쓰는 관을 해치관이라고 하였다. 조선에서는 주로 사헌부(司憲府)의 관원을 뜻하는 말로 사용되었다.

326 게다가……못해 : 이희함이 44세의 나이에 운명했기에 한 말이다. 중신(中身)은 《서경》 〈무일(無逸)〉에 "문왕이 천명을 받은 것이 중년이었는데, 나라를 누린 것이 50년이었다.〔文王受命, 惟中身, 厥享國, 五十年.〕"라고 하였는데, 정현(鄭玄)의 주(註)에 "중신은 중년을 이른다.〔中身謂中年〕"라고 하였다.

327 청자(青紫) 빛깔의 옷 : 한(漢)나라 제도에 공후(公侯)는 자주색 인끈을 쓰고 구경(九卿)은 푸른 인끈을 사용하였기 때문에 청자는 공경(公卿)의 지위를 의미하게 되었다.

328 장수(長壽) : 황혁(黃馘)은 안색이 누렇게 되었다는 말로 빈곤한 사람이나 연로(年老)한 사람을 이른다. 《장자(莊子)》 〈열어구(列禦寇)〉에 송나라 조상(曹商)이 말하기를 "누추한 시골구석에 살면서 구차하게 신이나 삼고 말라비틀어진 목에 얼굴빛마저 누렇게 된 것은 나의 단점이다. 그러나 한 번 만승의 임금을 깨우쳐 따르는 수레가 백 승이나 된 것은 나의 장점이다.〔夫處窮閭阨巷, 困窘織屨, 槁項黃馘者, 商之所短也. 一悟萬乘之主, 而從車百乘者, 商之所長也.〕"라고 하였다.

그대에게 어찌 괴이하겠는가	夫何怪乎吾君
난새의 깃 잘리면 봉황이 슬피 울고	鳳悲嘷於鸞鎩兮
지초가 불에 타면 혜초가 시들듯이	蕙悴色夫芝焚
사물은 모두 동류를 아끼나니	物情同於惜類兮
줄줄 흐르는 내 눈물을 누가 막을까	孰禁余涕之浪浪
백산은 우뚝하게 하늘에 닿았고	栢山巉嶙以造天兮
우천은 출렁출렁 길게 흘러가는데	牛川汨其流長
그대가 어찌하여 이곳에 와서	子胡爲乎來此兮
타향에 뼈를 묻는단 말인가	奄埋骨乎異鄉
아 천명은 어찌할 수 없지만	嗟天命無奈何兮
내 마음에는 잊을 수 없노라	使我心不可以忘

검단산의 신에게 제사하는 글
祭儉丹山神文

모년 모월 모일[329]에 계림(鷄林) 이하곤(李夏坤)은 검단산의 신에게 다음과 같이 고합니다.

제가 이미 삼태기와 삽으로 일을 시작한다고 삼가 신에게 고하였으니[330] 신께서 또한 들어 알고 계실 것입니다. 다행히 신께서 도와주신 덕분에 목수와 흙손질하는 사람이 차례대로 일을 마쳤습니다. 이로부터 제가 살 곳이 있게 되었을 뿐만 아니라 정자와 누대의 아름다움은 산과 시내를 더욱 귀중하게 하고 바위 골짝을 빛나게 하여 이 산의 이름이 장차 더욱 세상에 드러날 것이니 저는 신에게 저버리지 않았다고 할 만합니다.

제가 이제 신과 약속하노니 저로 하여금 몸에는 병이 없게 하고 마음에는 근심이 없게 하시며, 집에 머물 때는 벌레와 뱀의 두려움이 없게 하고 나갈 때는 호랑이와 표범의 두려움이 없게 하시며, 산의 풍광을 바라보고 샘물 소리를 들으며 시서(詩書)를 읊고 노래하여 산에서 사는 즐거움을 누리게 해 주신다면 신께서 저를 저버리지 않는 것이 또한 여기에 있을 것입니다. 신께서는 은혜를 베풀어 주십시오.

329 모일(某日) : 저본(底本)에는 干支가 있는데, 이는 이 글을 쓴 날의 간지를 기록한 부분이다. 날짜를 특정하지 않았으므로 본 번역서에서는 간지를 제외하고 이와 같이 풀이하였다.

330 제가……고하였으니 : 《두타초》 책14에 〈제검단산문(祭儉丹山文)〉이 있다.

최수일 군에게 답하는 편지
答崔君 守一 書

일전에 들러 주니 그립던 마음에 대단히 위로가 되었네. 서서 이야기하는 짧은 시간에 비록 우리 서로의 쌓인 회포를 다 나누지는 못했지만 간직하고 있는 고상한 뜻은 대략 알 수 있었네.

삼가 감탄하고 대단히 기쁜 마음이 여러 날 지나도 그치지 않는데, 보내 준 편지를 받아 보니 말의 뜻이 간절하고 향학(向學)과 구도(求道)의 정성이 말 밖으로 넘쳐났네. 비인(鄙人)들의 이야기를 조목조목 적어 준 데 이르러서는 세세하게 들어서 빠뜨리지 않았고 논변한 것도 다 정밀하고 독실하였네. 나는 진실로 그대의 재주와 뜻이 용렬한 많은 사람들 가운데 스스로 빼어난 줄은 알았지만 또한 총명함과 식견이 이와 같을 줄은 생각지도 못했네.

지난 수년 이래로 외진 산에 숨어 살며 왕래한 사람은 산과 들의 노인들뿐이었고 그들과 더불어 나눈 이야기도 잠업(蠶業)과 농업(農業)에 관계된 말에 지나지 않았다네. 이러므로 날이 갈수록 눈이 더욱 흐려지고 귀가 더욱 어두워졌으며 지기(志氣)가 날마다 떨어졌다네. 가만히 곤궁한 집 안에서 스스로 비탄에 젖어 있는데, 하루아침에 이처럼 약석(藥石)과도 같은 말을 듣게 되어 때때로 살펴보며 게으르고 나태함을 경계하니 나에게는 매우 다행이라고 하겠네.

그대에 대해 말하자면 이처럼 아름다운 자질과 독실한 뜻을 지니고서 당대의 후덕(厚德)한 군자(君子)에게 구해 날로 새롭고 풍부해지는 큰 기본을 삼지 않고, 도리어 나처럼 노둔한 사람에게서 구하니 이것은 어찌 밝은 사람의 잘못된 행동이 아니겠는가. 이것은 그대가 이름으로 나를 구하는 것이지 실제로써 나를 구하는 것이 아니네. 그대가 만일 나의 실제가 텅 비어서 가진 것이 없다는 사실을 안다면 곧바로 침을 뱉고 교유를 끊으려고 할 터인데, 어찌 다시 후학(後學)과 소자(小子)가 선각자(先覺者)에게 하듯이 겸손한 말로 가르침을 구한단 말인가.

옛날 어떤 사람의 몸에서 이상한 냄새가 났는데 그의 부모와 처자가 모두 싫어하여 멀리 바닷가로 갔다네. 그런데 그 이웃의 아무개가 그 냄새를 매우 좋아하여 지초(芝草)와 난초(蘭草), 용뇌향(龍腦香)과 사향(麝香)[331]보다도 좋게 여긴 나머지 집을 옮겨 따라가서 죽을 때까지 잠시도 떠나지 않았다네.[332] 그대가 오늘 하는 일이 이 사람의 경우와 같다고 하지 않겠는가.

그러나 예부터 성현과 군자들은 다른 사람에게서 취하여 덕에 나아가고 학업을 닦는 방도로 삼지 않은 것이 없었다네. 예를 들어 순(舜) 임금이 천근한 말도 살피기를 좋아하신 것[333]과 안연(顏淵)이 학식이 많으면서 적은 이에게 묻고 능하면서 능하지 못한 이에게 물은 것[334]들

331 용뇌향(龍腦香)과 사향(麝香) : 용뇌향은 인도에서 생산되는 용뇌수(龍腦樹)의 줄기에서 추출하는 향이고 사향은 사향노루 수컷의 하복부에 있는 향낭을 쪼개 말린 향료이다.

332 옛날……않았다네 : 《여씨춘추(呂氏春秋)》 권14 〈우합(遇合)〉에 보이는 내용을 활용한 것이다.

333 순(舜) 임금이……것 : 《중용장구》 제6장에 "순 임금은 큰 지혜이실 것이다. 순 임금은 묻기를 좋아하시고 천근한 말씀을 살피기 좋아하셨다.〔舜其大知也與, 舜好問而好察邇言.〕"라고 하였다.

이 모두 이러한 경우라네. 그러나 나는 그대의 질문에 대응할 만한 용용(舂容)의 실제가 없는데도[335] 그대는 다만 내가 조금 더 선배라는 이유로 비루하게 여기지 않고 이처럼 정성스럽게 물어왔네. 내가 이에 묵묵히 있으면서 한마디 말로 그대에게 답장하지 않는다면 묻기를 좋아하는 그대의 정성을 저버리는 결과가 되지 않겠는가. 오직 이것이 두려워 보잘것없고 비루함을 헤아리지 못하고 대략 별지(別紙)에 한두 가지를 논하여 지난번 끝내지 못했던 말을 마무리해야겠네. 바라건대 그대가 취사선택하고 잘 살펴 주기를 바라네.

334 안연(顏淵)이……것 : 《논어》〈태백(泰伯)〉에 "능하면서 능하지 못한 이에게 물으며, 많으면서 적은 이에게 물으며, 있어도 없는 것처럼 여기며, 가득해도 빈 것처럼 여기며, 남이 잘못을 범해도 따지지 않는 것을, 옛날에 내 벗이 일찍이 이 일에 종사했었다.〔以能問於不能, 以多問於寡, 有若無, 實若虛, 犯而不校, 昔者吾友嘗從事於斯矣.〕"라는 증자(曾子)의 말이 보인다.

335 나는……없는데도 : 이하곤 자신이 최수일의 공부에 도움을 줄 만한 사람이 아니라는 말이다. 《예기》〈학기(學記)〉에 "질문에 잘 대응하는 사람은 종을 치는 것과 같아서 작은 것으로 치면 작게 울리고 큰 것으로 치면 크게 울리되 그 소리의 울림이 끝나기를 기다린 뒤에 그 소리가 다한 것이다.〔善待問者如撞鍾, 叩之以小者則小鳴, 叩之以大者則大鳴, 待其從容, 然後盡其聲.〕"라고 하였는데, 정현(鄭玄)의 주(註)에 "종은 용으로 읽어야 하니 용용은 거듭 두드리는 것이다.〔從讀如舂, 舂容謂重撞擊也.〕"라고 하였다.

김삼연[336] 어른께 드리는 편지

與三淵金丈書

하곤(夏坤)은 두 번 절하고 말씀드립니다. 일전에 들러 주신 것은 오랫동안 만나지 못해 그립던 나머지에서 이루어졌습니다. 산수(山水)의 풍광 사이에서 어르신을 모시게 된 것도 십수 년 동안 하지 못했던 일이었습니다. 그러니 기쁘고 다행스러우며 감격스러움을 뭐라 말씀드려야 할지 모르겠습니다.

게다가 멋진 시를 주셔서 의탁한 뜻이 간곡하였고 이끌어 전진하게 하여 함께 대도(大道)로 나가고자 하셨습니다. 스스로 돌아보건대 미련하고 못난 제가 어떻게 대군자(大君子)에게 이런 대접을 받았단 말입니까. 가르침을 받은 뒤로 저 스스로 느끼고 분발하여 향상(向上)하는 한 가지 일에 전념하여 늘그막에 그 효과를 거두는 계획을 삼으려고 하는데 타고난 성품이 못나고 느슨합니다. 이전에 혹 책을 펼쳤을 때 성현(聖賢)의 격언을 보고 경계하는 마음이 없지 않았습니다. 그러나 일을 처리하고 사람을 만나는 즈음에는 금세 다시 잊어서 그럭저럭 세월을 보내며 오늘까지 왔으니 이 마음을 어느 때에 보존할 수 있을지 알지 못하겠습니다.

선생님께서 돌아가시는 슬픔[337]을 겪은 뒤로 세상을 돌아보니 가르

336 김삼연(金三淵) : 김창흡(金昌翕, 1653~1722)으로, 본관은 안동(安東), 자는 자익(子益), 호는 삼연·백연(百淵)이다. 《三淵集 拾遺 卷32 附錄 行狀》

337 선생님께서 돌아가시는 슬픔 : 산퇴(山頹)는 산이 무너진다는 말로 스승의 죽음을 의미한다. 공자(孔子)께서 자신이 별세할 꿈을 꾸시고 아침에 일찍 일어나 뒷짐을

침을 요청할 사람은 오직 어르신 한 분 뿐입니다. 그런데 한 사람은 남쪽에 있고 한 사람은 북쪽에 있어 아득히 멀리서 서로 바라보고, 게다가 재앙을 겪은 사람이라 정신이 피폐하고 병마저 지속되어 양시(楊時)와 윤돈(尹焞) 등 여러 선생이 명도(明道) 선생을 섬기던 자세로 이천(伊川) 선생을 섬기던 것처럼 하지 못합니다.[338] 부끄럽고 한탄스러운 마음을 어찌한단 말입니까.

돌아가실 날짜를 언제로 정하셨는지요? 저의 집에 거듭 들러 주시기를 감히 바라지는 못하지만 만일 서원(西原 청주(淸州))에 행차하거든 알려주시면 마땅히 말을 타고 달려가 뵙겠습니다. 그러나 관부(官府)는 소란스러워 끝내 조용한 산속만은 못할 것입니다. 화양동(華陽洞)[339]과 사담(沙潭)[340]의 사이에 조용하고 외진 승려들의 암자를 하나 골라 기일을 정해 만나고, 다시 중겸(重謙)과 인로(仁老) 등 여러 사람을 부른다면 더욱 멋진 일이 될 것입니다.

어제 노비를 보내 안부를 여쭈려고 하였으나 시사(時祀)를 겨우

지고 지팡이를 짚은 채 문 앞에서 한가로이 거닐며 노래하기를 "태산이 무너지겠구나, 들보가 부러지겠구나, 철인이 죽겠구나.〔泰山其頹乎, 梁木其壞乎, 哲人其萎乎.〕"라고 하셨다.《禮記 檀弓上》 여기서는 김창협(金昌協)의 죽음을 의미한다.

338 양시(楊時)와……못합니다 : 양윤(楊尹)은 양시와 윤돈(尹焞)을 가리킨다. 명도(明道)는 정호(程顥, 1032~1085)의 호이고 이천(伊川)은 정이(程頤, 1033~1107)의 호이다. 정호와 정이가 형제이고 김창협과 김창흡도 형제이다. 양시와 윤돈 등은 정호의 사후에 정이를 섬겼는데, 이하곤은 김창협의 사후에 김창흡을 섬기며 배우지 못하기에 이렇게 말한 것이다.

339 화양동(華陽洞) : 속리산(俗離山)에 있는 계곡이다.

340 사담(沙潭) : 현재의 충청북도 괴산군 청천면 사담리 일대를 가리키는 것으로 보인다.

끝내고 집사람도 마침 분만(分娩)하게 되어 경황이 없어 실행으로 옮기지 못했습니다. 저의 불민(不敏)한 죄를 어찌 피할 수 있겠습니까. 여행 중에 특별히 몸을 아끼시기 바랍니다. 이만 줄이겠습니다.

지은이 **이하곤(李夏坤)**

1677(숙종3)~1724(경종4). 조선 후기의 문인으로, 본관은 경주(慶州), 자는 재대(載大), 호는 담헌(澹軒)·소금산초(小金山樵)이다. 회와(晦窩) 이인엽(李寅燁)의 맏아들로, 농암(農巖) 김창협(金昌協)에게 수학하였다. 1708년 생원시와 진사시에 장원으로 합격하여 세자익위사 세마(世子翊衛司洗馬)와 세자익위사 부솔(世子翊衛司副率)에 임명되었으나 나가지 않고, 고향인 진천에 내려가 학문과 서화에 힘썼으며 장서(藏書)가 1만권을 헤아렸다. 전국 방방곡곡을 두루 여행하였으며, 이병연(李秉淵), 윤순(尹淳), 정선(鄭敾), 윤두서(尹斗緖) 등과 교유하였다. 저서로 《두타초(頭陀草)》가 있다.

옮긴이

정만호(鄭晩浩)

1971년 충남 부여에서 태어났다. 충남대학교와 단국대학교에서 한문학을 전공하였으며, 현재 충남대학교 한문학과 부교수로 재직 중이다. 번역서로 《취암선생시집》과 공역으로 《기려수필》, 《승암시화》, 《지호집》, 《오재집》, 《옥오재집》, 《좌계부담》, 《해동사부》, 《동주집》 등이 있다.

오승준(吳承峻)

1979년 충북 청주에서 태어났다. 충남대학교에서 박사과정을 수료하였다. 학산 조종업, 아당 이성우 선생에게서 한문을 배웠다. 현재 충남대학교 한자문화연구소 선임연구원으로 재직 중이다. 공역으로 《옥오재집》, 《동주집》이 있다.

이재숙(李在淑)

1975년 대전에서 태어났다. 충남대학교 한문학과를 졸업하고 동 대학원에서 석사학위, 고려대학교에서 박사학위를 취득하였다. 학산 조종업, 아당 이성우 선생에게서 한문을 배웠다. 현재 충남대학교 한자문화연구소 연구원으로 재직 중이다. 공역으로 《기려수필》, 《승암시화》, 《좌계부담》, 《해동사부》가 있다.

한국고전번역원 권역별거점연구소협동번역사업
충남대학교 한자문화연구소 연구진

연구책임자 **이향배**(충남대학교 한문학과 교수)
공동연구원 **박우훈**(충남대학교 한문학과 교수)
정만호(충남대학교 한문학과 교수)
자문위원 **이성우**(한국고전번역원 자문위원)
책임연구원 **강원모**
선임연구원 **김문갑**
오승준
연구원 **이규춘**
이재숙
연구보조원 **이상수**

두타초 5

이하곤 지음 | 정만호 · 오승준 · 이재숙 옮김
2019년 12월 30일 초판 1쇄 발행
편집 · 발행 문진 | 등록 2002. 5. 6. 제2006-000011호
주소 (34168) 대전광역시 유성구 대학로 31 한진리조트오피스텔 2004호
전화 042-933-6510 | 팩스 042-367-5510
인쇄 현대그래픽스 | 제본 은정제책사

값 30,000원
ISBN 979-11-87638-45-2 94810
979-11-87638-22-3 (세트)

이 도서의 국립중앙도서관 출판예정도서목록(CIP)은 서지정보유통지원시스템 홈페이지(http://seoji.nl.go.kr)와 국가자료공동목록시스템(http://www.nl.go.kr/kolisnet)에서 이용하실 수 있습니다.(CIP제어번호 : CIP2019052087)